毕节试验区改革发展报告（2017~2018）

ANNUAL REPORT OF REFORM AND DEVELOPMENT IN BIJIE EXPERIMENTAL REGION (2017-2018)

主　编／黄水源
副主编／陈康海　周　妤

社会科学文献出版社
SOCIAL SCIENCES ACADEMIC PRESS (CHINA)

图书在版编目(CIP)数据

毕节试验区改革发展报告. 2017－2018 / 黄水源主编
. －－北京：社会科学文献出版社，2018. 12（2019. 3 重印）
（毕节蓝皮书）
ISBN 978－7－5201－4103－1

Ⅰ. ①毕…　Ⅱ. ①黄…　Ⅲ. ①区域经济发展－研究报告－毕节地区－2017－2018　Ⅳ. ①F127. 732

中国版本图书馆 CIP 数据核字（2018）第 296474 号

毕节蓝皮书

毕节试验区改革发展报告（2017 ~2018）

主　　编 / 黄水源
副 主 编 / 陈康海　周　妤

出 版 人 / 谢寿光
项目统筹 / 邓泳红　陈　颖
责任编辑 / 薛铭洁

出　　版 / 社会科学文献出版社 · 皮书出版分社（010）59367127
地址：北京市北三环中路甲 29 号院华龙大厦　邮编：100029
网址：www. ssap. com. cn
发　　行 / 市场营销中心（010）59367081　59367083
印　　装 / 三河市龙林印务有限公司

规　　格 / 开　本：787mm × 1092mm　1/16
印　张：23　字　数：345 千字
版　　次 / 2018 年 12 月第 1 版　2019 年 3 月第 2 次印刷
书　　号 / ISBN 978－7－5201－4103－1
定　　价 / 128. 00 元

皮书序列号 / PSN B－2018－787－1/1

权威·前沿·原创

皮书系列为

“十二五”“十三五”国家重点图书出版规划项目

《毕节试验区改革发展报告（2017～2018）》
编　委　会

主编简介

黄水源 贵州省社会科学院研究员，贵州生态文明建设评价研究中心执行主任。著有《毕节试验的政治学阐释》《毕节试验区改革发展报告》等书，在CSSCI期刊、北大核心期刊公开发表学术论文30余篇，《毕节试验的政治学阐释》获全国社会主义学院系统科研成果一等奖，承担国家级、省级科研课题多项，主持多个地区扶贫开发规划、乡村振兴规划的编制工作。

陈康海 贵州省社科院农发所所长、研究员，贵州生态文明建设评价研究中心副主任；研究方向为区域经济、产业经济、农村经济等。主持和参与各类课题研究50多项，发表论文40余篇，有多项研究报告和论文获省部级奖励。

周 妤 历史学博士，公共管理学博士后，上海应用技术学院教授。出版著作6部，发表论文30余篇。《中国近代经世派与经世思潮研究》为“广东省中青年社会科学家文库”作品，《中国近代行政领导思想研究》为该书姊妹篇。主持中国博士后科学基金项目“中国近代经世派的行政管理思想研究”、上海市教育科学研究项目“清末新政时期上海口岸教育改革策略研究”等15项。曾获广东省“南粤优秀教师”、广东省“岗位女能手”称号。

摘　要

一年以来，毕节试验区的发展有目共睹，经济发展稳步推进、转型持续加快、脱贫攻坚全面推进、生态文明建设成效显著、民生得以改善。与此同时，脱贫攻坚任务依旧繁重，脱贫质量需要进一步提升，生态修复任务依旧艰巨。在决战脱贫攻坚、决胜全面建成小康社会的关键时期，毕节试验区将全力打造改革发展升级版，强力推进精准扶贫、精准脱贫，打好产业扶贫等“四场硬仗”，遵循绿水青山就是金山银山的理念，守好发展和生态两条底线，努力实现到2020年与全国同步全面建成小康社会的奋斗目标。

《毕节试验区改革发展报告（2017～2018）》由总报告、分报告、区域报告和附录构成。总报告概要回顾了毕节试验区2016年以来各方面的发展成效，对发展中存在的困难和问题进行了分析，并在探讨毕节试验区发展所面临的形势基础之上，提出了进一步发展的对策建议。分报告选取了11篇较有代表性的相关领域专家学者的研究成果，分别反映了毕节试验区围绕“开发扶贫、生态建设、人口控制”三大主题推进各项工作情况。区域报告反映了毕节试验区各县区在当年的发展成果以及未来一年的发展目标和对策等状况。

具体地讲，经济方面，毕节试验区经济总量持续增大，项目建设扎实推进，在地区生产总值、产业结构调整、投资消费、居民收入等主要经济发展指标方面都取得了较好成绩，金融助推实体经济发展效果明显，文化产业发展迅速，县域旅游经济发展对撬动全面深化改革、激活“新兴产业经济”、助推脱贫攻坚发挥了重要作用。脱贫攻坚方面，坚持责任全面落实，科技支撑精准扶贫，全面提升精准度，大力推进社会帮扶，

"四场硬仗"等战果丰硕。城镇化发展方面，坚持以人的城镇化为核心，注重规划引领，大力实施城镇化带动战略，新型山地特色城镇化建设取得了显著成效。生态建设方面，绿色毕节持续推进，森林覆盖率达到52.8%。努力构建绿色环保产业发展体系，林业产业产值达250亿元。环境保护与治理有效加强，生态文明制度体系进一步完善，生态环境逐步改善。民生和社会治理方面，各类教育协调发展，教育环境逐渐改善，医疗卫生保障稳步提高，社会保障得到加强，文体事业健康发展，"法治毕节"强力开展，党的自身建设有序推进。各县区根据各自实际，在经济发展、扶贫攻坚、生态建设等方面的工作皆卓有成效。此外，在创建民族团结进步繁荣发展示范区和毕节反贫困模式的价值启示推广方面也进行了有益探讨。针对试验区改革发展中存在的各方面问题，毕节试验区将加快农、林、畜牧、旅游业发展步伐，促进乡村振兴，做实做强特色文化产业，优化金融支持经济发展以及创建安全生产服务环境等，促进经济全方位发展。进一步利用大数据技术实现贫困人口的精准识别和精准管理，建立健全科技扶贫服务体系，完善贫困农户与产业项目的利益联结机制，全面协调推进决战脱贫攻坚工作。并将结合实际推进农业转移人口市民化，大力提升中心城区品质，加快特色小城镇建设，全力推进智慧城市及新型城镇化建设。将始终把生态文明建设摆在突出位置，进一步强化生态环保工程建设，加强森林生态修复与保护，加强环保监管与防治，围绕完善机制，积极探索生态经济发展新模式。进一步深化教育体制机制改革，加快城乡教育一体化建设，推进教育精准扶贫，推进教育共享发展，实施民族教育同步工程，全面提高教育教学质量。加强医疗基础设施和人才队伍建设，强化健康扶贫，加快公共卫生和卫生监督执法工作，促进医疗体制改革，努力提升医疗服务水平。同时扎实推进创业就业工作，创建和谐劳动关系，强化社会保险工作，努力做好人事人才工作，加强人社干部队伍建设。进一步加强司法改革，抓好司法队伍建设，提高司法服务水平。坚持"围绕发展抓党建，抓好党建促发展"的理念，夯实党的基层基础，加强党风廉政建设和纪律作风建设，强化和规范党内政治生活，推进政府系统全面从严治党。深入推进依法行政，推行阳光政务，建设服务型政府。为坚决打赢“113 攻坚战”，推进毕节试验区科学发展、决战贫困、同步小康努力奋斗。

关键词： 毕节试验区　扶贫　生态文明　贵州

Abstract

In the last year, the development of the Bijie experimental region has been obvious to all. The economic development has been steadily advanced, the transformation has continued to accelerate, poverty alleviation has been comprehensively promoted, ecological civilization construction has achieved remarkable results, and people's livelihood has been improved. At the same time, however, the task of getting rid of poverty is still arduous, the quality of poverty alleviation needs to be further improved, and the task of ecological restoration is still arduous. In the crucial period of the decisive battle to get rid of poverty and win the battle to build a well-off society in an all-round way, the Bijie experimental region will make every effort to build a reform and development upgrade, vigorously promote accurate poverty alleviation, precision poverty alleviation, and lay a good job in poverty alleviation, such as "four hard battles", following the concept of "lucid waters and lush mountains are invaluable assets", keeping the two bottom lines of development and ecology, and striving to achieve the goal of building a well-off society in an all-round way with the whole country by 2020.

"The reform and development report of Bijie experimental region (2017 - 2018)" consists of three parts: general report, sub-report and regional report. The summary of the general report reviews the development effectiveness of all aspects of the Bijie experimental region from 2016, analysis of the difficulties and problems in development. Based on the situation faced by the development of the Bijie experimental region, the countermeasures and suggestions for further development were put forward. In the sub-report, eleven research results of more representative experts and scholars in related fields were selected. It reflects the three major themes of "developing poverty alleviation, ecological construction and population control" in Bijie experimental region to promote various work situations. The regional report reflects the development achievements of the counties and districts in the Bijie experimental region in the same year, as well as the development goals and countermeasures in the coming year.

Specifically, on the economic front, the economic aggregate of the Bijie experimental region has continuous increased, and solid progress has been made in project construction, and good achievements have been made in major indicators of economic development, such as the GDP, industrial restructuring, investment and consumption, and residents' income. Finance boosts the development of real economy, and cultural industry develops rapidly. The development of county tourism economy plays an important role in deepening reform, activating "emerging industry economy" and helping to overcome poverty. In the fight against poverty, we have fully fulfilled our responsibilities, supported targeted poverty alleviation through science and technology, raised the level of precision across the board, vigorously promoted social assistance, and achieved fruitful results in the "four hard battles". In the aspect of urbanization development, we have persisted in taking human urbanization as the core, paid attention to planning and guidance, and vigorously implemented the strategy of urbanization driving by urbanization. Remarkable results have been achieved in the construction of a new type of urbanization with mountain features. In terms of ecological development, the Green Bijie Festival continued to advance, and the forest coverage rate reached 52. 8%. Efforts have been made to establish a system for the development of green environmental protection industries, and the output value of forestry has reached 25 billion yuan. Environmental protection and management have been effectively strengthened, the system of ecological civilization has been further improved, and the ecological environment has been gradually improved. In terms of people's livelihood and social governance, all types of education have developed in a coordinated manner, the educational environment has gradually improved, medical and health care has steadily improved, social security has been strengthened, sports and cultural undertakings have developed healthily, and "the end of the Rule of Law" has been vigorously launched. The Party's self-building has been carried forward in an orderly manner. According to their own realities, counties and districts have achieved fruitful results in economic development, poverty alleviation, ecological construction, and so on. In addition, in the establishment of national unity, progress, prosperity and development demonstration zone and Bijie anti-poverty model of the value of enlightenment promotion has also been a useful discussion. In view of the problems existing in the reform and development of the pilot area, Bijie experimental region will speed up the development of agriculture, forestry, animal husbandry and tourism, promote rural revitalization, strengthen cultural industries with special characteristics, optimize financial support for economic development and create a safe production service environment, and promote all-round economic development. We will further make use of big data's technology to achieve precise identification and precise management of the poor, establish and improve the service system for poverty alleviation through science and technology, improve the mechanism for linking the interests of poor farmers and industrial projects, and comprehensively coordinate and advance the work of fighting poverty through decisive battles. And will be combined with the actual promotion of agricultural population transfer, vigorously improve the quality of central urban areas, speed up the construction of small towns with characteristics, to promote smart cities and new urbanization. We will always put the building of ecological civilization in a prominent position, further strengthen the construction of ecological and environmental protection projects, strengthen the restoration and protection of forest ecology, strengthen the supervision and control of environmental protection, and actively explore new models for ecological and economic development around improving mechanisms. We will further deepen the reform of the educational system and mechanisms, speed up the integration of urban and rural education, promote targeted poverty alleviation through education, promote the shared development of education, implement the simultaneous project of ethnic education, and comprehensively improve the quality of education and teaching. We will strengthen the development of medical infrastructure and the workforce of qualified personnel, strengthen health poverty alleviation, speed up the work of public health and health supervision and law enforcement, promote reform of the medical system, and strive to raise the standard of medical services. At the same time, we will steadily promote the work of starting businesses and employment, create harmonious labor relations, strengthen social security work, strive to do a good job in personnel and talent work, and strengthen the building of the cadre contingent of the people's Society. We will further strengthen judicial reform, do a good job of building up the judicial contingent, and raise the level of judicial services. We will adhere to the concept of "focusing on development and strengthening Party building to promote development", consolidate the Party's grass-roots foundation, strengthen the building of a clean and honest party style, and improve discipline and style of work, strengthen and standardize the political life of the Party, and promote systematic and strict governance of the Party by the government in an all-round way. We will further promote law-based administration, promote sunny government, and build a service-oriented government. In order to resolutely win the "113 hard War", we will push forward the scientific development of the Bijie experimental region, fight decisively against poverty, and work hard to achieve a comfortable standard of living at the same time.

Keywords: Bijie Experimental Region; Poverty Alleviation; Ecological Civilization; Gui Zhou

目 录

Ⅰ 总报告

Ⅱ 分报告

Ⅲ　区域报告

Ⅳ　附录

皮书数据库阅读**使用指南**

CONTENTS

I General Report

Ⅱ Branched Reports

Ⅲ Regional Reports

总　报　告

General Report

B.1
决战脱贫攻坚　提速发展　同步小康
——2017～2018年毕节试验区改革发展报告

黄水源　等*

摘　要： 2017年毕节试验区全面贯彻落实党的十八大和十八届中央历次全会精神，以习近平新时代中国特色社会主义思想为指引，坚决执行中央、省委和市委的各项决策部署，强力推进精准扶贫、精准脱贫，全力打造毕节试验区改革发展升级版，全市的社会经济发展大致表现为质量得到提升、转型持续加快、生态保护良好、社会和谐、民生得以改善的良好态势。但在取得巨大成就的同时，毕节试验区的发展仍旧面临脱贫攻坚、经济发展压力大等问题。为此，在决战脱贫攻坚、决胜全面

* 黄水源，贵州省社会科学院农村发展研究所研究员，贵州生态文明建设评价研究中心执行主任，博士，研究方向：政治学、“三农”问题等。

建成小康社会的关键时期，以及毕节试验区成立30周年之际，务必采取全面协调扶贫、加速发展城镇化等措施，守好发展和生态两条底线，决战脱贫攻坚、决胜同步小康，争取在新时代取得新的更大成就。

关键词： 毕节试验区　扶贫　贵州

2016年以来，毕节试验区的发展成就显著。投身“坚持三大主题，建设四个高地，打造改革发展升级版”伟大实践成为毕节试验区荣幸又责任重大的全年工作任务。同时，面临脱贫攻坚的紧迫任务，在以习近平同志为核心的党中央及贵州省委的领导下，毕节试验区正以必胜的信心、激昂的斗志，创造和实现更加美丽的未来。

一　近年来毕节试验区发展成效

（一）经济总量持续增大，经济稳步发展

按照稳中求进工作总基调，建立和推行“1+5”经济运行调度机制，毕节试验区主要经济指标增速高于贵州西部以及全省平均水平。1~9月，全市一般公共预算收入完成93.87亿元，同比增长10.28%，增收8.75亿元，为全年预期目标的77.4%。全市一般公共预算收入中，税收收入完成64.62亿元，同比增长8.75%，非税收入完成29.25亿元，同比增长13.83%，税收收入占一般公共财政收入的68.84%。全市一般公共预算支出完成424.62亿元，同比增长24.28%，增支82.96亿元，其中支撑GDP测算的一般公共服务、公共安全、教育、科学技术、社会保障和就业、医疗卫生与计划生育、节能环保、城乡社区八项重点支出完成316.22亿元，同比增长25.06%。全市获得中央和省转移支付323.25亿元，同比增长

16.62%，增加46.06亿元，增幅为近年来最高。全市生产总值从737.88亿元增加到1628.3亿元，增长1.21倍；固定资产投资从685.2亿元增加到1621.3亿元，增长1.37倍；规模以上工业增加值从178.1亿元增加到401亿元，增长1.25倍；社会消费品零售总额从150.4亿元增加到340.9亿元，增长1.27倍。农业增加值明显增长，由134.2亿元增加为344.4亿元。农业大数据中心入选全国"互联网+现代农业"百佳实践案例。工业转型加快，新型能源化工、大健康医药养生等新兴产业加速发展，累计完成工业税收420亿元。三产健康稳步发展，第三产业增加值达665.5亿元，年均增长15.6%。[①]

（二）抓精准扶贫，决战脱贫攻坚全面推进

在开发扶贫方面，已实现省级"减贫摘帽"的有国家扶贫开发重点县5个，贫困乡镇129个，284个贫困村按国定标准出列，在新扶贫标准下，累计完成贫困人口脱贫157.6万人。"扶贫云"大数据平台建设走在全省前列。

在生态建设方面，有效完成植树造林668.7万亩，石漠化、水土流失有效治理分别达到673.6平方公里、471平方公里，退耕还林、还草63.48万亩，共建成4个国家级、2个省级、3个市级和4个县级森林公园。人口控量提质方面，在注重控制数量的基础上，大力提升人口素质。统筹促进教育均衡发展，打造"一体两翼多节点"职业教育格局，实现人均受教育年限从6.8年提升到8.3年。[②] 印发《2017年脱贫攻坚春季攻势暨同步小康驻村工作计划》《关于开展2017年脱贫攻坚秋季攻势行动工作的通知》，围绕地方特色资源、地方产业发展需求，面向长三角、珠三角、周边省市开展扶贫产

---

① 桑维亮：《政府工作报告》，http://rb.bjrb.cn/html/2017-01/13/content_1_3.htm，2017年1月13日。

② 《贵州：同心决战乌蒙山 合力勇闯新路子——毕节市探索脱贫攻坚新路子综述》，《毕节日报》，http://nc.mofcom.gov.cn/channel/fpzt/article.shtml?columnType=fpxw&id=949678，2017年10月9日。

业招商。共引进产业扶贫项目164个，投资153.61亿元。“四场硬仗”战果丰硕。建制村全部修通水泥（沥青）路，“组组通”公路三年大决战全面启动，建成4028公里。投入扶贫资金143亿元、扶贫产业子基金65亿元，发放扶贫贷款47.5亿元，大力发展高端食用菌、蔬菜、中药材种植等扶贫产业，覆盖65.7万贫困人口。坚持易地扶贫搬迁城镇化集中安置和以县为单位集中建设，2016年5.96万搬迁对象全部入住，2017年13.55万人的安置点基本建成。8.17万名建档立卡贫困学生享受到教育扶助政策，建档立卡贫困户参合率100%，取消大病医保起付线；完成2.94万户农村危房改造并同步实施改厨改厕改圈，建成公租房13898套。坚持扶贫同扶志、扶智相结合，成立4215个新时代农民讲习所对群众进行培训，脱贫致富的内生动力得到进一步激发。[①]

1. 责任全面落实

一是及时将省下达毕节市的23.48万贫困人口脱贫和554个贫困村任务下发至各县区，对照“五通四有”“四有五覆盖”脱贫标准建立项目需求台账[②]，明确需求项目的实施主体和责任。二是以考核促落实，将大扶贫的政策落实、资金安排及项目建设等内容列为市直单位年度共性考核目标。三是坚持“市领导包乡镇、县领导包村、乡镇干部包户、党员干部包人的包保制度”，会同组织部门及时调整定点帮扶联系点，安排驻村帮扶干部，确保帮扶工作有序衔接，所有计划出列村帮扶力量全覆盖。

2. 精准度全面提升

坚持把“精准”作为脱贫攻坚最基础的工作和最关键的环节，一是开展春季大回访。全市共有516名县处级以上领导参与蹲点调研回访工作［其中厅级及以上领导46人、县（区）党政四大班子领导249人、市直部门主要领导221人］，共回访贫困户67206户（其中，贫困户50497户、2016年度脱贫户16709户；各县区直部门领导干部回访37155户、各乡镇

① 张集智：《政府工作报告》，http：//rb.bjrb.cn/html/2018－01/10/content_1_3.htm，2018年1月10日。

② 文叶、吴兵、高艳等：《多彩贵州春意浓 脱贫攻坚鼓点急》，《贵州日报》2017年4月5日。

领导干部回访29991户）。通过回访，进一步做好精准识别和精准退出回头看，对2016年脱贫和建档立卡基础贫困数据再次核实核查，完善台账和系统信息数据。二是提升“两率一度”水平。以“贫困识别大回访、精准脱贫大筛查、扶贫政策大宣讲”三项行动为载体，与全省统一安排的查漏补缺工作有机整合。各县区根据不限规模、不设上限、不设下限、据实识别的原则，严格按照符合标准的一户不漏、一人不落，不符合标准的一户不进的要求，通过大规模的进村入户开展拉网式、地毯式的走访调查，经比对、评议、公示、公告等程序进行动态调整后，全市建档立卡系统内现有贫困户27.62万户96.78万人，已上报省办待确认。三是暗访督察常态化。市级组织开展4次大规模暗访督察，重点督察识别退出精准度、帮扶责任人到位、资金项目运行情况和贫困群众对脱贫成效的满意度等内容，对督察出来的问题，限时督促县区和乡镇以户为单位进行核实整改，对工作滞后的县乡进行全市通报，将查实的因不作为或乱作为出现的问题移交相关部门处理。

3. 决战脱贫攻坚战役成果丰硕

扎实开展脱贫攻坚“春季攻势”和“夏季大比武”，以“秋季攻势”为契机，深入实施精准产业扶贫攻势、易地扶贫搬迁攻势、教育扶贫攻势和基层组织建设四大攻势，打好打赢“四场硬仗”。基础设施方面，全面推进“组组通”公路建设，全市计划建设通组公路4028.5公里，截至目前完成路面263.6公里，完成投资42463.4万元，总体形象进度25.1%。基础设施建设“六个小康”行动计划有序实施，新增1039个村的“四在农家·美丽乡村”创建点，启动贵州民居建设3023户，完工1646户；完成通组路硬化216.9公里，新安装路灯480盏，建设村级活动广场39个，修建垃圾收集设施49个、排污网管2500米。易地扶贫搬迁方面。2016年、2017年、2018年三个年度易地扶贫搬迁项目快速推进。2016年计划建设安置点81个，目前住房全部建设完成，实际搬迁入住12777户58872人（建档立卡贫困人口11337户52142人），实际搬迁入住率98.74%，已拆除旧房2835套，“三块地”盘活工作已全面启动。2017年建设安置点47个，搬迁户在2018年6月底前入住。2018年建设安置点10个，建设24314套住房，搬迁

24314户96356人。目前市级已经拟定了《关于做好2018年易地扶贫搬迁项目申报工作有关事宜的通知》，要求全部县城集中安置，各县区正在进行搬迁对象识别、安置点选址、规划设计等前期工作，其中七星关区、织金县、纳雍县、威宁县已实质性开工建设。产业扶贫方面，根据贫困地区脱贫攻坚文件，扶贫产业涵盖了蔬菜、食用菌、肉牛、中药材、经果林等产业。成立产业扶贫工作领导小组，下设蔬菜及特色作物生产、畜禽养殖示范、农特产品进校园行动、农产品市场销售拓展“四个工作专班”，稳步推进农村“三权”促“三变”改革，开展“毕节绿色农产品风行天下”行动，提高以“乌蒙山宝·毕节珍好”农产品区域公用品牌为主的农特产品市场竞争力。计划完成优质蔬菜60万亩、食用菌0.44万亩、新增种植中药材5万亩、养殖生态家禽468万羽、用三年时间新增建设1000个存栏200头以上规模的牛场，已完成牛场选址630个，开工建设60多个。大力发展“一县一业”产业。完成种植薏仁米0.085万亩、酒用高粱10.09万亩、荞麦33.68万亩、精品水果51.01万亩。实现产业覆盖1089个贫困村、贫困人口65.7万人。旅游产业效益明显，仅前三季度就接待游客5000万人次，实现旅游收入450亿元，分别增长40%和42%。基层组织建设方面。扎实推进加强基层组织建设助推脱贫攻坚“七大工程”，积极开展“规范·示范·典范村”创建，推动村基层党组织建设机制。用好“党建+”模式，3650个村（社区）“第一书记”已全部到位，借鉴“塘约经验”，大力发展村级集体经济，“空壳村”比例从原来的67.5%下降到16.8%。

4. 社会帮扶工作全面推进

在恒大集团投入30亿元帮扶大方整县脱贫的基础上，争取到恒大集团再投入80亿元帮扶全市。目前，恒大集团在全国抽派2108人组成的扶贫团队，已深入毕节市脱贫攻坚工作一线，围绕“产业扶贫、搬迁扶贫、就业扶贫”三个重点，全力推进精准扶贫、精准脱贫，形成了民营企业参与精准扶贫的“毕节样板”；金元集团对口帮扶纳雍、盘江集团对口帮扶赫章等社会扶贫力度不断加强。广州市对口协作帮扶毕节市有力推进，广州市帮助引进项目67个、投资303.18亿元，劳务输出近8500人，合作共建“毕节·广州产业园区”，每年安排5000万元支持毕节市“四在农家·美丽乡村”建设，2017年以来与广州市开展农超农企对接并签约农产品销售金额达22亿元，开设毕节优质农产品展销中心和专柜80余个900余平方米，初步形成毕节绿色优质农产品直销广州市场的稳定渠道。

（三）抓转型升级，加快发展实体经济

以供给侧结构性改革为主线，依托科技创新加快推动实体经济发展。实施“千企改造”工程，提升传统产业质量。落实“三去一降一补”五大任务，推进煤矿机械化及辅助系统智能化改造。新建农业园区198个，大方、纳雍、威宁纳入全国“粮改饲”改革试点县。新兴产业快速发展。电子信息、装备制造、新型材料、大健康医药实现产值307.8亿元。服务业加速发展。旅游业接待游客人次和总收入分别增长41.8%和44.2%，物流、仓储业限额以上商贸流通企业达500家。大数据与实体经济加快融合，电子商务交易额达28.47亿元。[①]

（四）抓投资效益，项目建设扎实推进

以项目集中开工和项目观摩为两大抓手推进项目建设，发布实施第一批113攻坚战“一库三包”项目898个，总投资5184.71亿元，谋划第二批113攻坚战“一库三包”项目220余个，总投资达606亿元。全市安排前期工作经费7.75亿元，其中市级3亿元，各县（区）4.75亿元。2017年全市重大工程和重点项目787个，总投资5268.39亿元，年度投资目标1210.31亿元。建立七大领域PPP项目库共计项目173个，总投资2125.9亿元，拟引入社会资本1517.52亿元。全面开展“十二五”期间政府投资项目“投转固”相关工作，共排查全市“十二五”期间政府投资项目8955个，总投资995.6亿元。工业项目建设方面，共开工建设项目150个，建成投产工业

---

① 张集智：《政府工作报告》，http：//rb.bjrb.cn/html/2018－01/10/content_1_3.htm，2018年1月10日。

项目83个。聚诚识别、华耀服装等项目建成投产，赛德丽磷酸铁锂等项目建设完工，黔希煤化工30万吨煤制乙二醇项目实现锅炉点火试运行，织金60万吨/年聚烯烃项目、纳雍渝富200万吨煤制油项目取得新的突破。此外还催生了一批新的业态：驰远智控尖端无人机生产项目、鸿腾橡胶液压管生产项目、澳能“兆瓦级压缩空气储能系统”等项目填补了毕节市及西南地区，甚至是我国的技术空白。

（五）抓绿色发展，生态文明持续推进

毕节市紧紧围绕试验区主题，坚守生态和发展“两条底线”，全面加快生态建设，大力发展林业产业，强化森林资源保护，以改善环境质量为核心，解决影响群众身体健康的突出环境问题，扎实推进环境保护各项工作，生态环境逐步改善。

1. 林业生态建设情况

（1）加快生态修复，夯实生态基础。大力推进“绿色毕节”行动，完成营造林187.76万亩，石漠化治理面积165.71平方公里。完成育苗面积10854亩。全市森林面积达到2070.53万亩，森林覆盖率达到52.8%。启动高速公路与成贵快速铁路绿色通道建设，完成通道绿化9.39万亩，占总任务的86.22%。开展2014～2016年“绿色毕节”行动全面检查复核，巩固绿化成果。

（2）深化林业改革，培育林业产业。坚持把退耕还林与扶贫开发、农业产业结构调整紧密结合，创新林业发展方式，探索林业资源变资产、资金变股金、农民变股东“三变”改革，积极鼓励、引导企业、专业合作社、大户等多种社会主体参与林业经济建设。依托林业重点工程，大力发展具有地方特色的核桃、刺梨、苹果、樱桃等特色经果林，建设面积45.59万亩，占任务40万亩的114%。充分利用林业资源，累计发展林下经济150万亩，实现产值32亿元。加强科研推广，在全市启动特色经果林经营管理技术培训，提高全市经果林经营管理水平。依托丰富森林资源，着力发展森林生态旅游，累计接待游客944.2万人次，森林旅游收入65.9亿元。林业产值达

250亿元。[①]

（3）狠抓森林保护，确保生态安全。一是扎实开展森林保护“六个严禁”执法专项行动，严打涉林违法犯罪。2017年，全市摸排破坏森林资源案件1539件，其中行政案件833件、刑事案件706件。二是加强森林火灾防控。严格执行《毕节市森林防火层级责任管理办法》，加强宣传培训、严格火源管控、强化预警防范、畅通信息渠道、强化值班备勤，确保全市森林资源安全。三是强化林政资源管理。审核审批使用林地项目22起面积70.3847公顷，收缴植被恢复费868.3424万元。四是加强森林管护。落实天保工程森林管护面积1247.7万亩，占计划任务1182.85万亩的105.48%，管护责任落实率为100%；兑现公益林生态效益补偿资金7854.3万元。

2. 环境保护与治理情况

（1）深入贯彻“三个十条”，强化环境污染防治。大气污染防治方面：制定《毕节市2017年大气污染防治年度实施方案》，完成24家砂石场扬尘治理，淘汰燃煤锅炉7台，实施5家企业挥发性有机物治理和2台火电机组超低排放改造。毕节市中心城区环境空气质量优良天数比例为98.2%，大方、黔西、金沙、织金、纳雍、威宁、赫章县城环境空气质量优良天数比例分别为98.9%、93.6%、95.6%、98.0%、98.8%、99.6%、95.7%。水污染防治方面：出台《毕节市饮用水水源保护条例》，制定《毕节市2017年水污染防治年度实施方案》，实施“19456”工程，加强倒天河环境整治。全市19个国控、省控断面水质达标率为100%；36个市控断面水质达标率为97.2%；18个县级以上集中式饮用水源地水质达标率为100%。土壤污染防治方面：制定《毕节市土壤污染防治工作方案》《毕节市城乡生活垃圾治理工作实施意见》，编制《毕节市垃圾处理设施建设专项规划》，启动4个垃圾焚烧发电项目建设，完成赫章县、威宁县“十三五”重金属治理方案编制，开展农用地土壤污染状况详查，完成赫章县5600万元的铅锌废渣

① 张集智：《政府工作报告》，http://rb.bjrb.cn/html/2018-01/10/content_1_3.htm，2018年01月10日。

治理项目，实施赫章县1440万元、1100万元的土法炼锌废渣治理项目，完成257个村环境综合整治。

（2）坚决整改环保问题，严把环境准入关口，加强项目环评审批。强化环境执法监管，严厉打击违法行为，深入实施环境保护12件实事、环保设施三年行动计划和环境保护攻坚行动。有序开展节能减排工作，抓好动态跟踪管理，每个季度制定各县（区）节能目标完成情况晴雨表，加强节能形势分析和预测预警，在2017年度节能目标考核中，位居全省前列。

（3）加强自然保护区建设和湿地保护。十八大以来，全市共建成自然保护区10个，总面积达75003.92公顷，占全市总面积的2.8%。其中，湿地类型自然保护区1个，即草海自然保护区国家级自然保护区，主要保护对象为黑颈鹤等珍稀鸟类及高原湿地生态系统，面积为9600公顷，占全市总面积的0.4%。建成国家级森林公园4个、湿地公园3个；省级森林公园4个；市级森林公园3个、湿地公园5个；2个县级森林公园。全市森林公园面积总计达69078.3公顷，占土地面积的2.57%，湿地面积总计达9668.4公顷，占土地面积的0.36%。

（六）抓探索创新，深入推进改革开放

全面深化改革、拓展开放空间，为试验区发展释放了新活力。谋划实施22个方面88项重点改革，行政执法“三项制度”改革试点走在全国前列。“放管服”改革有力有效。在全省率先启动“多证合一、一照一码”改革，被国家工商总局列为市场主体年报试点。深化广州对口协作，启动“毕节·广州产业园”建设，毕节农产品在广州开设展销中心和专柜销售。加强与周边区域协作，同云南昭通、四川泸州等城市达成21项合作共识。夯实开放平台，加快毕节国际内陆港建设，新增外贸进出口企业80家。成功举办第五届亚太世界地质公园大会、2017年中国马铃薯大会。[①]

① 张集智：《政府工作报告》，http：//rb. bjrb. cn/html/2018 －01/10/content_ 1_ 3. htm，2018年1月10日。

（七）抓民生工程，社会事业统筹推进

投资245.89亿元建设省级民生工程，市级民生工程投资168.58亿元。优先发展教育事业。实施346所中小学校教育工程，实现乡镇中心公办幼儿园全覆盖，5个县（区）普及十五年教育通过省级验收。稳步提高医疗卫生保障。实施21个省级医疗卫生“百院大战”项目，医疗卫生机构实现“五个全面建成”；深入推进县级公立医院综合改革，药品加成全面取消。文体事业健康发展。国家公共文化服务体系示范区创建通过中期评估，成功举办第三届体育运动会、乌蒙文化艺术节等赛事活动，彝族古剧《撮泰吉》登上法国第133届尼斯狂欢节国际舞台，编纂完成《毕节地区通志》。就业和社会保障得到加强。发放创业担保贷款5435万元，转移劳动力就业17.2万人，城镇新增就业7.99万人；61.68万低保对象和2.03万特困供养人员基本生活得到有效保障。①

（八）抓综合施策，社会治理强力推进

以“法治毕节”创建为引领，努力提升社会治理能力和水平。深入开展“五项行动”和“严打整治”，进一步健全留守儿童和困境儿童关爱救助服务体系，依法管理缠访闹访非访，打击发布虚假信息的违法行为。政法基础设施得到夯实。投入11亿元实施政法系统基础设施、信息化和装备建设项目278个，建立“乌蒙云”社会治理信息化平台，加快提升“天网工程”建设密度和质量。深化重点行业领域专项整治，扎实推进煤矿、道路交通、建筑施工等安全攻坚行动，探索运用煤矿监管“九查九停工作法”，牢牢守住安全生产红线。②

---

① 张集智：《政府工作报告》，http：//rb.bjrb.cn/html/2018－01/10/content_1_3.htm，2018年1月10日。

② 张集智：《政府工作报告》，http：//rb.bjrb.cn/html/2018－01/10/content_1_3.htm，2018年1月10日。

（九）抓勤政廉政，有序推进自身建设

牢固树立“围绕发展抓党建，抓好党建促发展”的理念，夯实党的基层基础，加强党风廉政建设和纪律作风建设，按照正规化、专业化、职业化的发展要求，着力提升法官业务素质和审判水平，确保队伍公正、廉洁、为民，打造拥有铁一般忠诚、铁一般法纪、铁一般担当的过硬队伍。

加强和规范党内政治生活，推进政府系统全面从严治党。依法行政深入推进，推行阳光政务，建设服务型政府。深入开展“服务企业、服务群众”活动，企业、群众办事更加便捷。建立每周一次政府碰头会和常务会制度，变“等议题”研究为“找议题”研究，有力有序有效推动各项工作落实。工作作风明显转变。深入推进“两学一做”学习教育常态化、制度化。全面落实“八项规定实施细则”和省市有关要求，坚决执行“禁酒令”，进一步精简会议和文件。持续整治懒政怠政惰政行为。①

二　毕节试验区发展中存在的困难和问题

（一）脱贫攻坚任务繁重

1. 脱贫任务很艰巨

一是贫困人口多，脱贫成本高。目前仍有92.43万贫困群众，贫困人口全省最多，占24.8%；全市2/3的村是贫困村，其中深度贫困村就有529个，占全省深度贫困村总数的19.2%，现在剩余贫困人口大多居住在以贫困发生率高、人均可支配收入低、远离中心城市等为主要特征的深山区、石山区和少数民族聚居区，地域环境恶劣，经济社会发展极不平衡，越到后面，脱贫的成本越大，难度越高。二是农村基础设施保障不足。全市还有

① 张集智：《政府工作报告》，http：//rb. bjrb. cn/html/2018 -01/10/content_ 1_ 3. htm，2018年1月10日。

县与县连接线1704.37公里，乡与乡连接线2470.66公里，村与村之间连接线6793.35公里，通组公路2.93万公里需要新建或改建；612.78万人口需要实施农村饮水安全巩固提升工程；机耕道仅有1143公里，有效灌溉面积率只有31.66%，超过2/3的耕地靠天吃饭，25度以上陡坡耕地和15~25度重要水源地坡耕地共325万亩需要退耕还林。三是公共服务水平较低。人均一般公共预算收入仅为全省的40%；还需修建中小学校舍500多万平方米，补充学前教育和中小学教师3万多名；农村医疗基础设施和技术人员严重不足，现代科技、信息、文化、体育等公共服务没有更好地延伸覆盖。

2. 脱贫质量还需再提升

一是贫困识别脱贫退出精准程度有待提高。有的贫困户建档立卡信息不精准，档案信息与实际情况不符，部分地方信息录入错乱，校核不认真，贫困人口动态调整及信息系统更新不到位、不及时，出现部分贫困对象在系统中的信息与实际情况不一致，导致审核不过关。部分群众的脱贫措施不精准，要么是没有相应的脱贫措施跟进，要么脱贫措施与致贫原因不对应，要么是措施见效周期过长，难以在计划时限内增收脱贫，导致脱贫退出不精准。二是产业扶贫效益不明显。低效益的传统苞谷种植面积较大，占耕地面积的24.3%，蔬菜大棚面积仅占蔬菜种植面积的2.4%；市级以上农业龙头企业与农户建立紧密利益联结机制的比例仅为40%。多数贫困户从事第一产业，收入主要依靠土地产出和畜牧产出，产业结构单一，附加值不高、效益低，很多贫困劳动力均选择外出务工，在家的多为老弱病残。三是资金投入有短板。尽管市县两级在财力困难的情况下仍挤出尽可能多的资金投入扶贫，但与脱贫攻坚的任务相比，现有投入仍然不足。在资金整合上，受行业资金来源渠道、使用方向、考核办法等因素影响，整合力度还需进一步加大。尤其在金融扶贫上，探索的方法还不够多，步子还不够大，扶贫融资平台还未发挥最大作用，多数县区未能有效对扶贫资源实现集约化、杠杆化利用，没有充分发挥出财政资金“四两拨千斤”的撬动作用。同时，围绕全省扶贫产业基金投向建成项目库资金规模1600余亿元，但受企业与贫困户没有直接利益联结、不符合贷款条件、银行对优质企业以股权入股等方式影响，银行放贷率不高，产业发展缺乏稳定的资金支持。四是扶贫资金闲置，效益发挥不够好。有的地方在编制脱贫攻坚规划时，选项不精准、论证不充分、设计不科学、缺乏操作性，导致项目推进缓慢，资金使用效率、备案报账率低。已建成的项目投入和产出不成正比，没有实现应有的效益。

3. 思想认识转变不够

少数干部作风不实，政策掌握不精准。作风漂浮，怕担当，工作缺乏积极性、主动性和创造性。对政策学习不深，研究不透，帮扶方法不多、措施不力，导致贫困群众不配合、扶贫效果不理想。部分群众脱贫主体意识不强。部分贫困人群传统小农意识根深蒂固，思维方式和行为方式还未改变，“等靠要”思想严重，缺乏自我发展的动力和能力，存在“争当贫困户，抢戴贫困帽”和“坐在墙根晒太阳，等着政府送小康”的现象。

（二）经济发展压力大，发展动力不足，持续发展形势严峻

中央、省委对毕节试验区发展寄予厚望，期望毕节能与贵阳、遵义共同打造贵州经济发展“金三角”，并给予一系列政策支持。但试验区在区域竞争中越来越处于不利地位。

与同为贵州经济发展“金三角”的贵阳、遵义相比，毕节市的GDP、城镇居民和农村居民人均可支配收入差距皆呈扩大趋势。与相对落后的六盘水市、黔南州比，GDP领先优势在减弱。而与邻近的四川宜宾、云南曲靖相比，虽然差距较小，但也没有明显优势。

（三）城镇化发展仍处于较低水平

近年来，毕节试验区城镇化水平虽所提高，但与全国平均水平仍有较大差距。受喀斯特地貌影响，毕节市城镇建成区面积规模偏小，建设成本较高。城镇经济实力及对乡村的辐射带动能力总体较弱。同时，毕节市城镇化水平东高西低的特征明显，制约着毕节市整体城镇化水平的提高。此外，在

城镇化具体建设中，存在城镇建设用地压力大、小城镇建设资金投入不足、规划技术力量不足、城市管理水平有待提高等问题。

（四）招商引资开放度低

毕节市吸引国（境）外投资主要来源于中国香港、中国澳门、中国台湾、韩国等地区和国家，企业投资主要在电子产品制造、农业等领域，实际利用外资总量还比较小、外来企业投资水平还比较低。全市投资 10 亿元以上项目仅 33 个，主要涉及房地产、能源、基础设施建设等领域，成长性好、引领性强的项目不多，带动能力强、辐射作用大的龙头项目少。引进首次入黔 500 强企业仅有 1 家，要推动至少 3 家企业落地实施难度非常大。

县（区）精包装项目普遍缺乏科学规划，前期基础工作较为薄弱，吸引力不强；部分市直部门编制的产业链条规划缺乏科学论证和深入分析，谋划配套产业项目内容不够翔实，缺乏竞争力。

部分县（区）对营商环境重要性认识不够，工作任务未层层分解，走访企业化解政企矛盾纠纷不及时；职能部门配合不到位，存在推诿拖拉现象，未形成工作合力。

（五）生态修复任务艰巨

当前，毕节试验区生态建设存在的问题主要体现为以下几个方面。

一是需要生态修复面积大，任务重。目前，森林覆盖率比全省平均水平低 1.72 个百分点，比全省最高的黔东南州低 16.4 个百分点。仍有 327 万亩 25 度以上陡坡耕地和 15～25 度重要水源地坡耕地需要退耕还林，5185 平方公里石漠化面积需要治理。

二是林业产业发展不强。产业结构不合理，第一、第三产业比重较大，第二产业占比仅在 10% 左右。产业链条不完整，加工环节严重缺失，导致全市林业产业发展缺乏活力、后劲不足。基地建设管理粗放，精细化水平不高，产品竞争力不强。

三是体制机制改革有待深化。林权制度改革遗留问题较多，配套改革不够深化，森林资源评估等服务能力弱，林权抵押贷款实施难度大，林业“三变”改革推动缓慢。政策性森林保险商品林投保率较低，森林资源收储等机制不全。

四是环境保护基础设施建设滞后。全市大部分乡镇没有建成污水处理厂，部分建成的污水处理厂运行不正常，城乡生活垃圾收运系统未建成，生活污水、垃圾处理设施建设滞后。部分地方环境质量不达标，环保督察问题整改任务艰巨。

三　毕节试验区发展面临的形势

2020～2022 年是毕节决战脱贫攻坚、决胜全面小康的关键时期，毕节将按照省第十二次党代会的精神指引和决策部署，紧盯目标任务，突破重点难点，狠抓落细落实，推动各项工作落地生根、开花结果。站在改革发展的新起点，试验区发展既面临历史最好的机遇，又面临严峻的挑战。

（一）国内外经济形势

2018 年世界 GDP 增长率约为 3.5%。但国内经济受贸易战影响将继续平稳增长，GDP 增速将继续小幅回落。国家信息中心经济预测部主任祝宝良认为，2017 年，虽然新技术、新产品、新业态等新增长动能会继续保持较快增长，但其在经济中的比重不足 20%，经济增长会因此惯性下滑。

（二）试验区具备了加速发展的基础条件

在决战贫困、决胜同步小康的关键年，在深入学习习近平总书记对毕节工作的重要指示精神下，毕节试验区的危机感、紧迫感、责任感意识强烈，针对打好产业扶贫等“四场硬仗”做了系统谋划，全市人民有信心实现到 2020 年与全国同步全面建成小康社会的奋斗目标。

决战贫困、同步小康、乡村振兴的国家战略为毕节试验区的发展提供了强大的政策动力，贸易战的发生要求国家战略加快经济发展转型，扩大内需，政策与发展环境为毕节试验区类似的西部地区提供了前所未有的发展机遇，加快发展的条件基本具备。

四　加快毕节试验区发展的对策建议

（一）全面协调推进决战脱贫攻坚工作

1. 以提高“两率一度”为核心，开展“三大行动”

一是围绕提高精准识别准确率，开展“贫困识别大回访”。排查建档立卡系统中是否还有错评、错纳入的非贫困家庭；排查建档立卡系统外是否还有漏评、错评未纳入的贫困家庭；排查摸清建档立卡系统中贫困家庭人口的自然增减情况；核查建档立卡系统中贫困农户信息是否准确，查看是否有错项、漏项或缺项，确保精准识别“漏评率”下降到2%以下。二是围绕提高精准退出准确率，开展“脱贫退出大筛查”。排查建档立卡系统中2014～2016年已脱贫农户是否还有达不到国家“一达标、两不愁、三保障”脱贫标准的家庭；排查建档立卡系统中2017年脱贫农户中是否有未达到“一达标、两不愁、三保障”和“四有五覆盖”脱贫标准的家庭，是否有“七种不能脱贫”的家庭，确保精准退出“错评率”下降到2%以下。三是围绕提高群众满意度，开展“扶贫政策大宣讲”。广泛深入开展扶贫政策、脱贫攻坚工作的大宣讲，充分运用广播电视、报刊、宣传栏、宣传标语、农村小广播、发放宣传单等方式，把扶贫政策逐级宣传到村、到组、到户，切实做到家喻户晓，着力提高贫困群众对政策的知晓率，确保群众满意度提升到90%以上。

2. 以深度贫困地区脱贫攻坚为重点，打好“八大战役”

根据全省深度贫困地区脱贫攻坚推进大会精神，按照省、市的统一部署，加大政策倾斜力度，集中力量攻关，特别是指导好七星关区、大方县脱贫“摘帽”工作，确保毕节市2个拟脱贫县、3个深度贫困县、20个极贫乡镇、529个深度贫困村人居环境得到较大改善，贫困农户生产生活水平得到较大提高。一是实施“组组通”公路建设。按照“不搬迁的村寨要通公路、不能通公路的村寨要搬迁”的要求，优先支持深度贫困地区和当年拟脱贫“摘帽”县率先实现“组组通”硬化公路，科学编制项目发展规划，全面提高农村贫困群众出行质量和安全。二是实施产业扶贫。立足毕节市气候条件及资源优势，结合产业区域及布局，合理调整全市农业产业结构，以项目为依托、以技术为支撑、以市场为导向，培育和做大一批高端食用菌、蔬菜、精品水果、马铃薯、生态畜牧业、中药材等产业基地。三是全力推进易地扶贫搬迁项目建设。牢牢把握“搬迁是手段、脱贫是目的”的根本要求，积极争取国家和省支持，全力支持配合恒大集团，加快推进2018年项目建设，确保到2018年9月底前完成“十三五”期间28万人（其中贫困人口13.29万人）的易地扶贫搬迁任务。四是加快推进农村危房改造和住房保障。按照“住房安全有保障”的精准脱贫和新一轮“六个小康”行动计划要求，加快推进农村危房改造和住房保障工作，以建制村为单位，争取到2018年底完成村庄建设规划全覆盖。五是加大贫困劳动力培训转移就业及劳务输出。加强与重点地区沟通对接，以对口帮扶城市和京津冀、长三角、珠三角等发达地区为重点，积极开展劳务协作，不断加强就业服务，拓宽劳务输出渠道，促进实现转移就业和就地就近就业。六是加快推进旅游扶贫。努力将旅游扶贫作为产业扶贫的重要手段，促进乡村旅游，解决贫困人口就业问题，重点对全市深度贫困地区的旅游资源优先开发利用。七是全面落实医疗健康扶贫。全面落实四重医疗保障制度，确保建档立卡贫困人口100%参加城乡居民医保，确保建档立卡贫困人口家庭医生签约服务率100%。到2018年末，全市贫困地区医疗卫生资源配置水平有较大提升，基层医疗卫生服务明显改善。八是切实强化教育扶贫。抓实教育精准资助工作，对农村建档立卡贫困家庭高中及中、高职一年级、二年级，大专，本科在校生实现教育精准扶贫资助100%全覆盖；对农村建档立卡贫困家庭当年录取本科的学生，实现圆梦行动一次性5000元扶贫资助100%全覆盖。

3. 以提升脱贫实效为目的，狠抓“两项措施”

为确保年度脱贫对象达到国家及省贫困退出标准，真正做到真脱贫、脱真贫，增进贫困群众获得感。一是发挥督察考核“指挥棒”的积极作用。进一步完善全市扶贫项目建设、极贫乡镇攻坚、贫困识别与退出、干部驻村工作、政策落地、群众满意度等考核细则。对贫困县和有扶贫开发任务的片区县、贫困乡镇和其他有扶贫开发任务的乡镇进行脱贫攻坚排名，用好用活通报、奖励、约谈、问责等手段，推进干部用心、用力、用情做好脱贫攻坚工作。二是加大对减贫成效、精准识别、精准帮扶、扶贫资金四个重点工作的督察力度。核查任务县建档立卡贫困人口数量减少是否达到当年脱贫任务，贫困县退出、贫困村出列是否达到国定标准，贫困地区农村居民收入增长率是否达到或高于全省平均水平；建好、用好毕节市精准扶贫大数据平台，组织实施好第三方评估工作，重点核查任务县、乡镇、村建档立卡贫困人口精准识别漏识率、错退率是否低于2%；核查群众对驻村工作队和帮扶责任人帮扶工作的满意度是否达到90%以上；依托全国扶贫开发信息管理系统业务子系统和贵州扶贫云项目管理模板，加强对财政专项扶贫资金使用管理过程及其效果的监管，保证财政专项扶贫资金管理使用的安全性、规范性和有效性。重点核查资金投入、资金拨付、资金监管、资金使用成效等方面的情况。

（二）全方位发展经济，促进乡村振兴

1. 以农业园区为驱动，加快农业产业化步伐

毕节属于典型的喀斯特岩溶山区，山多地少、山高坡陡；同时，农业人口多，贫困人口占比大，农业稳则社会稳、农民富则农村富。靠山吃山，吃山养山，做好“山”字文、念好“山”字经，加快山地现代高效农业发展、现代农业园区建设步伐是农业发展的希望所在、必由之路。在巩固现有园区的基础上，以政策为引导、招商引资为途径，进一步加快特色农业园区建设步伐，加快土地流转，不断提高农业现代化水平。与此同时，应打响“乌蒙山宝·毕节珍好”品牌，变资源优势为商品优势，因地制宜，做大做强

板块经济。

2. 以"绿色贵州"为契机，加快林业产业化步伐

遵循绿水青山就是金山银山的理念，借助"绿色贵州"三年行动、全国退耕还林还草现场经济交流会在毕节召开的东风，以新一轮退耕还林还草为抓手，一步一个脚印扎实抓好林业生态建设，在三年时间内完成宜林荒山和25度以上坡耕地的退耕还林还草工作，重点抓好经济果林和中药材的种植，依托现有园区，加强林产品、药材、果制品企业的招商引资工作，以"公司+基地+农户"的形式带动林业的发展；切实提高林地综合生产效益，促进林农持续增收致富；培育发展花卉苗木产业，逐步形成花卉苗木种植、科技服务、销售服务等一条龙的产业化链条，为发展工业、旅游业打下坚实的基础。[①]

3. 以龙头企业为牵引，加快畜牧业发展步伐

近年来，毕节紧紧围绕"优化畜牧业内部结构，促进农民增收，改善生态环境"的目标，抢抓发展机遇，把发展草食畜牧业作为深化试验区"扶贫开发、生态建设"的重大举措，将种草养畜列为全市特色农业基地建设的重要内容，采取切实可行措施，加强项目整合，加大资金投入，营造有利生态环境，加强政策引导、技术支持、资金投入，加快畜牧业产业化发展步伐，使之真正成为老百姓增收致富的增长点。

4. 以改革创新为引擎，加快旅游业发展步伐

大力发展旅游产业，是经济转型发展的时代要求和重要途径，必将推动信息流、资金流、技术流、资源流的转移和聚集，从而给经济社会发展带来充足的生产要素和旺盛的需求活力。毕节旅游资源丰富、点多面广、各具特色，随着高速公路、机场、高铁等交通基础条件的改善，应加大宣传推介和旅游业市场化运作力度。

5. 以乡村振兴规划编制为统领，同步全国实现乡村振兴

目前全国正在围绕乡村振兴促进城乡一体化发展，实现农村全面现代

---

① 曾加伦：《对打造毕节试验区经济发展"升级版"的几点思考》，《乌蒙论坛》2014年10月15日。

化。毕节试验区既需要在短时间内决战脱贫攻坚，同步全国实现小康，又要在脱贫攻坚的基础上，实现高一格的乡村振兴。科学合理制定乡村振兴规划，指导毕节试验区科学发展成为当务之急。

（三）加速城镇化发展

1. 全力推进新型城镇化建设

紧紧围绕“全域毕节、产城互动、景城一体、城乡统筹”的工作思路，强化规划引领，全面完成中心城区城市总体规划修改工作，进一步优化城乡空间布局，正确把握城市及城镇的发展定位，不断完善城市功能配套。同时，加强对镇（乡）、村规划编制的指导，推动特色小城镇和美丽乡村建设。

2. 大力提升中心城区品质

深入开展“五城同创”，加强中心城区规划管理，统筹推进城市生态、景观、水环境等综合治理，促进人居环境改善。抢抓棚户区改造、“海绵城市”建设机遇，推动城市综合管廊、通信网络、垃圾污水处理、河道治理、停车场等市政设施建设。加强与广州市城市规划勘测设计研究院对接合作，完成中心城区城市环境整治工程（即“19456”工程）方案设计工作。加强对已建城镇基础设施的管理力度，健全监管机制，切实提高各类城镇基础设施的使用率。加快山水园林城市创建进程，将山、水融合规划建设理念打造城市个性。

3. 加快特色小城镇建设

一是对照特色小城镇“8＋X”工程项目建设标准，对120个特色小城镇总体规划和乡村建设规划进行评估，完成小城镇总体规划和乡村建设规划。二是以新发展理念为指导，坚持因地制宜，培育发展特色小城镇特色主导产业，实现以产促城、以城兴产、产城融合。三是鼓励社会力量积极参与特色小城镇的建设运营和管理，注重保护历史文化建筑，留住城市的人文特色和历史记忆。

4. 全力推进智慧城市建设

将城市管理数字化建设纳入市委市政府建设智慧城市的大盘子，吸引社会力量和社会资本参与城市管理。本着资源共享、逐步完善的原则，整合利用目前公安、国土等部门已建的在线监测信息设施，搭建统一的城市管理信息平台，建立高效的监控中心和智能指挥中心，建立分工明确、责任到位、反应快速、沟通快捷、处置及时、运转高效的城市管理和监督长效机制，实现城市管理专业化、精细化、长效化、科学化。

（四）建设生态环保工程

1. 加强森林生态修复与保护

当前，毕节市森林覆盖率离“十三五”60%的森林覆盖率目标任务还有近10个百分点，我们将以退耕还林为抓手，充分利用25度以上坡耕地资源，持续推进“绿色毕节”行动，统筹推进荒山造林、天然林保护、低效（质）林改造、石漠化治理、森林抚育、绿色通道建设等生态修复工程建设，突出景观打造和产业示范带动，整合政策、项目、资金和技术，强化措施、以点带面、整体推进，补齐森林资源短板。

持续深入开展森林保护“六个严禁”专项行动，以零容忍的态度加大打击破坏森林资源违法犯罪力度，严格林地资源使用管理，做到守土有责、守土尽责，切实维护好试验区建立30年来的生态建设成果。加强宣传教育，强化值班调度，做好应急准备，抓住重点部位、重要节点，严格火源管控，严密防范森林火灾，加强林业有害生物防治，预防和减少森林灾害发生。加强自然保护区、湿地、生物多样性保护，突出森林保护队伍建设，扩大生态护林员规模，形成森林资源管护网络体系。

2. 发展壮大林业产业

把林业生态建设与扶贫开发有机结合，坚持生态产业化、产业生态化，以毕节山地特色森林资源为依托、市场需求为导向、农民增收为中心，发挥资源禀赋优势，做强林业特色产业。一是在量上做大。依托退耕还林、石漠化治理等工程，逐步扩大核桃、樱桃、苹果、刺梨等特色经果林种植规模。

引导利用森林空间发展林下经济，扩大林下种植、养殖规模。将生态建设与森林生态旅游有机融合，为全域旅游发展奠定生态基础。依托全市 13 个森林公园、8 个湿地公园，积极争取国家公园创建和康养基地建设。二是在质上做优。建立林业产业专家服务团队，加强关键技术攻关、培训和指导，加强基础设施建设，实施园区化管理，不断提升全市特色经果林管理水平，提高产品质量，打造高品质高原绿色经果林产品品牌。三是在点上做强。根据地域和产业发展特点，打造一批林业产业示范园区。在威宁迤那、牛棚、中水一带打造苹果园区，在赫章财神、朱明、可乐一带打造核桃园区，在总溪河流域打造樱桃园区，在大方、黔西、织金延黔大、黔织高速一带打造皂角园区。整合林业及其他产业发展、基础设施建设资金，高标准、高质量建设产业园区，提升园区综合效益。

3. 持续深化各项林业改革

坚持问题导向，深入推进“国家集体林业综合改革试验示范区”建设，在探索开展集体林地“三权分置”、健全社会化服务体系、完善财政扶持制度和完善政策性森林保险等关键领域和关键环节有突破、有创新，努力形成一套能够在全国推广的生态林业、民生林业制度体系和工作机制。继续深化林权制度改革，加强林业产业发展服务机构建设，对实施绿化毕节行动新造的荒山和新一轮退耕还林，积极协调核发权属证明，明晰产权和落实管护责任，保护林农的切身利益。完善森林保险制度，建立健全森林保险费率调整机制，创新差别化的商品林保险产品，提高商品林参保率，扩大森林保险覆盖面。研究探索森林保险无赔款优待政策，进一步激发群众参与生态建设的积极性，使林农获得更多的政策红利。

4. 加强环保监管与防治

一是加大环保督察问题整改力度。强化督促指导，对中央环保督察组反馈的问题、转办的信访案件和毕节市自查出的突出环境问题，建立整改台账，倒排工期，扎实推进问题整改，确保按时完成整改任务。抓好已批复开发式矿山环境恢复治理项目生态环境突出问题整改工作，全面对草海生态环境保护涉及国土资源管理方面的突出问题进行整改。二是坚决打好污染防治攻坚战。持续实施大气污染防治行动；加快水污染防治步伐，加强饮用水源保护区环保设施建设，以倒天河水库、利民水库为重点，推进县级以上集中式饮用水源地环境综合整治。实施倒天河、草海等流域水污染综合治理；强化土壤污染管控和修复，推进重金属污染治理项目实施，完成赫章县1440万元、1100万元土法炼锌废渣治理项目建设。完成全市农用地土壤污染状况详查工作。三是切实加强环境监督管理。实行环境影响评价“阳光审批”，加强重点项目服务工作。严把环评审批关口，落实“三线一单”约束和“三挂钩”机制。开展全市涉危单位排查，扎实推进危险废规范化管理。四是不断加大环境执法力度。深入开展环保执法“风暴”专项行动，加大“六黑”打击力度；深化行政执法与刑事司法衔接制度，及时查办一批典型违法案件；加大饮用水源、自然保护区等区域监管执法力度，确保环境敏感区域环境安全。五是完善境内环境保护基础设施。统筹全市城乡环保基础设施建设规划，把乡村纳入城市生态建设规划中，加大对乡村环保设施的投入，积极建设乡村生活垃圾集中清运体系。六是开展第二次污染源普查工作。制定第二次污染源普查实施方案，做好全市第二次污染源普查入户调查、普查数据录入、审核、上报等工作，形成全市污染源普查数据库，全面掌握全市各类污染源数量、行业和地区分布情况。

（五）创建安全生产服务环境

1. 顺应改革要求，完善工作机制

构建严密的责任体系，进一步强化安全生产责任，全面落实企业主体责任。推进安全生产诚信体系建设和与全市经济社会发展、安全风险管控相适应的执法力量配备、经费和工作条件保障机制建设，进一步夯实基层基础工作。

2. 推进依法治理，提升监管效能

以“法治毕节创建”为契机，强力推进依法治安。强化依法监管，实现严格、公正、文明执法。严格队伍管理，有效提升专业素质和执法水平，增强执行力和落实力。

3. 筑牢安全防线，有效防范事故

严格执行有关规范和安全标准，科学规划和实施安全基础设施建设，提升本质安全水平。积极推进“风险等级管控、隐患排查治理”双控体系建设，健全监测预警应急机制，加强安全生产基础设施建设，提升安全保障能力。

4. 健全安全服务体系，提升技术支撑能力

积极探索推行“政府出资、中介服务、企业落实”的综合中介服务模式，建立政府购买服务和实施第三方协助监管检查的机制，推动企业购买以注册安全工程师专业化服务为核心的最低安全生产服务。

5. 加快应急体系建设，提升应急救援能力

健全安全生产应急救援物资保障体系，加快安全生产应急机构、基地和队伍建设，健全完善安全生产应急预案、平台体系，进一步提升应急救援能力。

（六）创建“法治毕节”

法律是治国之重器，兴邦之支柱。

1. 突出抓好审判执行，服务经济社会发展

坚持以抓好执法办案为核心，依法严厉打击各种犯罪，营造安全稳定的治安环境；加强民商事和行政审判工作，依法处理民商事、行政纠纷，营造公平正义的法治环境；加大执行工作力度，营造诚实守信的社会环境。

2. 突出抓好司法改革，实现审判质效提升

坚持以司法责任制为核心深入推进司法体制改革，实现审判工作责权利相统一，不断提升审判质量和效率，提高司法公信力。探索解决改革中的深层次问题，学习“塘约经验”，以求真务实的改革创新精神，提升司法体制改革成效。

3. 突出科技创新引领，加快建设智慧法院

围绕服务群众、服务审判执行、服务司法管理，加快系统建设，加强现代科技手段应用，强化保障体系，提升应用成效。以大数据为引领推进科技

创新，加强司法大数据分析研究，促进审判体系和审判能力现代化。

4. 突出抓好便民利民，提高司法服务水平

全面推进诉讼服务中心转型升级，为人民群众提供多形式、全方位、最便捷的诉讼服务。推动大调解工作格局的构建，促进多元化纠纷解决机制更好发挥作用。开展司法救助，加强以案释法，让人民群众有更多的司法获得感。

5. 突出抓好队伍建设，强化能力素质提升

牢固树立“围绕发展抓党建，抓好党建促发展”的理念，夯实党的基层基础，落实“两学一做”学习教育常态化制度化，加强党风廉政建设和纪律作风建设，按照正规化、专业化、职业化的发展要求，着力提升法官业务素质和审判水平，确保队伍公正、廉洁、为民，打造拥有铁一般忠诚、铁一般法纪、铁一般担当的过硬队伍。

6. 突出抓好“法治毕节”创建，有效解决实际问题

坚持问题导向，强化督察指导，围绕社会秩序保障、矛盾纠纷化解、便民利民服务、法治精神弘扬等打造一批富有法院特色的创建亮点，用好用活行之有效的工作方法，促进地方治理体系和治理能力现代化。

（七）聚焦民生福祉

1. 提升教育工程

（1）提高学前教育普及水平。通过新建、改建、扩建等方式逐年扩大公办幼儿园和普惠性民办幼儿园覆盖面，切实加大城区、小城镇以及城乡接合部公办幼儿园建设力度，力争到 2020 年每个行政村至少有 1 所幼儿园，学前教育三年毛入园率达到 90% 以上。

（2）推进义务教育城乡一体化发展。实施好全面改善贫困地区义务教育建设工程、农村寄宿制学校建设工程、农村教师周转宿舍工程。通过组建教育集团、学校联盟、名校办分校、强校托管弱校等方式，消除城镇“大班额”问题。

（3）推动高中教育特色发展。实施第二期高中阶段教育突破工程，新

建60个班的普通高中40所，配置图书和教学仪器设备以及体育运动场等附属设施建设；创建省级示范性高中6所以上。实施贵州省第二期普通高中教育突破工程，完善实施新课程必需的探究实验室、校本课程教学专用教室、通用技术教室、选修课教室、走班教室等基本设施设备。建立健全民办高中办学条件评估机制和退出机制，引导民办学校规范健康发展。

（4）建设现代职业教育体系。实施职业教育“品牌”工程，新增3~6所5000~10000人在校生规模的中职学校，建成5所及以上省级示范性职业学校；20个以上省级示范专业。每校1~2个省级示范专业、2~3个市级骨干专业。构建中高职人才成长“立交桥”，逐步形成中高职五年一贯制、中职“3+4”升本科、中职学生“文化素质+职业技能”对口升学考试、高职院校单独测试招生和推荐中职应届毕业生免试升入高职学校并存的贯通培养格局。

（5）提高高等教育办学水平。坚持走高等教育内涵式发展道路，扩大高等院校办学规模，优化高等教育结构，提升高等院校办学水平。加快推进贵州工程应用技术学院列入贵州省区域“双一流”建设；不断扩大毕节职业技术学院、毕节医学高等专科学校、毕节幼儿师范高等专科学校办学规模，提升专业和师资队伍建设水平。在毕节广播电视大学基础上组建“毕节开放学院”和“毕节社区大学”，形成覆盖全市城乡社区的继续教育体系。

（6）加强民族教育内涵发展。实施民族教育同步工程。加强少数民族学前教育发展，为每个民族乡分别新建1所以上中心幼儿园。加强民族自治县和民族乡寄宿制学校建设、民族中学建设，不断改善办学条件，提高教育质量。加强少数民族教师特别是“双语教师”培训。

（7）推动特殊教育稳步发展。加强统筹，科学建设，健全特殊教育发展督导、考核奖惩和问责机制，有效保障残疾儿童少年平等接受教育。实施“特殊教育资源中心”建设项目。大力发展以职业教育为主的残疾人高中阶段免费教育，到2020年，残疾儿童少年义务教育入学率达到95%以上。

（8）全面提高教育教学质量。坚持立德树人，着力构建以社会主义核心价值观为引领的大中小幼德育体系。加强大学生思想政治教育和中小学生德育工作，将社会主义核心价值观融入大中小学各学科课程教学和行为规范中。落实《贵州省乡村教师支持计划（2015～2020年）》和《毕节市乡村教师支持计划（2017～2020年）》，着力提高教师待遇。全面提升教育信息化水平，完善“互联网+教育”体系，利用毕节教育云服务平台，建成贵州教育信息化“示范区”。

（9）推进教育精准扶贫。完善学生资助体系，实现农村建档立卡贫困户子女和享受孤儿待遇学生从小学到大学全部免（补助）学费。对普通高中、中职学校和普通高校建档立卡农村贫困就读学生实施扶贫专项助学金，免（补助）学费、教科书费、住宿费等资助项目。实施留守儿童困境儿童教育精准关爱计划，基本完备学龄留守儿童精准关爱体系，实现动态监测全覆盖、教育关爱全覆盖、结对帮扶全覆盖、责任落实全覆盖，使在校留守儿童得到全方位、多方面教育关爱。

（10）深化教育综合改革。深化人事制度改革，推进实施中小学校长职级制，推进“县管校聘”的教育人事制度改革。深化教育管理体制改革，扩大中小学办学自主权，全面推进依法治校。

2. 医疗卫生工作

（1）强化人才队伍建设，为发展提供保障。一是加大高层次人才引进力度。二是加大人才培养力度。三是加大民族民间医技人才发掘力度。四是加大学科带头人培养力度。五是加大执业医师（执业助理）考前培训力度。以市医专作为基础人才培养基地，开展执业（执业助理）医师资格考试考前培训，全面提升参加执业（执业助理）医师考试合格率。六是加大下沉帮扶工作力度。

（2）强化基础设施建设，为发展巩牢基础。一是努力争取卫生计生项目纳入中央资金投入和省级资金补助范围。加快推进以“百院大战”为重点的基础设施建设。二是积极引导、鼓励银行金融机构统筹资金运用，调整优化信贷结构，支持本地医疗卫生基础设施项目建设。三是充分发挥政府投融资平台作用，拓展医疗卫生基础设施建设项目投融资渠道。四是强化前期准备。纳入“十三五规划”建设的项目，督促项目单位扎实做好可行性研究报告、选址意见书、用地规划许可、修建性详细规划审批事项、工程规划许可、规划环评、环境影响报告书等项目前期工作，并严格按照项目标准化落实建设用地，并预留项目发展用地。

（3）强化改革举措，为发展增强活力。一是全面深化公立医院综合改革。在医院管理体制、编制备案、运行机制、补偿机制、药品采购、人事薪酬、服务能力提升等重点领域改革取得成效，着力推进单病种付费等医保支付方式改革，重点监控高价营养辅助性药品使用情况，实现公立医院控费目标。二是大力推进医疗联合体建设，建立健全分级诊疗体系。三是积极做好疾病应急救助工作。四是强化基本药物制度管理，严格落实网上集中采购政策。

（4）努力提升医疗服务水平，为发展助增活力。一是夯实医疗管理内涵，提升医疗服务水平。二是完善供需平衡的血液保障长效机制。三是完善中医药服务体系。加大基层中医馆建设力度。力争60%以上基层医疗机构建设中医馆。探索中医药诊疗报销标准，规范诊疗行为，完善新农合和城镇居民医保政策，拓宽中医门诊报销思路，为中医门诊病人及基层农村中医药适宜技术的推行奠定保障基础。

（5）大力强化公共卫生工作，为发展增强保障。一是加强传染病疫情监测和处置。确保全市传染病总体发病水平实现稳中有降，控制在十万分之五百以下。二是强化督促指导，确保“十三五”规划目标如期实现。三是提高妇幼保健工作水平。继续开展妇幼保健机构等级评审工作，力争全市50%的县级妇幼保健机构达到二级甲等妇幼保健机构水平。四是大力夯实基层医疗卫生工作，着力提升服务能力。全面完成基层医疗卫生服务能力三年提升计划（2016～2018年）目标。五是加强卫生应急急救能力建设。六是强化卫生监督执法工作。

（6）强化创卫力度，为“五城同创”巩牢基础。制定考核方案和考核细则，对责任单位和成员单位进行考核；持续进行业务培训和现场指导，按照任务清单进行督察、督办，对不重视、不作为的单位报指挥部进行通报批评及责任追究。督促完成申报条件，收集、整理申报资料，为明年成功申报

做好充分准备。利用搭建好的微信公众平台适时发布工作信息；进行国家卫生城市创建、居民健康卫生知识宣传教育；发挥好群众通过监督参与共创的作用，切实营造好“同创共享”的国家卫生城市创建氛围。积极协调国家级创卫专家到毕节对有关责任单位和业务人员进行授课及培训，为创卫工作更高效有序地开展打好基础。

（7）强化健康扶贫，为改善民生提供保障。全面落实农村特殊困难人群多重医疗救助保障机制，大病救治及特殊困难人群医疗保障政策，加大建档立卡贫困人口健康扶贫力度，强化精准识别，进一步提高农村贫困人口大病保障水平，确保不出现“因病返贫、因病致贫”。进一步巩固完善城乡居民医保，完善市级统筹的各项管理制度，强化建章立制工作，推动市级统筹向省级统筹稳步发展；着力抓好市级数据库建设和智能审核系统建设，充分发挥网上监管和现场督察工作的互补作用；在已实现全市公立医院现场即时结报的基础上，争取在年底全面实现省级定点医疗机构的即时结报工作；着力做好省级定点和市级定点医疗机构审核拨付工作，让医院健康发展，百姓得到实惠。

3. 文化建设和社会保障工程

积极争取国家文化部批准实施“彝族文化生态保护利用试验区”，加快试验区图书馆、文化馆、体育场建设，推进科技进万家惠民活动，开展社会保障工作。

（1）扎实推进创业就业工作。继续加大政策执行和落实力度。认真贯彻执行好“七个精准”就业扶贫措施。加强与广州等发达城市的对口帮扶合作，拓宽劳务输出渠道。积极引导和扶持农民工返乡创业就业。继续狠抓城镇新增就业实名制管理，推进城镇新增就业在全省的增比进位。深入实施高校毕业生就业创业计划。大力推进“互联网＋就业创业服务”平台建设。加强就业补助资金的管理和使用，设法消化资金结余。强化公益性岗位管理和兜底功能，确保零就业家庭动态清零。认真做好护工、家政等紧缺劳务人员培训输出工作。加大创业担保贷款工作力度和创业园、创业孵化基地培育和扶持力度。继续做好化解过剩产能企业职工安置工作。

（2）扎实推进社会保险工作。继续以中小企业城镇居民、个体劳动者、灵活就业人员和农民工为重点抓好扩面征缴，努力扩大社会保险覆盖面。继续推进机关事业单位养老保险制度改革和全省工伤保险省级统筹、基本医疗保险改革。完善内控制度，强化基金管理，落实好基金运行安全措施。

（3）扎实抓好人事人才工作。做好2017年统一面向社会公开招录公务员、选调生和人民警察相关工作。继续做好第五届贵州省人博会引进人才的后续服务工作。落实好机关事业单位工资正常晋升等政策。积极推进县级以下公务员职务与职级并行制度的实施。扎实做好中小学职称制度改革和农民职称、民营经济职称评审。继续做好事业单位公开招聘工作人员相关工作。

（4）扎实抓好和谐劳动关系创建。加强主动监察，积极开展案件查处工作，强化劳务派遣单位监管。加强劳动监察机构和队伍建设，继续建立和完善保障农民工工资支付长效机制，继续推进“两网化”建设，推进农民工实名制管理。积极推进企业集体合同、工资集体协商，提高企业用工规范性。继续认真指导化解过剩产能企业和改制的国有企业制定科学的职工安置方案，切实维护企业和职工合法权益。依法调裁劳动人事争议案件，组织开展劳动保障监察专项检查，及时化解劳资纠纷矛盾。

（5）扎实抓好人社干部队伍建设。认真落实党风廉政责任制，大力加强干部素质教育和警示教育，充分运用约谈机制，整治干部队伍中存在的突出问题。大力推进“大宣传、大调研”活动，继续健全完善内部管理制度，进一步规范办事流程，简化行政审批事项，着力提升服务水平。

（八）加强作风建设，提升行政效能

各级领导在统筹推进各项工作的同时，要简政放权、放管结合、转变政府职能，以党建工作促进机构业务工作，强化服务意识，积极发挥职能作用，积极稳妥推进多项改革工作，为深化行政管理体制改革、进一步转变政府职能及推动机构管理、机构改革和事业单位登记管理等做了大量富有成效的工作。

分　报　告

Branched Reports

B.2
毕节试验区“绿色毕节”建设调研报告

魏　霞*

摘　要：　毕节试验区是1988年6月经国务院批准建立的以“开发扶贫、生态建设”为主题的综合改革试验区。试验区建立30年来，始终把生态建设放到突出位置，深入实施“绿色毕节”行动，采取强有力的措施对环境进行整治，生态环境得到明显改善，生态建设取得明显成效，实现了“生态环境从不断恶化到明显改善的跨越”，促进了地区经济发展。新时代对毕节试验区生态建设提出了更高要求，为此，要围绕生态建设，打造“建设生态保护、绿色发展的高地”；围绕绿色发展，处理好生态建设与经济发展关系；围绕完善机制，积极探索生态经济发展新模式，努力开创“开发扶贫、生态建设”综合改革试验区新局

* 魏霞，研究生，贵州省社会科学院研究员，研究方向：区域经济。

面，走出一条科学发展、绿色发展、和谐发展之路。

关键词： 生态建设 绿色毕节 毕节试验区

1988年6月，国务院批准建立以“开发扶贫、生态建设”为主题的毕节试验区。试验区建立以来，在党中央、国务院和贵州省委、省政府的坚强领导和关心下，在中央统战部、各民主党派中央、全国工商联、试验区专家顾问组等各级各部门的倾力帮扶下，坚守发展和生态两条底线，采取强有力的措施对环境进行整治，实行退耕还林还草、“坡改梯”等综合治理，先后实施了中国“3356工程”①“长防工程”“长治工程”及飞播造林、封山育林、天然林资源保护、退耕还林等生态建设工程。30年来，特别是实施西部大开发战略以来，毕节试验区生态建设取得明显成效，共完成生态建设项目79个，完成投资53.77亿元，累计治理石漠化2256平方公里、造林1962万亩，森林覆盖率从14.94%提高到52.81%，平均每年提高1个百分点以上，生态环境明显改善。毕节市被列为全国第二批生态文明试点城市、全国生态文明先行示范区试点示范。

一 毕节试验区生态建设基本情况

毕节地处长江和珠江上游，属典型的喀斯特岩溶地貌，山高坡陡、河谷深切、地形破碎、生态环境脆弱。试验区成立之前，毕节是贵州省水土流失最严重的地区，也是全国最贫困的地区之一，水土流失面积占全区总面积的

① “中国3356”项目是粮食计划署（WFP）以粮食援助的形式，帮助贵州省织金、纳雍两县通过林业和其他途径防止水土流失的综合性生态建设项目。该项目以植树造林为主，同时进行种草养畜，修筑石埂梯土、乡村道路等，其目的旨在改善生态环境和农业生产条件，控制水土流失，促进山区经济发展和农户生活改善。

52.6%，而生态恶劣则是其贫困的根源之一。[①] 面对恶劣的自然环境，试验区建立之时就十分注重生态建设，坚持生态建设与经济开发的双向互补。采取以进保退、以退保进，开发山下保山上、建设山上促山下，堵疏结合、整体防护，抓点带面、有序推进，防建并重、抓建促防等措施促进生态建设，生态支撑力和环境承载力得到大大提升。

试验区成立30年来，特别是2013年底全面深化改革启动以来，毕节试验区生态文明建设取得初步成效。2013年毕节市获批为“生态文明先行区”，2014年被列为全国生态文明示范工程试点，国家发改委、国家林业局2015年将毕节市列为“全国生态保护与建设示范区”，国家林业局将毕节市命名为“全国林业生态建设示范区”“全国石漠化防治示范区”“国家集体林业综合改革示范区”等。[②] 2016年，毕节试验区又相继制定“一个突破、一个翻番、三个全面”的目标[③]，致力于打造试验区林业生态建设升级版。

二　毕节试验区生态建设主要做法及成效

（一）建立完善生态文明制度体系

一是建立规划引领机制。注重发挥规划的引领作用，毕节试验区先后编制了《贵州省毕节市生态补偿示范区建设规划》《毕节市贯彻省委十一届七次全会精神推动绿色发展建设生态文明实施方案》等，从建立绿色评价考核制度、完善自然资源资产产权制度、建立领导干部自然资源资产责任审计

① 胡星：《小试验　大方向——贵州毕节试验区建设发展成就综述》，中国日报中文网，http：//cnews. chinadaily. com. cn/2014 -06/20/content_ 17603362. htm。

② 史开云：《从不断恶化到明显改善的跨越》，《毕节日报》2015年10月20日，第1版。

③ 一个突破：森林覆盖率2018年达到56%、2020年达到60%，生态建设取得新突破。一个翻番：林业总产值2018年较2015年翻一番，达到300亿元，并保持持续增长，2020年达到400亿元。三个全面：全面完成荒山绿化，实现灭荒目标；全面将473.88万亩25度以上的坡耕地、15~25度的重要水源地坡耕地实施退耕还林；全面开展石漠化综合治理，治理面积达4000平方公里以上。

制度、完善生态文明建设责任追究制度，以及建立科学合理的国土空间开发机制、“多规合一”规划引领机制、生态文明法治建设体系、绿色金融创新体制等方面实施生态文明制度优化工程。

二是建立法治保障机制。注重发挥市人大常委会的作用，起草了《百里杜鹃风景名胜区保护条例》，研究制定了以生态文明建设为核心的法规体系。充分发挥威宁自治县的自治作用，加快制定和完善对草海的保护立法，做到试验区生态建设和环境保护有法可依。

三是建立多元投资机制。注重发挥公共财政的导向作用，在投融资、税费征收、林地使用、森林采伐等方面制定有利于社会资金进入生态建设的政策措施，鼓励民营企业、社会团体和个人投资参与生态建设；探索荒山荒坡拍卖、商品冠名销售、授予绿色企业荣誉等形式募集生态建设和绿色产业发展资金，引导多项资金投向生态文明建设。

四是建立生态考评机制。先后制定《毕节市生态文明建设考核办法》《绿化毕节动态跟踪考核办法》《毕节市生态环境损害党政领导干部问责暂行办法》《毕节市林业生态红线保护责任考核细则》《毕节市实施最严格水资源管理制度考核办法》《毕节市生态红线保护目标责任考核办法》等办法，构建明晰的目标考核体系，将县（区）和市直责任单位县级领导班子、领导干部纳入考核，考核内容为能源资源利用、生态环境保护、绿色发展程度、经济发展提质转型、群众满意度等五个方面，重点考核转型发展生态经济、稳固构筑生态屏障、持续改善生态环境、加快建设生态家园、系统完善生态制度、全力培育生态文化等六项目标任务，实行生态保护领导终身责任追究制度。

（二）构筑绿色生态综合保护屏障

一是为生态绿化做“加法”。制定出台《绿色毕节行动三年行动计划》，对试验区造林绿化、治理石漠化和水土流失制定时间表、下达任务书。坚持生态产业化、产业生态化，以重点生态修复工程为抓手，以高速公路、铁路两侧绿化为重点，形成“一条大道、两路风景、三季有花、四季常绿、常年洁美”的高原通道景观。

二是为环境污染做“减法”。围绕“天蓝、水清、土净”目标，探索开展以城市污水及垃圾处理、工业园区、电力、煤炭、焦化等领域为重点，按照“谁污染、谁付费”原则，由排污者承担治理费用，第三方治理企业按合同约定进行专业化治理试点。推行委托第三方运营处理污水，全市48个厂均建设完成并投入运营。全力推进燃煤电厂、水泥厂等重点行业脱硫脱硝设施建设，全市新型干法水泥行业脱硝设施全部投入运营，纳入责任书的火电机组旁路封堵、脱硝设施项目全部完工。

三是为环境保护做“乘法”。加强农业面源污染和农村土壤污染防治，强化农村环境综合整治，严格执行森林保护“六个严禁”① 和“六个一律”,② 以零容忍态度打击环境违法行为。在金沙县、百里杜鹃开展领导干部自然资源资产责任审计试点工作，在督促各级领导干部依法履行生态环境保护管理职责的同时，着力强化执纪问责。

四是为环境治理做“除法”。认真贯彻“创新、协调、绿色、开放、共享”发展理念，坚守发展和生态两条底线，厚植发展优势，切实抓好环境保护和治理工作。自2015年1月1日新《环境保护法》及四个配套办法施行以来，毕节市积极打击环境违法犯罪行为，环境保护和治理取得初步成效。

---

① 六个严禁：严禁盗伐滥伐林木、严禁掘根剥皮等毁林活动、严禁非法采集野生植物、严禁烧荒野炊等易引发林区火灾行为、严禁擅自破坏植被从事采石采砂取土等活动、严禁擅自改变林地用途造成生态系统逆向演替。

② 六个一律：对环境保护建设项目未经环评审批及未按环评要求落实污染防治设施的，一律停建、停产；对环保设施不正常运行、污染物超标排放、私设暗管等环境违法行为，一律依法从重处罚；对直接排放污染物的单位，一律依法足额征收排污费；排污单位严重违法导致较大以上突发环境事件和造成严重后果且社会影响恶劣，负有监管职责的国家公职人员存在失职、渎职行为的，一律追究行政责任，涉及国有企业的，同时追究国有企业相关人员的责任；对污染饮用水水源，非法排放、倾倒、处置危险废物，非法排放含重金属、持久性有机污染物等严重危害环境、损害人体健康，私设暗管排放、倾倒、处置有放射性的废物、含传染病原体的废物、有毒物质等严重污染环境违法行为，构成犯罪的，一律移交司法机关追究刑事责任。

（三）打造绿色生态幸福美好家园

一是大力建设生态宜居城市。围绕“水源清洁、空气清新、环境优美宜居、产业低碳绿色”等目标，以棚户区改造为突破口，以创建“森林城市”“园林城市”为载体，以城市公园、绿地改造提升为着力点，抓好点、线、面布局，让广大群众推门、抬头、放眼都是绿。“十二五”期间，《毕节市市域城镇体系规划（2014～2030年）》获批，开工建设总长度130公里城市核心区路网33条，先后有10个项目纳入贵州省100个城市综合体建设。

二是着力建设绿色城镇。围绕生产生活生态，优化城镇空间布局，加快建设一批富有山地风光、民族风情特色的生态城镇，实现产业、城镇、景区和谐相生、共建共荣，让群众望得见山、看得见水、记得住乡愁。“十二五”期间，全市特色小城镇及示范镇完成投资253.88亿元，常住人口城镇化率达38%。

三是大力建设绿色村寨。按照“依山傍水、显山露水、亮出田园风光”理念，以“四在农家·美丽乡村”建设为抓手，以农村环境综合整治、基础设施建设、生态环境保护为着力点，强化规划引领、注重产业配套，让农村成为人们生活向往之地。“十二五”期间，筹资20多亿元，硬化院坝1684万平方米，硬化连户路4.4万公里，完成农村危房改造41.13万户。①

（四）构建绿色环保产业发展体系

一是加快发展文化旅游业。以生态文明为引领，努力实现文化旅游业的规划一体化、业态品牌化、服务优质化方向发展。“十二五”期间，围绕景区、基础设施、服务设施完成项目投资411亿元，其中纳入贵州省“5个100工程”的11个景区建设完成投资75亿元，创A级景区15个。累计接

① 《2017年毕节市旅游工作会议召开》，新华网贵州频道，http：//www.gz.xinhuanet.com/2017－03/27/c_1120701043.htm。

待游客1.44亿人次、年均增长23%，实现旅游总收入1062亿元，年均增长26%。2017年，旅游总人数7740.87万人次，比上年增长40.9%，实现旅游总收入641.71亿元，比上年增长44.4%，旅游增加值占GDP比重提高至9%。[①] 旅游带来的经济效益也日益凸显，2017年，有34个村通过发展旅游业带动脱贫，旅游业带动脱贫率达30%以上。

二是大力发展生态工业。围绕打造煤—电—化、煤—电—建（材）等循环经济产业链，积极推动煤炭、电力、化工、建材等产业耦合发展。积极推动以综合回收利用脱硫石膏、煤矸石及粉煤灰等废弃物的新型建材产业快速发展，努力打造特色突出、资源集聚、运营高效、完整配套的国家级煤电化一体化产业基地。围绕打造毕节国家新能源汽车高新技术产业化基地，大力发展新能源汽车等零部件加工配套产业项目。

三是着力发展山地生态高效农业。以实施“4321工程”[②] 为载体，突出发展草地生态畜牧业、高山生态有机茶等特色生态农业产业。截至2017年，全市农业园区总数达到326个，其中省级61个、市级25个、县级30个、乡级210个，初步实现乡乡镇镇建园区。[③]

四是因地制宜推进林业产业发展。试验区推进林业发展同经济结构调整相结合，推进扶贫开发和农民增收致富相结合，因地制宜推进发展林业，实现生态改善和民生改善同步发展，探索发展林业的多种方式，努力发展林下经济和特色经果林，大力开发绿色食品，大力发展生态旅游，有力促进农村产业结构调整，创新区域特有品牌。

（五）培育发展绿色文明新风尚

一是加强生态文明建设宣传教育。抓好生态文明基础教育、专业教育、

---

① 《毕节市2017年国民经济和社会发展统计公报》。

② “4321工程”，即到2018年建成马铃薯种薯及商品薯基地300万亩、山地生态畜牧业300万头（只）、商品蔬菜基地300万亩、特色经果林基地300万亩、中药材基地100万亩、高山生态茶基地100万亩。

③ 毕节市农委：《毕节市农业供给侧结构性改革2017年工作总结》，http://www.bijie.gov.cn/bm/bjsnw/gk/xxgkml/ghjh/ndgzjhjjz/207954.shtml。

社会教育和岗位培训，让生态理念深入人心，将发展生态经济、保护自然生态环境变成全体公民的自觉行动。

二是引导群众积极参与。积极发动、组织、引导群众参与生态建设，广泛开展“义务植树”“网上低碳植树”等活动，形成生态建设的群众基础；建立健全公众参与制度，及时公布建设重点内容，扩大公民知情权、参与权和监督权，让全社会积极参与生态环境质量的监督。

三是倡导绿色生活。引导公共机构开展节油、节水、节电、节纸等行动，全面推进公共机构创建节约型示范单位。提倡低碳办公，引导广大干部群众转变思想观念、消费理念和生活习惯，形成绿色生活方式和消费模式。①

三　毕节试验区生态建设的主要经验

（一）创新先行发展试验区，实现科学发展与加快发展的有机统一

毕节试验区始终把“生态建设”作为核心工作之一，积极寻求推动经济发展同改善民生实现有机统一，实现了“生态环境从不断恶化到明显改善的跨越”。试验区成立以前，毕节“九山半水半分田”，生态恶化、生活贫困。1987 年，原毕节地委书记禄文斌同志提出并推广“五子登科”② 的生态建设模式，使毕节试验区生态环境得到明显改善、人民生活普遍提高。2015 年，时任毕节市委书记陈志刚同志进一步探索出“新五子登科”③ 理念。当年，毕节市以核桃、樱桃、石榴、苹果、刺梨、油茶等为主的特色经果林板块经济面积达到 364. 8 万亩。全市林业总产值达到 150 亿元，农民从

① 《毕节：坚守“两条底线”打造生态保护绿色发展高地》，《贵州日报》2016 年 9 月 1 日。

② “五子登科”：山顶植树造林戴帽子；山腰地坎种树、搞坡改梯系带子；坡地种牧草、绿肥铺毯子；山下大办乡镇企业、庭院经济、多种经营抓票子；大田大坝改造中低产田土，推广农业实用技术收谷子。

③ “新五子登科”：山顶种植松杉柏戴帽子、山腰种植经济林木系带子、山下抓结构调整铺毯子、富余劳动力务工挣票子、增收致富建设美丽乡村盖房子。

林业获得人均收入1903元，占农民人均纯收入7032元的27%。[①] 从“五子登科”到“新五子登科”，实现了科学发展与加快发展的有机统一，促进了生态效益、经济效益和社会效益统筹发展。

（二）创新扶贫开发示范区，以林业资源开发带动扶贫开发

毕节试验区创新扶贫开发机制，以开展国家集体林业综合改革试验示范区建设工作为契机，在集中连片特殊困难地区，以培育和发展林业专业合作社、家庭林场为抓手，积极探索公益林经营模式，依托林场森林资源发展森林生态旅游，着力发展林下经济，按照“谁造林、谁所有，谁造林、谁受益”的原则，改革林业经营模式，以工补农，以城带乡，支持林业经营主体发展，让沉淀在农民手中的林地、林木等资产活起来，切实推动经济效益、社会效益、生态效益同步提升。将毕节12个国有林场全部纳入全额预算事业单位管理。加大招商引资力度，转变林场财政管理方式，促进林场产业扩大再生产，改善生产生活条件。转变经营方式激活林业资源，在国有林场推行场长负责制和目标考核制，在职工中全面推行绩效工资制度，将工资与工作效益管理挂钩。通过改革，在促进林场经济发展的同时，职工收入大幅增加，有力地推进了森林资源培育工作，林业逐步成为发展农村经济、促进农民增收、推进地方经济发展的重要产业之一。

（三）创新生态文明先行区，促进人与自然和谐共生

毕节试验区优化国土空间开发格局，加强不同类型生态区建设，促进人与自然和谐共处。先后出台了《关于加快推进石漠化综合防治工作的实施意见》《关于大力推进特色林果产业发展促进生态建设和农民增收的意见》等一系列指导政策，明确把石漠化治理同农村产业结构调整、扶贫开发、地方经济发展、农民脱贫致富有机结合起来，因地制宜探索出了在不同程度石漠化地区主导型各异的多种综合治理模式。此外，毕节试验区还探索出了在

---

① 谢朝政：《种下万千树　逐梦“绿富美”》，《贵州日报》2016年2月19日。

林下种百合、丹参、独活、桔梗、草乌和金银花等中药材，"以药克石、以石生金"的石漠化治理模式。

（四）创新生态发展示范区，同心共创共建共进谋发展

毕节试验区成立以来，中央统战部、各民主党派中央和全国工商联领导多次到毕节试验区针对发展中遇到的重大问题，适时进行专题调研，提出了许多合理化建议。在中央统战部、各民主党派中央和全国工商联的支持帮助下，毕节先后争取实施了"中国3356"项目、世行贷款贫困地区林业发展项目、"长防"工程、飞播造林、封山育林、天然林资源保护、退耕还林等林业生态建设工程。2008年6月9日，民进中央、国家林业局、贵州省人民政府联合主办的"中国（毕节）石漠化治理与生态文明高层论坛"在毕节举行，论坛针对石漠化治理政策、措施等进行了研讨，为石漠化地区提供了可供决策参考的意见建议，并组织开展面向毕节石漠化治理试点地区的咨询服务活动。

毕节试验区从提出、建立到实施的全过程，都吸取了民主党派和全国工商联的参与，30年来，在中央统战部、各民主党派中央、全国工商联、试验区专家顾问组的大力支持和倾力帮助下，毕节试验区生态建设取得了显著的成绩，这些成绩的取得，也是毕节试验区干部群众围绕"三大主题"，奋力后发赶超的群众智慧集体结晶，初步实现了人口、经济与环境的协调发展，为毕节试验区全面建成小康社会打下了坚实的基础。

四　毕节试验区生态建设存在的问题

毕节试验区生态建设虽取得了显著成效，但仍有一些问题亟待解决。一是观念落后。受传统价值观念、思维习惯和生活方式影响，一些干部和群众的思想认识还不够到位。二是生态压力较大。毕节市行政辖区面积26853平方公里，2017年末常住人口665.97万人，是贵州省人口最多的市州。由于区域人口基数大，生态治理任务繁重，土地资源约束趋紧，生态压力依然巨大。三是生态产业发展滞后。毕节市生态产业发展集约化、组织化、精细化管理

程度偏低，经济结构性矛盾仍较突出，科技创新乏力，资源利用效率偏低，产业链短、产业幅窄、附加值不高、品牌效应不强，绿色环保型产业尚未成为主导产业。四是生态修复任务艰巨。毕节试验区森林覆盖率与全省平均水平相比低1.72个百分点，比全省最高的黔东南州低14.75个百分点。目前还有25度以上陡坡耕地325万亩和15~25度重要水源地坡耕地需要退耕还林，5185平方公里石漠化面积需要治理。[①] 五是有利于生态文明建设的考核体系还不够完善，财税、价格、金融、土地等方面的体制机制障碍还有待突破。

五 加快毕节试验区生态建设的建议

毕节地处长江、珠江流域上游，搞好生态文明建设关系重大。国务院1988年批准建设“毕节开发扶贫、生态建设试验区”，党的十八大后又把毕节试验区建设上升为国家“生态文明先行区”，习近平总书记给毕节试验区的重要批示，对毕节试验区闯出新路子、探索新经验的殷切期望，为毕节试验区新一轮改革发展指明了方向、赋予了新的内涵要求。近年来，中央加大对毕节生态治理的扶持力度，一方面是从扶贫和改善毕节自身生态环境的角度考虑；另一方面则是从构筑长江和珠江上游生态屏障这一更大、更高、更深远的战略角度来考虑。为此，毕节试验区应始终把生态文明建设摆在突出位置，牢固树立生态文明理念，将生态建设融入经济建设、政治建设、文化建设、社会建设全过程，努力开创“开发扶贫、生态建设”综合改革试验区新局面，走出一条科学发展、绿色发展、和谐发展之路，为贫困地区全面建成小康社会闯出一条新路子。

（一）围绕生态建设，打造“建设生态保护、绿色发展的高地”

1. 始终坚持以生态建设为主的可持续发展战略

把生态建设作为第一使命，不断创新体制机制，按照“建设生态保护、

---

① 贵州毕节市林业局：《毕节市2016年林业工作报告》，http://www.bjly.gov.cn/zxzx/ldgz/103454.shtml。

绿色发展的高地"要求，围绕"千方百计构筑绿色屏障、千方百计发展绿色产业、千方百计打造绿色城镇"的目标任务，坚持生态建设、环境保护、经济转型和促农增收的有机统一，进一步深化生态文明体制机制改革，努力走出一条生产发展、生活富裕、生态良好的文明道路。

2. 始终坚持构筑生态屏障，持续推进"绿色毕节"行动

着力建设长江、珠江上游生态屏障，以实施重点生态建设工程为龙头，保护生态环境、发展生态产业、培育生态文化，促进生态效益、社会效益和经济效益的协调统一。第一，深化饮用水源保护行政首长负责制和流域"河长制"管理制度，在县城以上集中式饮用水源地以及重点湖库推行行政领导负责的"河长制""库长制"。加强1000人以上集中式饮用水源保护，加强水源保护区内农业面源及农村生活面源排水去向管理。第二，采取措施有效防治水土流失，切实构建"两江"上游生态屏障。推进白甫河流域水污染综合治理，抓好乌江流域保护规划实施。第三，推进草海综合治理和保护，努力改善草海环境质量，打造靓丽草海。抢抓国家和贵州省对毕节试验区大力支持的有利时机，加快建设草海污水处理厂、环草海截污等重点工程。第四，加强环境综合监管。积极发挥环保部门统一监管的作用，推动《毕节市各级党委、政府及相关职能部门生态环境保护责任划分规定（试行）》的落实，努力形成齐抓共管的环境保护工作格局。强化建设项目环境管理，开展环评"阳光审批"；严把建设项目环境准入关口，严格控制污染严重项目落地；加强事前事中事后环境监管，督促企业严格执行环评和环保"三同时"制度，加大"未批先建"环评遗留问题整改力度。持续开展"六个一律"环保利剑行动和环保执法"风暴"行动，严厉打击各类环境违法犯罪行为。第五，全面开展地下水污染状况调查和评估，建立健全地下水环境监管体系。

3. 抓好生态治理和生态保护工作

第一，切实做好水利建设、生态建设、石漠化治理"三位一体"规划编制工作，高度重视生态恶化地区的治理，加大生态保护和恢复力度，防止新的生态破坏，努力追求生态效益、经济效益和社会效益最大化。第二，积极促进城乡垃圾处理、污水处理、面源污染治理"三个全覆盖"。第三，强化大气污染防

治。加强火电、水泥等重点行业脱硫、脱硝设施运行的监管，推进燃煤电厂超低排放技术改造，推动水泥生产企业低氮燃烧技术改造。推进清洁燃料推广普及，加大燃煤小锅炉淘汰力度。以七星关区、金海湖新区和大方县为重点，建立中心城区大气污染联防联控机制，完善污染天气监测、预警和应急响应体系。第四，强化土壤污染防治。加快推进重金属污染治理项目实施。实施重点区域和敏感区域的土壤加密调查。开展耕地和建设用地的污染场地调查与评估，严格控制污染场地再开发利用的环境风险。第五，加大农村环境的综合整治，促进农村环境质量改善。第六，加大生态示范创建力度，推动省级和市级生态文明示范乡镇、示范村创建工作，促进文明创建上新台阶。

4. 统筹推进建设生态文明先行示范区各项工作

第一，加强对接协调，积极争取《白甫河流域水污染防治总体实施方案》和《毕节市洪家渡水库生态环境保护总体实施方案》涉及项目获得国家项目资金支持。第二，加大督促指导力度，努力推动国家环境保护模范城市创建。第三，认真开展全国第二次污染源普查，切实摸清全市污染源情况。第四，加强宣传教育，广泛宣传环保科普知识和法律法规，推动公众参与。抓好信息公开，通过门户网站、报刊等媒体重点公开环境质量，建设项目环评、环境执法等环境信息，发布环境状况公报。

（二）围绕绿色发展，处理好生态建设与经济发展关系

1. 坚持绿色发展，建设生态文明

针对长期以来毕节地区生态产业发展滞后，生态产业发展集约化、组织化、精细化管理程度偏低，经济结构性矛盾较为突出，科技创新乏力，资源利用效率偏低，产业链短、产业幅窄、附加值不高、品牌效应不强，绿色环保型产业尚未成为主导产业等问题，应重点培育具有毕节特色的产业体系。第一，加快发展循环绿色经济，促使能源工业和农业走新型发展之路。注重大力发展林下种养业，集中打造以赫章、威宁为主的优质核桃，以七星关、大方、黔西和双山新区为主的刺梨，以黔西、大方为主的石榴，以总溪河、鸭池河流域为主的樱桃及威宁苹果、威宁油茶等六大特色经果林板块经济。第二，鼓励产业园区

创造条件开展循环化改造，积极争取和建设国家循环经济示范基地。第三，按照“生态建设产业化、产业发展生态化”的思路，加快构建完善的林业生态体系、发达的林业产业体系、繁荣的生态文化体系。第四，大力发展板块经济，做好主导产业的规模经营，打造新的生态效益点和经济增长点。

2. 坚守底线，抢抓发展机遇

在追求经济与生态协调发展的同时，既要把经济发展作为问题解决的关键，更应当不断创新生态文明建设机制，突出绿色发展主题，以毕节市列为全国生态文明示范工程试点和贵州省实施“绿色贵州”行动计划为契机，大力实施退耕还林、石漠化综合治理等生态建设。

（三）围绕完善机制，积极探索生态经济发展新模式

1. 完善规划引领机制

以“十三五”规划纲要和毕节生态文明建设规划为依据，编制毕节试验区重点生态产业五年发展规划，努力提高规划对产业发展的引领作用。将生态文明理念融入经济社会发展规划，并落实到各个环节中。

2. 完善生态补偿机制

争取从国家层面建立每年由长江、珠江流域下游生态受益地区共同筹集资金，对上游地区进行生态补偿；争取在省以上层面将毕节列为碳汇交易试点市，加快构建排污权有偿使用和交易工作体系，利用市场机制，促进资源再分配、再优化配置。

3. 完善产业扶持机制

制定有利于毕节试验区发展生态产业的税收、价格、信贷、贸易等经济政策，统筹产业发展引导基金和支持小微企业发展政策，鼓励引导企业资本参与毕节试验区重点生态产业领域建设和加强科技创新。

4. 完善执法管理机制

全面推行重点流域“河长制”管理和饮用水源保护行政首长负责制；探索建立生态法庭和公安环境保护分局，推动行政执法和司法无缝对接。

5. 完善考核评价机制

根据职能分工、县区发展的差异性，有侧重地将生态建设成效的指标纳入对政府和干部的考核评价内容，严格考核奖惩兑现，强化责任追究。

参考文献

《推进毕节试验区改革发展规划（2013～2020年）》（国办函〔2013〕35号）。

《中共贵州省委、贵州省人民政府关于加快推进毕节试验区新一轮改革发展的意见》（黔党发〔2011〕13号）。

蒋敦萍、周建坤：《以“五位一体”整体布局为核心，建设生态毕节》，毕节试验区网，http://bj.gog.cn/system/2017/04/27/015643600.shtml。

《2017年毕节市政府工作报告》，学优网，http://www.gkstk.com/article/wk-78500001317680.html。

《毕节市林业生态建设十三五规划》解读，http://cache.baiducontent.com，2017年7月5日。

《建立毕节开发扶贫生态建设试验区》，《贵州民族报数字报》，http://dzb.gzmzb.com/P/Item/30392，2016年9月23日。

张槐安：《毕节试验区生态建设调研报告》，三亿文库，http://3y.uu456.com/bp_67v4i7ykug4m0xd0pdyn_1.html。

龙江、欧阳德君：《毕节试验区生态文明建设的基本经验探析》，《求知导刊》2015年第17期。

顾国斌：《推进毕节试验区生态文明先行区建设的探讨》，《低碳世界》2015年第27期。

包俊洪：《对毕节“开发扶贫，生态建设”试验区的调查与思考》，《红旗文稿》2015年第20期。

B.3 毕节试验区主要经济发展指标比较分析报告

刘舜青*

摘　要： 面对错综复杂的国内外发展环境，毕节试验区各族人民充分认识并深入贯彻实施习近平总书记赋予毕节试验区“两新使命”的重要精神，攻坚克难，在地区生产总值、产业结构调整、投资消费、居民收入等主要经济发展指标方面都取得了较好的成绩，为毕节市全面建成小康社会奠定了坚实的基础。

关键词： 毕节试验区　经济增长　产业结构　居民收入

自 1988 年国务院批复同意建立毕节试验区以来，毕节试验区各族人民面对经济贫困、生态恶化、人口膨胀“三大难题”，在党中央、国务院和省委、省政府的亲切关怀以及市委、市政府的坚强领导下，经过近 30 年的努力，各方面都取得了长足的进步，与贵州省及其他地州市的差距也在进一步缩小。

2016 年是“十三五”的开局之年，也是推进供给侧结构性改革和全面建成小康社会决胜阶段的开局之年。毕节试验区深入贯彻落实习近平总书记系列重要讲话和对毕节试验区的重要批示精神，积极适应新常态，把握新形势，持续深化“三大主题”，强力推进大扶贫、大数据两大战略行动，加快

* 刘舜青，贵州省社会科学院农村发展研究所副研究员，主要研究方向：区域经济、民族经济、农村扶贫与发展及企业社会责任。

创新和产业的转型升级，保证了毕节试验区经济社会的平稳、健康发展，并呈现了较好的发展态势和社会预期。本报告主要通过对毕节试验区的地区生产总值、产业发展、固定资产投资、人均可支配收入等指标的比较分析，客观评价其在贵州省的发展水平，旨在找出差距、发现潜力，在下一步的发展过程中不断实现生产要素的最优配置，持续提升经济增长的质量和数量，为推进脱贫攻坚、实现同步小康和“十三五”的发展目标奠定良好的发展基础。

一　经济持续稳定增长

（一）地区生产总值

2016 年毕节试验区地区生产总值达到 1625. 80 亿元，与 2015 年相比增长了 12. 10%，略低于 2015 年的 12. 90%，但比贵州省的增长速度 10. 5% 高出 1. 6 个百分点，其在贵州省地区生产总值的比重是 12. 55%，与 2015 年的 12. 56% 基本持平，试验区经济实力进一步增强（见表 1）。

表 1　毕节试验区地区生产总值及占比情况

单位：亿元，%

地　区	2015 年	比重	增长	2016 年	比重	增长
毕　节	1461. 35	12. 56	12. 90	1625. 80	12. 55	12. 10
铜　仁	770. 89	6. 63	12. 70	856. 97	6. 62	11. 90
贵　阳	2891. 16	24. 85	12. 50	3157. 70	24. 38	11. 70
黔　南	902. 91	7. 76	13. 30	1023. 39	7. 90	12. 50
黔西南	801. 65	6. 89	13. 60	929. 14	7. 17	13. 30
黔东南	811. 55	6. 98	13. 10	939. 05	7. 25	13. 30
遵　义	2168. 34	18. 64	13. 20	2403. 94	18. 56	12. 40
六盘水	1201. 08	10. 32	12. 10	1313. 70	10. 14	12. 00
安　顺	625. 41	5. 38	13. 60	701. 35	5. 42	12. 40
合　计	11634. 34	100. 00		12951. 04	100. 00	

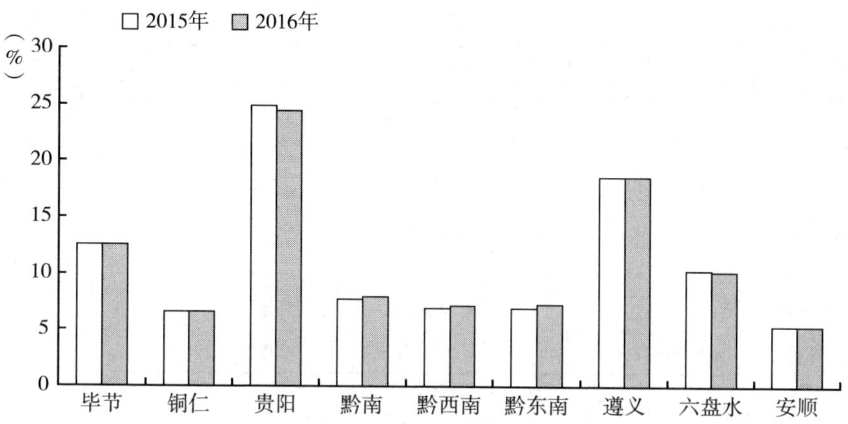

图 1　2015～2016 年毕节试验区地区生产总值占全省的比重

资料来源：2015～2016 年贵州省及所辖地州市经济和社会发展统计公报、政府工作报告。

（二）人均地区生产总值

2016 年毕节试验区人均地区生产总值达到 24544 元，与 2015 年相比增长 11.2%，同期贵州省人均地区生产总值 33127 元，同比增长 9.8%。不过由于其人均地区生产总值在全省的占比是最低的，2015 年为全省的 74.48%，尽管 2016 年毕节试验区的人均地区生产总值增速高出全省 1.4 个百分点，但其人均生产总值在全省的占比还是由 2015 年的 74.48% 降到 74.09%，减少了 0.39 个百分点，在全省各地区中仍然是最后一名。与全省的差距进一步拉大。同时下降的尽管还有铜仁市、贵阳市、遵义市、六盘水市，但它们的比重，除了铜仁市外，其他市均超过 100%（见表 2）。

表 2　毕节试验区人均地区生产总值及占全省的比重

单位：元，%

地　区	2015 年			2016 年		
	人均地区生产总值	增长	占全省的比重	人均地区生产总值	增长	占全省的比重
毕　节	22230	12.3	74.48	24544	11.2	74.09
铜　仁	24712	12.4	82.80	27366	11.4	82.61
贵　阳	63003	11.3	211.09	67771	10.1	204.58
黔　南	27888	13.2	93.44	31472	12.0	95.00

续表

地　区	2015 年			2016 年		
	人均地区生产总值	增长	占全省的比重	人均地区生产总值	增长	占全省的比重
黔西南	28464	13.6	95.37	32833	12.8	99.11
黔东南	23311	13.0	78.10	26858	12.9	81.08
遵　义	35123	12.7	117.68	38709	11.7	116.85
六盘水	41618	11.8	139.44	45325	11.5	136.82
安　顺	27065	13.3	90.68	30216	11.9	91.21
贵州省	29847	10.5	100.00	33127	9.8	100.00

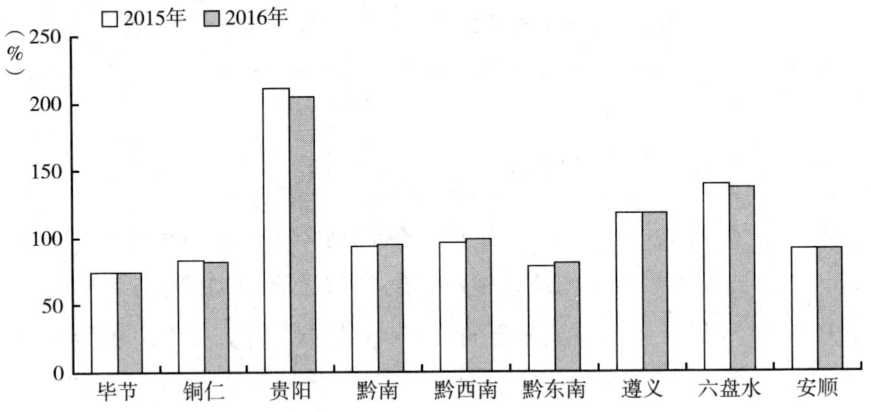

图 2　毕节试验区人均地区生产总值占全省的比重

资料来源：2015～2016 年贵州省及所辖地州市经济和社会发展统计公报、政府工作报告。

二　产业结构调整成效明显

（一）三次产业增长情况

2016 年毕节试验区各产业增长速度小幅下降。其中第一产业增长速度为6.0%，比 2015 年减少了 0.9 个百分点，其增长速度在各地州市中也大幅下降。第二产业增长速度高于全省平均水平近 1 个百分点，但在各地州市的位置不变。相比之下，第三产业表现相对稳定，仅比 2015 年低了 0.3 个百分点，比全省平均水平高出 4.1 个百分点，并且增速在各地州市中排名靠前（见表 3）。

表 3 毕节试验区三次产业增长速度

单位：%

地 区	第一产业		第二产业		第三产业	
	2015 年	2016 年	2015 年	2016 年	2015 年	2016 年
毕 节	6.90	6.00	12.6	12.0	15.5	15.2
铜 仁	6.70	5.80	13.8	13.1	14.9	14.2
贵 阳	6.40	5.90	14.6	12.1	11.1	11.9
黔 南	6.50	6.40	12.5	12.7	16.4	14.6
黔西南	6.50	6.20	13.3	12.30	15.6	17.20
黔东南	6.40	6.10	10.5	12.9	17.0	16.3
遵 义	6.80	5.70	13.7	12.8	14.1	14.5
六盘水	6.90	6.30	12.1	10.9	12.9	14.7
安 顺	6.50	6.30	13.8	12.5	15.2	14.5
贵 州	6.50	6.00	11.4	11.1	11.1	11.5

（二）产业结构

从三次产业总量来看，2016 年毕节试验区第一产业、第二产业和第三产业分别达到 344.40 亿元、617.3 亿元和 570.07 亿元，其在全省的比重分别为 18.51%、12.47% 和 10.81%，第一产业减少了 0.54 个百分点，第二产业减少了 0.06 个百分点，第三产业则提高了 0.27 个百分点。从全省来看，毕节试验区的三次产业比重在各地州市的位置没有改变：第一产业仅低于遵义市，第二产业低于贵阳市、遵义市和六盘水市，第三产业低于贵阳市、遵义市。

2016 年毕节试验区的一二三次产业由 2015 年的 22∶39∶39 调整为 2016 年的21∶38∶41，第一产业继续下降，产业调整和结构升级初见成效（见表 4）。

表 4　毕节试验区三次产业总量及结构

单位：亿元，%

地区	第一产业				第二产业				第三产业			
	2015 年		2016 年		2015 年		2016 年		2015 年		2016 年	
	总值	比重	总值	比重	总值	比重	总值	比重	总值	比重	总值	比重
毕　节	324.71	19.05	344.40	18.51	566.56	12.53	617.30	12.47	570.07	10.54	664.10	10.81
铜　仁	191.10	11.21	202.70	10.90	221.21	4.89	243.41	4.92	358.59	6.63	410.83	6.69
贵　阳	129.89	7.62	137.14	7.37	1108.52	24.51	1218.79	24.63	1652.75	30.56	1801.77	29.34
黔　南	158.31	9.29	183.36	9.86	327.87	7.25	359.47	7.26	416.73	7.71	480.56	7.82
黔西南	159.97	9.39	188.84	10.15	273.29	6.04	298.31	6.03	368.39	6.81	441.99	7.20
黔东南	163.48	9.59	184.11	9.90	232.38	5.14	261.36	5.28	415.69	7.69	493.58	8.04
遵　义	349.27	20.49	370.48	19.91	970.75	21.47	1063.00	21.48	848.32	15.69	970.46	15.80
六盘水	114.51	6.72	125.49	6.75	614.14	13.58	660.00	13.34	472.43	8.74	528.21	8.60
安　顺	113.10	6.64	124.07	6.67	207.62	4.59	227.12	4.59	304.69	5.63	350.16	5.70
合　计	1704.34	100.00	1860.59	100	4522.34	100.00	4948.76	100.00	5407.66	100.00	6141.66	100

三　传统产业稳步增长

（一）农业发展

2016 年毕节试验区农林牧渔业增加值 365.5 亿元，增速 5.8%，其增速不仅低于 2015 年的 6.9%，也低于同期全省平均水平 5.9%，其增加值比重在全省占 18.80%，比 2015 年略有下降（见表 5）。

表 5　毕节试验区农林牧渔业增加值发展情况

单位：亿元，%

年份	毕节		贵州		增加值所占的比重
	增加值	增速	增加值	增速	
2015	324.72	6.9	1712.66	6.8	18.96
2016	365.5	5.8	1944.66	5.9	18.80

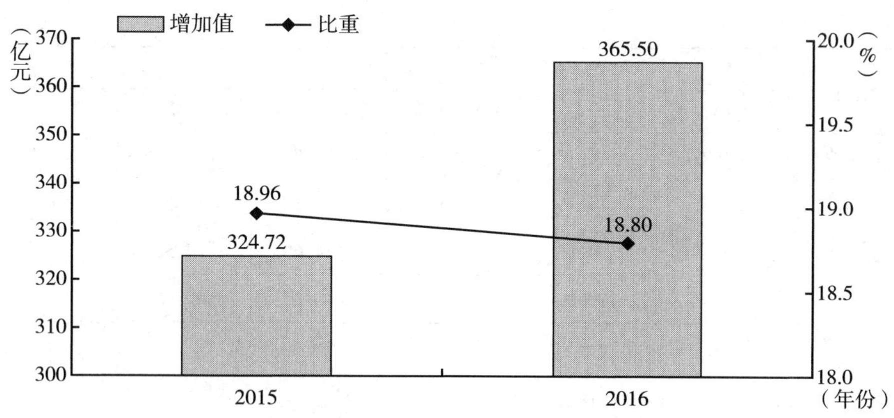

图3　毕节试验区农林牧渔业增加值发展情况

（二）工业发展

从工业增加值来看，2016年达到488.6亿元，增长11.1%，与最高增速的铜仁市和黔东南州的11.7%相比，低了0.6个百分点，并且仅略高于贵阳市和六盘水市，但由于其基数较大，因此其在贵州省的比重依然是上升的，由2015年的10.12%增加到12.82%，提高了2.7个百分点，其增幅位居第一（见表6）。

表6　毕节试验区工业增加值发展情况

单位：亿元，%

地　区	2015年			2016年		
	工业增加值	比重	增长速度	工业增加值	比重	增长速度
毕　节	360.11	10.12	11.8	488.6	12.82	11.1
铜　仁	167.07	4.70	12.2	197.1	5.17	11.7
贵　阳	711.59	20.00	9.7	780.82	20.49	9.9
黔　南	307.6	8.65	12.3	267.31	7.02	11.4
黔西南	259.03	7.28	11.9	302.48	7.94	11.5
黔东南	181.72	5.11	11.5	214.61	5.63	11.7

续表

地　区	2015 年			2016 年		
	工业增加值	比重	增长速度	工业增加值	比重	增长速度
遵　义	929.69	26.13	12.1	867.86	22.78	11.7
六盘水	490.71	13.79	10.0	516.86	13.56	10.0
安　顺	150.50	4.23	11.8	174.63	4.58	11.5
合　计	3558.02	100.00		3810.27	100.00	

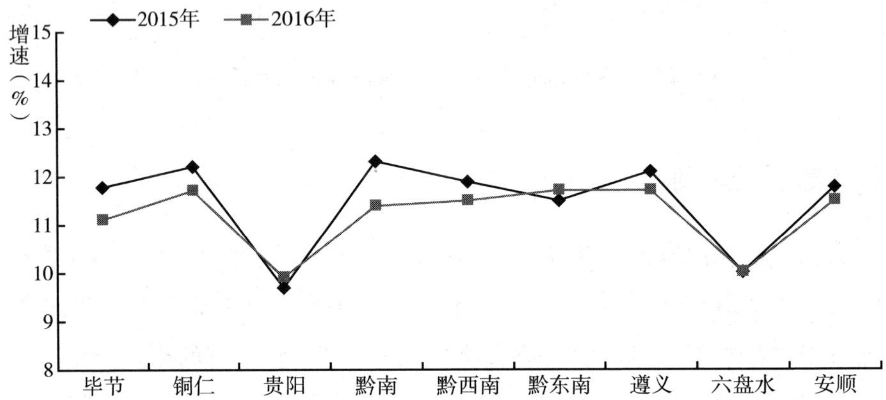

图 4　毕节试验区工业增加值增长速度

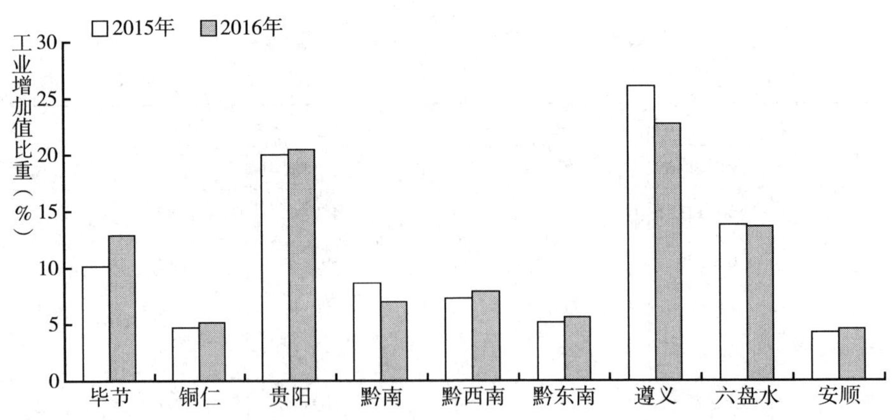

图 5　毕节试验区工业增加值在贵州省的比重

四　固定资产投资和社会消费品零销总额稳定增长

（一）固定资产投资

2016 年毕节市完成固定资产投资 1601.8 亿元，增长 19.1%，比 2015 年低 0.1 个百分点，比贵州省低 1.5 个百分点，在 9 个地州市中也仅高于黔东南州，但其固定资产投资在全省的比重为 11.83%，与 2015 年相比，还增加了 1.05 个百分点，不过其比重在全省的排位并没有改变，还是低于贵阳市、遵义市和黔东南州，名列第四（见表 7）。

近几年的相关资料显示：2013 ~ 2015 年毕节市固定资产投资的平均增速是 23.1%，应该说未来保持持续、稳定增长的压力相当的大。

表 7　毕节试验区固定资产投资情况

单位：亿元，%

地　区	2015 年			2016 年		
	总额	增长速度	比重	总额	增长速度	比重
毕　节	1344.93	19.2	10.78	1601.80	19.1	11.83
铜　仁	752.40	12.7	6.03	873.90	21.8	6.46
贵　阳	2804.45	20.1	22.48	3380.73	20.5	24.98
黔　南	863.25	24.1	6.92	1053.58	22.0	7.78
黔西南	995.46	26.6	7.98	800.16	22.3	5.91
黔东南	1501.26	15.3	12.04	1745.04	16.2	12.89
遵　义	2563.32	24.9	20.55	2068.88	22.1	15.29
六盘水	1112.48	24.3	8.92	1357.77	22.0	10.03
安　顺	535.43	25.3	4.29	652.95	21.9	4.82
合　计	12472.98		100.00	13534.81		100.00
贵州省	10945.54	21.3		13204.00	20.6	

（二）社会消费品零售总额

2015 年毕节试验区的社会消费品零售总额超过 300 亿元，增长速度是 12.1%，不仅高于贵州省的 11.8%，同时在全省 9 个地州市中也仅低于遵

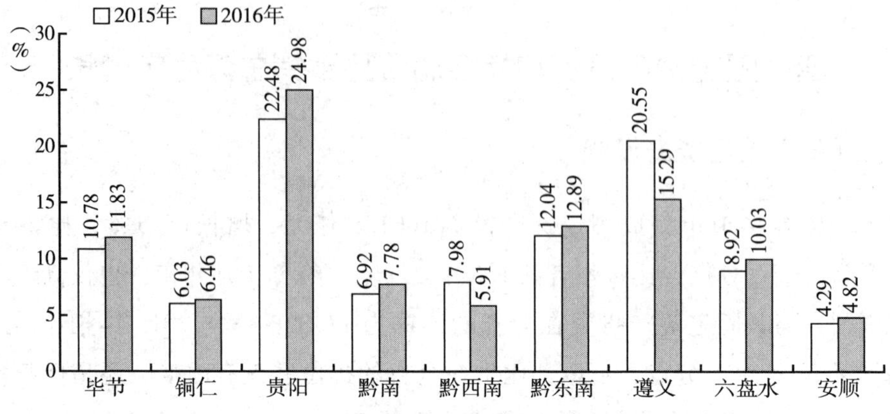

图6　毕节试验区固定资产投资情况

义市，位居第二。2016 年毕节试验区社会消费品零售总额达到 340. 1 亿元，增长 12. 6% 。虽然比 2015 年提高了 0. 5 个百分点，但比贵州省的 13% 低了 0. 4 个百分点，在 9 个地州市中也是最低的，其比重也由 2015 年的 9. 20% 下降到 9. 17% （见表 8）。

表 8　毕节试验区社会消费品零售总额增长情况

单位：亿元，%

地　区	2015 年			2016 年		
	总额	增长	比重	总额	增长	比重
毕　节	302. 00	12. 1	9. 20	340. 10	12. 6	9. 17
铜　仁	165. 64	11. 9	5. 05	187. 09	12. 9	5. 04
贵　阳	1060. 17	11. 5	32. 29	1195. 34	12. 7	32. 23
黔　南	218. 9	11. 7	6. 67	247. 91	13. 2	6. 68
黔西南	192. 13	11. 8	5. 85	216. 82	12. 8	5. 85
黔东南	255. 76	11. 6	7. 79	290. 16	13. 4	7. 82
遵　义	639. 93	12. 2	19. 49	723. 44	13. 0	19. 51
六盘水	292. 72	12. 0	8. 92	331. 79	13. 3	8. 95
安　顺	155. 82	11. 8	4. 75	176. 31	13. 1	4. 75
贵州省	3283. 07	11. 8	100. 00	3708. 96	13. 0	100. 00

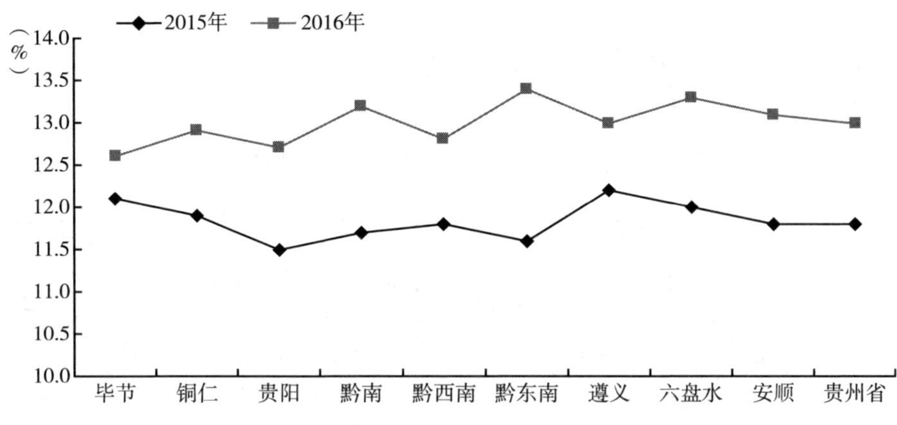

图7 毕节试验区社会消费品零售总额增长速度

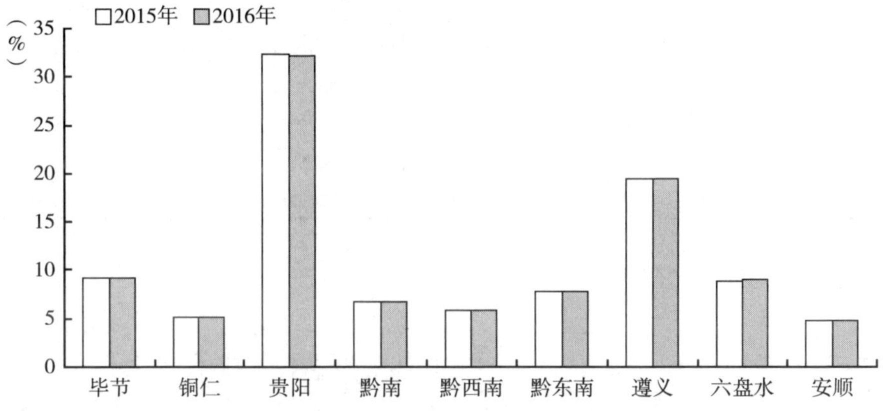

图8 毕节试验区社会消费品零售总额在贵州省的比重

五 居民收入小幅增长

（一）城镇居民人均可支配收入

2016 年毕节市城镇居民人均可支配收入 25041 元，增长 8.3%，同比减少 1.7 个百分点，同时也比贵州省平均水平 8.8% 低 0.5 个百分点，在 9 个地州市中是最低的。

从城镇居民人均可支配收入占全省的比重来看，由 2015 年的 94.07%

下降到93.64%，减少了0.43个百分点，在各地州市中也仅高于铜仁市和安顺市，与全省的差距进一步拉大（见表9）。

表9　毕节试验区城镇常住居民人均可支配收入情况

单位：元，%

地　区	2015年			2016年		
	城镇常住居民人均可支配收入	增长	占全省的比重	城镇常住居民人均可支配收入	增长	占全省的比重
毕　节	23121.00	10.0	94.07	25041.00	8.3	93.64
铜　仁	22471.00	11.5	91.42	24651.00	9.7	92.18
贵　阳	27241.00	14.5	110.83	29502.00	8.3	110.32
黔　南	23911.00	11.5	97.28	26063.00	9.0	97.46
黔西南	23342.00	11.4	94.96	25419.00	8.9	95.05
黔东南	23173.00	11.2	94.28	25282.00	9.1	94.54
遵　义	24997.00	12.9	101.70	27097.00	8.4	101.33
六盘水	23327.00	10.6	94.90	25473.00	9.2	95.25
安　顺	22936.00	10.5	93.31	24885.00	8.5	93.05
贵州省	24579.64	9.0	100.00	26742.62	8.8	100.00

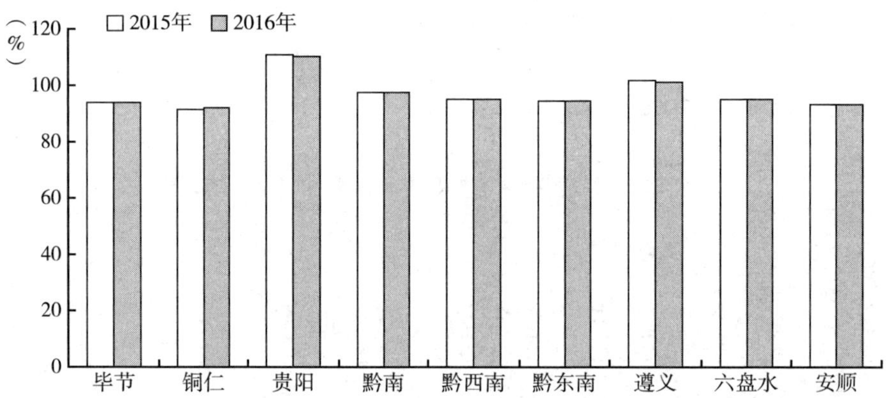

图9　毕节试验区城镇常住居民人均可支配收入情况

（二）农户人均可支配收入

2016年毕节试验区农村居民人均可支配收入7668元，同比增长

10.4%，比2015年的11.6%低了1.2个百分点，不过在各地州市中仅低于黔东南州，也比贵州省的9.5%高出0.9个百分点。

从毕节试验区农村居民人均可支配收入占全省的比重来看，由2015年的94.02%提高到94.78%，增加了0.76个百分点，在各地州市中，仅高于铜仁市和黔东南州，仍然处于倒数第三的位置，农户增收提速的任务还是很艰巨（见表10）。

表10　毕节试验区农村常住居民人均可支配收入

单位：元，%

地　区	2015年			2016年		
	农村常住居民人均可支配收入	增长	占全省的比重	农村常住居民人均可支配收入	增长	占全省的比重
毕　节	6945.00	11.6	94.02	7668.00	10.4	94.78
铜　仁	6931.00	11.2	93.83	7631.00	10.1	94.32
贵　阳	11918.00	10.1	161.34	12967.00	8.8	160.28
黔　南	8047.00	10.8	108.94	8844.00	9.9	109.32
黔西南	7059.00	11.3	95.56	7779.00	10.2	96.15
黔东南	6863.00	11.8	92.91	7584.00	10.5	93.74
遵　义	9249.00	10.6	125.21	10109.00	9.3	124.95
六盘水	7522.00	10.8	101.83	8230.00	9.4	101.73
安　顺	7402.00	11	100.20	8120.00	9.7	100.37
贵州省	7386.87	10.7	100.00	8090.28	9.5	100.00

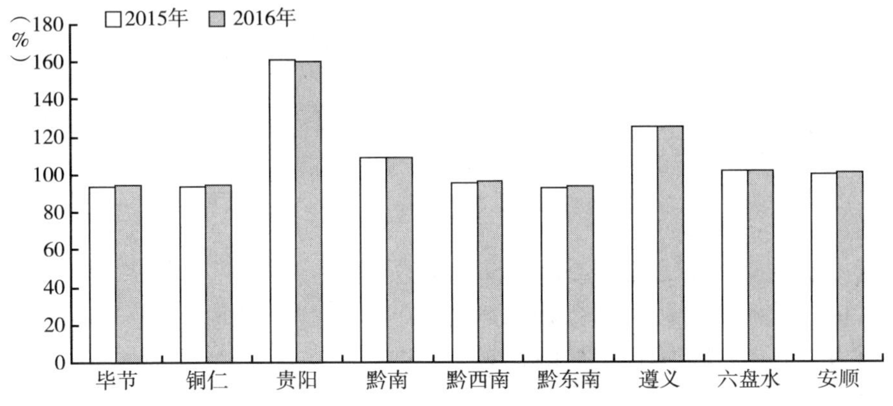

图10　毕节试验区农村常住居民人均可支配收入

六 小结

上述数据分析显示：2016 年尽管毕节试验区经济社会保持了较好的发展态势，其地区生产总值、工业增加值、固定资产投资、社会消费品零售总额、农村常住居民人均可支配收入等指标也高达两位数增长，但我们也应该看到，其发展水平与全省水平相比，还有一定的差距，超越任务艰巨。一是地区生产总值总量大，但人均生产总值低。2016 年仅为贵州省的 74.09%，不仅低于 2015 年的 74.48%，与倒数第二的黔东南州（81.08%）也相差近 7 个百分点。二是产业结构调整和转型升级压力大。2016 年毕节试验区第一产业增加值比重达到 21%，高出贵州省（15.7%）5.3 个百分点。工业增加值增长 11.1%，尽管高于贵州省的 9.9%，但与其他地州市相比，仅高于贵阳市和六盘水市，且主要以传统行业如发电量、白酒、混凝土、锂电池等为主。三是固定资产投资增速放缓。2016 年其投资增长 19.1%，在贵州省的 9 个地州市中位居倒数第二，其中第二产业投资比重由 2015 年的 43% 减少到 21%，大幅减少，严重影响第二产业尤其是工业的发展。四是人均可支配收入增长缓慢，尤其是城镇居民人均可支配收入，2016 年毕节市城镇居民人均可支配收入同比增长 8.3%，是 9 个地州市中最低的，与倒数第一、第二的差距正在缩小，与全省和全国的差距正在拉大。

参考文献

《毕节市 2016 年经济和社会发展统计公报》。

《毕节市 2015 年经济和社会发展统计公报》。

《铜仁市 2016 年国民经济和社会发展公报》，2017 年 4 月 3 日，http：//www. trs. gov. cn/。

《铜仁市 2015 年国民经济和社会发展公报》，2016 年 4 月 6 日，http：//www. trs. gov. cn/。

《2015 年贵阳市国民经济和社会发展统计公报》，2016 年 4 月 12 日，http：//xxgk. gygov. gov. cn/xxgk/jcms_ files/jcms1/web1/site/art/2016/4/13/art_ 141_ 175799. html。

《2016年贵阳市国民经济和社会发展统计公报》，2017年4月14日，http：//www. tjcn. org/tjgb/24gz/35121. html。

《2015年黔西南州国民经济和社会发展统计公报》，2016年5月31日，http：//www. tjcn. org/tjgb/24gz/32951. html。

《2016年黔西南州国民经济和社会发展统计公报》，2017年5月29日，http：//www. tjcn. org/tjgb/24gz/35214. html。

《安顺市2015年国民经济和社会发展统计公报》，2016年3月31日，http：//www. anshun. gov. cn/zwgk/zdgk/tjxx_53064/tjnb_53067/201701/t20170112_1749123. html。

《安顺市2016年国民经济和社会发展统计公报》，2017年5月7日，http：//www. tjcn. org/tjgb/24gz/35123. html。

《黔东南苗族侗族自治州2016年国民经济和社会发展统计公报》，2017年3月16日，http：//www. qdn. gov. cn/xxgk/zdgk/tjxx/tjnb/201703/t20170320_1674385. html。

《黔东南苗族侗族自治州2015年国民经济和社会发展统计公报》，2017年3月17日，http：//www. qdn. gov. cn/sjkf/kftjsj/201611/t20161108_1466562. html。

《黔南州2016年国民经济和社会发展统计公报》，2017年5月7日，http：//www. qiannan. gov. cn/doc/2017/03/27/780172. shtml。

《黔南州2016年国民经济和社会发展统计公报》，2016年3月30日，http：//www. qiannan. gov. cn/doc/2016/03/30/601_348836. shtml。

《2016年遵义市国民经济和社会发展统计公报》，2017年5月7日，http：//www. tjcn. org/tjgb/24gz/35122. html。

《2015年遵义市国民经济和社会发展统计公报》，2016年3月14日，http：//tjj. zunyi. gov. cn/xxgk/zpfl/tjxx/tjgb/201603/t20160314_390870. html。

《六盘水市2016年国民经济和社会发展统计公报》，2017年4月11日，http：//www. gzlps. gov. cn/zw/jcxxgk/tjxx/tjgb/201704/t20170411_1336385. html。

《六盘水市2015年国民经济和社会发展统计公报》，2017年4月28日，http：//www. gzlps. gov. cn/zw/jcxxgk/tjxx/tjgb/201610/t20161017_1177561. html。

《2015年贵州省国民经济和社会发展统计公报》，2016年3月22日，http：//www. chinaguizhou. gov. cn/system/2016/03/23/014831475. shtml。

《2016年贵州省国民经济和社会发展统计公报》，2017年3月22日，http：//www. chinaguizhou. gov. cn/system/2017/03/22/015512968. shtml。

贵州省统计局、国家统计局贵州调查总队：《贵州统计年鉴2016》，中国统计出版社，2016年10月第1版。

B.4
毕节反贫困模式的价值、启示及推广完善

卢祥运*

摘　要：　有学者指出：毕节模式是由试验区的毕节试验、毕节经验和毕节精神所凝聚形成的特别概念。毕节试验、毕节经验和毕节精神三个方面，可以说是毕节模式最重要的支撑。毕节试验是毕节模式的实践基础，毕节经验是毕节模式的理论来源，毕节精神是毕节模式的独特气质和动力源泉。我们对毕节模式的价值和启示的分析和总结，正是以毕节试验、毕节经验和毕节精神三者的内容为基础，从中选出具有突出价值和能够提供启示的方面，以利于人们更好地了解毕节模式，以至于在实践中更好地推广毕节模式。推广毕节模式应当结合不同情况，具体分析，因地制宜，有重点、有选择、有步骤地进行，切忌生搬硬套。完成毕节试验区的国家建构，将是下一步完善毕节模式的关键。

关键词：　毕节模式　毕节试验区　反贫困

一　毕节模式的价值

有学者指出，毕节模式是由试验区的毕节试验、毕节经验和毕节精神所凝聚形成的特别概念。毕节试验、毕节经验和毕节精神三个方面，可以说是

* 卢祥运，贵州省社会科学院文化研究所副研究员，主要研究方向：传统儒学和贵州地域历史文化。

毕节模式最重要的支撑。毕节试验是毕节模式的实践基础，毕节经验是毕节模式的理论来源，毕节精神是毕节模式的独特气质和动力源泉。我们对毕节模式的价值和启示的分析和总结，正是以毕节试验、毕节经验和毕节精神三者的内容为基础。毕节模式所代表和体现的价值，可以从实践探索、理论成就、示范推广等不同角度和方面进行总结和探讨，总体来看，我们认为毕节模式的价值最突出的表现在以下三个方面。

第一，毕节模式是党和政府的科学发展思想在落后山区的发展与反贫困实践中实证性检验的成功典范，它为国内同类型地区的发展与反贫困提供了示范。

通过试验探索为落后山区的发展与反贫困提供示范，是30年毕节试验始终不变的方向和目标。毕节试验区是新中国成立以来第一个在贫困地区建立的、以消除贫困为宗旨、践行科学发展为特色的农村改革试验区。在试验区的发展与反贫困实践中，党中央，国务院，贵州省委、省政府，毕节市委（地委）、市政府（行署）倾注了大量心血，进行不同层面的政治设计，从制度建设、平台搭建、体制机制完善等多个方面出台了一系列的方针政策和举措，不断推进试验区改革试验进程。毕节试验区的建立，是富有前瞻性、科学性和全局性的重大战略举措。毕节试验区改革试验，对落实科学发展观进行了超前探索和实践，取得了丰硕的理论和实践成果。30年毕节试验区的发展，从一个侧面证明和丰富了科学发展观的内涵，为党和政府的科学发展思想在贫困地区的实践提供了强有力的实证。试验区为此曾被理论界冠以“科学发展观摇篮”的称誉。其一，试验区“三大主题”的发展思路是科学发展观的雏形和萌芽。试验区初建时确立的“三大主题”，是科学发展思想运用于贫困山区的最早实践，体现了科学发展观的主要内涵。三大主题与科学发展观具有内涵上的高度一致性和对应性。科学发展观第一要义是发展，对应的主题是试验区“开发扶贫”，其共同点都是要解决本地区的发展问题；科学发展观的核心是以人为本，对应的则是“人口控制”主题，体现在毕节试验区中，就是以本地区人民为中心，通过人口的合理调节、人力资源的充分利用等以解决自身的生存和发展问题；科学发展观的基本要求是全面、协调、可持续，对应的主要方面则是“生态建设”主题，体现在毕节试验区中，就是将资源开发与生态环境保护相结合，走资源节约型和环境友好型发展道路，以实现本地区发展的可持续；科学观的根本方法是统筹兼顾，体现在毕节试验区中，其实就是将三大主题进行综合考量、统筹协调、整体推进。其二，毕节模式涵盖包容了科学发展观的前期探索和实践。任何一种理论的产生都有一个逐渐积累和孕育成型的过程。早在科学发展观作为治国理政的指导思想提出以前，“三大主题”在毕节试验区就已经进行了较长时间的实践探索，其中所贯穿的科学发展理念，为科学发展观的思想内涵的全面形成做出了前期准备和积累。毕节模式涵盖包容了科学发展观发展理念的前期探索和实践。科学发展构成了毕节模式的重要理论内涵和实践方式。其三，毕节模式客观印证了可持续发展理论。在试验区的建立和发展过程中，在试验区深入推进“三大主题”的实践探索中，突出体现了胡锦涛同志早期的全面、可持续发展的理念。在毕节模式的形成和完善过程中，坚持发展的可持续是其重要原则。2013 年，毕节试验区实现的两个历史性跨越，客观印证了可持续发展理论的正确性及这一理论对贫困山区发展的指导价值。其四，毕节模式在实践中丰富和完善了贯彻落实科学发展观的内容和形式。试验区在建设发展进程中，紧紧围绕“三大主题”，将经济发展与生态建设和保护，环境治理与人口的控量提质结合起来，努力做到“五个统筹”，采用多种形式扶贫攻坚，充分利用统一战线的智力资源，以“同心工程”为载体，着力打造“同心品牌”等举措，都丰富和完善了贫困地区贯彻落实科学发展观，努力实现科学发展的内容和形式。其五，成功的毕节模式为国内同类型地区的发展与反贫困提供了示范。毕节试验区通过长期探索，致力于本地区的发展与反贫困，在生态建设、社会治理、人口控制、精准扶贫等多个领域创造了一系列成功经验，最终走出了一条贫困山区科学发展的道路，形成了成功的毕节模式，对类似贫困地区的发展提供了很好的示范。

第二，毕节模式作为新时期多党合作的光辉典范，创造了统一战线多党合作助推贫困山区发展的成功经验，丰富了中国特色社会主义政治和政党制度的理论宝库。

我国的基本政治制度之一，是中国共产党领导的多党合作和政治协商制度。在推进改革开放和现代化建设进程中，充分发挥这一制度的优势，是建设中国特色社会主义民主政治必不可少的内容，也是实现国家长期稳定繁荣的重要保证。在多党合作共推改革开放和贫困地区实现可持续与跨越式发展的实践中，毕节试验区是一个成功范例。统一战线助推毕节试验区改革发展，其成功经验主要有以下几方面的突出表现。

（1）试验区的发展蕴含了各民主党派的共同智慧，显示出统一战线的重要作用。各民主党派中央、全国工商联、中央智力支边协调小组、支援毕节试验区专家顾问组等，几十年如一日，到毕节各地深入调查研究，指导制订各领域的试验方案，协调解决试验探索中的重大问题，对试验区的发展进步发挥了重要作用。

（2）各民主党派发挥自身的智力优势，不断推进多党合作和政治协商在基层层面的开展。统一战线在多党合作和政治协商方面在基层开展的各种探索，既支持了试验区的发展，也为自身的各类人才提供了干事创业的舞台，加强了自身的人才队伍建设。

（3）建立和完善了助推试验区发展的各种体制、机制。在具体帮扶过程中，统一战线不断探索多党合作共促试验区发展的各种体制、机制，多党合作与政治协商的制度化水平得到不断提高。这些体制和机制主要有：联席会议制度、试验示范制度、干部挂职制度、年度调研机制、适时汇报机制、专题会议机制、建言协商机制、联络联系机制等。

（4）探索出多种定点帮扶方式。帮扶的方式主要有：派出挂职人员，参与地、县市管理；直接投入资金、引进或协调重大项目；帮扶农村基础设施建设；实施科技示范扶贫；开展科技培训，为毕节培训领导干部、教师和教学管理人才、医务人员、农技人才、农民；慰问和帮扶困难群众；助推各项社会事业的发展；“同心工程”建设，共涉及198个项目，等等。①

① 陈燕英：《统一战线助推贫困地区经济社会科学发展——以毕节试验区为例》，《贵州社会主义学院学报》2016年第3期。

(5) 探索创建了一系列品牌。在助推试验区发展过程中取得了突出成就。单以2014年统一战线在试验区建设"同心工程"的情况为例，全年共实施项目324个，实际完成325个，完成投资167.31亿元；培训各类人才50746人次，资助贫困学生521名，免费为815名困难群众义诊；引进企业40个，签约资金达244亿元[①]。作为新时期多党合作的成功典范，毕节模式还丰富了中国特色社会主义政治和政党制度的理论宝库，这方面已经有研究者做出很好的总结：毕节模式把中国共产党领导的多党合作和政治协商制度发展到一个新的高度；毕节模式为统一战线加强自身建设开辟了一个新的路径；毕节模式把民主党派参政议政的内容和质量提升到一个新的水平；毕节模式把民主党派参政议政的方式和领域拓展到一个新的境界；毕节模式为统一战线围绕中心、服务大局搭建一个新的平台[②]。

总之，作为统一战线参与试验区建设与服务试验区改革发展的毕节模式，在实践中创造了助推山区发展的成功经验，取得了突出成就，丰富和拓展了中国特色社会主义政治和政党制度的理论内涵和实践形式，不愧为新时期中国特色社会主义制度下多党合作的光辉典范。随着试验区下一步"决战贫困、提速赶超、全面小康"进程的不断推进，在把试验区建设成为统一战线服务科学发展的试验区、多党合作的示范区、贯彻"同心思想"的模范区目标的引领下，试验区必将在统一战线多党合作服务改革发展实践中不断创造新经验，为毕节模式的进一步丰富和完善增添新的内容。

第三，毕节模式在形成和实践过程中，贯穿着社会主义核心价值追求，从多个层面体现了社会主义核心价值的精神内涵，突出彰显了中国特色社会主义的制度优越性，是对人类反贫困事业的巨大贡献。

建设中国特色社会主义的执政理念，贯穿了毕节模式探索实践的全过程。试验区建立之初，胡锦涛同志就指出："建立开发扶贫、生态建设试验区的设想，是在学习、贯彻党的十三大精神过程中逐步形成的，是进一步解

---

① 资料来源：毕节市委统战部。

② 秦如培：《科学发展"毕节模式"研究》，《毕节学院学报》2012年第9期。

放思想、深化改革的产物”，“党的十三大明确提出了‘使经济建设转到依靠科技进步和提高劳动者素质的轨道上来’，这也是建设试验区必须坚持的战略思想。”① 可以说，毕节试验区的建立，正是在中国特色社会主义理论和科学发展理念指导下，创造性地谋划毕节发展做出的重大战略抉择。试验区建立后，各级党委政府紧紧围绕“三大主题”，从战略和全局高度统筹人口、资源、环境的协调发展，调动发挥广大干部群众的主观能动性，带领全区人民开创了一条贫困山区科学发展的道路，这都充分体现了试验区人建设中国特色社会主义和践行科学发展理念的主动性与自觉性。

毕节模式承载了试验区各个阶层、各个群体的共同愿望，着眼广大人民群众的根本利益，贯穿了以人为本的执政理念和为人民服务的宗旨。毕节的发展离不开八百万毕节儿女的支持。依靠试验区形成的广泛社会共识及其强大的感召力、亲和力和凝聚力，推动试验区跨越发展，既是毕节模式的突出特点，也是其形成的根本保证。长期以来，试验区各个阶层、各个群体的共同愿望无疑就是脱贫致富。毕节模式体现了试验区人民坚持走科学发展、和谐共生道路和改变贫穷落后的美好愿望。胡锦涛同志早在试验区初建时就指出：“建立试验区的决策是符合毕节地区实际的，是反映了毕节地区广大干部、群众的愿望的，正在成为鼓舞干部、群众向贫困和生态恶化做斗争的精神力量。”② 30 年的毕节实践，无论是毕节历届党委、政府的领导决策，抑或试验区人民的拼搏奋斗，都聚合为一个共同愿景——早日实现试验区的脱贫致富、跨越发展。正是参与试验区建设的各阶层、各群体凝心聚力、团结奋进，才成就了试验区今天的跨越发展。毕节模式是以人为本的执政理念和为人民服务宗旨的诠释典型。

毕节模式在实践中铸就的试验区精神，把改革创新的时代精神和自强不息的民族精神相结合，夯实了全市干部和群众团结一致共同奋斗的思想基

① 《胡锦涛同志在毕节地区开发扶贫、生态建设试验区工作会议结束时的重要讲话》（1988 年 6 月 8 日）。

② 《胡锦涛同志在毕节地区开发扶贫、生态建设试验区工作会议结束时的重要讲话》（1988 年 6 月 8 日）。

础，为试验区跨越发展提供了源源不断的精神动力。尽管试验区精神随着时代变迁不断被赋予新的内涵，艰苦奋斗、拼搏争先却始终是其不变的旋律。试验区精神是毕节历史文化精华与试验区特质文化相结合的产物，它与社会主义荣辱观所推崇的价值规范及道德追求是一致的，是社会主义核心价值的地域性呈现和表达。试验区精神体现了试验区人的精神状态，彰显了社会主义核心价值追求。烤羊肉串的“慈善家”阿里木，全国模范检察官彭文忠，植树造林的李淑彬、杨明生、胡索文，尤其率领群众斗荒山、战贫困的支部书记文朝荣，这些试验区一个个直面困境、迎难而上、开拓进取的典型，其事迹无不彰显了社会主义核心价值追求，真实体现了试验区人的精神状态。

毕节模式蕴含了统一战线、多党合作参与建设社会主义的共同理想。毕节模式是全国范围内统一战线在基层服务科学发展最集中、最直接、最富成效的体现。统一战线在助推试验区发展中创建“同心”品牌，是统一战线各民主党派共同参与社会主义建设的生动实践，其始终坚守的“同心”理念，本身就透显出参与社会主义建设的共同理想。

毕节模式承载着共同富裕和公平正义的社会主义价值追求，是建设富强、民主、文明、和谐的社会主义国家的代表性探索，体现了社会主义的制度优越性。毕节模式几十年坚持的一个始终不变的主题就是扶贫攻坚。扶贫攻坚体现了共享发展和共同富裕的社会主义价值追求，是社会公平和正义的体现。共享发展不是少数人共享、一部分人共享，而是人人享有、各得其所；全面建成小康社会最重的任务在农村，尤其是在贫困地区；要让全体人民共享全面小康成果，在奔小康中不能让一个少数民族、一个地区掉队，等等，这些领导人的讲话精神，明确表达了追求共同富裕和共享发展的执政理念，代表着国家致力于脱贫攻坚和全面小康，建设富强、民主、文明及和谐的社会主义国家的价值追求。唯有社会主义国家才可能整合各方面力量几十年如一日集中全力致力于扶贫攻坚，唯有社会主义才能为最终解决社会的贫困和公平正义提供制度保障，毕节模式体现了社会主义的制度优越性。

毕节模式是对人类反贫困事业的巨大贡献。中国已经成为对世界扶贫减贫做出最大贡献的国家。改革开放以来，我们已经使 7 亿多贫困人口成功脱贫，农村贫困人口减少到2015年的5575万人，贫困发生率下降到5.7%。在接下来的5年，中国还将在现有标准下让剩余的贫困人口全部脱贫。据联合国《2015年千年发展目标报告》提供的数据显示，1990年中国极端贫困人口比例为61%，这一指标2014年下降到4.2%，中国对全球减贫的贡献率超过70%。不仅如此，新中国成立以来，中国还向166个国家和国际组织提供了近4000亿元人民币援助，为120多个发展中国家落实千年发展目标提供了帮助，积极支持广大发展中国家消除贫困。在中国的反贫困大局中，贵州省以其贫困人口最多、贫困面最大、贫困程度最深独具代表性。在国家确定的11个集中连片特困地区中，贵州有滇黔桂石漠化区、武陵山区、乌蒙山区共3个片区70个规划县，覆盖全省85.3%的土地面积。而在贵州的反贫困格局中，无论从反贫困的初始条件还是难度和艰巨性方面，毕节试验区又都具有突出的代表性。从扶贫攻坚的角度，我们完全可以说，中国的反贫困代表在贵州，贵州的反贫困代表在毕节。毕节试验区，这个曾经被联合国有关组织认定为“不适宜人类生存的地区”，如今出现的翻天覆地的变化，不仅是贵州而且可以说是全中国反贫困的一个缩影。试验区30年来取得的巨大成就，不仅在中国反贫困，在世界反贫困方面也是极其罕见的，堪称壮举。试验区经过30年的探索实践形成的毕节模式，在区域发展与反贫困的道路选择、平台搭建、主题确立、制度支撑、资源整合和理念引领等方面，都形成了自身的完整体系，不仅可以为国内同类型地区的反贫困提供示范，同时也可以为世界上其他类型的贫困地区的反贫困提供借鉴和启示。

二 毕节模式的启示

相较于模式和经验，“启示”一词就其内涵而言，在成熟度和完整性上是最低的。任何一种模式和经验都可能提供一些启示。启示不仅可以由成功的经验带来，也可能由失败的教训带来。经验往往立足于现实的借鉴和学习，启示则指向未来的丰富和完满，具有突出的开放性。因此，对启示的总结有可能在层面、视角和维度方面更多和更广。

自毕节试验开展以来，学者们对毕节模式的启示从不同角度和层面进行了探讨。如有学者将毕节试验对欠发达地区反贫困的启示从五个方面做了概括。

（1）在欠发达地区反贫困工作中，以科学发展观为指导是必须坚持的首要原则。

（2）要深化对“贫困”内涵的认识，要把反物质的贫困与反精神的贫困结合起来。

（3）要从实现社会公平正义、建设和谐社会的高度来认识反贫困工作。

（4）在反贫困的方式上要多样化，坚持以开发式扶贫为主，同时运用其他多种方式，综合运作。

（5）要更加重视坚持改革开放①。

谭齐贤先生认为，毕节之路提供的普遍启示在以下几方面：其一，在为谁发展、靠谁发展、怎样发展的问题上，毕节试验区的改革试验始终体现以人为本；其二，在一切从实际出发、遵循自然法则的问题上，毕节试验区始终做到因地制宜、因势利导；其三，在处理人口、资源、环境、经济与社会关系问题上，毕节试验区始终做到统筹兼顾、全面协调；其四，在反贫困模式选择上，毕节试验区始终坚持开发扶贫，从整体上谋求全区脱贫致富；其五，在生态建设机制上，毕节试验区始终坚持寓生态建设于经济开发之中，使生态建设与经济发展相互促进；其六，在政治文明选择上，毕节试验区始终抓住统一战线多党合作平台，奋力打造“同心品牌”，全面践行“同心思想”；其七，在外生动力的选择上，毕节试验区始终注重借用高层智力和外来资源。②

秦如培先生则将毕节模式的现实启示概括如下。

（1）坚持尊重规律、解放思想、依靠群众、先行先试是欠发达地区科学发展的活力源泉。

---

① 陈晓军：《“毕节试验”与欠发达地区反贫困》，《农业经济》2011 年 8 月 15 日。

② 谭齐贤：《毕节之路：科学发展的先行者》，贵州人民出版社，2012，第 207～236 页。

（2）坚持思想上同心同德、目标上同心同向、行动上同心同行是欠发达地区推动科学发展的不竭动力。

（3）坚持以改革创新为试验之本，以扩大开放为跨越之路是欠发达地区科学发展的力量之源。

（4）坚持利益均衡、和谐共生、协调包容是欠发达地区科学发展的永恒追求。①

曾任贵州省委书记的栗战书同志认为毕节试验区坚持的科学发展体现在以下几个方面，在某种程度上我们亦可将其理解为毕节模式所提供的启示。

（1）把坚持一切从实际出发、解放思想、实事求是作为推动科学发展的立足点。

（2）把尊重客观规律、具体问题具体分析作为推动科学发展的重要内容。

（3）把坚持以人为本、注重智力开发、统筹经济社会协调发展作为推动科学发展的重要基础。② 上述对毕节模式的启示的总结，基于不同的层面和角度，以毕节试验的内容和特色为依据，显示了研究者对于毕节模式的整体把握和理论概括能力，同时也为我们的总结提供了很好的参考。

在我国改革开放的大背景下，以马克思主义哲学世界观和方法论为指导，将毕节模式作为建设中国特色社会主义的典型示范，作为党的方针政策贯彻落实的实践样本来概括总结它所带来的启示，是我们的初衷。由此，毕节模式的启示主要有以下几方面。

第一，毕节模式的成功实践，印证了马克思主义哲学世界观和方法论，贯穿了实事求是的思想路线，体现了求真务实的工作作风，这些都是毕节模式给我们解决山区发展与贫困问题留下的重要启示。首先，毕节模式在实践中运用了马克思主义哲学的一系列基本原理和方法，体现了马克思主义哲学的一系列基本观点。如唯物辩证法关于事物都是普遍联系和变化发展的总观点，要求我们在区域发展与反贫困实践中，将其中涉及的各种要素作为一个

① 秦如培：《科学发展“毕节模式”研究》，《毕节学院学报》2012 年第 9 期。

② 栗战书：《科学发展观在毕节试验区的探索与实践》，《人民日报》2012 年 2 月 17 日，第 7 版。

整体系统来对待，不能简单地将其内在联系割裂开来。毕节模式在实践中坚持科学发展，围绕“三大主题”整体推进，统筹协调解决环境保护、资源开发和人口问题，体现的正是唯物辩证法这一总的根本观点。其他如毕节模式统筹推进对外开放和对内搞活，把依靠外部支援与区内人民的拼搏奋斗结合起来，体现了唯物辩证法内外因相互关系的原理；毕节模式以经济建设为中心，长期致力于扶贫开发，体现了马克思主义主要矛盾与次要矛盾以及经济基础与上层建筑辩证关系的原理；毕节模式坚持以人为本，尊重和依靠试验区人民的首创精神和集体智慧，践行以人民为中心的发展思想，体现了人民群众是社会历史的创造者的唯物史观，以及树立群众观点、坚持群众路线的方法论原则等，这些都体现了马克思主义世界观和方法论的实践要求，是马克思主义哲学原理的实践运用。其次，毕节模式的成功实践，贯穿了实事求是的思想路线，体现了求真务实的工作作风。毕节试验区的建立，本身就体现了以胡锦涛同志为代表的中央和贵州各级干部深入群众、关心群众、实事求是、求真务实的工作作风。在 30 年的改革发展中，试验区始终遵循解放思想、实事求是、与时俱进、开拓创新的思想路线，将中央和省委的大政方针与毕节试验区的具体实际结合起来，制定政策、谋划发展、开拓进取、探索创新，最终实现了试验区的跨越发展。实事求是的思想路线和求真务实的工作作风为试验区的跨越发展提供了思想作风保障。最后，毕节试验区已有的发展历程表明，马克思主义世界观和方法论是我们改造世界的强大思想武器，运用其立场、观点与方法，分析解决贫困山区的发展与贫困问题，同时在实践中贯彻落实实事求是的思想路线和求真务实的工作作风，是贫困山区摆脱贫困、实现跨越发展的正确道路，也是毕节模式的成功探索留给我们的重要启迪。

第二，毕节模式的成功探索，增强了我们建设中国特色社会主义理论、道路、制度和文化四个方面的自信。这也是毕节模式带给我们的最大启示。党的十二大提出“走自己的路，建设有中国特色的社会主义”的论断，开启了建设中国特色社会主义的新征程。自党的十二大以来，经济社会发展突飞猛进，取得的成就世界瞩目，正是因为我们坚持了建设中国特色的社会主义这一正确的道路选择。要实现“两个一百年”奋斗目标、实现民族复兴的中国梦，仍然需要我们继续坚持和发展中国特色社会主义，进一步坚定建设中国特色社会主义的“四个自信”。毕节模式以一个区域发展的鲜活生动的实例，彰显了中国特色社会主义事业焕发出的蓬勃生机，增强了我们对建设中国特色社会主义的“四个自信”。毕节模式始终坚持以中国特色社会主义理论为指导，尤其在实践中围绕“三大主题”，探索科学发展，贯彻落实科学发展观，总结实施了“五个统筹”：统筹推进精准扶贫与区域整体开发、统筹推进生态建设与绿色发展、统筹推进人口管理与社会治理、统筹推进对内搞活与对外开放、统筹推进党的建设与多党合作。毕节模式的这些成功实践，不仅检验了中国特色社会主义理论的正确性，彰显了其理论生命力，同时也增强了我们对它的理论自信。毕节模式坚持的道路是中国特色社会主义道路。毕节模式坚定不移地推进改革开放，坚持解放和发展生产力，走共同富裕道路，维护社会公平正义，促进社会和谐，坚持党的领导等，都体现了中国特色社会主义道路的基本要求。毕节模式的成功实践使我们坚信，中国特色社会主义道路是实现山区跨越发展、人民脱贫致富的必由之路，是创造人民美好生活的必由之路。毕节模式坚持的制度是中国特色社会主义制度，这一制度是根据我国的特殊国情设立的，不仅具有鲜明的中国特色，而且具有明显的制度优势，以及强大的自我完善能力，能够为毕节试验区发展进步提供根本保障。在实践中，毕节模式始终坚持中国特色社会主义民主政治的发展方向，创造了中国共产党领导下的统一战线多党合作助推贫困山区改革发展的成功经验，丰富了中国特色社会主义政治和政党制度的理论宝库，彰显了中国特色社会主义的制度优越性，也进一步增强了我们对中国特色社会主义的制度自信。在实践中，毕节模式始终注重弘扬优秀传统文化，加强先进文化建设，践行社会主义荣辱观，把自强不息的民族精神和改革创新的时代精神结合起来，与时俱进，不断丰富和深化试验区精神内涵，全力建设实干作风、奋斗精神的高地，夯实全市干部群众团结奋斗的思想道德基础，为试验区的改革发展提供了持续不断的精神动力。试验区精神和试验区文化是毕节模式的重要支撑和鲜明特色，毕节模式的成功探索，同样增强了我们的文化自信。总之，理论是行动指南，道路是实现途径，制度是根本保障，文化是鲜明特色，毕节模式的成功探索和实践，增强了我们对中国特色社会主义的理论自信、道路自信、制度自信和文化自信。

第三，毕节模式实现的科学发展，是欠发达国家和地区摆脱贫困、实现跨越发展的普遍道路。一部人类的文明史，在某种程度上就是人类同贫困不断做斗争的反贫困史。即使在已经迈入21世纪的今天，贫困问题仍然是全球范围内人类面临的普遍而重大的社会问题。印度、中国、撒哈拉沙漠以南的非洲国家、以墨西哥为代表的部分拉美国家，都是当今全球贫困人口相对集中的地区。而中国自改革开放以来，已经通过自己的努力成为对世界扶贫减贫做出最大贡献的国家。作为贵州以至中国反贫困实践探索中形成的毕节模式，具有突出的代表性和示范性。毕节模式在区域发展与反贫困的道路选择、平台搭建、主题确立、制度支撑、资源整合和理念引领等方面，都形成了自身的完整体系，可以为欠发达国家和地区的反贫困提供普遍借鉴和启示。尤其它所探索出的以人为本、全面统筹协调和可持续的科学发展之路，在某种程度上已经超越了国家间的制度和意识形态差异，可以成为欠发达国家和地区摆脱贫困、实现跨越发展的普遍道路，这是毕节模式对世界反贫困事业的巨大贡献，也是其提供给我们的重要启示。

三　毕节模式的推广完善

对毕节模式的推广应当结合不同情况，因地制宜，具体分析，有重点、有选择、有步骤地进行，切忌生搬硬套。进一步丰富完善毕节模式，是未来毕节试验区改革发展的目标，而进一步加大力度，完成毕节试验区的国家建构，将是完善毕节模式的关键。

首先，毕节模式是值得推广的。前面[①]我们曾经从（反贫困的）前进方

① 本文是从国家社科基金项目成果“‘毕节模式’及其反贫困经验研究”中选取的一部分内容。

向、发展道路、制度模式、精神动力、统战优势等五个方面总结了毕节试验具有的广泛代表性和启示性；曾经将毕节试验所选择的发展道路、构筑的发展平台、坚持的试验主题、遵循的基本原则，以及获得的基本经验与实施的脱贫战略，作为毕节模式的支撑构架，将毕节模式概括为“一·二·三·五·五·八”模式；也曾经对毕节模式的价值和给我们带来的启示进行了简要总结，这其中涉及的诸多内容都可以说从另一个侧面间接论证了毕节模式具有多方面的推广价值。毕节模式既有自身的独特方面，同时也具有欠发达国家和地区跨越发展与反贫困探索的普遍共通的方面，毕节模式的许多成功经验和做法，是具有普适性的，值得借鉴和推广。实际上，在毕节试验追求科学发展的前期探索之上形成的科学发展观，成为党和国家的指导思想，指导整个国家的建设实践，已经在某种程度上体现了毕节模式在发展方式和发展道路方面的借鉴和推广价值。

其次，对毕节模式的推广要结合具体情况，因地制宜，有重点、有选择、有步骤地进行。即使同属欠发达的国家或地区，因为政治制度、发展条件、区位交通、资源禀赋、地理环境、文化习俗等方面的不同，在推广借鉴毕节模式时也应当结合本地区实际，有重点、有选择、有步骤地进行，而不能生搬硬套。在中国革命和建设事业中，曾经因为生搬硬套别国的模式和经验，给我们带来过惨痛教训。正是通过汲取历史的惨痛教训，我们才确立了把马克思主义普遍原理同我国的具体实际相结合的建设中国特色社会主义的发展道路。一切从实际出发、尊重客观规律、实事求是、因地制宜，仍然是我们在推广毕节模式时需要强调的原则。比如，因为国家间政治制度的差异，一些欠发达国家及其所属地区就可能在整合各种政治力量参与建设，搭建反贫困平台方面面临不小困难；一些国家的欠发达地区政府也可能因为权力受到多种限制，不能统筹各种资源，主导整个反贫困进程；一些欠发达国家或地区因为域内的自然地理环境因素（沙漠、湖泊等不同地貌），毕节模式中反贫困的“山地经验”对其就可能不适合，等等。这些欠发达国家和地区千差万别的情况，都决定了其推广毕节模式时必须立足自身实际，因地制宜，因时因势而变，制定具体而有针对性的推广方案。内容方面，对毕节

模式的推广借鉴，可以以毕节模式的支撑构架为基础，从发展道路、反贫模式、原则经验、战略举措等几个方面来制订具体实施计划。无疑，毕节试验区所走的科学发展道路具有最大的普适性，值得普遍推广，因为任何一个地方的发展与反贫困都离不开经济、环境与人口三大要素，将三大要素统筹协调、整体推进，是广大贫困地区摆脱贫困，谋求跨越发展普遍而正确的道路。其他反贫模式、原则经验、战略举措等几个方面，实际上都是毕节所走的科学发展道路的具体化，同时在一定程度上也提炼总结了山区反贫困的许多共通性的方面，也都具有不同程度的推广价值，尤其对于与毕节情况类似的我国西南广大的喀斯特贫困山区。总之，因地制宜，有重点、有选择、有步骤地推广毕节模式，将减少毕节模式推广中的盲目性，最大限度地避免推广中盲目照搬可能造成的各种损失。

最后，进一步完善毕节模式，完成毕节试验区的国家建构是关键。30 年来，随着国家的改革开放进程，在多位国家领导人的关怀指导下，在中央统战部、各民主党派中央、全国工商联、专家顾问组、国家有关部委、深圳市等的大力帮扶下，在贵州省委、省政府的大力推动下，毕节试验一直处于不断深化当中，毕节模式也一直处于形成和不断地丰富完善当中。尤其是近年来，随着 2009 年“4 · 14”会议、2010 年“6 · 28”会议、2011 年“5 · 21”会议的召开，《国务院关于进一步促进贵州经济社会又好又快发展的若干意见》(国发〔2012〕2 号)、国务院办公厅《关于开展对口帮扶贵州工作的指导意见》(国办发〔2013〕11 号)、《中共贵州省委　贵州省人民政府关于加快推进毕节试验区新一轮改革发展的意见》(黔党发〔2011〕13 号) 等一系列文件的出台，国家发改委还专门针对一个地级市出台了《深入推进毕节试验区改革发展规划（2013 ~ 2020 年)》，将毕节试验区纳入国家重点区域改革发展规划，国家各部门和贵州省都加大了对毕节试验区的政策扶持力度，尤其是 2014 年 5 月 15 日，习近平总书记对毕节试验区建设发展做出重要批示，使毕节试验区获得了千载难逢的发展机遇。随着试验区改革发展的推进，其知名度也逐渐从“贵州 · 毕节试验区”上升到“中国 · 毕节试验区”。下一步，如何真正实质性地把“贵州 · 毕节试验区”

变为“中国·毕节试验区”，完成毕节试验区的国家建构，是毕节试验区获得大发展的关键，也是进一步完善毕节模式的关键。实际上，鉴于我国贫困问题大多具有突出的山区背景，以及毕节试验区的突出代表性，将毕节试验区建成国家层面的山区改革发展与反贫困的试验区很有必要。国家层面上的试验区探索，将在试验的广度、深度以及扶持的力度上有更大的提升，必将为试验区的发展创造更好的条件，同时也为毕节模式的进一步丰富完善提供更多的经验素材。我们认为，毕节模式的丰富和完善，受许多因素的影响，从大局上看，完成毕节试验区的国家建构将是其中的关键。

B.5
毕节试验区2017年城镇化发展报告

陈昊毅*

摘　要： 2016年是毕节试验区“十三五”开局之年，也是试验区山地特色新型城镇化深入推进之年。一年来，毕节市委、市政府坚持以人的城镇化为核心，以提高城镇化质量为关键，紧紧围绕2020年常住人口城镇化率达到50%以上的目标，健全体制机制、科学配置资源、突出工作重点，大力实施城镇化带动战略，新型山地特色城镇化建设取得了显著成效。

关键词： 毕节试验区　新里城镇化　山地特色

一　城镇化工作总体情况

2016年，毕节市以国务院印发《关于深入推进新型城镇化建设的若干意见》为契机，认真贯彻国家和贵州省关于新型城镇化建设的一系列重大战略部署，紧紧抓住中央、国家部委、各民主党派中央、全国工商联和省直相关部门倾力帮扶毕节试验区这一重大机遇，以城镇基础设施建设、公共服务设施建设为重点，以培育支柱产业、促进农民市民化为核心，坚持规划引领、试点先行，不断配套完善政策措施，着力推进区划调整，实现了试验区城镇化的跨越式发展。截至2016年底，全市共辖7县2区263个镇、乡、办事处（其中建制镇123个，乡、民族乡105个，街道办事处35个），土地

* 陈昊毅，贵州省社会科学院农村发展研究所助理研究员，研究方向：农村发展。

面积26853平方公里；全市户籍人口915万人，常住人口约700万人，常住人口城镇化率由2015年的38%提高到2016年的41.27%，与全国、全省城镇化发展差距不断缩小；城市基础设施不断改善，城市建成区面积达到154.62平方公里，城市用水普及率达90%，城市燃气普及率为48.38%，城市生活污水处理率达91%，城市垃圾无害化处理率达87.3%，城市建成区绿地率约16%，全市人均城市道路面积12.87平方米；全市公路通车里程3.05万公里，高速公路通车里程720公里，铁路通车里程413.7公里，毕节飞雄机场已开通北京、上海、广州等19个城市航线，旅客年运输量突破70万人次。

二 城镇化发展的主要做法与经验

（一）抢抓历史机遇，推进新型城镇化跨越发展

2016年毕节试验区以中央城市工作会议召开为契机，按照党中央、国务院印发的《国家新型城镇化规划（2014～2020年）》和国务院印发的《关于深入推进新型城镇化建设的若干意见》等一系列对新型城镇化实施的重大战略部署为指导，紧紧抓住中央统战部、各民主党派中央、全国工商联、国家有关部委和东部十省市统一战线倾力帮扶机遇，着力打造毕节试验区建设“同心工程”品牌，通过实施“智力支持、改善民生、生态建设、示范带动”四大工程，为毕节试验区加快推进新型山地特色城镇化创造了有利的环境条件，城镇化建设实现了跨越式发展。以国办函35号文件的出台和国土资源部等23个部委相继出台的27个支持毕节改革发展差别化政策的历史机遇，为试验区加快推进山地特色新型城镇化建设提供了有力的政策支撑，增添了强大动力。以毕节市承办全省小城镇发展大会等影响较大的相关重要会议为契机，全力推进新型城镇化项目建设，扩张了城镇规模，增强了城镇实力，改善了城镇环境，发展了城镇经济，为推动试验区城乡统筹发展夯实了基础。

（二）提前谋划布局，注重规划引领

近年来，毕节市按照“城乡一体化、资源共享化、社会和谐化、环境友好化”的指导思想，不断加大规划统筹力度，推动新型城镇化建设健康发展。

一是注重政策导向，市委、市政府出台了一系列城镇建设发展的指导性文件：《关于进一步推进城镇化进程的意见》《关于加快推进工业化进程的意见》《关于进一步扎实推进特色小城镇建设的意见》《关于加大统筹城乡发展力度进一步夯实农业农村发展基础的实施意见》《关于推进新型城镇化建设提高城镇人口比重的实施意见》《毕节市推进新型城镇化建设任务分解表》等，同时成立了“毕节市新型城镇化建设领导小组”，集中研究解决新型城镇化建设过程中存在的重大问题，为试验区推动新型山地特色城镇化建设工作指明了方向、明确了目标、规划了路径、强化了组织保障。

二是注重规划引领，通过加大规划编制力度，不断完善规划体系，实现规划相互衔接，不断提升规划的系统性、科学性，逐步优化城镇体系布局建立，完善覆盖城乡的规划体系，例如打破了传统行政辖区束缚，制定跨七星关区、大方县的《毕节市中心城市总体规划（2010～2030年）》，完成了《毕节市中心城区近期建设规划》《毕节市域城镇体系规划》的编制及审查工作，积极开展毕节区域中心城市发展战略研究等工作，并完成了中心城区多个专项规划编制。目前各县（区）第四轮城市总体规划修编已全部完成，各类专项规划编制进程加快，各城市近期建设范围内控制性详细规划已全部编制完成，各乡镇和中心村规划已全面完成。

三是适应发展积极开展市域城镇体系调整完善工作，并在全省率先推行行政区划调整，通过撤乡并镇、撤镇设街道办事处和设置县域副中心镇等方式，不断优化、完善市域城镇体系构架。

四是做好“多规融合”改革试点，创新规划编制模式，与水资源综合利用规划、林业保护利用规划等在空间管制方面紧密衔接，形成一张空间基准地图、一个空间信息平台、一个协调管理机制作为各部门规划编制、修改及实施共同遵守的准则，真正实现“一张蓝图干到底”。

（三）农业人口市民化稳步推进，总体目标和实施路径不断明确

推进农业人口市民化是新型城镇化的核心要务。2016 年毕节市常住人口城镇化率提升 3.27%，高于全国 1.25% 和全省 2.14% 的提升水平，带动 20 多万农业人口市民化。省政府 2015 年批复的《毕节市市域城镇体系规划（2015～2030 年）》明确提出了农业转移人口市民化的总体目标，即 2020 年毕节市城镇化率达到 50% 左右，城镇人口达到 300 万人左右；到 2030 年全市城镇化率达到 60% 左右，城镇人口达到 440 万人左右。为保障这一目标顺利实现，毕节市政府下发了《毕节市人民政府关于推进新型城镇化建设提高城镇人口比重的实施意见》，着力深化相关制度改革，创新新型城镇化发展模式，大胆突破制约瓶颈，积极探索适应新型城镇化发展的新体制、新机制，为毕节新型山地特色城镇化的健康快速推进提供制度保障。

（四）促进产业发展，增加城镇就业

产业是山地特色新型城镇化发展的内生动力，而就业是实现山地特色新型城镇化农业人口市民化的重要途径。2016 年，毕节市切实把发展产业作为山地特色新型城镇化工作的首要任务，不断培育和壮大优势特色产业，优化产业结构，实现了一、二、三产业的协调融合发展，创造了更多就业机会，实现了以城聚产、以产兴城、产城联动、融合发展。同时采取强有力的措施，不断加大创业就业政策落实力度和就业资金的投入力度，通过促进就业精准化、宣传手段多样化、就业活动品牌化、就业服务信息化等积极探索就业新形式，大力开展“千企万人”就业工程、农民工返乡创业、农业转移人口示范点建设等工作，不断拓宽就业渠道，千方百计扩大就业。

（五）加强城镇基础设施建设，助力新型城镇化

围绕山地特色新型城镇化建设目标，毕节市坚持项目引领，通过推进项目建设，积极邀请国内知名企业参与毕节试验区城镇化建设。2016 年毕节

市城镇化建设项目推介会共签约项目 21 个，签约总金额 425 亿元，有力助推了毕节市城镇建设发展。

（六）推动美丽乡村与小城镇建设，实现城乡一体化发展

坚持城乡统筹建设，把城市建设、小城镇建设和美丽乡村建设结合起来，着力促进城乡一体化发展。整合设立金海湖新区，不断完善小城镇“8 + X”项目，小城镇基础设施、公共服务设施和产业项目得到较大提升。16 个省列示范小城镇共实施 98 个“镇村联动”工程，覆盖率为 35%。全市小城镇项目建设提供直接就业岗位近 3 万个，带动间接就业 10 万余人，新增城镇人口 10 万余人，为毕节市新型山地特色城镇化发展常住人口城镇化率的提升贡献近 2 个百分点。以“四在农家·美丽乡村”建设为抓手，以农村人居环境整治为突破口，大力开展民居建设、通村油路、通组路和农户院坝硬化等工程，同时创建了一批宜居乡村的典型示范，其中黔西县洪水镇解放村被列入中国第一批建设美丽宜居村庄示范名单，织金县龙场镇营上古寨入选第二批中国传统村落名录。

三　存在问题

（一）城镇化发展仍处于较低水平

近年来，毕节试验区城镇化水平虽然有了大幅提高，但相对全国平均水平仍有较大差距。2016 年全国平均城镇化率已达 57.35%，而毕节市仅有 41.27%，与贵州省 44.15% 的城镇化率也有差距。同时，毕节市城镇建成区面积规模偏小，人口集中度较低，受山地地形影响，城镇建设较为分散，产业发展对城镇化带动不足，城镇经济实力总体较弱。

（二）城镇化发展结构不平衡

毕节市城镇化发展存在着结构不平衡、地区差异性明显的特征，城镇化

水平东高西低的特征明显。东部的黔西县、大方县、金沙县、织金县结合中部的七星关区集中了毕节市城镇化水平较高的五个县区，而西部的威宁县、纳雍县、赫章县的城镇化水平相对较低，这样的城镇化发展结构制约着毕节市整体城镇化水平的提高。

（三）特殊的山区地理条件制约城镇化发展

毕节市是喀斯特地貌发育强烈地区，地形地貌以山地、丘陵、沟谷为主，没有平原支撑，这使城镇发育条件较差，基础设施建设成本较高，开放型经济不发达，产业基础薄弱，城镇扩张缓慢，规模较小，从而城镇对乡村的辐射带动能力较弱。

四　加快毕节试验区城镇化发展的对策建议

（一）结合实际，推进农业转移人口市民化

要结合毕节实际，利用好中央财政转移支付同农业转移人口市民化挂钩的政策，争取更多的中央预算内投资安排改善城镇基本公共服务。

（二）完善城镇区域协调一体化发展举措

根据毕节市各区域城镇化发展的不同水平与特点，统筹城镇化空间、规模、产业的合理布局。一是要加强各区县之间及区县各城镇之间分工协调发展的策略引导，将不同区域城镇的错位发展与协作策略政策化、具体化、常态化，防止各个城镇之间的非合作性博弈。二要针对本地区域性中心城市、次中心城市及建制镇等不同的区位、资源禀赋、产业基础、功能定位、城镇化发展水平等制定差异化的发展政策。三要强化城镇的分类指导。针对七星关区、金沙县等城镇化发展较为成熟的区域，采取以协调、监管为手段优化提升城镇发展水平，在产业发展方面强化创新平台的打造，在基础设施和公共服务一体化方面着重推进城乡一体化发展；针对大方县、织金县、黔西县

等发展型的区域，以市场主导、政府引导的方式促进城镇化发展，在产业发展方面突出市场作用，在基础设施和公共服务方面重点由政府引导，尽快完善基础设施建设与基本公共服务体系建设；针对威宁县、纳雍县、赫章县等培育型区域，加大国家政策与重大项目的倾斜帮扶力度，在产业方面引进重大项目促进产业转移，在基础设施与公共服务建设方面加大国家投入力度，补齐短板，促进与其他区域的协调发展。

（三）推进特色小城镇建设

毕节市山地特色新型城镇化是以中心城区、县城建制镇为主体形态，特色小城镇为重要补充的城镇化。在特色小城镇建设过程中，一要以新发展理念为指导，努力实现思路、方法与机制的创新，着力培育供给侧小镇经济，坚持因地制宜，从实际出发，根据毕节实际和城镇化发展的自身规律，体现发展差异性，提倡形态多样性。二要坚持产业建镇，防止“千镇一面”。根据不同区域的要素禀赋和比较优势，打造每个特色小城镇都有一个特色主导产业，实现以产促城、以城兴产、产城融合。三要坚持以人为核心，杜绝形象工程，建设特色小城镇，需要围绕完善城镇功能，补齐城镇基础设施、公共服务、生态环境三块短板，而这一过程中要避免大拆大建、切割历史人文民族脉络、破坏生态环境、人为抬高农民进城门槛。

（四）提升城市可持续发展能力

通过强化中心城区经济发展龙头地位，积极构建七星关、大方、金海湖一城三区格局，不断提升城市可持续发展能力。产业是城市可持续发展的核心，要坚持产城融合发展，通过规划先行，引导产城互动；通过产业兴城，提升发展动力；通过以城聚产，完善城市功能；通过以产聚人，完善制度保障。将产城融合作为新区发展的原则和目标之一，支持新区加快城市基础设施建设，推动城市部分功能向新区转移搬迁，加快新区保障性安居工程建设，提高人口积聚能力。

不断推动新型城市建设，全面提升城市信息化水平，深入实施大数据战略，建设智慧城市。加快城市公共加速光纤入户、公共热点区域无线局域网建设，完善城市地理信息、城市管理、环境管理、智能电网、智能水务、智能管网、智能交通、灾害应急处置等智能化信息系统。

B.6
2017年毕节试验区生态文明发展报告

颜 强*

摘 要： “针对性地提出促进毕节试验区生态建设的对策建议”扩充为“针对性地提出加强生态修复工程建设、发展壮大林业产业、深化生态文明建设体制机制改革、推进生态环境治理能力现代化以及创新投融资方式等建议，促进毕节试验区生态建设”。

关键词： 毕节试验区 生态文明 生态修复

毕节试验区是贵州石漠化生态脆弱地区，生态区位十分重要。最高海拔2900.6米，最低海拔457米，平均海拔1400米，土地面积26853平方公里，石漠化面积为5311平方公里，其中强度以上石漠化面积为650平方公里，分别占全市总面积的19.78%和2.42%，石漠化生态问题较为突出。总的来看，毕节试验区由于特殊的喀斯特地质地貌，生态环境依然非常脆弱，水土流失、石漠化、陡坡耕地、荒山荒地等都亟须治理和修复，且造林绿化地块多处在石漠化区域，生态建设任务艰巨。因此加快生态文明建设步伐，对毕节试验区构建功能完备的生态安全体系，实现后发赶超和同步小康具有十分重要的意义。

---

* 颜强，贵州省社会科学院工业经济研究所助理研究员，研究方向：生态经济。

一　生态建设的成效

（一）党的十八大以来生态建设概况

党的十八大以来，毕节试验区在生态建设各方面均取得明显成效。林业生态建设方面，2016年毕节市森林覆盖率达到50.28%，森林覆盖率首次突破50%。新增森林面积达到6.02万公顷，完成石漠化治理达到126.06平方公里。水土综合治理方面，2016年全市通过水土流失治理项目，累计完成治理面积13074.42公顷。林业产业发展迅速。党的十八大以来，试验区强化森林资源保护，林业生产结构得到优化，经济林产品总量由2015年的17.82万吨增长至25.20万吨，2016年全市林业产值达193.11亿元。同时，试验区加强天然林资源的保护，共完成森林管护面积2028万亩，营造林达179.66万亩，其中经果林64.71万亩。在自然保护区建设和湿地保护方面，毕节市共建成总面积达75003.92公顷的自然保护区10个（森林生态类型自然保护区4个，野生植物类型自然保护区4个，野生生物类型自然保护区1个，野生动物类型自然保护区1个）。建成国家级森林公园4个、湿地公园3个，省级森林公园4个，市级森林公园3个、湿地公园5个等，全市森林公园面积总计达69078.3公顷。此外，在主要污染物控制方面，四指标排放量明显下降，工业固体废物产生量逐渐下降，其综合利用率一直维持在60%以上，环境空气质量得到明显改善。

（二）主要指标在贵州省的比较分析

1. 森林资源指标稳中提升

党的十八以来，在全市人民的努力下，森林建设取得优异的成绩。森林覆盖率指标上，2012年全市森林覆盖率是43.10%，2016年首次突破50%，达到50.28%，且与全省平均水平的差距逐年缩小，2016年差距缩小至1.72（见图1）；森林面积指标上，全市森林面积总量稳步上升，2016年增长至135.02万公顷，五年来占全省森林面积平均比重为13.30%（见图2）；当年营造林面积指标上，2012年，全市营造林面积为7.51万公顷，2016增长至11.98万公顷，增加4.47万公顷，五年中增加幅度为59.52%，占全省平均营造林面积的比重为33.53%（见图3）；在活立木蓄积量指标上，全市活立木蓄积量逐年增加，占全省平均活立木蓄积量的比重也逐年增加（见图4），2016年占比达6.60%，为历年最高（见表1）。

表1　毕节市2012～2016年森林资源在贵州省的占比情况

年份	森林覆盖率(%)			森林面积(万公顷)			当年营造林面积(万公顷)			活立木蓄积量(亿立方米)		
	毕节	贵州	差异	毕节	贵州	占比	毕节	贵州	占比	毕节	贵州	占比
2012	43.10	47	-3.90	116.32	828	14.05	7.51	19.93	37.70	0.23	3.97	5.27
2013	44.06	48	-3.94	118.91	880	13.51	7.83	21.82	35.86	0.25	4.09	6.11
2014	46.23	49	-2.77	124.76	863	14.46	7.99	30.27	26.39	0.26	4.31	6.03
2015	48.00	50	-2.00	129.00	880	9.77	9.44	28.00	33.71	0.27	4.44	6.08
2016	50.28	52	-1.72	135.02	916	14.70	11.98	35.20	34.00	0.28	4.25	6.60

资料来源：《毕节市2010～2016年国民经济和社会发展统计公报》，《贵州省2010～2016年国民经济和社会发展统计公报》，《2016年贵州统计年鉴》。

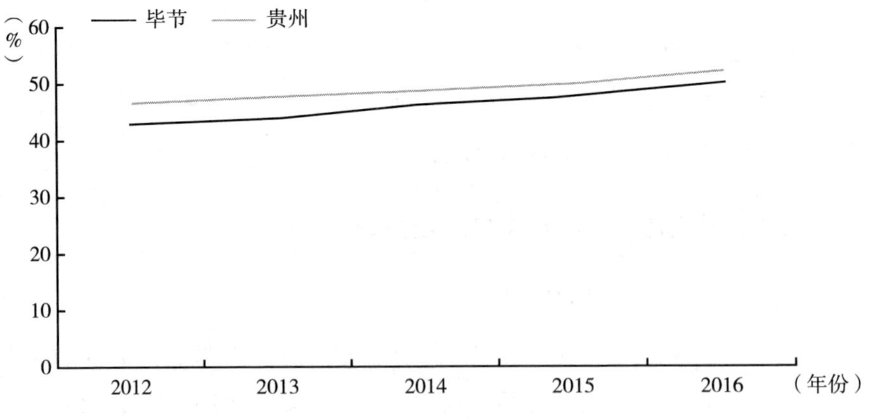

图1　毕节森林覆盖率趋势

资料来源：根据毕节市2011～2016年环境状况公报绘制得出。

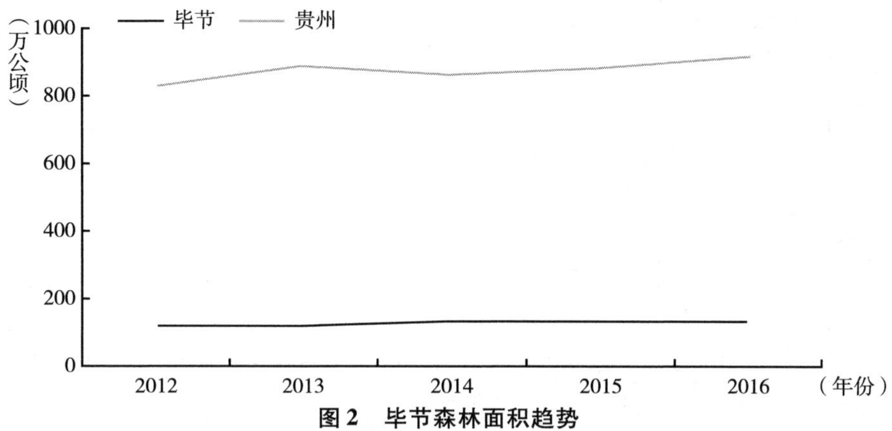

图2 毕节森林面积趋势

资料来源：根据毕节市2011～2016年环境状况公报绘制得出。

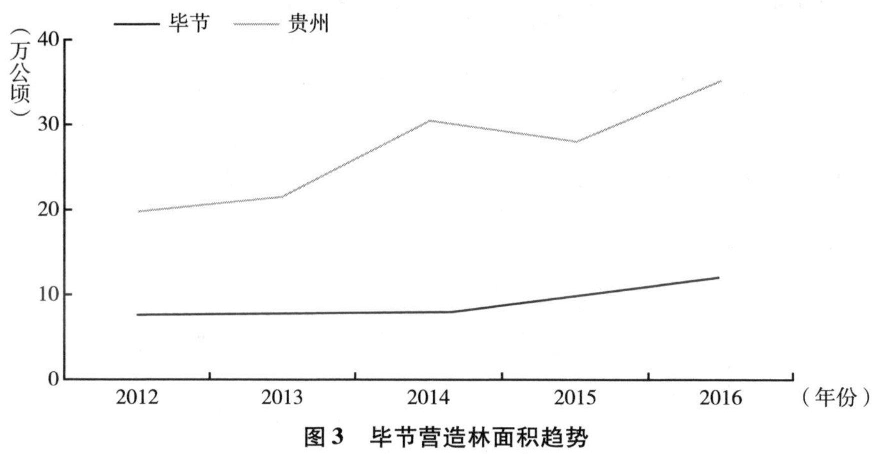

图3 毕节营造林面积趋势

资料来源：根据毕节市2011～2016年环境状况公报绘制得出。

2. 主要污染物排放量需要进一步控制

从纵向上看，毕节各主要污染物排放量基本在逐年降低，可见实施“绿色毕节”建设活动以来，环境状况还是取得了一定成效，改善了本地环境；从横向来看，毕节各主要污染物排放量占全省的比重未能出现逐年下降的趋势，除 SO_2 排放量占全省的比重逐年降低，其他主要污染物排放量占全省的比重起伏不定，甚至有所上升。以上情况说明，毕节主要污染物排放量控制虽有一定成效，但是控制力度需要进一步加大，逐步降低占全省的比重（见表2）。

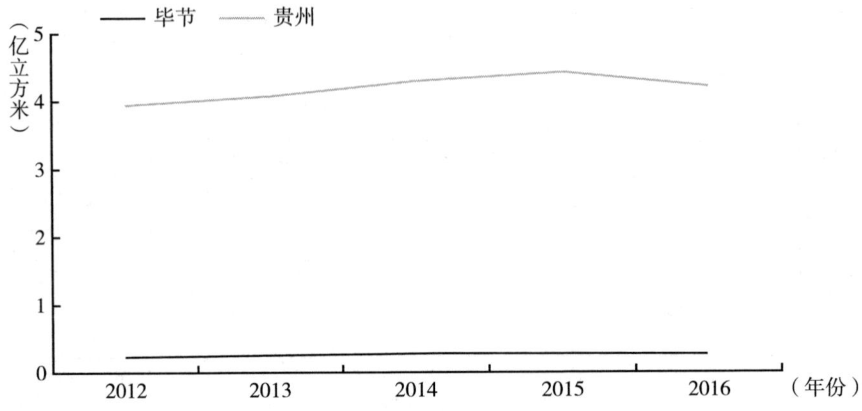

图4　毕节活立木蓄积量趋势

资料来源：根据毕节市2011～2016年环境状况公报绘制得出。

表2　毕节市2012～2016年主要污染物排放量占全省的比重

单位：万吨，%

指标	2012年	2013年	2014年	2015年	2016年
COD排放量	4.64	4.66	4.56	4.54	4.06
全省占比	13.70	14.20	13.94	14.26	15.86
SO_2 排放量	20.07	19.72	15.43	14.23	13.7
全省占比	19.28	19.99	17.10	16.6	21.17
氨氮排放量	0.56	0.55	0.54	0.545	0.48
全省占比	14.43	14.40	14.21	14.97	15.58
氮氧化物排放量	16.36	16.32	10.4	8.1	7.8
全省占比	29.03	29.28	21.18	19.33	20.64

资料来源：《毕节市2012～2016年国民经济和社会发展统计公报》，《贵州省2012～2016年国民经济和社会发展统计公报》，《2016年贵州统计年鉴》。

3. 空气环境质量有待进一步提高

毕节市与其他中心城市比较来看，虽然毕节市空气质量达到二级标准，但仅有可吸入颗粒物与细颗粒物两项指标不高于全省均值，其他指标均高于全省均值，表明空气环境质量工作有待进一步加强（见表3）。

表3 2015年全省9个中心城市空气六指标年均值

单位：μg/m³

城市名称	二氧化硫	二氧化氮	可吸入颗粒物	细颗粒物	一氧化碳百分位	臭氧八小时百分位	实达类别	超标污染物
贵阳市	13	29	64	37	1.1	130	超二级	细颗粒物
遵义市	11	32	69	44	1.2	114	超二级	细颗粒物
六盘水市	17	25	68	39	1.3	96	超二级	细颗粒物
安顺市	22	16	38	27	1.1	116	二级	—
毕节市	17	23	44	30	1.6	114	二级	—
铜仁市	12	16	50	25	1.2	71	二级	—
凯里市	8	20	47	32	1.1	107	二级	—
都匀市	16	19	53	29	1.2	112	二级	—
兴义市	16	15	45	24	1.2	110	二级	—
城市均值	15	22	53	32	1.2	108	二级	—

资料来源：《2016年贵州省环境公报》。

二 生态文明建设的主要措施与经验

（一）筑牢绿色屏障，加大生态环境治理力度

1. 山林治理

毕节试验区成立30周年以来，紧紧围绕“开发扶贫、生态建设、人口控制”三大主题，践行“绿水青山就是金山银山”和“宁要绿水青山，不要金山银山”的绿色文明理念，不断加强山林治理和保护，实现了人民生活水平由普遍贫困到小康、生态环境由不断恶化到显著改善的历史新跨越。

（1）创新治理模式，提升山林效益

试验区要不断深化其内涵、拓展其外延，积极采用“山顶种植松杉柏涵养水源戴帽子、山腰种植经济林木增加收入系带子、山下抓调整结构发展现代高效农业铺毯子、富余劳动力务工创业挣票子、增收致富建设美丽乡村盖房子”的“新五子登科”立体生态建设模式，实现试验区山水林田路综合治理和生态效益、经济效益、社会效益统筹兼顾。在全市积极推行“一

基金两制度”的矿山恢复治理办法、“以林克石、经药治石”的石漠化治理经验等成功做法，大力实施“青山工程”，即全面实施石漠化治理、退耕还林、天然林保护、水土保持、森林经营等生态工程，加快发展林下经济，强化生态管护，赋予山林更多的经济内涵，推动“以林生金”“以经养林”，大幅提升山林生态效益、经济效益和社会效益。

（2）加快山林修复，夯实生态基础

试验区坚持以创新、协调、绿色、开放、共享五大发展理念为引领，高度重视山林修复，相继出台《绿色毕节行动三年行动计划》《毕节市特色经果林板块经济发展规划》《毕节市今冬明春绿色毕节行动营造林工作方案》等文件，深入实施“绿色毕节行动”，取得了优异的成绩。截至 2016 年，全市完成营造林 179. 66 万亩，其中经果林建设 64. 71 万亩，其中完成特色经果林 58. 71 万亩。按照营造林方式划分，完成人工造林 89. 47 万亩，封山育林 90. 19 万亩。完成石漠化治理面积 126. 06 平方公里，完成水土流失治理面积 13074. 42 公顷。四旁（零星）植树 990 万株、苗木产量 24694 万株、育苗面积 15923 亩。

2. 水域治理

试验区牢牢守住发展和生态两条底线，积极创新水域治理模式，扎实开展重点水域整治，水域质量总体稳定，质量得到进一步改善。全市高度重视水源保护，将水源保护放在水域治理工作的重中之重，制定《毕节市水污染防治行动计划工作方案》，深化饮用水源保护行政首长负责制和流域“河长制”管理制度，合理推行“库长制”，在试验区境内的三岔河、乌江、赤水河流域及县城以上集中式饮用水源地实施“河长制”管理，在重点湖库推行“库长制”。有序整治境内湖泊、水库周边环境，实施“碧水”工程，推进长江、乌江“两江”流域主要河道治理、草海综合治理，强化赤水河、六冲河、三岔河、偏岩河等流域水环境保护，建立完善水源地预警和应急机制，加大截污治污力度，实行强制清洁生产、排污许可制度，注重从源头上控制污染。加强饮用水源地环境保护，排查整治集中式饮用水源地，完成 1000 人以上集中式饮用水源地划分，并加大了保护力度。

经过多年的治理，截至2016年，全市河流水环境质量明显改善，从分流域断面来看，赤水河流域、牛栏江流域和横江流域设置断面水质均为Ⅱ类，乌江流域布设断面44个中，Ⅱ类水质断面达30个，占比为68.18%。湖泊水环境质量也进一步改善，在常规监测的3条垂线中，支嘎阿鲁湖监测垂线水质达到Ⅱ类。

3. 大气治理

蓝天白云是建设生态文明的应有之义，也是人民对美好生活的向往。近年来，毕节试验区不断加强大气治理，扎实开展环境质量攻坚行动，努力改善环境空气质量。2016年，编制完成《毕节市2016年大气污染防治年度实施方案》，并以清单形式对全市大气污染源进行编制统计，做到实时跟踪监测。对污染较严重的工业，实施整改、关停或搬迁，严格控制工业污染源，加大火电、水泥等重点工业企业的监管力度，实现工业减排；加强燃煤污染治理，对燃煤小锅炉有针对性地给予淘汰或升级改造，如淘汰七星关区10蒸吨及以下燃煤锅炉，对全市20蒸吨以上的燃煤锅炉强制安装自动监控设施，同时合理划定调整禁止燃煤区，并按禁燃区要求开展相关工作，突出治、管、控，推动燃煤减量；在施工作业区，制定相应规章制度，做到围档作业、工地物料堆放覆盖、渣土运输车辆密闭、城区主次干道保洁等，并加强扬尘监管，整治建筑工地、道路和矿山扬尘；实施车、油、路同步管治，加强机动车污染防治，有序淘汰“黄标车”，减少机动车尾气排放，让空气更干净；强化餐饮油烟污染治理，划定全市餐饮业油烟排放规范区，强制要求区内油烟排放的餐饮业经营单位安装油烟净化设施，并定期清理维护。在体制机制上，毕节以七星关区、金海湖新区和大方县为重点，建立了中心城区大气污染联防联控机制，完善污染天气监测、预警和应急响应体系。

4. 国土治理

为协调好经济发展与生态环境的关系，试验区成立30年来，全市不断加强国土整治，加大了国土保护力度。试验区严格落实国家和省委省政府的耕地保护政策和基本农田有关制度，编制《毕节市土壤污染防治工作方案》，密切监管土地利用方式，提高土地利用效率。为防止土壤结构遭到破

坏，全市农田进行测土配方施肥，扩大有机肥使用范围，实施秸秆还田，同时大力推广节肥、节药、节水和清洁生产技术，逐步减少化肥、农药和农业用水总量。加快采取深松整地、秸秆还田、保护性耕作等措施改良土壤，培肥地力。完成大方电厂等7个重点场地29个土壤风险点监测；实施重金属污染防治，赫章3个历史遗留重金属治理项目已签订合同，正在组织实施。编制“十三五”重金属污染综合防治实施方案；加快推进重金属污染治理项目实施，完成赫章县冉家湾、九股村、天桥片区重金属废渣污染治理项目和兴发乡、野马川镇铅锌冶炼废渣治理项目。编制土壤污染状况详查方案，实施重点区域和敏感区域的土壤加密调查。开展耕地和建设用地的污染场地调查与评估，实现全过程信息化管理。

积极创新国土资源执法监察模式。近年来，随着大数据的兴起，毕节将新科技成果与国土资源执法监察工作相结合，取得了明显成效。为加强生态红线保护区、千亩以上坝区、重点工矿区、城区饮水资源保护区、夹岩水库等违法违规占地易发区的动态巡查，试验区对重点区域实行远程视频监控。许多县区部署远程视频监控设备，实时传送采集数据，及时发现和制止乱占耕地、破坏土地资源等违法行为，努力保护生态环境，减少群众损失。同时，建成立体防控网络体系。通过建立市、县（区）、镇、村四级执法巡查网络，构建了“天上看、地上查、网上管”的国土资源执法立体防控网络体系。有效地利用了各县区国土资源综合管理信息系统和省国土资源“一张图”监管系统，对国土资源违法行为做到早发现，早处理。

（二）推动绿色发展，完善林业产业多元体系

毕节试验区成立以来，依托林业重点工程，全市坚持生态建设与林业产业发展结合起来，探索生态产业发展新路子，实现林业经济和生态效益互利双赢，大力发展具有地方特色的核桃、油茶、樱桃、刺梨、皂角、苹果、竹、生态茶园、花卉苗木和其他精品果业等十类特色经果林，积极培育“十大林业产业基地”，积极推进森林康养产业发展，大方县油杉河大峡谷国家森林公园、百里杜鹃国家森林公园被国家林业局和省林业厅列为发展森林康养试点

单位。2016 年，试验区逐步形成集中连片、规模发展的区域性林业经济板块。在充分利用林业资源的基础上，林业产值总计达 193. 11 亿元，经果林种植面积 310. 9 万亩，实现各类经济林产品生产总量 25. 21 万吨。

（三）创新绿色机制，破除生态文明建设障碍

试验区成立 30 年以来，毕节以“决战贫困、提速赶超、同步小康”为统领，与大扶贫、大数据、大旅游、大健康“四大战略”行动相结合，突出生态修复、产业发展和资源保护同步进行，破除生态文明建设中的体制机制障碍，创建新的体制机制，取得了可供在贵州其他地区乃至全国借鉴的经验。

1. 创新规划引领的绿色机制

全市生态文明建设依据在于规划，以规划统领一切，协调指导一切，避免混乱无序。一是以国家、省“十三五”规划纲要和《深入推进毕节试验区改革发展规划（2013 ~2020 年）》为依据，编制毕节生态文明建设规划，指导全市生态文明建设。二是编制《毕节市林业生态建设十三五规划》，全面分析了毕节生态环境面临的形势，科学制定了林业生态建设的发展目标、总体布局、路径和措施。三是制定《毕节市土地利用总体规划（2013 ~2020 年）修改方案》，对全市当前的土地利用结构进行了整体调整，合理划定功能分区，建设土地空间管制分区，并进一步对土地利用布局优化，加强了全市土地生态环境保护与建设。四是科学编制《毕节市环境保护“十三五”规划》，提出守住山青、天蓝、水清、地洁的生态底线，全面实施“三大”行动计划，对环境质量目标、监管能力建设目标、环境建设目标、环境管理目标、生态建设目标和污染物排放总量控制目标进行了具体量化，有效指导了全市环保的各项行动。

2. 创新建设生态补偿机制

一是建立生态补偿基金。毕节作为长江、珠江两江流域上游地区，生态保护尤为重要，为加大两江流域上游地区的生态保护力度，试验区在着手争取从国家层面建立生态补偿基金，以对长江、珠江境内流域地区进行生态补偿。二是利用市场机制进行调节补偿。争取在省内将毕节列为碳汇交易试点

市，构建排污权有偿使用和交易工作体系，发挥市场在资源配置中的决定性作用，推动地区之间利用市场机制对资源进行优化配置。三是从三大核心问题“谁补偿谁，补偿多少，如何补偿”出发，规范生态补偿机制，利用生态补偿优先级解决“谁补偿谁”问题，将生态服务价值与生态建设成本相结合解决“补偿多少”问题，健全生态补偿管理机构解决“如何补偿”问题。

3. 创新生态保护的管理机制

一是推行重点流域“河长制”管理和饮用水源保护行政首长负责制，对境内河流和水源地实行有效的责任管制制度。二是建立规范的环评审批制度，加强项目环境管理。依法开展环境评估，对不符合国家产业政策，总量控制不达标，污染防治措施不成熟的项目不予审批，禁止进入试验区内。强化重大项目环评审批服务，实行专人跟进对接，实时跟踪，同时对“未批先建”的环保违法违规项目进行整改清理。三是优化执法监管方式，严厉打击违法行为。定时组织开展环境安全大检查和应急救援联合演练，对污染环境的企业、组织或个人依法进行立案处罚，加强对排污费核定征收，强化污染源自动监控管理，完成境内企业应急预案备案，做到能够及时应对突发环境事件。四是创新考核评价机制。设定对政府和干部的生态建设考核指标，量化各指标权重，有侧重地将有关生态保护法律法规执行落实情况、生态质量变化指数、减排数量和公众满意度等反映生态文明建设成效的指标纳入考核评价内容中，强化责任追究，提高行政效率。

（四）培育绿色文化，提高城乡居民绿色意识

绿色文化就本质而言，是对生态文化的形象化表达，是指人类以尊重、维护大自然和生态环境为前提，协调与生存环境关系的一种文明形态，主要包括价值理念和行为准则两个方面的内容，具体表现为生态科技、生态道德、生态艺术、生态生产和生活方式等四方面内容，以引导人们走上可持续的发展道路为着眼点，强调人与自然环境的相互依存、相互促进、共处共融。

试验区成立以来，全市一直注重培育绿色文化，凸显人们的生态文明意识，努力使人们的生产方式和生活方式顺应自然规律，尊重自然规律，做到保护自然。借助新闻媒体的信息传播力、文化影响力和舆论引导力全面提升全市人民的绿色文化素养。推广绿色出行、绿色消费，营造良好的生态文明氛围，积极开展各种绿色文化活动，支持各区县创建绿色企业、绿色学校、绿色社区、绿色家庭等。

三　试验区生态文明建设面临的挑战

试验区自成立以来，在生态文明建设方面虽然取得了显著的成就，但是也面临着较大的挑战，既有旧有的问题，又有在新形势下出现的矛盾。在充分肯定过去30年来生态文明建设成绩的同时，我们也清醒地看到今后一个时期内生态文明建设面临的挑战。对于成绩，我们永不满足；面对挑战，我们有效应对。

（一）生态修复任务艰巨

截至2016年底，全市森林覆盖率为50.28%，比全省森林覆盖率平均水平低1.72个百分点，与省内森林覆盖率最高的黔东南州相比低了16.4个百分点。全市森林面积共计2025.3万亩，活立木蓄积仅1.98立方米/亩，低于全国5.9立方米/亩的平均水平。2016年底全市仍有327万亩25度以上陡坡耕地和15~25度重要水源地坡耕地需要退耕，5185平方公里石漠化面积未得到有效治理。生态环境依旧脆弱，人口资源环境的压力未能出现较大减轻，生态修复面临的任务复杂而艰巨。

（二）林业产业发展不强

当前试验区林业产业内部不合理，协调能力不强。从各类产业产值占林业总产值上看，林业种植和培育产值占比达37.74%，木材和竹材采运与林产品生产和加工产值占比12.28%，森林旅游产值占比39.47%，其他产值占比10.50%。这说明林业种植和培育与森林旅游产业产值占比较大，木材和竹材采运与林产品生产和加工产业产值占比较小，即第一产业和第三产业产值占比较大，第二产业产值占比较小（见表4）。第二产业比重较小的原因，主要归结为木材和竹材采运与林产品生产和加工产业规模化程度不高，没有形成合力，产业链没有得到延伸，林业产品附加值不高且大部分为初级产品，群众品牌意识不强。

表4　毕节市2016年林业产业产值比重状况

单位：万元，%

产业类别	各产业产值	占比	产业类别	各产业产值	占比
一、林业种植和培育	728783	37.74	四、森林旅游	762195	39.47
二、木材和竹材采运	6599	0.34	五、其他	202830	10.50
三、林产品生产和加工	230660	11.94	总产值中林下经济	345174	17.87

资料来源：毕节市2010~2016年国民经济和社会发展统计公报，贵州省2010~2016年国民经济和社会发展统计公报，2016年《贵州统计年鉴》。

从林下经济产值来看，产值为34.52亿元，占比仅为17.87%，目前特色经果林面积达300余万亩，但由于管理不善、新发展面积多等诸多原因，投产面积不到100万亩，且收入较低，年平均收入为3451.74元/亩。由于在生产经营中，贮藏、加工、销售等环节后续产业体系不发达，生产销售模式落后。同时，各类产业品种单一，且由于缺乏大型林业龙头企业带动，发展后劲不足。

（三）体制机制改革不够

一是林业“三权分置”改革滞后。由于林业所有权、承包权、经营权“三权分置”还未全面推进，尚不够成熟，林业“三变”改革推动缓慢，林权抵押贷款实施难度较大，林木流转、森林资源收储等机制还在探索阶段。现行制度下，林农虽有承包权，经营权未能放活，在一定程度上限制了农户的收入，致使林农爱林、护林的积极性不够高。二是林业管护人员结构不合理。目前，全市林业从业人员中，天保保护人员占比达78.23%，比重之大且承担着全市森林资源保护的主要任务，不具有编制身份，主要来自国有林场职工和各县（区）林业局聘请人员，待遇薪酬低，管护积极性不高。三是干部队伍考核制度不健全。一方面，各区县生态环境具有差异性，未能加以区分，不能很好地将生态保护法律法规落实情况、生态质量变化指数、减排数量、市民满意度纳入对政府和干部的考核内容中；另一方面，没有全面建立和落实森林资源负债审计责任，导致部分地方开发使用森林资源效率不高且存在浪费破坏的现象，森林资源总量不断缩减。四是生态保护部门协调能力不足。生态保护工作涉及方面之多，领域之广，需要各部门共同参与、互为协调。当前，在具体工作中还存在多头领导、职责不清、职能交叉等问题，导致责任落实不到位，生态保护的重视程度不高。

（四）环保能力建设不足

全市环境监察、监测能力建设滞后，工作能力和工作效率不能达到国家标准化建设要求。一是监测技术人员缺乏，目前全市环境监测人员数量远低于国家规定人员标准，且工作人员任务较重，压力大。新形势下，随着“互联网+”、大数据和人工智能化的发展，各区县环境监测机构对高级人才的需求量与日俱增，而现有人才结构以初级技术人员为主，限制了监测能力的提升。二是执法监察机构规格低，环保执法人员为事业编制，未列入公务员管理编制，不具备执法主体资格，导致执法力量不足。

（五）环保基础设施建设滞后

一是基础硬件设施配置不足，应急装备缺乏，不能满足处理环境应急事件的需要，且目前全市的环境监测系统和设备较为落后，迫切需要升级改造。二是环保生活污水和垃圾处理设施建设滞后，大部分乡镇还未建成污水处理厂和生活垃圾收运系统。

（六）生态环境建设资金短缺

一是生态补偿资金较少。试验区处于长江和珠江上游地区，为两江下游地区生态安全做出了重要贡献，但纳入国家重点生态功能区规划地域范围较小，从国家层面上争取到的生态补偿资金数量有限。而在全省规划中，只有织金县纳入重点生态功能区，从省级层面看，全市获取省级的补偿资金数量较小。二是生态环境建设压力大，任务重，环境保护投入增加，需要的资金量大，而目前的财政较为紧张，不能满足生态环境建设的需要。

四　生态建设的对策建议

（一）多举措加强生态修复工程建设

1. 建立健全试验区境内长江、珠江等流域森林生态系统监测评价体系

充分利用本市林业地理信息系统，结合遥感分析技术，对全市河流流域森林生态修复效果进行调查、采集信息，建立长江、珠江等流域生态修复数据库，进行动态监测与管理。

2. 加强森林生态修复

森林生态修复是控制、治理水土流失，消除石漠化的有效途径。统筹推进荒山造林、天然林保护、低效林改造、石漠化治理、森林抚育、绿色通道建设等生态修复工程，探索形成生态和社会、经济最佳结合的具有毕节特色的森林生态修复模式。对部分属于生态环境脆弱的区县，生态公益林要实行长年禁封，任其自然成长。

3. 实施生态修复多元化融资与产业化经营

目前全市生态修复工程资金需求巨大，依靠财政资金无法完成修复任务，因此需要借助市场手段，采用多元化的融资渠道，集合政府、潜在责任方、环保组织、社会公众共同集资进行生态修复。按照“谁污染、谁承担”的原则，建立破坏生态环境的责任追究制度和监管机制，使潜在污染责任方成为主要承担者和付费者。加快培育形成本市修复产业，实行产业化经营，创新产业化经营的商业模式，延伸修复市场各产业链，进而完善生态修复市场多元化融资机制。

（二）推进林业经济发展，壮大林业产业

1. 不断优化林业产业结构

坚持产业生态化和生态产业化，在以林业第一产业发展为基础的情况下，大力发展第二、第三产业，逐步提高第二产业的比重，按照现代林业经济发展要求，大幅度提高林下经济的贡献率，突出林产品精深加工，提高林业产品附加值。

2. 实行多种林业产业发展模式

一是实行自然资源主导的发展模式。各区县依托当地特有的森林资源逐步开发特色经果林、花卉苗木和森林旅游等产业链，这些产业的发展受自然资源和地理环境的影响较大，适宜采用自然资源主导的模式发展林业产业。二是实行龙头企业带动的发展模式。三是实行工业园区主导的发展模式。根据毕业试验区的林业产业规划和发展定位，布局产业工业园区，通过政府的优惠政策积极吸引国内外知名企业进驻园区，使林业产业在发展过程中获得创新优势。

3. 强化科技和人才支撑

一是加大对林业的扶持力度，增加对林业科技的投入，鼓励林业科技创新，推广先进的生产技术，提高林业产业发展的科技支撑水平，增加林业生产的科技含量。二是要提高林业工作人员的整体素质。试验区应加大对林业科技工作者的培训力度，进行各类相关的职业培训，同时积极引进高技术人才，坚持引进与培训并行，在现有林业科技工作队伍的基础上，调整林业人才结构，增加高技术人才的数量，从而提高整个林业人才队伍的质量。

（三）深化生态文明建设体制机制改革

1. 深入推进“三权分置”改革，健全自然资源产权制度

目前，全市“三权分置”改革，核心在于放活经营权，明确产权。建立和完善自然资源产品的价格政策，有效发挥价格机制的调节作用，达到生态破坏减少，资源节约使用、废弃物循环利用的目的。

2. 创新组织机制，统一领导相关部门

为避免多头领导，部门相互之间推诿扯皮，建议组建成立由毕节党政“一把手”亲自挂帅的“生态文明体制机制专项改革领导小组”，将其作为毕节市政府的工作部门，负责全市生态文明建设的统一部署、协调推进、督察检查等任务，贯彻落实生态文明的各项政策指示，整合全市各个相关部门，调动全市一切人、财、物等资源投入生态文明建设中。

3. 创新领导干部的工作考核机制

建议设立生态文明建设考核领导小组，对全市参与生态文明建设的干部进行考核，根据各地生态环境的差异性，明确考核的具体指标和内容。在考核内容上，将生态环境基础设施建设、污染防治、法律法规落实、生态质量变化指数、减排数量、市民满意度等内容纳入考核内容中去。在考核方式，可采用自查、指标采集、现场检查、市民满意率、专家评审等方式。

4. 探索用人制度改革

调整优化林业管护人员结构，增加天保保护人员编制比例，提高聘请人员薪酬待遇，调动管护人员积极性。

（四）推进生态环境治理能力现代化

1. 加强生态环境管控制度建设

目前，毕节生态环境领域管控机制还不尽合理，现行生态环境管控制度权威性和有效性不够，尚未建立科学合理的顶层设计和有效的整体部署，因此需要切实加强生态环境管控制度建设。第一，建立规划引导制度，通过规划的引导，统一部署全市产业布局、人口分布和区县之间的协作，划定生态保护红线，严格禁止红线内的开发活动。第二，建立总量控制制度，依据境内环境容量，设定环境污染物质排放总量。第三，建立环境监管制度，做好生态功能和环境质量监测，实行环境影响评价“阳光审批”，做好进驻产业的环境评估，实时监控污染排放。第四，建立责任追究制度，一方面，加强企业环境责任追究制度建设，对于造成重大污染且损害了公众健康的企业，依法进行环境损害索赔；另一方面，加强政府环境责任追究制度建设，对于境内未完成环保目标造成环境污染的领导干部应追究其领导责任。

2. 提高环境保护能力，加大环境执法力度

增加全市监测技术人员数量，优化人员结构，扩大高技术人员的比例，对基础硬件配置进行升级改造，进一步提升环境监察、监测能力。赋予环保执法监察机构一定的执法权力，不断加大环境执法力度，深化行政执法与刑事司法衔接制度，及时查办一批重大环境违法案件。

3. 完善境内环境保护基础设施

统筹全市城乡环保基础设施建设规划，把乡村纳入城市生态建设规划中，加大对乡村环保设施的投入，积极建设乡村生活垃圾集中清运体系，对乡村生活垃圾进行集中处理。

（五）创新投融资方式，解决资金困境

1. 实行投融资主体多元化

为加大全市生态文明建设的力度，广泛吸纳社会资金，政府应该改变投融资主体的单一结构，有步骤地实行投融资主体和格局多元化。鼓励国有资本、社会资本和外资投入生态环境建设。

2. 实行环境资源资本经营

首先，将环境资源资本化，明确产权，推行环境资源有偿使用制度和生态破坏补偿机制，进行市场化运作，解决资金难题。其次，在全市有序开展碳排放权、排污权和水权交易，建立各种环境资源产权的交易、出让、转让、存贮制度，实现环境资源的有偿使用，获取一些资金来源，建立环境资源的补偿机制。

参考文献

李虹：《WG 林业局森林生态修复效益与对策研究》，东北林业大学硕士学位论文，2016。

翁荣声：《福州市林业产业发展现状及对策研究》，福建农林大学硕士学位论文，2013。

吴明艳、廖冬云：《毕节公益林森林生态效益补偿现状及对策探讨》，《林业建设》2015年5期。

秦如培、刘宇超：《毕节试验区生态补偿机制的建立和完善》，《安徽农业科学》2013年30期。

贺东航：《生态文明建设体制机制及制度创新的晋江经验研究》，《中共福建省委党校学报》2016年2期。

张惠远、张强、刘煜杰等：《我国生态文明治理能力建设制约因素与制度改革任务分析》，《中国工程科学》2015年8期。

刘爱：《久久为功培育绿色文化促进发展》，《贵州日报》2016年9月27日。

蒯文玲、贾黎：《安徽省环保能力建设存在的问题及建议》，《环境与可持续发展》2017年2期。

B.7

毕节试验区教育发展报告

龙海峰　王睿希*

摘　要： 近年来，毕节市教育局按照“巩固‘中间’、拓展‘两头’、夯实基础、提升质量、改革创新、协调发展”的思路，大力完善教育基础设施建设，不断巩固教育教学质量，加快推进各类教育协调发展，教育工作取得显著成效，城乡教育基础设施逐渐完善，师资队伍建设得到不断强化，教学质量和升学率逐渐提高，城乡教育扶贫全面推进，教育环境逐渐改善。2016年，全市人均受教育年限8.3年，人口文化素质不断提高，整体教育水平逐渐提升。但是，与周边地区相比，毕节教育仍然还存在差距，面临教育创新发展不够、城乡基本公共教育服务差距和优质教育资源分配不均等一些问题和挑战。针对这些问题和挑战，本文提出了深化教育体制机制改革、加快城乡教育一体化建设、完善现代教育体系和开放教育发展等几点对策建议。

关键词： 毕节试验区　教育发展　教育创新

近年来，毕节市教育局在市委、市政府的领导下，奋力开拓，锐意进取，按照“巩固‘中间’、拓展‘两头’、夯实基础、提升质量、改革创新、协调发展”的思路，大力完善教育基础设施建设，不断巩固教育教学质量，

---

* 龙海峰，中共清镇市委党校讲师，博士，贵州省社会科学院对外经济研究所“访问学者”，研究方向为民族经济、民族地区政策研究；王睿希，中共毕节市委党校助理讲师，研究方向为政治学。

加快推进各类教育协调发展，教育水平逐渐提升。2016 年，全市人均受教育年限 8.3 年，人口文化素质不断提高，教育工作取得新成效。

一　毕节试验区教育发展现状

2016 年毕节试验区有各级各类学校 3658 所（含威宁县）。其中，幼儿园 1283 所，小学 1882 所，初中 381 所（初级中学 295 所、九年制学校 86 所），普通高中学校 77 所（高级中学 24 所、完全中学 49 所、十二年一贯制学校 4 所），中等职业学校 16 所，特殊教育学校 9 所，工读学校 4 所，高等院校 6 所（见图 2）。独立设置的少数民族学校 577 所（幼儿园 122 所、小学 381 所、中学 74 所）。建立校园网学校 1668 所，接入互联网学校 2324 所（见图 1），中小学图书 3712.1 万册。各级各类学校校舍建筑面积共计 1341.5 万平方米。其中，幼儿园 99.5 万平方米、小学 498.8 万平方米、初中 343.8 万平方米、高级中学 232.3 万平方米、中职 80.3 万平方米、特校 4.6 万平方米、高等院校 82.2 万平方米（见图 3）。

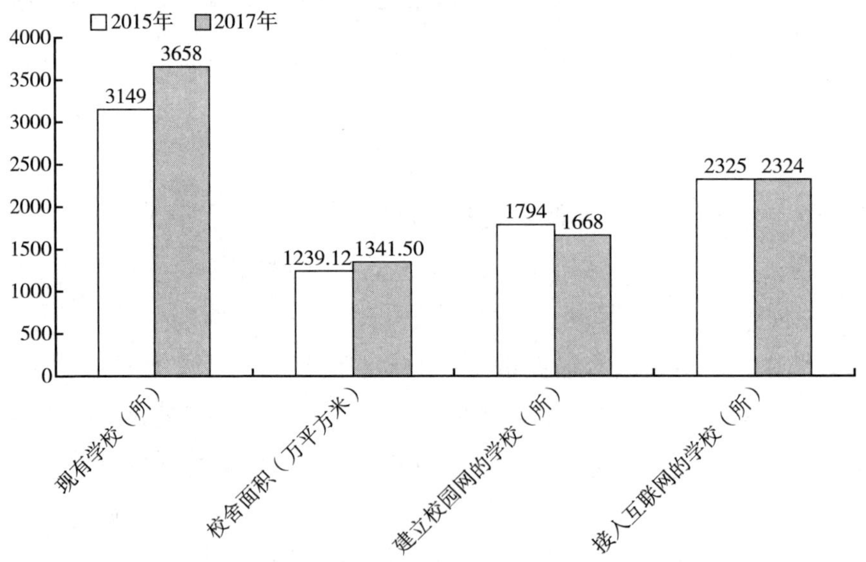

图 1　毕节试验区 2016 年学校建设情况

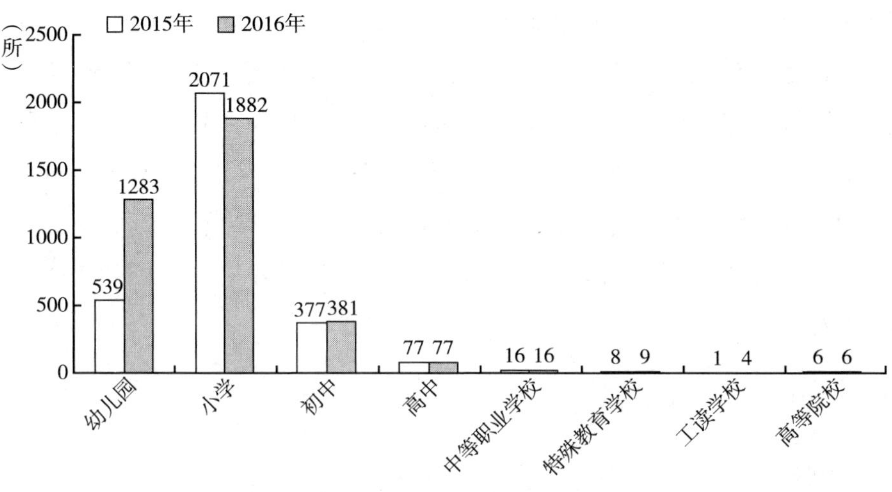

图 2　毕节试验区 2016 年各类学校情况

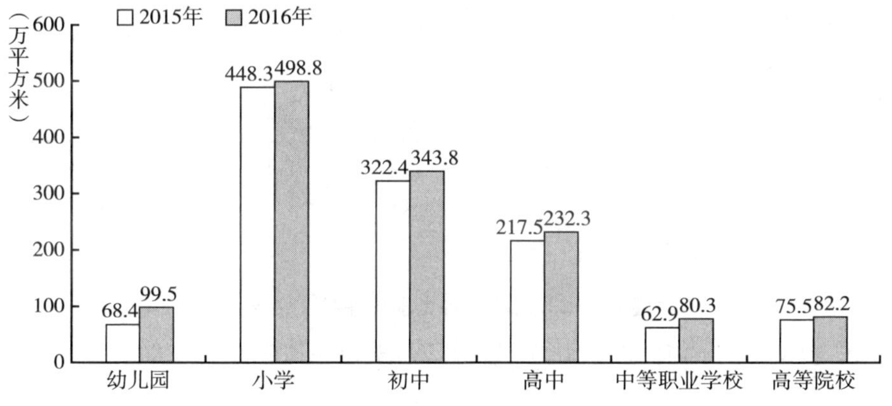

图 3　毕节试验区 2016 年各类学校建筑面积情况

资料来源：《毕节市教育局 2015 年工作总结》，2016 年 1 月 27 日，http://www.bijie.gov.cn/gk/szfxxgkml/zdly/jy/86658.shtml；《毕节市教育局 2016 年工作总结暨 2017 年工作要点》，2017 年 2 月 20 日。

2016 年，毕节试验区有各级各类学校在校生 1877895 人。其中，在园（班）幼儿 277202 人（在园 260558 人、小学附设学前班 16644 人），小学在校生 832862 人，初中在校生 462720 人，普通高中在校生 201096 人，中等职业学校在校生 64155 人（全日制 55727 人、非全日制 8428 人），特殊教育学校在校生 5657 人（特殊教育学校 1829 人、普通学校随班就读 3828 人），工读学校在校生 237 人，市内高等院校在校（籍）学生 33966 人（贵州工程应用技术学院在校生 9641 人、毕节职业技术学院 8163 人、毕节医学高等专科学校 5496 人、毕节广播电视大学 7391 人、毕节幼儿高等专科学校 1894 人、贵州工贸职业技术学院 1381 人）。各级各类少数民族在校生 505196 人，占学生总数的 21.2%。留守儿童入学 159444 人，随迁子女入学 19388 人。

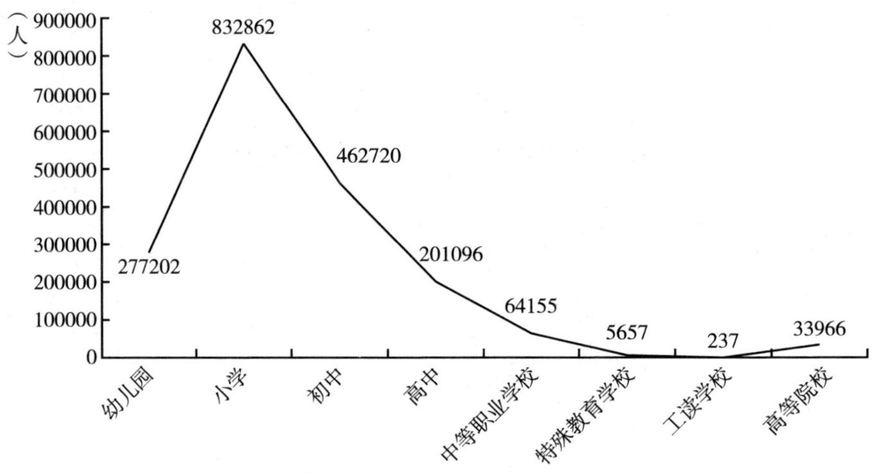

图 4　毕节试验区各类学校在校生情况

资料来源：毕节市教育局《毕节市教育局 2016 年工作总结暨 2017 年工作要点》，2017 年 2 月 20 日。

在专兼职和安保等教职工方面。2016 年有各级各类学校专任教师 97664 人。其中，幼儿教师 11458 人，师生比为 1∶16.6；小学教师 41793 人，师生比为 1∶20；初中教师 27507 人，师生比为 1∶16.8；普通高中教师 11492 人，师生比为 1∶17.6；中职教师 3109 人，师生比为 1∶20.6；特殊教育学校教师 270 人，师生比为 1∶7；工读学校教师 34 人，高校教师 2001 人。现有安全保卫人员 6901 人，兼职心理健康教育教师 4503 人（见图 5）。

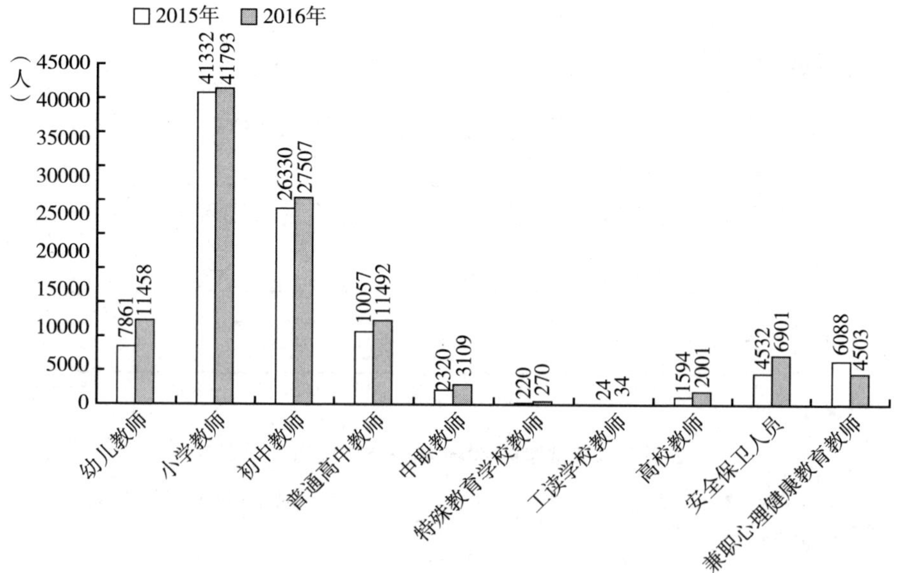

图 5　毕节试验区 2016 年各类学校专兼职教师和安全保卫人员情况

资料来源：毕节市教育局《毕节市教育局 2016 年工作总结暨 2017 年工作要点》，2017 年 2 月 20 日。

在入学率方面。2016 年，学前教育三年毛入园（班）率 84.24%，比 2015 年提升 8.17 个百分点；小学适龄儿童入学率 99.53%（其中女童入学率 99.54%），初中阶段毛入学率达 102.7%，分别比 2015 年提升 0.24 个百分点和 5.16 个百分点；九年义务教育巩固率达 88.34%，比 2015 年提升 1.84 个百分点。“三残”儿童少年毛入学率达 90.34%，比 2015 年提升 0.27 个百分点；小学辍学率为 0.17%，初中辍学率为 0.92%。高中阶段教育毛入学率达 86.73%，比 2015 年提升 1.04 个百分点；高等教育毛入学率达 36.5%，比 2015 年提升 5.62 个百分点；人均受教育年限达 8.3 年，比 2015 年提高 0.3 年。小学寄宿生 185521 人，寄宿率达 22.27%；初中寄宿生 287139 人，寄宿率达 62.05%。

在民办教育方面。目前，毕节试验区有民办中小学（幼儿园、初中、高中、职业中学）341 所，其中，幼儿园 252 所，在校生 60915 人，教职工 5298 人；小学 25 所，在校生 20237 人，教职工 399 人；初中 46 所，在校生 31073

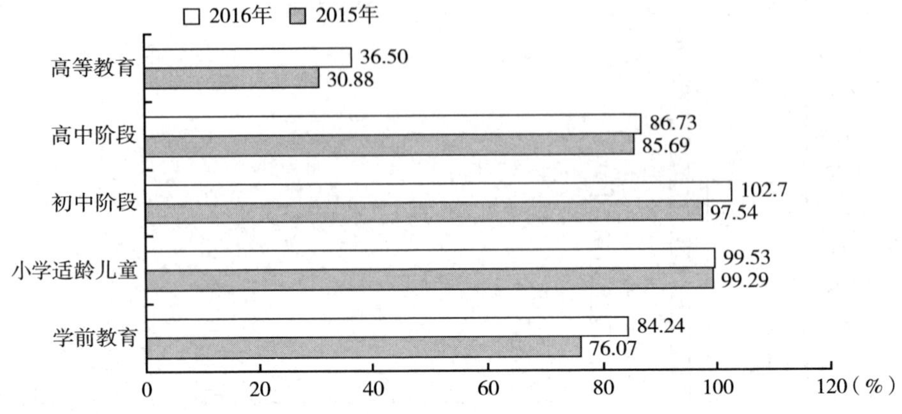

图6　毕节试验区2016年各类学校毛入学率

资料来源：毕节市教育局《毕节市教育局2016年工作总结暨2017年工作要点》，2017年2月20日。

人；普通高中16所，在校生22748人；民办中学教职工4667人；职业中学2所，在校生515人，教职工43人。与2015年相比，民办中小学（幼儿园、初中、高中、职业中学）整体上增加了5所，其中，民办幼儿园减少了3所，民办中小学增加了9所，民办中职减少了1所，在校生增加了13080人。

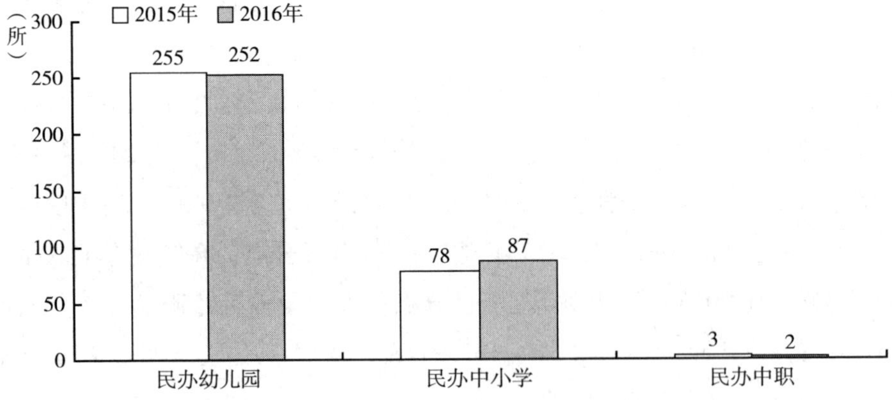

图7　毕节试验区2016年民办中小学（幼儿园）发展情况

资料来源：毕节市教育局《毕节市教育局2016年工作总结暨2017年工作要点》，2017年2月20日。

二　毕节试验区教育工作取得成效

（一）教育基础设施不断完善

近年来，毕节试验区实施九大类教育工程3064个项目，建设面积263.03万平方米，总投资23.4亿元。建成标准化寄宿制学校141所，城镇义务教育学校6所，新建、改建幼儿园123所，利用富余闲置校舍改建山村幼儿园529所，改建普通高中11所。教师周转房及公租房项目1152个，竣工901个；学生宿舍项目667个，竣工573个；建成留守儿童之家100个、心理咨询室100个。评选市级义务教育规范化学校8所、示范性幼儿园8所。

目前，在校园面积建设方面，毕节试验区幼儿园占地面积235万平方米、校舍建筑面积99.5万平方米，分别比2015年增加了77万平方米和31万平方米，幼儿园生均占地面积9.02平方米，生均校舍建筑面积3.59平方米。小学占地面积1542.5万平方米，比上年增加31.4万平方米，生均18.52平方米；校舍建筑面积498.8万平方米，比上年增加10.5万平方米，生均5.98平方米。初中占地面积1001.8万平方米，比去年增加63.8万平方米，生均21.63平方米；校舍建筑面积343.8万平方米，比上年增加21.4万平方米，生均7.43平方米，比上年增加0.83平方米。普通高中的学校占地面积542.2万平方米，比上年增加48.7万平方米，生均26.96平方米，比2015年增加1.54平方米；校舍建筑面积232.3万平方米，比去年增加14.8万平方米，生均11.55平方米，比上年增加0.13平方米。中职学校（除高职高专外）占地面积159.3万平方米，比上年减少30万平方米，生均占地面积28.6平方米；校舍建筑面积80万平方米，比上年减少22.9万平方米，生均校舍面积14.4平方米，比2015年减少了2.1平方米。

在教学辅助资料建设方面，目前，幼儿园有图书1556065册，生均5.6册。小学有图书15992505册，生均19.20册；有教学计算机45590台，每百名学生拥有5.46台；有“班班通”15997套，占教学班级的77.1%。初

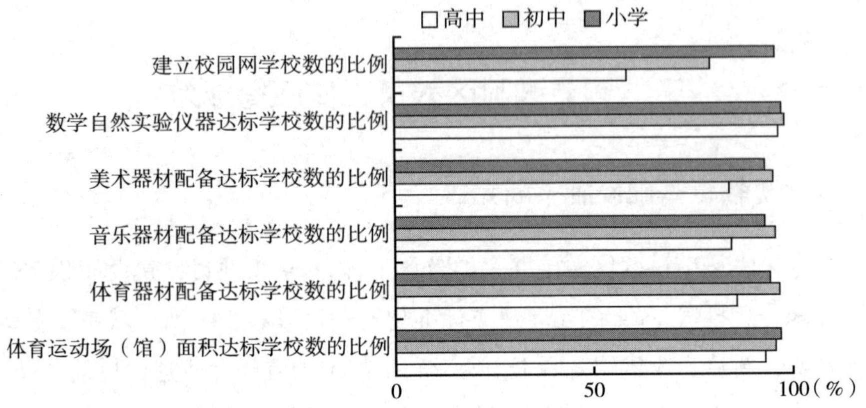

图8　毕节试验区中小学教育配套设施建设达标的学校比例情况

资料来源：毕节市教育局《毕节市教育局2016年工作总结暨2017年工作要点》，2017年2月20日。

中有图书13353173册，生均28.86册；有教学计算机37840台，每百名学生拥有8.2台；有“班班通”7793套，占教学班级的90.3%。普通高中有图书6219164册，生均30.93册；有教学计算机20129台，每百名学生拥有10.01台；有“班班通”3962套。

（二）师资队伍建设不断加强

在教师队伍建设方面，毕节试验区以“两学一做”专题教育活动为契机，深化“师德教育周”活动，认真落实校长、教师“‘十个不’的承诺”和师德师风监测三个制度。开展教书育人楷模和“明礼知耻·崇德向善”道德模范候选人评选活动，举行“最美乡村教师”颁奖晚会，表彰“感动毕节十大最美乡村教师”和10名提名奖获得者。近年来，补充高中教师674人、中职教师148人、初中教师1590人、小学教师982人、学前教师2022人（其中志愿者1212人）、特殊教育教师25人；初中、小学和幼儿园教师中，“特岗”教师3141人，其中国家级2331人、县级810人。培训教师校长16685人次，申报首批省级乡村名师36人，省级初中、小学及幼儿园名校长（园长）15人。落实乡村教师支持计划，认定中小学教师资格

7039 人，实施“三区”人才支持教师专项计划 158 名。开展毕节市首次中小学教师专业能力考核，5958 名高中教师参加考试。配置 2287 所农村中小学（教学点）校医 2482 人。

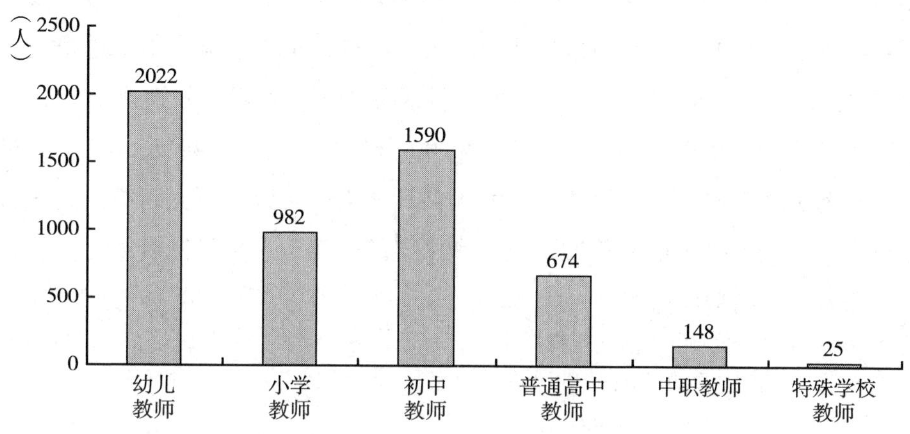

图 9　毕节试验区 2016 年补充各级教职工情况

资料来源：毕节市教育局《毕节市教育局 2016 年工作总结暨 2017 年工作要点》，2017 年 2 月 20 日。

在教师培养方面，组织开展各级各类教科研活动 12 次，参与教师 2129 人。组织开展 4 个学段 14 个学科 17 场优质课比赛，参赛教师 229 人，观摩教师 690 人，选送 35 人到省参赛。深入开展“一师一优课，一课一名师”活动，4426 名教师晒课 5030 节，评出市级优课 44 节。组织开展“中国梦·劳动美”“书香三八”“写家书·传亲情”等活动，努力提高教职工素养。组织全市 80% 以上的教师参与青蓝工程，开展“党史、国史教育”“三爱一践行”“一评三管好”等活动，不断提高教师的工作能力和水平。组织开展课题申报工作，申报全国教育科学规划课题 7 项、贵州省教育科学规划课题 114 项，获批省规划课题 44 项、毕节市哲学社会科学理论研究课题 2 项。

（三）教学质量不断提高

毕节试验区按照《毕节市提升中小学教育教学质量三年行动计划

(2015 ~ 2018 学年度)》的要求，认真组织各类提质检测工作，教学质量得到不断提高。

升学率方面，2016 年，参加中考的考生 12.5 万人，初中升学率 93.07%。参加高考的考生 69636 名（含中职单报高职考生 6702 人），本专科共计录取 58231 人，其中本科 25764 人、专科 32467 人（含中职单报高职 4302 人），本科录取率 40.94%，本专科录取率 85.69%，分别比上年提升 4.22 个百分点、0.94 个百分点。高考 600 分以上考生达 444 人，有 7 人进入全省前 100 名之列，录取清华、北大共计 9 人，人数创历史新高。高考各学科及格率全省排名语文第四、英语和文科综合第五、理科综合第七、理科数学第八、文科数学第九。

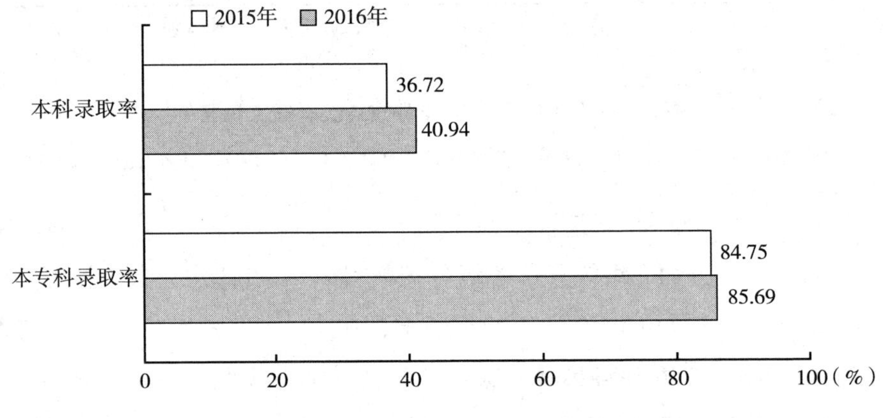

图 10　毕节试验区 2016 年高考考生录取率情况

资料来源：毕节市教育局《毕节市教育局 2016 年工作总结暨 2017 年工作要点》，2017 年 2 月 20 日。

在推进语言文字工作方面，大方县以优秀等次顺利通过国家三类城市语言文字达标评估，5 所学校被省语委认定为省级语言文字规范化示范学校，创建和评估市级语言文字规范化示范学校 17 所，建立普通话辅助普通话测试点 8 个，实现县（区）全覆盖，7 个点投入使用，共培训和测试 2.78 万人次。

体育素质教学工作方面，2016 年，毕节市实验高中被评为“贵州省 2016 ~ 2019 周期传统体育学校”，市特殊教育学校学生在全国中小学生第七届文艺展演中荣获一等奖，10 所学校荣获教育部颁发“全国学校体育工作示范校”，22 所学校申报获得全国校园足球特色学校，织金县为省校园足球试点县，织金县四小为省试点县示范校，9 所学校 2016 年 7 月获贵州省教育厅、贵州省体育局表彰为“体育工作先进单位”。

（四）教育扶贫全面推进

近年来，毕节试验区不断规范实施农村营养改善计划。2016 年，营养餐计划覆盖学校达 2850 所，覆盖学生 105.8 万人，拨付营养餐资金近 7 亿元。加快推进教育精准资助政策，拨付教育精准资助资金 16010 万元，惠及学生 57953 人；拨付学前教育中央奖补资金 881 万元，惠及学生 17620 人次；拨付义务教育阶段寄宿生生活费 35653.4 万元，惠及学生 293904 人次；拨付普通高中助学金 11235.7 万元，资助学生 56576 人次；拨付中职免学费资金 8272.72 万元，免除 42191 名学生学费；拨付中职助学金 5492.51 万元，资助学生 27631 人次；拨付高校国家助学金 1614.45 万元，资助学生 5530 人。拨付国家奖学金 20.8 万元，26 人获得奖励；国家励志奖学金 334.5 万元，669 人获得奖励。落实大中专院校学生食堂和困难学生临时价格补贴 120 万元。

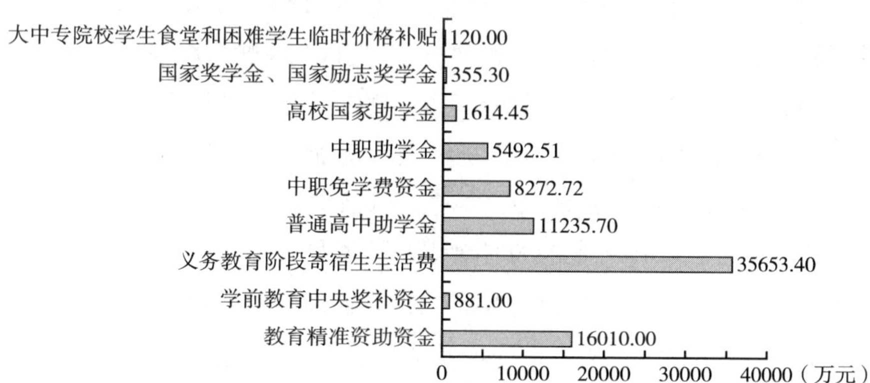

图 11　毕节试验区 2016 年各类教育精准扶贫资助拨款金额

资料来源：毕节市教育局《毕节市教育局 2016 年工作总结暨 2017 年工作要点》，2017 年 2 月 20 日。

同时，加强教育结对帮扶工作。2016 年，中华职业教育社继续实施“同心温暖工程”毕节项目，全年共完成项目学校招生 525 人，转到市外项目学校就读 159 人，资助学生 1072 人次，发放生活补助金 160.8 万元。在中华职教社帮助下，毕节工业学校电子电路印刷实训精准扶贫示范基地挂牌运行，天津轻工职业学院与毕节医学高等专科学校结对发展。全国陶研系统“提升毕节教育软实力共建行动”共有来自全国 14 个省（市）的 118 所中小学、两个幼教集团与我市 120 所中小学、两个幼教集团 61 所幼儿园形成结对帮扶共建关系。

（五）教育环境逐渐改善

近年来，毕节试验区教育局按照“四种形态”工作方法及要求，认真落实党风廉政建设责任制。把约谈作为推进党组织落实党建工作主体责任的重要抓手。2016 年，毕节市教育系统及各级各类学校开展约谈工作共计 611 人次。通过认真开展约谈，增强了全市教育系统党员干部、教师纪律规矩、廉洁自律意识。主动抓好学校校长、教师、学生的廉政教育，把德育与遵纪守法、诚信教育结合起来，大力开展未成年人思想道德建设和学生思想政治教育工作，把“敬廉崇洁”教育渗透到日常教育管理中，渗透到课堂教学、校园文化中，通过创建廉洁文化“六进六增”示范校活动，以点带面，营造积极向上的校园廉政文化宣传氛围，努力优化育人环境。对 2011 年以来拟发的行政规范性文件进行清理，共清理行政规范性文件 39 件，其中需继续实施的 31 件，需进行修改的 3 件，废止 5 件与法律法规和上级部门文件精神有抵触的行政规范性文件。深入推进教育行政执法体制改革试点工作，梳理教育行政职权，共梳理行政职权 120 项，确定行政许可 5 项、行政处罚 59 项、行政强制 5 项、行政检查 14 项、行政奖励 17 项以及其他类别 20 项。

扎实做好“法治毕节”创建工作，制订工作方案、细化工作任务，明确教育系统实施“法治毕节”创建工作的具体任务，切实落实责任，推动简政放权深入开展，将法制教育纳入国民教育体系，完善法治副校长和法治

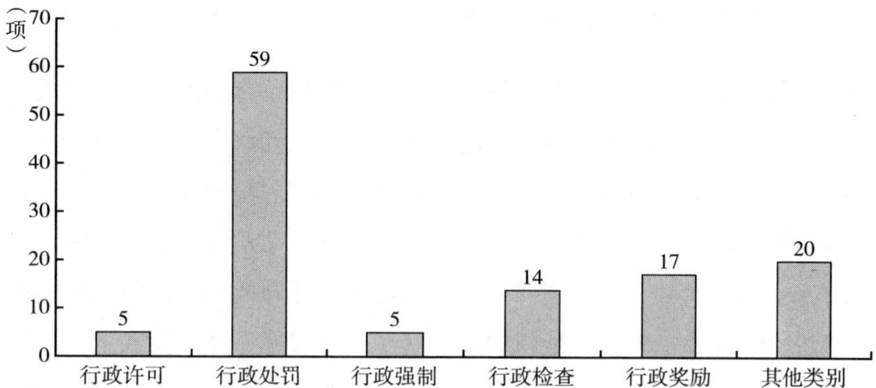

图 12　毕节试验区推进教育行政执法改革试点梳理行政执法情况

资料来源：毕节市教育局《毕节市教育局 2016 年工作总结暨 2017 年工作要点》，2017 年 2 月 20 日。

辅导员配备工作。认真贯彻落实《教育督导条例》，制定下发《毕节市人民政府督学管理办法（试行）》，深入推进督学责任区建设。严格执行安全工作“一把手”负责制、教职工“一岗双责”责任制，落实局机关干部包保责任和家长监管责任，完善安全月报制度。建立健全各项教育经费管理制度，严肃财经纪律，做到用制度管权、按制度理财、靠制度管事。规范局机关行政经费和非税经费的管理，按照机关财务制度规定，保证局机关各项业务工作和人员经费开支，并完善局机关财务管理制度，在全局推行公务卡制度，强化局机关固定资产管理。建立健全重大项目建设、大额教育经费支出备案制度，规范教师教学科研环境。

三　毕节试验区教育发展面临的问题和挑战

近年来毕节试验区教育发展虽然取得了不少成绩，但是，与周边地区相比，毕节试验区仍然存在着一些差距。尤其在教育的创新发展、城乡基本公共教育服务和优质教育资源的配置方面，仍然面临着一些问题和挑战。

（一）教育创新发展力度不够

教育创新发展力度不足，制约着毕节地区素质教育的发展。毕节试验区素质教育与周边地区相比仍然存在很大的差距。究其原因，一是教育体制改革缓慢，在人事制度和办学体制上，创新力度不足，教学和科研缓慢前行。在乡村教师的职称评聘、按岗聘任等方面，受制于文章发表、课题完成、编制限制等一系列因素，很大一部分乡村教师职称评聘成为当前毕节乡村教育发展遇到的困难和瓶颈。二是新的办学理念发展缓慢，办学模式上，仍然是传统的办学模式为主，办学形式单一，缺乏创新。在广大农村基础教育上，很多中小学办学思路缺乏创新，每年按照统一的教学大纲要求，完成当年的基本教学任务。在乡村中小学学生的兴趣培养、身体素质训练等方面，和城市教育相比还存在着很大的差距。三是应试教育仍然是提高升学率的重要途径，面对每年的升学压力，所有的学校都是以升学率来评判一所学校的好坏，因此，提高升学率成为学校追求的目标，素质教育在应试教育的环境下很难创新发展。同时，在办学创新方面，合作办学发展缓慢，民办教育投融资渠道少、发展慢，难以弥补当前教育遇到的社会资源参与少、创新乏力问题。

（二）城乡基本公共教育服务差距明显

目前，毕节试验区城乡基本公共教育服务仍然有很大差距。主要表现在以下几个方面：一是在教育基础设施的建设上，大量教育基础设施主要集中在各区县城镇，边远农村教育基础设施发展相比城市还存在很大的差距，一方面，农村面积广，人口密度低，教育基础设施难以像城市那样全面覆盖；另一方面，毕节地区地理环境主要是山地，很多基础设施难以建设。一些乡村中小学由于平坦的校园面积有限，要建一个篮球场地或足球场地都找不到地方。二是在经费投入方面，农村中小学教育相比城市有很大差距。每年毕节教育厅要向每个区县下拨教育项目涉及的相关经费，但是在每个区县的统筹安排下，下拨到农村的教育项目经费和城镇相比较少。比如在计算机购买和图书的购买方面，农村很多学校还没有计算机教室、单独的图书阅览室，相比于城市现代化的教育环境、完善的基础设施，可以看出农村的教育投入和城市还有很大的差距。三是城乡资源的有效利用上差距明显。在农村很多教育资源由于缺乏基础设施，没有得到有效利用，尤其是很多图书和体育器材闲置。相比而言，城市有宽敞的图书室和平坦的操场，很多教学资源能够得到充分利用。四是师资力量差异明显。在偏远的农村中小学，师资力量比较薄弱，有经验、教学效果好的教师大多往城镇好点的学校调，导致城乡师资力量差距巨大。

（三）优质教育资源分配不均衡

近年来，毕节地区的教育资源虽然取得了长足的进步，但是，优质的教育资源短缺和分配不均衡仍然是毕节地区教育发展的短板。目前，毕节地区优质教育资源数量有限，主要集中在各区县的少数几所重点学校或实验学校。在广大农村，优质的教育资源极其缺乏。各区县县城里的重点学校和实验学校是教育发展打造的重点，师资和硬件等都得到优先配置，普通学校和民办学校在师资和硬件方面也比不上重点学校和实验学校。在教育硬件设施分配方面，重点学校和实验学校的硬件基础设施的质量和数量整体优于其他同类学校。公办学校的教育硬件设施普遍好于民办学校。从区域上来看，城镇学校普遍优于乡村学校。在师资分配方面，优质的教师资源大多集中在城区学校，尤其是重点学校和实验学校。偏远的乡镇和农村学校很难留住优秀的教师，很多有经验和能力的优秀教师往往选择留在县城，不愿意到偏远的乡镇和农村学校。因此，解决优质的教育资源缺乏和分配不均衡问题，是当前毕节试验区教育发展面临的问题和挑战之一。

四　毕节试验区教育发展的对策建议

教育的均衡化发展和城乡一体化发展越来越受到重视。针对当前毕节试验区教育发展遇到的问题和挑战，本文试着从创新教育体制机制改革、城乡一体化发展和加快教育均衡发展等方面提出几点对策建议。

（一）深化体制机制改革，加快教育创新发展

教育创新发展是毕节试验区突破教育困境的重要手段，要实现教育的创新发展，首先要解决教育体制机制的障碍问题。第一，在体制机制的改革方面，加快办学体制和人事制度改革。从体制和制度上为教育发展解困，营造有利于当前教育发展的良好环境。积极推进教育的管、办、评分离。加快教育教师职称改革，放权给地方教育部门或学校对教师的职称进行评聘管理工作。放宽农村地区教师的职称评聘条件，逐渐提高乡村教师薪酬待遇。不断深化考试制度改革，逐渐完善中小学招生和考试信息发布。第二，不断创新办学理念。逐渐探索联合办学、集团办学和引进异地优秀教育资源办学等多种办学形式，借助优质资源提高办学质量和水平。建立政府和社会资本合作办学模式，探索多元主体办学和混合所有制办学，不断创新办学理念。第三，坚持立德树人，注重素质教育。每年动态调整学校教学大纲，把应试教育和素质教育紧密结合，全面增强教育质量，提高学生的考试成绩和综合素质，促进学生的全面发展。

（二）加快城乡教育一体化建设，推进教育共享发展

城乡教育一体化建设是缩小城乡基础教育公共服务差距的重要途径，是实现地区经济共享发展的重要内容。加快城乡教育一体化发展，第一，要加快农村教育基础设施的发展，按照学校的规模，推进城乡校园基础设施建设标准化，缩小城乡教育硬件基础设施的差距。第二，加大农村基础教育的经费投入，相比于区县城镇教育，农村教育的经费投入比例较少。农村学校与县城重点中学和实验中学相比，每年的办公、教学、科研经费有较大的差距。缩小城乡教育差距，关键要缩小教育经费投入的差距。第三，充分使用闲置资源，丰富课堂和课后内容。完善城乡中小学的图书室和计算机房开放机制，培养学生自学能力，建立城乡中小学的体育器材的共享机制，培养学生兴趣爱好，增强学生身体素质。第四，整合各区县师资力量，探索教师城乡“教学轮流”模式，实现城乡师资力量共享发展。一方面，农村教师到

城镇学校教学，通过与城镇教师交流，提高自身教学水平。另一方面，城镇教师到农村学校教学，推广自身的教学经验，带动农村教师水平提高。通过每年城乡“教学轮流”，实现城乡教师资源共享。同时，加大农村教师的培养力度，每年在教师的培养上偏重于农村基层教师，逐渐缩小城乡师资力量差距。推进城乡教育一体化建设，就是要从办学环境、基础设施、经费保障、师资力量等全面推进城乡教育无差别化发展，促进城乡教育的公平、公正，实现城乡教育共享发展。

（三）优质教育资源分配不均衡

完善现代教育体系，是实现教育协调发展的基础。针对目前毕节试验区教育发展现状，第一，要大力发展学前教育，要以区县为单位，编制《学前教育布局规划》，加大城乡幼儿园和相关基础设施建设，尤其是山村幼儿园的建设。进一步深化学前教育集团化办学，推进学前教育教研指导责任区工作，启动学前教育提质行动计划。第二，均衡发展义务教育，按照“一校一图一本一策”要求，督促指导区县做好义务教育学校布局调整和规划建设工作。推进义务教育学校标准化建设，加快农村义务教育薄弱学校的改扩建。第三，特色发展高中教育，探索创新学校发展模式，以学校特色学科、特色课程、特色文化和特色活动等为支撑，通过构建特色建设平台和制度创新平台，基本形成“一校一品”特色办学格局。引导学校提升自主发展能力，扩大学校依法办学自主权，引导和鼓励学校找准定位、特色办学、多样化发展。第四，稳健发展特殊教育，按照国家各类特殊教育学校建设标准配备教学、生活和康复训练设施。全面落实《毕节市提升特殊教育三年行动计划（2015～2017年）》，加强统筹，科学规划，健全特殊教育发展督导、考核奖惩和问责机制，特教特办，有效保障残疾儿童少年平等接受教育。第五，内涵发展中、高等教育。创新发展各区县职业教育，深化毕节“一体两翼多节点”职业教育空间布局，推动职教城二期工程建设，优化职业院校专业设置，推进职业学校“特色专业、品牌专业”建设。支持毕节的高校推进人才培养模式改革，建设骨干专业，培养服务地方经济发展的人才，促进中、高等教育的内涵发展。

（四）补充优质教育资源，加快教育开放发展

加强教育对外开放交流，探索建立义务教育集团化办学模式，推动普通高中学校结成办学联盟。深化与港澳台地区的教育交流与合作，争取广州市落实对口帮扶毕节教育“三年行动计划”，推动统一战线帮扶毕节试验区教育发展、全国陶研系统“提升毕节教育软实力共建行动”“中华职教社同心温暖工程”毕节项目实施，积极参与“中国—东盟教育交流周”等重大活动，加强市内学校与省内外优质学校合作办学，邀请省内外知名教育专家赴毕节讲学和交流。鼓励民办优质教育和精英教育发展，引导现有民办学校平稳健康发展。加快教育信息网络建设，促进城乡“互联网+教育”的普及，实现省内外优质教育资源城乡共享。

参考文献

毕节市教育局：《毕节市教育局2015年工作总结》，2016年1月27日，http://www.bijie.gov.cn/gk/szfxxgkml/zdly/jy/86658.shtml。

毕节市教育局：《毕节市教育局2016年工作总结暨2017年工作要点》，2017年2月20日。

B.8

毕节试验区2017年文化产业供给侧结构性改革报告

王红霞*

摘　要： 经济新常态下，文化产业必须加快供给侧结构性改革，才能更好更快将文化产业发展为支柱性产业。毕节市文化资源丰富，具有显著的民族性和独特性，促使毕节文化产业迅速发展势在必行。本文通过阐述新常态及供给侧结构性改革的重要内涵，论述毕节市文化产业供给侧结构性改革的必要性和可行性，分析目前文化产业发展现状及困境，提出创新是根本、做实做强特色文化产业、文化旅游深度融合发展、转型升级传统产业的对策建议。

关键词： 供给侧结构性改革　文化产业　毕节试验区

经济新常态下，中央关于供给侧结构性改革精神给文化产业发展带来了巨大的机遇。结合毕节实际，近年来文化产业保持较高增速，但文化资源优势尚未转化成文化产业优势，在毕节市创建全国公共文化服务体系示范区、建设“文化大市、体育强市”、推动文化产业成为国民经济的支柱性产业、推动毕节文化“走出去”、全面提升毕节文化软实力的战略目标任务下，面对新常态下的经济结构调整和动能转换，为更好地满足人民群众日益增长的

* 王红霞，贵州省社会科学院农村发展研究所助理研究员，研究方向：城乡统筹、文化产业。

多层次多样化精神文化需求，毕节市文化产业供给侧结构性改革迫在眉睫。准确把握供给结构对需求变化的适应性和灵活性，切实不断提高产品质量，扩大有效供给，对推动毕节文化产业成为国民经济支柱性产业具有十分重要的现实意义。

一　新常态下文化产业供给侧结构性改革发展形势

（一）新常态使文化产业进入重要机遇期

新常态是我国经济发展的阶段性特征，深刻反映了我国经济高速增长发展要转向高质量发展，集中表现为经济增速换挡期、结构调整阵痛期、前期刺激政策消化期，在全球风险社会以及我国社会结构的转型升级的影响下，带来了经济体制的深刻变革、利益格局的深刻调整、社会结构的深刻变动、思想观念的深刻变化，必将给我国经济发展、价值观念带来重大的冲击和考验，使我国面临的发展压力前所未有，面临的改革阻力前所未有。在经济新常态下，国家陆续出台了一系列文化产业政策措施，文化产业进入了重要机遇期。近年来，毕节市着力推动试验区文化发展繁荣，实施“十大文化工程”，打造“四大文化品牌”，加快文化与旅游的融合，培育发展以文化旅游业为龙头的现代服务业，推进产业结构调整。在新常态下，毕节作为文化底蕴厚重、文化资源丰富的地区，大力发展文化事业和文化产业，推进文化、体育与旅游的深度融合，培育毕节市新的经济增长点。

（二）供给侧结构性改革促进文化产业快速转型升级

中央提出的“供给侧结构性改革”是全面深化改革的必然结果，是适应我国经济发展新常态的必然要求。作为建设多彩贵州民族特色文化强省的贵州，关键在于做大做强文化产业之“体”，文化创作之“根”，文化服务之“基”，文化创作之“源”，实现文化产业和文化事业总量、质量双提升，社会效益、经济效益两兼顾。在供给侧结构性改革形势下，毕节市文化产业无论是从需求端还是供给端发力，通过结构性调整文化产业，完善市场运行机制，构建健全的文化产业体系，都将释放文化产业价值，优化企业生态系统，激发文化创新活力。文化产业的供给侧结构性改革，最终目的都是提升产业发展效率和质量，加强市场与产业的促进和协同作用，从而促进文化产业持续、均衡、创新发展，最终实现对人民群众精神文化需求的充分满足。

二　新常态下毕节文化产业供给侧结构性改革必要性及可行性

（一）新常态下毕节文化产业供给侧结构性改革发展必要性

1. 决战脱贫攻坚、决胜同步小康必须大力发展文化产业

习近平总书记2015年6月在贵州视察时要求，贵州要“不断缩小同全国的差距，争取同全国一起全面建成小康社会”。贵州是全国脱贫任务最重的省份之一，到2020年，如果不能与全国同步建成全面小康社会，就会拖全国的后腿。毕节是贵州脱贫攻坚最难啃的“硬骨头”，是坚中之坚、困中之困，由此，现阶段脱贫攻坚、同步小康是毕节最艰巨的任务。文化小康是实现全面小康的应有之义，文化产业的总体发展水平，是衡量全面小康的一项重要指标。从国家、省级层面来讲，到“十三五”期末，文化产业要成为国民经济支柱性产业，但目前毕节市文化产业总量偏小，占比较低，与全省其他市、州相比，文化产业占比排位是靠后的，离全面建成小康社会的要求还有一定差距，任务艰巨。

2. 创建全国公共文化服务体系示范区必须大力发展文化产业

毕节市创建全国公共文化服务体系示范区的战略任务，这是当前和今后一个时期毕节文化建设的总目标、总要求。“十三五”时期，是毕节市文化事业及文化产业发展的重要战略机遇期，是创建全国公共文化服务体系示范区、建设“文化大市、体育强市”的关键期。充分发挥文化工作对党委、政府全局工作的重要作用，创建全国公共文化服务体系示范区作用才能持续发挥效果，这也是毕节文化大市建设取得成效的一个重要体现。

3. 积极适应经济新常态、推进产业结构优化升级必须大力发展文化产业

“十三五”时期，是毕节产业结构处在新旧转换的关键阶段。要着力坚持创新驱动、绿色低碳、结构优化、开放合作、以人为本，加快构建优势突出、特色鲜明的毕节产业体系，推动产业发展迈向中高端水平，毕节要强调加快发展文化旅游业这一新兴产业。文化产业具有融合性强、低碳环保、可持续的独特优势，既能带动创业扩大就业，又能刺激消费拉动内需，还能提升传统产业的内涵和品质，催生新兴业态，在我国也就是十几年的发展时间，是符合发展趋势的朝阳性产业。毕节文化产业在全国、全省都呈现良好的发展态势，具有巨大的发展前景，这也充分反映，大力发展文化产业，是毕节市顺应产业发展方向，进行产业结构调整的需要。

（二）新常态下毕节文化产业供给侧结构性改革发展可行性

1. 毕节市是文化资源大市

毕节历史悠久、文脉清晰，文化多元而厚重，包含着悠远厚重的历史文化、浓郁特色的民族民间文化、凝重辉煌的红色文化、统一战线帮扶形成的“同心”文化，是贵州省历史发展序列最为清晰的地区，是全省文化资源大市。毕节历史文化厚重，黔西观音洞是中国南方人类发源地，是中国长江以南旧石器时代早期文化的典型代表，明清时代，毕节文化更有发展，明代水西彝族女政治家奢香夫人为维护国家统一和民族团结，忍辱负重，带领彝族同胞开“龙场九驿”以通滇蜀。毕节民族文化多姿多彩，有汉族、彝族、苗族、回族、白族、布依族等 45 个民族，已形成了以彝族、苗族为主体的具有鲜明地域特色的民族文化，其内涵丰富，形式多样，文化生态与自然生态互为依托，相得益彰，存续状态良好。毕节市还沉积着丰富的红色文化资源，已成为毕节市历史文化教育、国防教育、革命传统教育和爱国主义教育的重要基地，成为红色文化、革命史迹游览的圣地及宣传毕节试验区和革命老区的窗口。同时毕节市还有独特的以统一战线服务科学发展的“毕节模式”为代表的“同心”文化。这些丰富而厚重的文化资源是快速发展文化产业的根基。

2. 经济政策有利

党中央、国务院和省委、省政府高度重视发展文化事业和文化产业，出台一系列支持贵州、支持毕节的政策措施，给予有力的宏观引导和政策支持。如《国务院关于进一步促进贵州经济社会又好又快发展的若干意见》（国发〔2012〕2号）、《国务院办公厅关于同意深入推进毕节试验区改革发展规划的函》（国办函〔2013〕35号）、《国务院关于加快构建现代公共文化服务体系的意见》（国发〔2015〕2号）、《文化部、财政部关于印发〈藏羌彝文化产业走廊总体规划〉的通知》（文产发〔2014〕11号）、《中共贵州省委贵州省人民政府关于进一步支持毕节试验区全面深化改革发展的若干意见》（黔党发〔2014〕11号）等。这些诸多鼓励政策的出台，政策红利不断得到释放，进一步释放文化生产活力，使毕节市文化产业发展处于大有作为的千载难逢的重要战略机遇期。

3. 外部条件成熟

毕节市虽有丰富的特色文化资源，但由于客观条件的限制，这些丰富的资源长期以来藏在深山人未识，不能有效地转化为产业优势和市场优势。随着近些年贵州省航空、高铁、公路立体交通网络日臻完善，交通、水利等基础设施的改善和大数据产业的发展，交通正发生着历史性的巨变，这将为文化产业的大发展极大破解了文化产业发展瓶颈。近些年，毕节市基础条件也得到很大的改善，文化基础设施建设步伐不断加快，加之现代科技的不断进步，内生动力显著增强，随着城乡居民收入不断提高，消费水平也不断提高，更加注重精神文化消费，必将促进毕节市文化产业快速发展。

三　毕节市文化产业发展现状及困境

（一）毕节市文化产业发展现状

1. 公共文化服务体系日趋完善，人民精神生活不断丰富

公共文化设施建设不断加强，公共文化服务体系日趋完善，管理服务水

平显著提升，市级“一院三馆”、绣山体育馆等大型文体设施投入使用，县级文体设施正逐步完善，“三下乡”“四进社区”等群众文化活动丰富多彩，极大丰富了群众的文化生活。

2. 积极搭建平台，着力打造精品力作

毕节市积极搭建文体赛制平台，定期举办大型赛事，文艺、体育成绩显著，连续举办三届“乌蒙文化节·文化艺术系列大赛”。谋划拍摄的电视剧《奢香夫人》，在全国产生广泛影响[①]；加强优秀稿件上报力度，在省级以上电视台用稿持续名列全省前三。成功举办毕节市第一届体育运动会、第一届青少年运动会。

3. 广电传播能力建设不断加强

着力加强硬件建设，提升广播电视传播能力，建成毕节广播电视台媒体资源管理系统，实现毕节广播电视台全部节目的数字化播出。实施栏目节目创优工程，打造特色品牌，摄制了《决战乌蒙》《乌蒙山宝·毕节珍好》等近百部电视专题片，专题片《点石成金》获全国第五届新农村电视艺术节年度“优秀对农电视作品”奖，大型系列主题报道《毕节之最》获“第七届中国新农村电视艺术节”年度“优秀对农电视作品”二等奖，《世界上最大的天然花园——百里杜鹃》在“第八届中国旅游电视周”优秀电视节目推选中获“旅游电视专题类”好作品奖。

4. 有效推进文化遗产保护利用

文化遗产工作成效突出，保护利用力度不断加大，已完成全国第三次文物普查、第一次国有单位可移动文物普查及非物质文化遗产名录项目复查、调查工作，初步建立了文化遗产资料信息库；基本完成了国家重点文物保护单位保护项目库建设，国保单位七星关陕西庙、金沙万寿宫、织金古建筑群、川滇黔省革命委员会旧址（四个文物点），省级文物保护单位威宁玉皇阁、凤山寺、石门光华学校旧址、大方“三塔”、黔西象祠，县级文物保护单位百管委黄家祠堂等文物保护单位得到及时保护修缮；新增了市综合性博

---

① 张晓佳：《毕节：厚植文化根脉促进繁荣发展》，《毕节日报》，2017 年 3 月 27 日，第1 版。

物馆、织金丁保贞事迹陈列馆、金沙钱壮飞烈士纪念馆，在有效保护和传承的基础上，非遗资源优势向市场经济优势的转化得到强力推进，民族民间文化产业正在广泛兴起，进入良性发展的轨迹。

5. 着力创造演艺精品

毕节市被列入文化部、财政部《藏羌彝文化产业走廊总体规划》，大力推进大方古彝文化产业园、织金洞“苗乡彝街”文化园建设，对“景区 + 演艺”工作进行调研探索，策划打造《索玛花开》《大梦织金洞》《古彝香魂》等一批景区景点配套驻场演出剧目，精心谋篇布局，着力培育打造，文化产业发展呈现新气象。[①]

（二）毕节市文化产业发展困境

与全省、全国发达地区相比，毕节市文化产业发展也面临诸多困境。一是文化产业发展相对滞后。毕节文化产业尚处在散、小、弱发展阶段，文化产业还未真正形成产业发展格局，文化与旅游、科技、教育等方面的结合不够，缺乏龙头性、骨干性文化企业，文化产业增加值占全市 GDP 的比重不高。二是经济发展水平受限，文化基础设施薄弱，不能满足文化产业发展需求，县（区）大型文化设施、农村文化服务设施较缺乏，现有农村公共文化设施管理使用不到位，还没有充分发挥作用。三是文化产业专业人才不足，缺乏高端复合型文化产业人才，同时机构的设置不尽合理，人才资源的整合利用不够，存在潜在的闲置和浪费现象，创意人才、规划设计人才、经营管理人才、技术开发人才、市场营销人才短缺，缺乏人才造成创新不足，从而也制约文化创意产业发展。四是文化遗产挖掘不够，毕节历史文化、民族文化、红色文化丰富，分布广泛，底蕴深厚，价值非凡，但大多仍处于原始保护状态，挖掘不够，还没有完全形成与旅游、城市建设等相得益彰的态势。

---

① 张晓佳：《毕节：厚植文化根脉　促进繁荣发展》，《毕节日报》2017 年 3 月 27 日，第 1 版。

四　新常态下毕节文化产业供给侧结构性改革策略

（一）创新是根本，大力推进文化产业提质增效

习近平总书记指出，贵州“调结构转方式也好，后发赶超也好，根本上要靠创新”。有时候，一个创新就能挽救一个企业，培育一种业态，发展一番事业。发展文化产业，谁在创新上走在前面，谁就赢在了起跑线上。创新体现在文化产业的方方面面，我们需要那种先知先觉的创新，也需要改进我们当前的工作，提高效率的创新，对文化产业的创新都要鼓励、支持甚至包容的态度，创新要允许失败，只要是为了文化事业繁荣发展，都要鼓励，给创新的人、创新的事创造一个好的环境。

（二）做实做强特色文化产业

特色文化产业，依托的是毕节市独特的文化资源，提供具有民族特色和鲜明区域特点的文化产品和服务。毕节特色文化产业包括工艺品、演艺娱乐、文化旅游、特色节庆、特色展览、民族乐器生产等。近年来，毕节特色文化产业发展势头良好，但还存在产业基础薄弱、市场化程度不高、知名品牌较少等问题，以少数民族文化为代表的独特民族文化资源还需下大力气开掘。首先，做实做强特色文化产业集聚区。其次，培育壮大特色文化市场主体。企业是产业发展的核心主体，相比其他地方的民族特色文化做得比较好的市，毕节的特色文化市场主体不强。要大力扶持从事特色文化产业的手工艺人、个体户、合作社、小微企业，特色文化资源多散落在民间，一些掌握技艺的能工巧匠也多在民间，特色文化资源的开发利用离不开这些能工巧匠，发挥这些人的特长，让这些人向市场主体转变，既发展了特色文化产业，又鼓励了他们创业带动了就业，从而增加收入，实现脱贫致富。最后，着力特色文化产品、品牌建设。特色文化产业最根本的还是靠过硬的产品，目前特色文化产品形态单一，到景区里一看，千篇一律，优质过硬的本地产

品少。产品和品牌是相辅相成的，没有产品，就形不成品牌，产品做好了，得到市场广泛认可了，就自然成了品牌，品牌反过来又会提升产品的商业价值，扩大知名度。

（三）文化与旅游深度融合发展

习近平总书记指出，贵州要“走出一条有别于东部、不同于西部其他省份的发展新路。”对文化产业来讲，新路在何方？新路就在“文化＋”，在文化产业与其他产业的跨界融合发展。这不是简单地因为文化产业本身具有较强的渗透性和辐射力，更是因为毕节市有推动融合发展的资源条件和产业优势，要找准我们的优势，突出重点，精准发力。要重点突出乌蒙概念、夜郎概念和彝族文化概念，强化神奇和神秘感，挖掘独特的生态优势和文化优势，实现文化与旅游的深度融合，大力发挥带动毕节市文化产业高速增长的重要作用。

（四）转型升级传统文化产业

传统文化产业主要包括新闻出版发行、广播电视电影、文化艺术等业态，是文化产业中占比最大的一块，随着互联网等新技术的发展应用，这些业态面临巨大挑战，迫使进行转型升级，这是一道必须迈出的坎，而且越早越好，越主动越好。首先，要下大力气做强企业。企业治理要向有文化特色的现代企业转型，企业是市场的主体，没有强大企业的引导，产业要做大就是一句空话。二是推进企业兼并重组，引导民营资本进入，现在越来越多的民营资本踊跃进入文化产业领域，不少民营文化企业甚至已发展成为一个领域一个行业的主力军。其次，要下大力气优化主业。传媒出版主业要向现代传播方式进行转型升级，由于传统媒体广告业务盈利空间受到极大挤压，集团企业要积极对接科技，运用新技术，对接新的消费方式和习惯，加快全媒体建设。最后，要下大力气多元经营。公司业务要向多元化方向转型升级，但是推行多元化发展，是一个动态的过程，勇于积极探索一些符合企业发展定位的朝阳产业。

参考文献

贵州省文化产业发展战略研究课题组：《贵州省文化产业发展战略研究》，贵州大学出版社，2010。

胡兆量、阿尔斯朗、琼达等：《中国文化地理概述》，北京大学出版社，2009。

胡鞍钢、周绍杰、任皓：《供给侧结构性改革—适应和引领中国经济新常态》，《清华大学学报》（哲学社会科学版）2016 年第 2 期。

邱方明：《文化领域也要进行供给侧结构性改革》，《前线》2016 年第 2 期。

蔡旺春：《文化产业对经济增长的影响—基于产业结构优化的视角》，《中国经济问题》2010 年第 5 期。

郑世林、葛珺沂：《文化体制改革与文化产业全要素生产率增长》，《中国软科学》2012 年第 10 期。

张宝宗：《吉林省文化产业发展研究》，吉林大学博士学位论文，2012。

张亚丽：《我国文化产业发展及其路径选择研究》，吉林大学博士学位论文，2014。

B.9

毕节试验区科技支撑精准扶贫的对策研究

赵 琴*

摘 要： 毕节试验区作为我国首个“开发扶贫、生态建设”试验区，近年来在科技扶贫的道路上不断探索，取得明显成效，但也存在一系列问题。为此，本文通过对科技扶贫的内涵及主要类型进行理论分析，并结合毕节试验区科技扶贫的实践，分析其在科技精准扶贫中存在的问题，并进一步提出对策建议，以期进一步促进该地区科技扶贫绩效的提升，顺利实现精准脱贫。

关键词： 毕节试验区 科技扶贫 精准扶贫

当前，虽然我国在贫困治理方面取得很大成就，但随着扶贫开发的逐步深入，贫困问题更加复杂多变，脱贫难度进一步加大，贫困人口诉求已从“以解决温饱为主”向“巩固温饱成果、加快脱贫致富、提高发展能力”转变，相应地扶贫开发方式由“大水漫灌”式向“精准扶贫”转变。科技扶贫由于其更加强调贫困地区自我发展能力的特点，自1986年以来成为我国扶贫开发的重要形式，是实现我国农业增效、农民增收的现实需要。探索科技如何更好发挥其在精准扶贫中的重要作用，对于促进农村经济发展、提高农民收入、加快脱贫攻坚步伐，同时提高广大农民的文化素养与技术能力具有重要的现实意义。

---

* 赵琴，贵州省社会科学院农村发展研究所助理研究员，研究方向：农村经济。

一　科技扶贫的内涵及主要类型

（一）科技扶贫的内涵

科技扶贫是把“先进适用的农业技术通过宣传推广、技术指导以及人员培训”注入贫困地区，并将其“转化为新的生产力，从而改变贫困地区封闭的小农经济模式，提高农民的文化修养、科学素质和生产技能”，进而提高其劳动生产率和资源利用率，“激活贫困地区的商品经济，加快实现贫困农民的脱贫致富”。[①] 依托科技要素支撑精准扶贫的作用主要体现在两方面：一是为贫困农户提供相应的技术支持，如种养殖技术、管理技术等，帮助农民提升技能，增产增收；二是先进的科学理念，有利于贫困农户开阔视野，解决思想贫困，引导贫困农户实现自我帮扶和自我救助。[②] 与其他救济式扶贫手段相比，科技扶贫是一种内生性扶贫措施，能够触及贫困的根源，贫困农户以及贫困地区的自我发展能力将显著提高，有利于构建可持续的经济增长机制，从而从源头上消除贫困。

科技扶贫模式的基本要素有先进成熟实用的技术、技术的传递和对科技扶贫成效的监察。其中，技术传递主要是通过高校与地方政府对口扶助、技术人员驻点扶持、贫困农户集中培训、建立健全的培训网络和网络设备来实施。其运行机理是由技术筛选、推广传递、激励、监察、评估等系统作用所形成。

（二）科技扶贫的主要类型

据了解，目前科技扶贫类型主要有科技网络推广模式、龙头企业扶持模式、产业开发带动模式以及科技人员服务模式等。其中，科技网络推广模式

---

① 潘晓燕：《我国科技扶贫的经典案例与启示》，《当代经济》2018 年 3 月第 5 期。

② 冯楚建、熊春文、冯星晨：《西藏地区科技精准扶贫模式创新：对吉纳村的个案研究》，《科技进步与对策》2016 年 12 月第 24 期。

运行特征表现为强制性和无偿性，经费来自财政拨款；龙头企业扶持模式以利益机制为纽带，通过合同的形式与农民结成利益共同体，实行产业的一体化经营；专业技术协会服务模式则成为贫困地区一种重要的科技扶贫方式。

二　毕节试验区贫困状况

毕节试验区是全国第一个为喀斯特地区经济社会发展提供借鉴的综合改革试验区。试验区成立以来，毕节市紧紧围绕开发扶贫、生态建设、人口控制的主题，充分发扬“坚定信念、艰苦创业、求实进取、无私奉献”的精神，加快经济发展，坚持变救济式扶贫为开发式扶贫，有力推动了人口、资源、生态、环境协调发展。

（一）毕节试验区贫困人口及贫困发生率变动情况

本文查询了毕节试验区 2009～2014 年农村贫困人口及贫困发生率数据（如图 1 所示），2011～2014 年农村贫困人口及贫困发生率不断下降，贫困人口由 250.05 万人下降到 138.99 万人，贫困发生率由 35.5% 下降到 19.75%，扶贫工作取得显著成果。同时，我们也注意到 2010～2011 年这个节点贫困人口和贫困发生率大幅上升，2010 年农村贫困人口 93.81 万人，

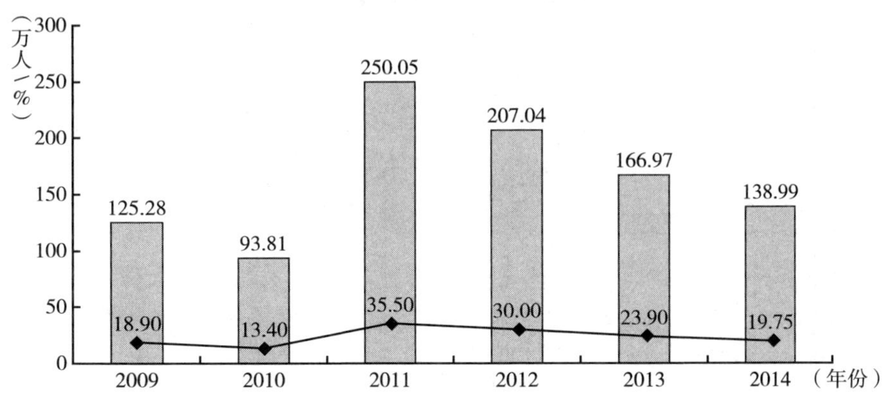

图 1　2009～2014 年毕节试验区贫困人口及贫困发生率

资料来源：2010～2015 年《贵州省统计年鉴》。

2011 年上升到 250.05 万人，增加 156.24 万人，增幅达 166.5%；贫困发生率由 13.4% 上升到 35.5%，增加 22.1 个百分点，增幅达 165%。这一现象的产生与我国贫困线标准的变动有着密切关系，2010 年我国贫困线标准为农村人均纯收入 1196 元，2011 年上调到 2300 元，增加了 1104 元，增幅达 92.3%。这在一定程度上反映了该地区贫困人口的脆弱性，一旦贫困线上调，农村人口致贫、脱贫人口返贫现象较为严重。要实现农村贫困人口的可持续脱贫，还有很长的一段路要走。

（二）毕节试验区扶贫开发重点县地区生产总值情况

毕节试验区辖一区七县，其中大方、织金、纳雍、威宁、赫章五县被列为扶贫开发重点县。对贫困状况的考察有必要对贫困地区经济发展情况做一个大致的了解，图 2 为毕节试验区五个扶贫开发重点县相关数据。从图中我们可以看到，2009～2014 年五个扶贫开发重点县的地区生产总值呈逐年递增趋势，2009 年地区生产总值为 257.32 亿元，2014 年达 686.88 亿元，增加了 429.56 亿元，增幅达 167%；农业生产总值也呈逐年递增趋势，由 2009 年的 98.91 亿元增加到 2014 年的 242.23 亿元，增加 143.32 亿元，增幅为 145%；农业生产总值占地区生产总值的比重从 2009 年到 2013 年呈逐

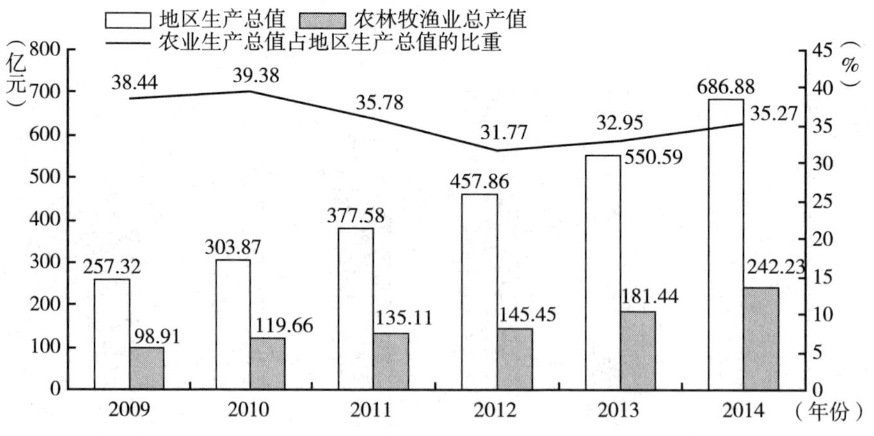

图 2　毕节试验区扶贫开发重点县地区生产总值情况

资料来源：2010～2015 年《贵州省统计年鉴》。

年下降趋势，2014 年有所上升。根据库兹涅茨法则，随着经济社会向前发展，农业部门的国民收入在整个国民收入的比重处于不断下降之中。这在一定程度上反映了贫困地区产业结构有待进一步优化。

（三）毕节试验区扶贫开发重点县农村常住居民人均可支配收入情况

对于贫困的判定“一直以来”收入都是一个重要指标，尽管对扶贫成效的评估已从单一的收入贫困向多维贫困转变，但不可否认，收入依然是衡量贫困状况的重要指示器。从图 3 我们可以看到，2009～2014 年，毕节试验区五个扶贫开发重点县农村常住居民人均可支配收入呈稳步上升趋势，由 2009 年的 2748.6 元上升到 2014 年的 6074 元。从人均可支配收入较上一年增幅的百分比来看，2011 年较 2010 年增幅百分比上升幅度较大，由 15.38% 到 27.05%，结合图 1 中贫困人口和贫困发生率的相关数据，我们可以看到 2010 年到 2011 年，我国贫困线标准大幅上升，人均可支配收入增幅较大，与此同时贫困人口和贫困发生率也大幅上升，这从另一个层面反映了面对贫困线标准提高，为了实现农村贫困人口脱贫，政府扶贫资源的投入

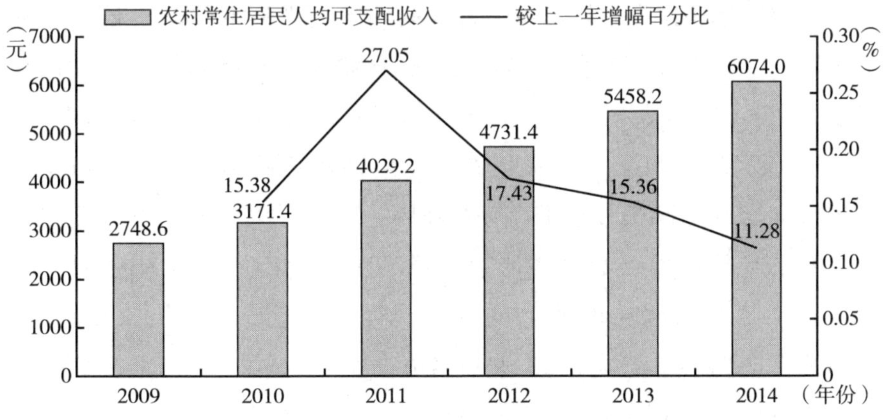

图 3　毕节试验区扶贫开发重点县农村常住居民人均可支配收入情况

资料来源：2010～2015 年《贵州省统计年鉴》。

也相应增加，贫困地区内生发展能力较低；2011 年以后农村常住居民人均可支配收入较上年增幅呈逐年下降趋势，反映出越到后期，农村常住居民人均可支配收入增加难度越大，扶贫攻坚进入啃“硬骨头”的关键阶段。

三　毕节试验区科技扶贫现状

（一）“电商 +”助力精准扶贫

近年来，毕节试验区积极打造农村电子商务平台，以实现“网货下乡”和“农特产品进城”双向流通，带动特色产业发展为主要目标，有效发挥农村电子商务在农产品销售领域的积极作用，为地区资源优势转化经济优势提供支持。与此同时，积极探索农村电子商务推进精准脱贫的新思路、新做法，在地区脱贫攻坚工作中发挥积极作用。

以七星关区为例，七星关区大力建设“交易平台 + 区级运营中心 + 乡镇社区分中心 + 村居服务站 + 农旅特展示馆”分级分类模式的电商服务体系，电商交易总额位居全省前列，先后被阿里巴巴评为“农村淘宝惠民先锋县”和“‘小村庄、大家电’千万县城”，被评为“2016 年省级电子商务进农村综合示范县”。全区积极打通制约电商发展的物流、信息、资源三大瓶颈，搭建电商服务网络。目前，全区物流配送已辐射所有乡镇和重点村居，80 个电商服务站点已全部投入运营，实现网上交易 12.6 万笔，交易总额达 2409 万元。七星关区在搭建电商服务网络的同时，与浙江卓越集团共同出资建设毕节电子商务产业园，形成了以电子商务产业园为主导，O2O 特色体验馆、数据中心、农产品检验检疫中心为补充的集聚趋势，推动了“互联网 + 农业”的发展，实现了经济效益最大化。同时，成功引进了诸如京东商城等 33 家知名电商企业入驻园区，直接解决就业 1000 人以上。以园区为载体，大力打造“电商 + 农特产品”示范性项目，建设了阿里巴巴农村淘宝运营中心、“乌蒙山宝 · 毕节珍好”农特产品展示中心以及京东电商体验区等集体验、展示、招商、交流、孵化等多种功能于一身的多功能复合型场馆，带动就业5000人以上。朱昌镇、撒拉溪镇、杨家湾镇等乡镇所种植的农特产品、毕节大白萝卜、杨家湾大白蒜、亮岩古茶、“乌蒙三宝·毕节珍好”等农业产业品牌“遍卖”全国，其中，大南山苗绣远销美国。

（二）实施农业大数据战略

毕节试验区实施农业大数据战略，推动农业产业链改造升级。有研究成果显示，毕节市建设了以农业大数据云计算为核心的农业大数据综合服务体系，并通过实施“互联网+”先进技术、管理模式和运营机制，全面推进农业现代化发展，有序推进了全市首批10个集物联网、追溯、实景体验以及众筹、电商等功能于一体的现代农业示范园区的部署工作①。

毕节农业大数据中心成功入选全国“互联网+”现代农业百佳实践案例。该数据中心按照“互联网+”的基本思路，以云计算为核心，围绕全市农业生产、经营、管理、服务”关键环节，着力构建农业大数据综合服务体系，推进云计算、大数据、智能分析等技术措施在产前预测指导、产中过程管理、产后分析营销以及政府辅助决策中的应用，促进毕节市农产品检验检疫中心、农产品电商服务中心与毕节农业大数据中心健康同步发展，实现农业种得好、卖得好、管得好、服务得好的目标。

（三）科技人员带动农民脱贫致富

近年来毕节试验区高度重视发挥科技人员的智慧、知识和才干，通过有效的科技人员激励制度建设，将科技人员的积极性充分调动起来，投身于科技扶贫工作中，带领农民脱贫致富。目前，“毕节市共选派科技人员2032名在1981个贫困村开展科技包村活动，共帮助制定产业发展规划1872个，培育特色主导产业1046个，进行技术指导培训2479次（110265人），建设‘科技实验（场）’952个、‘千元院’2208个、‘万元田’917个，协调项

① 吕翔：《毕节试验区现代山地特色高效农业发展研究》，《农技服务》2016年第13期。

目831个、资金5843万元，帮助带动3900余户22000余人脱贫致富”[①]。

农民讲师进讲堂。据报道，毕节市从有文化、懂技术的“田秀才”中共培育农民讲师4445名，创建农民讲师实训基地156个，引导和扶持农民讲师领办项目1556个。通过农村讲师与贫困农民的结对帮扶活动，对其进行相关技术指导、帮助农户销售产品等，共计带动8万余名群众致富。[②]

科技人员进田间。其一是科技人员包村工作。其间，毕节市共开展实用技术培训11.2万余人，协调项目831个、帮助筹集资金5800万余元，带动2.2万余人脱贫。其二是乡土人才包户工作。“毕节市有力组织了具有带动能力的党员乡土人才3.6万余名与建档立卡贫困户结对帮扶，通过传授技术、提供支持、吸纳就业等方式，帮扶贫困户致富。”其三是领办农业项目工作。“毕节市已有157名农技人员领办创办项目134个，带动1.43万户5.5万余人脱贫致富。”[③] 例如，毕节市气象局科技人员张翅，在七星关区观音桥街道红堰村领办食用菌种植合作社，建大棚22个，年产食用菌60万斤，产值200万元，每年支付工人工资超过50万元，在合作社务工的16户贫困户已全部脱贫。他还指导周边群众建成大棚36个，年产量超过100万斤，产值300万余元。

依托产业推广技术。科技人员深入村寨开展调研，根据村级产业发展情况，牵头编制村级产业发展规划，立足服务村资源禀赋，围绕马铃薯、蔬菜、特色经果林、生态畜牧业、茶叶、中药材等“六大板块”重点产业，有针对性地培育产值在50万元以上的特色主导产业两个以上，成立两个以上农村经济新型合作组织，并抓住农时关键季节和技术关键环节推广普及良种良法、农产品加工等实用技术，确保主要动植物良种及先进种养技术覆盖率达80%以上。积极开展科技试验示范，建设“科技实验田（场）”，对农

---

① 陈思：《毕节创新人才工作助力脱贫攻坚》，《毕节日报》2016年4月21日，第1版。

② 《毕节能人“四进”抱团决战脱贫攻坚》，http：//bj. gog. cn/system/2016/07/18/015020698. shtml，2016年7月18日。

③ 《毕节能人“四进”抱团决战脱贫攻坚》，http：//bj. gog. cn/system/2016/07/18/015020698. shtml，2016年7月18日。

作物优良新品种、农村新能源等新技术、新成果进行集中试验示范，助推毕节精准扶贫工作。

毕节市成立由原国家林业局副局长，中国油用牡丹专家委员会主任李育材任组长，中国工程院院士尹伟伦任副组长，东北林业大学、中国科学院植物研究所相关专家为成员的油用牡丹产业发展专家组，开展课题研究，筛选了28种栽培模式，研究油用牡丹生长规律，探索适合当地的最佳栽培模式，总结提炼栽培技术和经验，编制了《毕节市油用牡丹栽培技术规程》，为油用牡丹产业发展的引进、选育、研发、示范、推广等提供保障。

四　毕节试验区科技支撑精准扶贫存在问题分析

（一）科技在贫困人口精准识别中的积极作用尚未充分发挥

精准扶贫的核心包括精准识别、精准管理和精准帮扶，其中精准识别是一切工作的前提。当前毕节试验区在贫困人口的识别上主要采用村支两委工作人员的实地调查以及农户民主评议的方式。该方法一定程度上具有操作便利性的优点，但也存在一系列问题。

一方面，受已有工作人员数量及工作素质的限制，存在部分贫困人口未能被识别进贫困系统，导致这部分贫困人口被排斥在扶贫体系之外，同时存在部分贫困人口识别错误的问题，导致扶贫资源的错配以及因社会不公平而引起的贫困农民不满情绪的增加。另一方面，该方法在贫困人口信息的管理过程中导致工作人员工作量大幅增加的同时，降低了贫困信息管理的效率。贫困人口的相关信息如家庭人员婚嫁、子女入学、健康、就业、经济收入等情况随着时间的推移在不断变化，所有这些相关信息采用工作人员实地走访的方式获取并及时更新将是一项繁重的工作，目前大部分基层工作人员便已经陷入应付上面“千份表”的疲态，扶贫资源中重要的人力资源要素尚未得到有效利用；另外贫困人口信息的更新也相应滞后，直接影响对贫困人口致贫原因的精准分析，进而导致帮扶措施的不精准，扶贫效果不理想等问题。此外，对所收集的贫困信息的处理缺乏科学有效的技术手段，使各类信息没有进行整合分析，对问题的认识不够全面和系统，对致贫原因的分析也较为粗糙，尚未充分挖掘贫困人口信息数据的潜在价值，更不用说对贫困人口实现动态管理以及精准预测了。

（二）科技扶贫服务体系不完善

科技扶贫的运行机理由技术的筛选、推广传递、激励、监察、评估等系统作用而成，包括了实用技术的选择，推广体系建设，科技人员激励制度建设以及科技扶贫成效的监督与评估等，是一项系统工程。截至目前，毕节试验区科技扶贫以科技人员服务和科技产业支撑为主要模式，通过发挥科技人员的知识、技术、市场等优势资源，组织开展相关技术培训与指导；依托产业发展项目，实现农业技术的推广应用。毕节试验区所开展的科技扶贫工作取得了明显成效，但也不可忽视存在的问题。

实用技术供给依然以政府为主导，在实用技术的选择上多以地区为参考普遍推广，缺乏针对贫困农户的科技需求因户施策。贫困农户因其自身所拥有的资源差异、经验积累的不同以及发展偏好的不同，对技术的需求也不尽相同。如有的贫困农户世代养猪，积累了较为丰富的养猪经验，而政府倡导发展地区养羊，即使提供了配套的种养技术，但受几十年传统经验及观念的影响，要接受一项新的技术需要很长一段时间，而这个接受的过程很可能直接导致贫困农户养殖失败，进而遭受巨大损失，降低了农民的积极性，进而影响技术在贫困地区的推广。因而，在实用技术的选择上应避免“一刀切”的现象，针对贫困农户不同的科技需求提供相应的技术支持。

毕节试验区在农业技术推广方面采取了多种渠道，如农民讲师进讲堂、科技人员进田间、积极培育农村“土专家”等多种方式，具有很强的实用价值。但在科技扶贫成效的监督及评估方面较为缺乏，直接导致了对已有科技扶贫措施的反馈缺失，尚未形成系统全面的科技扶贫服务体系。

（三）农民与科技扶贫项目的利益联结机制不健全

科技扶贫的一个重要方式是依托产业发展项目实现技术的推广应用，促进农民增收。科技这一重要生产要素对于促进经济发展、提高农民收入的作用是毋庸置疑的，然而科技并不必然增加贫困农民的收入。贫困地区的农业大户、农村能人等在文化素质、学习能力等方面与贫困农户相比具有明显优势，因而在没有相应制度安排的情况下，这部分人是科技扶贫的最先也是最大受益者，贫困农户很难从中受益，这对于科技促进贫困农民收入增加、促进社会公平的扶贫成效并不显著。这其中的关键环节在于农民与科技扶贫项目的利益联结机制是否规范。

毕节试验区在依托产业推广农业技术，进而促进贫困农民增收方面也存在类似问题，对贫困农民的受益方式、受益程度，对企业及各类新型农业经营主体、科技人员与贫困农户之间的利益分配缺乏明确、规范的体制机制，容易导致科技扶贫成效的“漏出”效应。

五　毕节试验区科技支撑精准扶贫路径及对策探讨

（一）利用大数据技术实现贫困人口的精准识别和精准管理

随着扶贫工作的不断深入，贫困问题更加复杂多变，扶贫开发难以有效推进，自 2013 年习近平总书记提出精准扶贫的扶贫理念以来，精准化成为当前扶贫工作的核心。“大数据技术因其数据化、网格化与动态化等特点与精准扶贫的机制要求相契合，数据扶贫成为实现精准脱贫目标的可行路径。”① 自 2015 年 9 月，大数据技术开始运用于精准扶贫的各个领域。

利用大数据技术进行贫困治理，需结合各地实际进行技术升级，普及系统设施，设定和不断完善扶贫管理体系与评估标准，加强信息平台监管与相

① 莫光辉：《大数据在精准扶贫过程中的应用及实践创新》，《求实》2016 年第 10 期。

关部门间的数据共享。同时，将大数据技术运用于扶贫，在评定贫困等级、分析致贫原因、提高贫困识别的精准性和真实性等方面具备明显优势，从而有利于更具针对性决策的制定。

（二）建立健全科技扶贫服务体系

科技扶贫服务体系建设需要充分调动科研单位、高等院校、农技推广机构的科技人员、整合驻村干部、村支书等，以构建科技扶贫体系为主要任务，突出科技信息服务，建立科技需求“专人收集、专业分诊、专家解决”的服务机制；应注重实效，科技扶贫对象既包括企业、专业合作组织和种养大户等具有一定文化的用户，也包括知识文化水平不高的贫困户，因而，要更加突出实用性和操作性。此外，要注重激发科技人员的活力，充分调动其积极性。

科技扶贫服务体系建设应进一步完善相关工作机制，如人才保障机制、经费保障机制、科技需求快速解决机制、激励机制等。在充分利用已有科技人员的基础上，进一步加强与科研院校的合作，同时积极培育当地的“土专家”保障科技扶贫的人才供给；科技扶贫服务体系建设经费包括平台建设、产业发展和科技人才三类，经费预算时应充分考虑一次性开发费和维护费、相关硬件设施费用、通信费、人员费等；科技需求快速解决机制是科技扶贫服务体系的核心，应实现对所收集的科技需求信息进行快速分诊，提供解决措施，并进行信息反馈和评价；构建并完善科技人员的工作激励制度，让科技人员愿意深入基层，服务基层。

（三）完善贫困农户与产业项目的利益联结机制

进一步加快建立并完善产业扶贫项目运行和收益分配机制，制定扶贫项目收益分配管理办法。对项目建设收益、土地租金、收益分配等重要事项应及时向村民公开，接受社会监督；项目收益资金实行专户管理、专人负责、专款专用、确保资金安全。同时，建立责任追究机制。监察、财政、审计等部门加强对责任单位的监督，对违规操作、截留、挤占、挪用收益的单位和个人，依法追究责任。

参考文献

曾维忠、李镜：《农业科技专家大院建设的理论与实践探讨》，《农业科技管理》2006 年第 6 期。

冯楚建、熊春文、冯星晨：《西藏地区科技精准扶贫模式创新：对吉纳村的个案研究》，《科技进步与对策》2016 年第 24 期。

B.10
毕节试验区创建民族团结进步繁荣发展示范区报告*

曾 亮 邓小海**

摘 要： 自2012年以来，毕节试验区进行政策支持、成立领导小组，运用多种方法为创建民族团结进步繁荣发展示范区做出了卓有成效的贡献，实现民族地区经济发展新跨越、促进民族地区文化繁荣新突破、推动民族地区民生改善新面貌、助力脱贫攻坚提交新成绩、开创民族团结新局面。诚然，创建毕节试验区民族团结进步繁荣发展示范区仍存在一些问题，为此，文章提供了相关的对策建议。

关键词： 民族地区 经济发展 毕节试验区

习近平总书记指出："团结稳定是福，分裂动乱是祸。全国各族人民都要珍惜民族大团结的政治局面，都要坚决反对一切危害各民族大团结的言行。"贵州省作为2012年国发2号文件定位的民族团结进步繁荣发展示范区，在民族团结、繁荣发展方面做出了很大贡献。与川、滇接壤，地处黔西北，多民族聚集的毕节试验区，近年来，深入贯彻中央和省的文件精神，积极开展民族团结进步创建活动，着力推进民族地方经济社会发展，促进各民族共同团结进步、共同繁荣发展。

---

* 本文资料来源：2017年毕节市人民政府工作报告、毕节市民宗委。

** 曾亮，贵州省社会科学院助理馆员，博士，研究方向：民族学；邓小海，贵州省社会科学院农村发展研究所副研究员，博士，研究方向：旅游经济管理。

一　毕节试验区创建民族团结进步繁荣发展示范区的主要做法

（一）政策支持

为更快更好地推进毕节试验区民族团结进步繁荣发展，为开展创建活动提供制度保障和政策支持，毕节试验区根据中央“三部委”和省的要求，结合自身实际，出台了《关于建设民族团结进步繁荣发展示范区的实施意见》，制定了一系列文件和方案，如《毕节市民族团结进步创建活动实施方案》《毕节市民宗委民族团结进步宣传教育活动月实施方案》《毕节市少数民族文化事业发展实施意见》《毕节市少数民族传统体育基地建设实施方案》《毕节市易地扶贫搬迁少数民族社区民族工作实施方案》《毕节市民宗委民族团结进步示范军（警）营创建活动实施方案》《少数民族古籍普查培训方案》《毕节市民族古籍普查工作实施方案》等一系列实施方案，编制了市县《少数民族事业发展“十三五”规划》，出台了具体的工作措施。

（二）组织领导

成立了以试验区主要领导为组长，相关部门和县（区）为成员的创建工作领导小组。明确创建目标和任务，强化督察和考核，动员一切积极因素参与创建工作；积极抓好中央、省民族工作会议精神和贵州省委、省政府《关于建设民族团结进步繁荣发展示范区建设的实施意见》的贯彻落实；加强调查研究，选准创建主题，积极整合社会资源合力推进创建工作。

（三）多措并举

因地制宜，采取多种形式，运用多种方法、多种举措，营造创建工作浓厚氛围，确保创建活动深入持久开展。

1. 重视政策信息宣传

一是市、县（区）、镇（乡）、村各级层层传达中央、省的民族政策和民族工作会议精神，如《民族区域自治法》《国务院实施〈中华人民共和国民族区域自治法〉若干规定》《贵州省实施〈中华人民共和国区域自治法〉若干规定》等，加强民众政策意识。二是借助电视、报刊、网络、微信、微博、广告牌、板报、墙报等媒体或媒介宣传民族团结创建工作，统一民众创建思想。三是开展“十月民族团结进步宣传教育活动月”、“四项教育”和“六进活动”等活动，通过悬挂标语、设立咨询点、向群众发放宣传资料等方式宣传党的民族政策和法规，促进民族关系和谐发展。

2. 推动经济社会发展

充分依托民族资源，大力发展民族产业，促进经济发展，决战脱贫攻坚。推进民贸民品优惠政策落实。推动民族文化产业品牌的打造工作；加强民族传统手工艺传承保护工作。注重民族地区科、教、文、卫、水、电、网、交通等公共基础设施建设。助推城镇化进程，推进“民族特色村寨和民族特色小镇”建设。提高民族学校和民族地区少数民族群众的知识文化水平。加强民族干部人才队伍建设。施行民族团结进步创建进军（警）营活动。创新民族宗教因素矛盾纠纷调处协作机制等。

3. 注重文化教育推广

毕节试验区文化底蕴丰厚，民族文化异彩纷呈，被称为“古彝圣地”、“文化高地”和“走廊要地”。在民族团结进步繁荣发展示范区创建活动中，毕节试验区尤为注重文化教育的推广，开展了一系列的工作和活动，如民族文化进校园工作、民族传统手工艺传承保护工作、民族传统体育基地的打造、民族语言文字工作、双语和谐“示范点”创建工作、民族古籍收集整理工作、组织民族节庆节日、建设少数民族特色村寨、宣传彝族文化、召开藏羌彝走廊·彝族文化产业博览会（简称彝博会）、开展民族团结进步征文和党的民族理论政策知识竞赛等活动，营造了民族间和谐、平等、团结、向上的氛围。

（四）质量保障

加强民族团结进步创建工作的督促和检查。设置民族团结和睦指数各项指标，加以细化量化，进行民族团结和睦指数统计监测工作；不仅注重创建工作的检查指导，及时提出意见建议，妥善解决工作中存在的困难和问题；还注重创建资料的收集、整理等档案工作；将创建活动纳入民族工作目标责任制，分解工作，量化考核，层层落实，确保创建工作的顺利开展。

二　创建毕节试验区民族团结进步繁荣发展示范区取得的主要成果

（一）实现民族地区经济发展新跨越

近五年来，毕节试验区以“民族和睦、宗教和顺、社会和谐”为根本目标，聚焦“创新发展、同步小康”，突出“大党建”“大扶贫”“大安全”“大发展”，实现了民族地区经济发展的新跨越。

试验区主要经济指标平稳增长，综合实力持续增强。2016 年试验区实现地区生产总值 1628. 3 亿元，比上年增长 12. 1%，五年增长 1. 21 倍；固定资产投资达 1621. 3 亿元，五年增长 1. 37 倍；规模以上工业增加值达 401 亿元，五年增长 1. 25 倍；城镇常住居民人均可支配收入 25156 元，近五年年均增长 10. 3%；农村常住居民人均可支配收入 7702 元，近五年年均增长 13. 6%。

农业发展加速度。农业增加值 344. 4 亿元，五年增长 1. 6 倍；农业园区、农业龙头企业、农民专业合作社泉涌；区域公共品牌“乌蒙山宝·毕节珍好”已然打响；农业大数据中心入选全国“互联网 + 现代农业”百佳实践案例。

工业发展转型升级。煤、电、烟等传统产业不断得到巩固提升，先进装备制造、新型能源化工、大健康医药养生、大数据电子信息等新兴产业发展迅速。毕节经济开发区获批国家汽车产业新型工业化产业示范基地、国家新能源汽车高新技术产业化基地。目前，已经建成占地总面积103平方公里的10个产业园区，实现产值2452亿元。

第三产业发展迅速。试验区有国家5A级旅游景区百里杜鹃，世界地质公园织金洞，国家自然保护区、水利风景区、4A级景区草海。2016年试验区实现接待游客5494万人次，增速为34.2%，旅游总收入444.46亿元，增速为42.2%。成功引进贵州银行、浦发银行、交通银行在毕节设立分行，在全省率先实现村镇银行的县域全覆盖。2016年，第三产业实现增加值665.5亿元，增长15.6%。

（二）推动民族地区民生改善新面貌

以人为本，民族地区民生改善呈现新面貌。投资1716亿元实施民生工程643项。城镇新增就业27万人。实施各类教育工程4507个。城乡居民医保参保率保持在95%以上，大病保险全覆盖，城乡居民医保实现“即时结报”。实现农村敬老院乡镇全覆盖。保障性安居工程共建设16.58万套（户）。农村“两硬化”基本实现，农村危房改造41.13万户。教育基本均衡发展，试验区学前教育三年毛入园（班）率达84.24%，九年义务教育巩固率88.34%，高中阶段教育毛入学率86.73%，人均受教育年限达8.3年。“平安毕节”“法治政府”建设成绩显著，社会大局和谐稳定。

民族地区基础设施建设持续加强和改善。近年来，累计建成铁路413公里；高速公路通车里程达720公里，实现从无到“县县通”；完成国省干线公路520公里提级改造；72个民族乡已实现乡乡通油路，890个行政村已通公路，建成通村油路（水泥路）13308.5公里，通组公路的修建正紧锣密鼓地进行，2016年已建成505公里。890个行政村通电，762个行政村通自来水，农村饮水安全达标率达90%。广播、电视覆盖率分别达91.31%、94.8%，实现多彩贵州“广电云”、4G网络乡乡通村村通，“智慧城市”“数字毕节”建设加快推进。

城镇化进程加快，扩容提质换新颜。2016年底，试验区城市面积

143.99 平方公里，城镇人口达 240 万人，城市面积比五年前扩大了 63.74 平方公里。扩大县城规模，建设百里杜鹃花海文化城、纳雍东城、大方金龙等 16 个城市新区；建成黔西钟山、织金桂果、七星关海子街、威宁迤那、纳雍阳长等中心集镇。初步建成金沙沙土、赫章六曲河、黔西素朴等一批特色小城镇。

生态建设方面，完成水土流失治理 471 平方公里、石漠化治理 673.6 平方公里，完成营造林 668.7 万亩，实施退耕 63.48 万亩。建成各级森林公园 13 个，其中，国家级森林公园 4 个、省级森林公园 2 个。投资 15 亿元实施草海生态保护与综合治理。试验区森林覆盖率提升到 50.28%。

（三）促进民族地区文化繁荣新突破

少数民族特色村寨建设。目前，毕节有黔西县百里杜鹃管委会金坡彝族苗族满族乡附源村、赫章县朱市乡韭菜坪村、威宁彝族回族苗族自治县板底乡板底村、百里杜鹃普底乡迎风村、核桃乡木寨村等 10 个村入选“中国少数民族特色村寨”。这些少数民族村寨民族文化浓郁，人居环境优美，产业支撑有力，在开展民族风情旅游，弘扬少数民族传统文化，改善当地生产生活条件，巩固民族团结等方面成效显著。

弘扬民族传统文化，指导举办民族节日节庆活动，如赫章县可乐乡彝族火把节、大方县核桃乡白族团圆节、大方县凤山乡彝族祭山节、金沙六月六布依风情节、威宁“端午节暨花山节”、苗族“七月七”花山节、苗族“丽阿娜”千人大合唱、回族开斋节、彝族赛马节、赫章民族集体舞大赛等，大力弘扬毕节试验区优秀的民族传统节庆文化。

民族文化进校园工作。毕节市民族中学等 18 所学校获省命名为“贵州省民族文化进校园示范学校”。命名七星关区大屯乡三官小学等 36 所学校为“毕节市第一批民族文化进校园示范学校”。

双语教育科学发展。扶持双语学校设备设施、教师聘用、双语和谐示范点建设等。贵州省毕节市威宁彝族回族苗族自治县板底乡威宁板底乡荣获首批全国双语和谐乡村命名。毕节彝文双语学校实行全免费教学。建设大方县兴隆乡菱角小学等5个省级双语和谐环境建设示范点。

民族古籍工作。按照《贵州省民宗委办公室关于开展全省第二次民族古籍普查工作的通知》（黔民宗办发〔2016〕44号）文件精神，启动少数民族古籍普查和民族古籍数字化工程，召开民族古籍普查工作培训会，开启“十三五”期间民族古籍抢救、保护工作。

为保护和发展贵州少数民族传统手工技艺文化，推动少数民族传统手工技艺发展形成民族文化产业，毕节试验区积极培训少数民族传统手工技艺人才，扶持少数民族传统手工艺产品发展。2016年，贵州千红万紫民族工艺开发有限公司，毕节乌蒙旅游商品开发有限公司等18家少数民族传统手工艺企业被命名为“贵州省少数民族传统手工艺传习所”，2017年又有贵州东方神韵民族文化艺术有限公司等8家少数民族传统手工艺企业获“贵州省少数民族传统手工艺传习所”命名挂牌。

民族干部人才队伍建设。举办毕节市干部双语学习管理培训班；与毕节高等医学专科学校联合创办2个民族班，积极探索民族职业教育的新路子。

（四）助力脱贫攻坚提交新成绩

民族地区脱贫攻坚步伐不断加快。截至2016年底，试验区48个民族乡实现“减贫摘帽”，累计减少贫困人口157.6万人，贫困人口下降至92.43万人。

易地扶贫搬迁方面。2016年计划建设安置点81个，建设住房12943套，搬迁12943户59622人。目前住房全部建设完成，实际搬迁入住12777户58872人，实际搬迁入住率98.74%。

产业扶贫方面。试验区成立产业扶贫工作领导小组，下设蔬菜及特色作物生产、畜禽养殖示范、农特产品进校园行动、农产品市场销售拓展“四个工作专班”，稳步推进农村“三权”促“三变”改革，开展“毕节绿色农产品风行天下”行动，提高以“乌蒙山宝·毕节珍好”农产品区域公用品牌为主的农特产品市场竞争力。大力发展“一县一业”产业，规模种植薏仁米、酒用高粱、荞麦、精品水果。引进和培育龙头企业300家，建立农民专业合作社9559个，并培育示范合作社，实现产业覆盖1089个贫困村、贫困人口65.7万人。旅游产业效益明显，2016年实现接待游客5494万人次，增速为34.2%，旅游总收入444.46亿元，增速为42.2%。加快推进电商扶贫，目前全市共建成服务站1768个，包括中期村淘服务站520个、村邮乐购服务站323个、贵农网服务站574个、京东服务网站118个、其他服务站233个，目前签订的200余个共30余亿元的订单中，已落实销售16余亿元。

社会帮扶工作全面推进。在恒大集团投入30亿元帮扶大方整县脱贫的基础上，争取到恒大集团从2017年起再投入80亿元帮扶全市。目前，恒大集团的扶贫团队，已深入试验区脱贫攻坚工作一线，围绕“产业扶贫、搬迁扶贫、就业扶贫”三个重点，全力推进精准扶贫、精准脱贫，形成了民营企业参与精准扶贫的“毕节样板”；金元集团对口帮扶纳雍、盘江集团对口帮扶赫章等社会扶贫力度不断加强。广州市对口协作帮扶有力推进。“千企帮千村”行动全面开展。

（五）开创民族团结新局面

将民族团结进步示范创建内容融入“五城同创”，并召开民族工作领导小组成员单位参加的创建工作协调会，明确市直单位的创建标准及目标任务，整合各方力量扎实推进民族团结进步示范创建工作。

通过推进民族政策“四项”教育和“六进”活动，以典型示范带动少数民族和民族地区物质文明、精神文明、政治文明建设。奢香博物馆、大屯土司庄园获国家民委命名为民族团结进步教育基地、“十二五”至2017年全市获省级命名的民族团结进步示范创建单位达到133个、市级命名的民族团结进步示范创建单位105个，中共贵州省威宁彝族回族苗族自治县委员会、百里杜鹃仁和乡、中共贵州省赫章县河镇乡海雀村党支部等3个单位被国务院表彰为第六次“全国民族团结进步模范集体”，张翰时、李守跃、蔡群、阿里木等4人被国务院表彰为第六次“全国民族团结进步模范个人”。奢香博物馆、大屯土司庄园评为国家级民族团结进步创建示范典型经验先进单位、2017 年毕节市民族中学等 17 家单位被评为“十二五”时期全省民族团结进步创建示范先进单位；七星关区洪山街道办事处已通过全国第五批民族团结进步创建示范对象公示。

通过开展形式多样、内容丰富的“军（警）民一家亲”民族团结进步创建进军（警）营活动，发动辖区范围内各族群众深入开展爱国拥军活动，培育、推广军民团结、民族团结方面的模范典型，促进各民族之间相互学习、团结友爱、互帮互助，大力营造浓郁的军地共建和谐氛围，为全市民族地区创新发展、同步小康创造拥军优属、拥政爱民、军民团结的良好社会环境。

三 创建毕节试验区民族团结进步繁荣发展示范区存在的问题

毕节试验区的民族团结进步繁荣发展示范区的创建工作取得了较好的成效，但离示范标准相差较远，存在某些问题。

（一）民族地区经济发展示范尚有差距

近年来，毕节试验区经济社会发展取得了长足进步，但总体上讲，产业支撑发展能力弱。民族地区经济实力不强，聚集辐射能力较弱，农业产业化水平不高，仍未摆脱经济总量小、人均水平低、工业相对落后、特色产业体系未形成、农村贫困面大、增收渠道比较单一、自我发展能力不足的局面。在地区生产总值、公共财政预算收入、城镇化率、非公经济占地区生产总值比重等经济指标上还不足以体现示范性。

（二）民生改善保障示范任务艰巨

民族地区社会事业发展相对缓慢，民生改善保障示范任务艰巨。民族地区经济社会发展相对落后，教、科、文、卫各项社会事业起步晚发展缓慢，基本的公共服务体系不健全。

（三）民族地区脱贫攻坚任务重

毕节试验区有72个民族乡，未脱贫的就有66个；744个民族贫困村，未脱贫的还有661个，同时民族地区经济社会发展相对滞后，经济总量低，少数民族贫困人口比重大。

（四）思想认识高度不够

部分县（市、区）和部门领导干部对创建活动认识不到位，对党和国家的民族法律法规、民族政策理解不透、掌握不深、运用不广，甚至认为只是少数民族和民族工作部门的事情，工作缺乏积极主动性，存在抓而不紧、时松时紧的现象。创建工作仅停留在做方案、下任务、发文件上，没有具体的措施保证，没有把创建活动与实际工作有机结合起来。

（五）工作推进力度不平衡

在工作推进方面，部分县（市、区）和部门存在工作不够细致、工作力度不平衡等问题，使创建活动与日常工作不能有效地统筹兼顾，创建工作进度滞后，推进力度不一致。

（六）典型和示范覆盖面不宽

试验区虽树立了一些民族团结进步的先进典型和示范单位，但总体而言，这些典型和示范的覆盖面与国家创建民族团结进步示范区的要求差距较大，有必要进一步拓宽。

（七）创建活动开展不够深入

部分单位没有按照要求开展民族团结进步宣传教育活动月、“六进”等活动，对工作缺乏进一步的细化量化，形式单一，缺乏有效载体，工作还没有完全推开；基层党组织在创建活动中的作用发挥不明显，群众的参与面不够，一些部门创建工作停在表面，流于形式。

四　推进毕节试验区民族团结进步繁荣发展示范区的对策建议

鉴于上述问题，建议在今后的民族团结进步繁荣发展示范区创建工作中要突出抓好以下五个方面的工作。

一要进一步建立健全创建活动工作机制。在市及各县市区党委、政府的领导下，既要健全组织领导机制，又要完善协调配合机制，从而提高创建活动的重要性，形成党政统一领导、各部门相互合作共同推进的局面。同时要做好监督检查和条件保障机制工作，制定切合实际的评估标准，加强监督检查，提供政策、资金等必要的支持。

二要突出产业扶强，加快民族地区经济发展。利用好对口帮扶，进行政策倾斜，重点支持和帮助少数民族群众发展特色高效农业和特色经济，积极开发特色优势农特产品，引导民族乡村走“一乡一业、一村一品”适度规模的发展路子。

三要突出民生导向，加强基础设施建设，加快民族地区社会事业发展。与省市“十三五”公路交通规划衔接，优先安排民族地区公路交通建设项目，并抓好以农田水利改造、人畜饮水工程建设为重点的水利基础设施建设。加大民族教育支持力度、推动民族古籍的抢救保护工作，抓好少数民族传统节庆和民族体育活动开展。

四要着力夯实创建活动的群众基础。创建活动要坚持面向群众、立足基层，采用灵活方式，增强群众对创建活动的了解和参与热情，从而扩大创建活动的社会影响力。与此同时，要注重创建活动与社会主义精神文明建设等结合，切实聆听、反映群众意见，为群众办实事。

五要注意培养创建活动的典型。各部门应加强调查研究，制订符合实际而有针对性的典型培养计划，树立和培育类型多样的典型。同时，要加强宣传，营造学习典型的社会氛围，从而充分发挥典型的引领作用，促进创建活动的深入开展。

B.11

毕节试验区创新金融服务实体经济研究

欧阳红*

摘　要： 近年来，毕节试验区经济获得飞速发展，金融机构在促进全市实体经济发展中发挥着日益重要的作用。然而实体经济融资依旧存在困难。由此，研究在分析其中原因基础上，探讨了促进金融服务实体经济发展的对策与建议。

关键词： 毕节试验区　金融服务　实体经济

一　经济飞速发展中的毕节试验区

近年来，省委、省政府认真贯彻落实习近平总书记重要指示精神，大力推进毕节试验区建设，走出了一条具有时代特征、贵州特色、毕节特点的扶贫开发新路，为全省同步小康建设积累了宝贵经验。毕节市经济实力大幅提升，2017 年第一季度，全市地区生产总值完成 371.76 亿元，比上年同期增长 12.4%，比全国水平 6.9% 高出 5.5 个百分点，比全省水平 10.2% 高出 2.2 个百分点。增速提升、进位明显。毕节市 GDP 增速比上年同期的 11.3%，提升了 1.1 个百分点，在全省的排位由上年同期的第七位跃居升至第三位（见图 1）。

---

* 欧阳红，贵州省社会科学院城市经济研究所副研究馆员，研究方向：城市经济、科研信息系统应用、城镇化发展中公共服务管理。

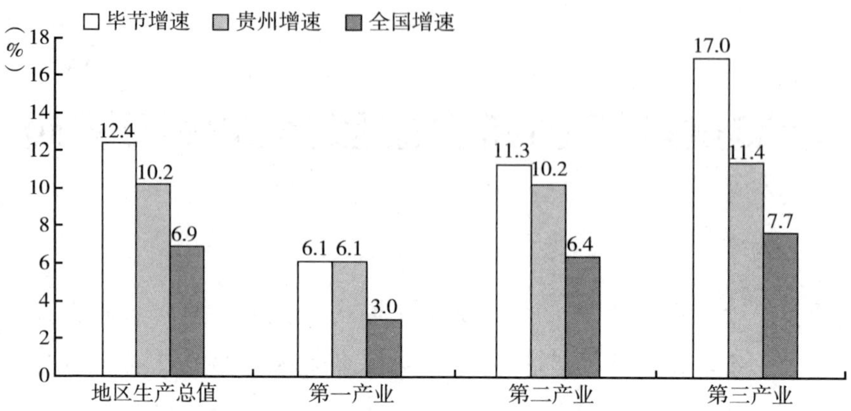

图 1　2017 年第一季度毕节市与全省、全国经济增速对比

资料来源：毕节市统计局。

经济发展县域差异比较——10 县（区）均高于全省平均 10.2% 的增速。2017 年第一季度，全市经济增长呈现良好势头，全市 10 县（区）均实现了 12% 以上的较高增速。其中，金海湖新区以 17.3% 的增速领跑各县（区），金沙县、威宁县以 14.6%、14.5% 的增速分列第二、第三位，排名最末的纳雍县也达到 12.3% 的增速（见图 2）。

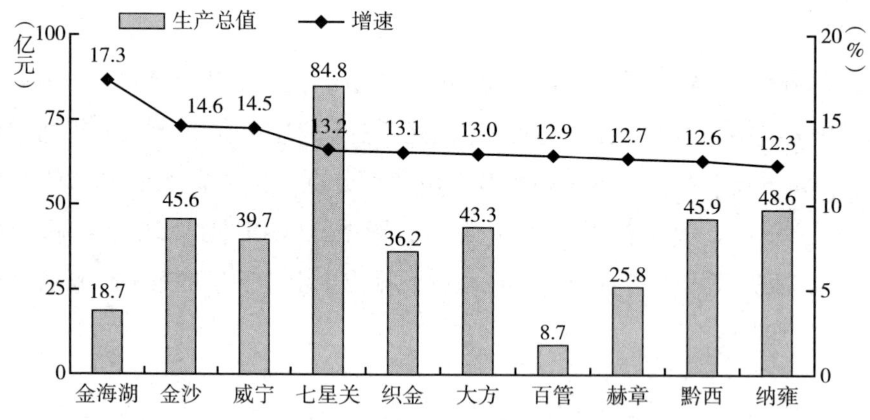

图 2　2017 各县区地区生产总值情况对比

资料来源：毕节市统计局。

全市建成工业园区12个、27个省级和33个县级现代农业科技示范园，一批工业优强企业落户毕节；基础设施显著变化，铁路、高速公路路网框架基本形成，基本实现乡乡通油路、村村通公路；解决400多万农村人口饮水安全问题，夹岩水利枢纽工程建设加快推进。

二　金融助推全市实体经济增速发展

（一）金融机构体系日渐完善

加大“引金入毕”力度，银行业金融机构27家。其中，政策性银行1家（农发行）、国有商业银行6家（工行、农行、中行、建行、交行、邮储银行）、股份制商业银行1家（浦发银行）、城市商业银行3家（贵州银行、贵阳银行、重庆银行）、农村商业银行4家（毕节、大方、黔西、织金）、农村信用社4家、村镇银行8家，各级银行分支机构577家，实现乡镇机构全覆盖。证券业金融机构3家（华创证券、海通证券、国信证券）、证券营业部7个（华创证券毕节营业部、黔西营业部、金沙营业部、织金营业部、威宁营业部；海通证券毕节营业部、国信证券毕节营业部）。保险业金融机构19家。其中，财产险机构12家（人保财险、太保财险、平安财险、天安财险、安邦财险、阳光财险、大地产险、国寿财险、太平财险、鼎和财险、安诚财险、国元农险）、寿险公司19家（中国人寿、太保人寿、平安人寿、新华人寿、泰康人寿、太平人寿、人保寿险），各级保险分支机构82家。其他组织：贵州股权金融资产交易中心毕节分中心、小额贷款公司73家（注册资本总额9.85亿元）、融资性担保机构22家（注册资本总额18.94亿元）。

（二）金融业在全省增势突出

2016年，金融业增加值占GDP的比重达3.7%，高于上年度0.4个百分点，对经济增长的贡献率达8.3%，拉动经济增长1个百分点。2017年3月末，全市人民币存款余额1783.9亿元，同比增长34.5%，比上年提升1.6个百分点，高出全省平均水平 14.2 个百分点，增速排全省第一（见图 3）；8 个县（区）中，最低的黔西县和赫章县也达到 27.5% 和 26.6% 的增速，其余县（区）增速均突破 30% 以上，最高的大方县达到 44.4%，贷款增速保持高位（见图 4）。

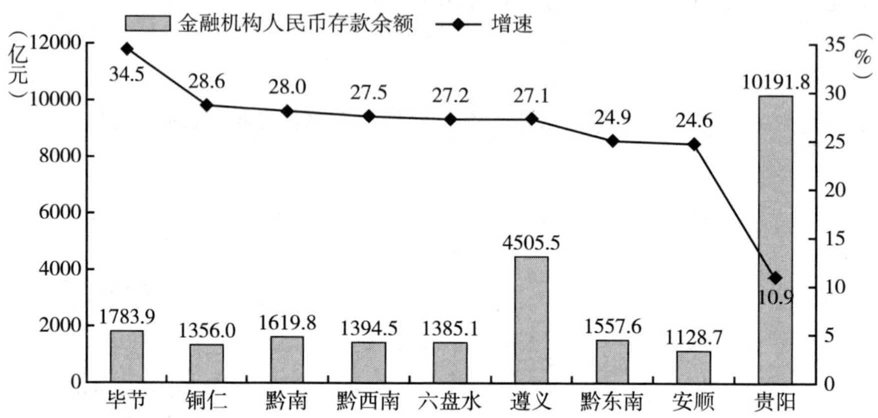

图 3　各市州金融机构人民币存款余额情况对比

资料来源：贵州省金融办统计资料汇总。

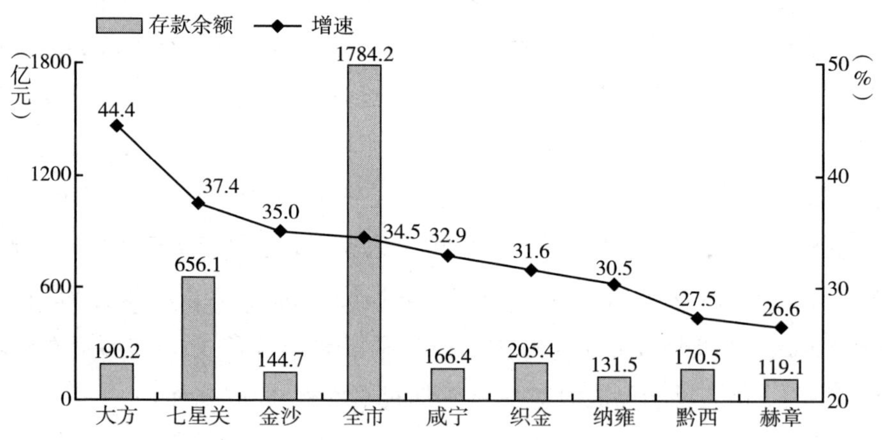

图 4　各县区金融机构人民币存款余额情况对比

资料来源：毕节市统计局。

人民币贷款余额 1223.4 亿元，同比增长 24.6%，比上年回落 5.2 个百分点，高出全省平均水平 5.8 个百分点，增速排全省第二；8 个县（区）

中，只有纳雍县和七星关区低于全市平均水平，只有七星关区低于全省平均水平，增速最高的赫章县达到44.9%，两者相差29.6个百分点。究其主要原因是七星关区贷款总量居毕节市之首，高达408.5亿元，故增速放缓；而赫章县贷款总量仅有70.6亿元，居全市最低，所以增速表现较大（见图5）。人民币贷款余额增速为30.5%，比上年回落1.1个百分点（见图6）。

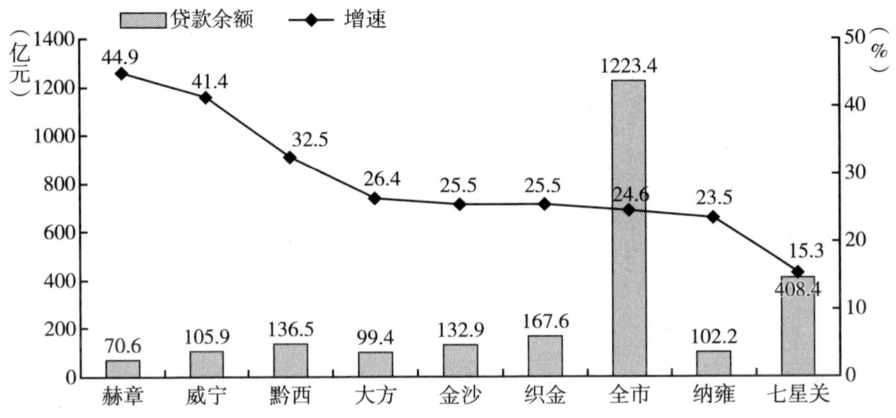

图5　各县区金融机构贷款余额情况对比

资料来源：毕节市统计局。

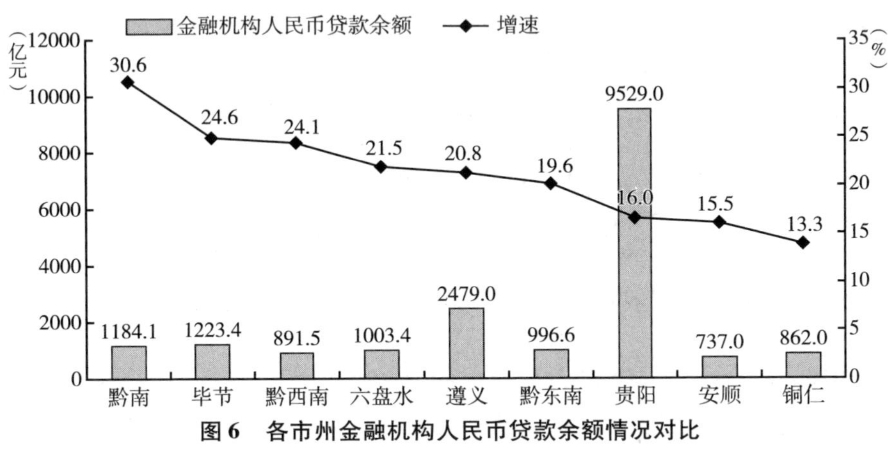

图6　各市州金融机构人民币贷款余额情况对比

资料来源：贵州省金融办统计资料汇总。

三　政金企通力合作共谋发展，金融助推实体经济发展效果显现

（一）政府加强政策引领，努力拓宽融资渠道

毕节市政府制定了《毕节市金融服务精准扶贫工作行动计划（2016～2018年）》，设立了规模50亿元的贵银中科扶贫发展基金和150亿元的毕节试验区开发扶贫生态建设（浦发）投资基金，累计投入财政资金1.31亿元作为风险补偿，撬动“特惠贷”资金46.37亿元，惠及建档立卡贫困户11.83万户。大方、金沙、黔西等县政府下发了《关于开展中小微企业、个体工商户“转贷通”项目工作的实施方案》为贷款到期符合转贷条件的企业给予“转贷通”业务支持，以降低企业续贷成本，在一定程度上缓解了中小企业融资难问题。

（二）财政补贴为主的“六位一体”模式创新支农新机制

2015年12月，毕节市争取中央项目资金700万元，市财政配套出资1000万元设立毕节市农业产业投融资服务中心，毕节市农委、邮储银行毕节分行、毕节市信泰融资担保有限公司签订三方合作协议，按2∶2∶6风险分担机制为全市新型农业经营主体提供融资担保和贷款服务，形成“政府+投融资服务中心+金融机构+担保（保险）公司+新型农业经营主体+农户”的“六位一体”财政金融资金支农投入机制。

（三）缓解新型农业经营主体融资担保抵押难成效显著

2016年，毕节市216家新型农业经营主体获市农委推荐和农业产业投融资服务中心支持，申请贷款总额5.59亿元，符合银行贷款条件66家，授信金额8846万元，审批通过贷款60家，贷款金额7125万元，已发放贷款54家（其中，公司36家，专业合作社14家，家庭农场1家、养殖场2家、

其他 1 家），放款金额 6865 万元，降低新型农业经营主体企业融资成本 428.52 万元，新增新型农业经营主体企业固定资产 5095.6 万元，带动特色蔬菜、经果林、中药材、茶叶等种植面积 5.42 万亩，带动娃娃鱼、牛、羊、鸡等特种养殖规模 40.08 万头（只、羽），增加产值 15249.04 万元，带动 2.39 万人增收，带动贫困人口 6270 人，为农民增加可支配收入 5811.85 万元。

（四）政策性保险试点工作显成效

2016 年，根据省金融办等部门联合下发的《关于印发〈贵州省 2016 年政策性农业保险工作实施方案〉的通知》相关文件精神，为了不断提升农业应对灾害风险的能力，完善农业保险经营机制，规范农业保险运作行为，毕节市积极推进种植业保险工作，继续将水稻、小麦、油菜列为承保试点品种，同时也将玉米纳入了保险，范围为全市。加上能繁母猪、育肥猪、公益林、商品林承保险种，已开展 8 个中央财政保费补贴险种。开展烤烟、辣椒等 2 个地方特色农产品险种。截至 2016 年 12 月，全市政策性农业保险保费收入 7198.58 万元。启动毕节市蔬菜目标价格保险试点，试点工作按照“政府引导、市场运作、自主自愿、以保代补、共同负担、稳步推进”的原则，目前，在大方县、黔西县、金沙县、百里杜鹃管理区、金海湖新区等 5 个县（区）首期启动蔬菜政策性目标价格保险试点 23406 万亩次，参保品种为早熟马铃薯、大白菜、小白菜、莲花白、瓢儿白、莴笋、长白萝卜、西红柿、线椒、朝天椒 10 个品种。

（五）政策性担保政银担模式分担融资风险

2016 年 4 月贵州省政府办公厅印发《贵州省政策性担保体系建设实施方案》鼓励创新财政和金融协同支持小微企业和“三农”机制，探索符合其特点的担保抵押方式，引导和鼓励各级各类担保公司发展，努力形成功能互补、运行高效、分担有序的省、市、县三级担保体系，确保政策性担保机构担保费率降至 2% 以下，代偿率控制在 3% 以下。2016 年毕节市逐步建立了以政府性融资担保机构为主，其他融资担保机构为补充，为小微企业和“三农”服务的全省政策性融资担保体系，目前毕节在全市范围执行省里推行“4321”政银担风险分担融资担保业务合作模式（即担保贷款发生代偿后，担保公司承担40%、省担保代偿风险基金承担30%、贷款银行承担20%、当地财政风险基金承担10%）后，银行贷款利率将不得高于基准利率，且还需分担20%的风险担当，针对工业小微企业单户融资300万元以下的政策性融资担保业务发生的代偿损失。目前有部分银行尚未与政策性担保公司签订合作协议。

四　当前毕节试验区服务实体经济存在的主要问题及原因

（一）政策执行不精准，银行业金融机构压力增大

由于在执行政策中对个别贫困户识别的不精准，资料的不完善、不精准，一些贫困户被认定后没有得到相应的资金扶持。如赫章县政府两次认定的建档立卡贫困户差异较大，对赫章县联社根据地方政府提供第一次认定名单发放的940户4357万元“特惠贷”不认可，不贴息。同时由于财政补贴资金兑现率低、风险补偿金到位不足，也给金融机构参与服务实体经济带来压力。如织金县金融机构在扶持中小微企业发展过程中，已经兑现的财政补贴资金在2016年仅仅为36万元，而2016年底织金县支农资金达到2.3亿元；同时，2016年底兑现税收奖励也仅仅为2.8万元。威宁县“特惠贷”风险补偿金仅到位500余万元，缺口7500余万元；赫章县至2017年3月末，欠息总额达63.32万元，全县“特惠贷”风险补偿金缺口2137万元，至今尚未得到完全妥善解决。这不仅影响相关农户的信用记录，增加了金融机构的信用风险隐患，还降低了其精准扶贫工作的参与意愿。再则贵州省扶贫办在扶贫政策上推出的政策性金融产品只有农村信用合作社推出“特惠贷”有政策支持，制约了其他涉农金融机构的参与。其他银行即便针对贫

困户发放了扶贫小额信贷，也不能获得风险补偿和贴息，抑制了参与精准扶贫的积极性。

（二）县域银行业分支机构信贷权限阻碍企业贷款，银行的政策趋向影响政策性金融产品的推广

由于金融政策体制的原因，基层银行贷款自主权限小。首先，四大行在县级未设立一级法人机构，县级分行无贷款审批权，贷款项目要获批难度大。同时贷款申请审批时间长，贷款规模受限，制约了企业的融资发展。其次，地方政策性金融产品的受众大多是中小微企业和新型农业合作社，贷款金额小、利率低、服务成本高，大银行不愿开发此产品，而农商行和村镇银行自身融资成本较高，缺乏财政性存款以及人民银行扶贫再贷款等低成本资金的支持，难以全力支撑地方性政策产品的推广。以大方县为例，截至2017年3月，政策性金融产品农商行“特惠贷”“黔微贷”“贵工贷”等共计61943.56万元。邮政储蓄银行发放“贵园信贷通”1670万元，富民村镇银行发放“惠民贷”“养牛贷”“税源贷”共计4083万元。

（三）政策的宣传服务运用不到位，信息成本高

调研中我们发现，客户反映对辖内银行业金融机构的金融产品不甚了解。一方面，导致客户融资的时间成本增加，导致“融资难”；另一方面，导致客户选择面窄、难以获得满足自身需求的低成本资金，导致“融资贵”。同时，部分银行业金融机构信贷人员对自身产品把握不足，机械执行上级行信贷政策，也增加了客户“融资难”的感受。如，在农房抵押贷款试点推进工作上，金融机构在将农房抵押贷款的有关条件、申报材料、贷款程序等内容宣传到每家每户的力度还不足，农户贷款发展农业产业的积极性还不高。又如，有企业认为，相对于作为国家级改革试验区的毕节试验区整体上“先行先试”的改革“试验田”而言，金融机构对“先行先试”的支持不够，没有体现出与其他地区的差异化信贷政策、产品服务创新支持。

（四）流转土地不能成为有效抵押物，成为园区和一般企业融资难的突出问题

一方面，因流转的农地无有效权证，无法在银行登记抵押获得授信。另一方面，因土地登记确权手续复杂，需要进行土地评估，而在经济落后地区，具有评估资质的单位稀缺，同时还要收取评估费，影响部分农户办理土地登记确权的主观积极性。如贵州金沙安底斗酒酒业有限公司，2015 年，该企业向金沙县金融机构提出贷款需求 2000 万元，金融机构经调查认为该企业资产规模、负债、收入等均符合授信 2000 万元的要求，但该企业无法提供资产凭证及证件，只能借助于民营担保公司担保，最后担保公司确定为该企业提供 1000 万元的资金担保，收取了 4.5% 的担保费 45 万元，还支付 15% 的保证金 150 万元，导致实际融资成本上升至 15% 以上。2017 年，该企业拿到土地使用证，财务制度健全，金融机构经调查，无须担保机构给予担保，最终审批通过 3000 万元的授信，实际融资成本仅为 5.655%。由此可见，政令不通畅引起流转土地办证的延缓是企业贷款受阻碍的关键，信用数据不齐全、财务管理不规范、信息的不对称、管控风险高是银行不愿贷款的诱因。

（五）煤炭建材等产能过剩产业，银行无差别对待普遍限制准入问题

一方面，金融机构各项贷款余额呈下降趋势，很希望放出贷款却因企业无资质或不达标等问题，金融机构的资金难以在开发区内产生良好效益；另一方面，开发区实体经济的迅速发展又亟须金融的大力支持，随着产业结构的调整，原有的煤、电、烟、建材等产能过剩行业金融机构开始对其紧缩贷款，企业要获得贷款很难。但我们在调研中发现在这类过剩产业中有不少通过革新优化、引进技术已经成为当地有发展潜力的企业，有的甚至成为当地的龙头企业。如毕节明均玻璃股份有限公司，公司是毕节市委、市政府 2013 年招商引资贵州重点项目之一，该企业产品生产工艺技术先进可靠，科技含量高，环保节能，市场运行良好，在西南地区排名前三位。可就是因为玻璃属于建材行业，联系多家银行均未获得贷款。

（六）中小微企业的贷款成本出现“三高”现象严重问题

毕节市的中小微企业发展迅速，在工商注册的就有30749家占据了半壁江山，但中小微企业普遍存在产业层次低、管理能力差的现象，亟须政府帮扶。分析中小微企业“三高”原因如下。

从融资渠道来看，各大银行在资金的流向上对小微企业占比甚微，只能依靠政策性资金。毕节支持小微企业的贷款主要有“黔微贷”“融微贷”通过15万元额度内的贷款采取信用加保证发放，但由于企业超过15万元所承受的利率高，最高的为9.5%，也使小微企业贷款意愿下降。同时，银企信息的不对称增加了小微企业融资的中间费用。

从资金运用来看，“小微企业财务管理能力较弱，资金计划和运用不合理导致贷款到期日与货款资金回笼周期不匹配，进而导致面临较大的流动资金压力，往往需要通过民间借贷等方式融入高利息的‘过桥资金’，推高了企业的综合融资成本”①。

（七）农业专业合作社授信难，担保成本高

新型农业经营主体还处在起步阶段，很难达到金融部门的最低授信要求。以七星关区碧秀佳蔬菜种植专业合作社为例，该合作社2009年7月注册成立，2010年因城市建设土地被征用，合作社无法正常运转，2012年3月和大新桥办事处魏家屯村达成技术合作伙伴关系，签订了“515”的土地流转合同，并迅速建设规范化的蔬菜和大白萝卜示范基地。2012年合作社扩大规模，资金需求剧增，联系多家银行贷款，但由于农村土地没有产权证又无其他有效抵押物在银行做抵押，法人曾想用个人自住房屋做抵押来贷款，并按要求还把合作社注册成公司，可由于房屋在拆迁路段，银行不能用作抵押，贷款依然不成功。合作社申请脱贫基金，填表至今未回复。2017年2月合作社申请农商行的“农技贷”贷款金额50万元，年息5.6%，因提供的信息材料和银行

① 彭伊立：《小微企业融资成本调查与分析》，《金融时报》2016年4月25日，第11版。

产品不对称，“农技贷”是贷给农户个人的不能用于合作社使用，为防控风险必须有担保。合作社找到七星关区农业产业发展担保公司做担保，交纳担保金37500元，占贷款金额的7.5%，贷款利率高达13.1%。

五　促进金融服务实体经济发展的对策与建议

（一）政府方面搭建平台优化金融支持经济发展环境

一是进一步加强与上级主管部门和银监部门的沟通协调，加大宣传力度，积极支持全区村镇银行做大做强，在完成增资的基础上，加快完善网络系统、推进乡镇网点建设步伐、积极拓展业务范围，鼓励村镇银行开设分支行。加大财政扶持力度，鼓励村镇银行与商业银行错位竞争，引导其立足开发区和“三农”搞好金融服务。同时，政府财政性资金业务，在全面支持开发区金融机构平衡发展的基础上，应该对开发区内发展力度大、成绩显著的金融机构重点照顾，提高金融机构做好金融服务的积极性。二是不断优化金融生态环境。把优化金融生态环境作为加快金融机构支持开发区经济发展的一项重要内容，建立信用宣传教育平台。组织县内有资格、有条件的企业参与信用评级，真正把诚信客户的荣誉证变为贷款优先证和通行证。三是以依法行政为立足点，最大限度做好服务工作。加强对房管、国土资源、司法、工商等相关部门的督导，最大限度地简化房产、土地、权证、库存商品的抵押评估、登记、公证等手续，降低收费标准，减轻企业和个人负担。工商部门对需要以动产抵押贷款的个人，依法进行动产抵押登记。四是密切政银企的沟通与合作，促进经济与金融协调发展。建立政府、金融机构、企业间联席会议制度，完善经济金融信息共享机制。

（二）加大对支持中小企业发展贡献值大的金融机构的政策扶持

一是财政贴息资金应按时限要求到位，防止不及时到位而形成不良贷款的现象发生，当贷款风险的苗头出现时，应大力协调相关方面维护金融机构的合法权益。二是合理分配县域有限的存款资源，壮大机构资金实力，适度增加合意贷款规模和支农再贷款，放宽毕节试验区使用支农再贷款条件，增强反哺“三农”和小微企业的能力。三是加大财税扶持力度，减轻其负担，从而更好地支持农村地区经济社会的发展。四是制定完善金融机构支持地方经济发展的激励机制，制定财政性存款与金融机构信贷投放挂钩考核机制和金融机构支持县域经济发展奖励办法，鼓励和引导涉农资金、其他各类资金向贡献大的金融机构流动，增加其资金实力，更好为县域服务。五是给予较大的宽容度，并在机构准入、业务延伸、新业务开展等方面提供帮助与支持。

（三）金融机构要放开地方金融机构的权限提高为地方实体经济服务的意识

基层金融机构享有的企业信息最为真实、最为全面，建议适当放开县级金融机构的贷款权限。市、县金融机构要有服务实体经济的市场定位，要加强切实为辖区实体经济服务。让开发区金融机构能按一定比例把存款投放当地以充分保障开发区经济发展资金需求。同时主动降低信贷利率，提高社会责任意识，审慎确定收费项目和调整收费标准，合理降低中小微企业信贷利率。提高效率，优化流程。对中小微企业的信贷业务流程应与大型企业区别开来，在风险可控的前提下，优化审批流程，提升审贷效率。在核定的授信额度内，差别化对中小微企业贷款实行“随用随贷、余额控制、周转使用”，使企业可根据资金需求合理安排支用的金额，更灵活、更简便地获得资金支持。

（四）创新经营主体抵押或质押方式

敢于先行先试，深入贯彻落实《金融支持我省农村“三变”改革十条政策措施》，积极开发林木所有权、茶园果园经营权、农村集体资产收益权抵押方式，进一步开发应收账款融资、购买服务协议预期收益融资方式。创新抵押贷款产品，在贷款利率、期限、额度、担保、风险控制等方面加大创新力度。切实简化审批流程，提高贷款效率。鼓励银行业金融机构在风险可控的前提下发放中长期贷款，有效增加企业生产的中长期信贷投入以及农业合作社的贷款时限。进一步降低企业融资成本。积极落实《中国银监会关于提升银行业服务实体经济质效的指导意见》（银监发〔2017〕4 号），积极降低“三农”和小微企业融资成本。

（五）金融机构要切实支持企业合理资金需求

要提高对煤炭行业在国民经济中支柱性、战略性地位的认识，认真贯彻落实区别对待、有扶有控的信贷政策。对技术设备先进、产品有竞争力、有市场的钢铁煤炭企业，银行应当按照风险可控、商业可持续原则，继续给予信贷支持，不得抽贷、压贷、断贷。要结合煤矿资源、开采现状等偿还条件实际，加强银企衔接，采取多种方式增加煤矿流动资金贷款，帮助解决资金周转困难问题。深入贯彻落实《关于钢铁煤炭行业化解过剩产能金融债权债务问题的若干意见》（银监发〔2016〕51 号），对符合国家产业政策、主动去产能、具有持续经营能力、还款能力与还款意愿强、贷款到期后仍有融资需求，但暂时存在资金困难的煤炭企业，银行在风险可控、商业可持续原则前提下，应积极进行贷款重组，调整贷款结构，合理确定贷款期限，按照国家有关规定减免利息。并结合煤矿资源、开采现状等偿还条件实际，加强银企衔接，采取多种方式增加煤矿流动资金贷款，帮助解决资金周转困难问题。提高符合环保要求和生产安全并且经营情况良好的企业的授信额度，发挥市场机制的作用，有保有压。争取符合全区信贷发展实情的信贷政策，争取上级金融机构对我区实行差别化授权，毕节地区传统以“煤、电、烟”为主体，转产能调结构的过程中金融支持不能一刀切。

（六）银监部门在信用评级体系上尝试创新——将中小微企业“评优评强”的奖励纳入信用评级体系

毕节试验区小微企业中有大量从事食品加工的企业，这些企业在前期进入园区的建设中投入了大量的流动资金，在缺乏银行认可的不动产抵押的情况下，面临着停产停工的风险。而这些企业很多具有十几二十年的经营历史，获得了各个部门、领域的众多嘉奖。但这些精神奖励在银行信贷审核环节中没有任何的指标计入。鼓励多类型融资担保公司设立，充分发挥好政策性担保公司职能。引入多家优质、专业的市场化融资性担保公司，形成竞争局面，为市场注入更多有效的供给。政府对融资性担保公司要给予一定的风险补偿，支持担保机构稳健经营。同时由于担保公司本身具有的风险性，应积极探索银行与担保机构的风险分担机制，推动银担信息合作平台建设，共享项目运营及风险预警信息，共同防范和化解风险。明确政策性担保公司中政府的责任边界；地方政府不得干预融资平台，不得（承诺）注入公益性资产、储备土地；融资平台应主动书面声明不承担政府融资职能；金融机构为融资平台公司等企业提供融资时，不得要求或接受地方政府及其所属部门以担保函、承诺函、安慰函等任何形式提供担保。

（七）企业要主动作为，苦练内功积极争取金融支持

一是企业要有发展意识。要加强和政府、银行的联系，了解政府经济发展方向，畅通企业、政府部门和银行沟通渠道，学会运用政策叠加，企业要优化产业结构，在经营策划中尽量考虑符合地方整体发展、能与当地产业联动形成产业链的以及和政府主导项目接轨的项目，这样更能享受到政府政策带来的红利，进入经济发展的主流。二是建立完善经营管理机制。坚持正确的经营方向，根据市场需求研制适销对路的产品，建立完善公司治理机制，规范财务管理，增强银行机构对企业发放贷款的信心。同时增强信用观念，坚持按期还本付息，奠定与银行长期合作的基础。

参考文献

毕节市工商局 2017 年第一季度统计资料汇总。

贵州统计信息网。

金媛：《毕节市金融服务经济实体调研材料汇总》，2017 年 4 月。

贵州省人民政府金融工作办公室：《金融政策文件汇编》2016 年。

刘天昀：《贵州县域经济发展中的金融支持研究》，《商场现代化》2016 年第 17 期。

B.12

毕节试验区县域旅游经济发展研究*

邓小海**

摘　要： 毕节试验区具备了推动县域旅游经济发展的旅游资源、基础设施和政策保障基础，试验区县域旅游经济发展呈现较为明显的差异化特征。县域旅游经济发展对撬动全面深化改革、激活“新兴产业经济”、助推脱贫攻坚具有重要作用。当前，毕节试验区县域旅游经济发展面临着巨大的发展机遇，同时也存在一定的问题，应通过改革驱动、全域带动、社会参与、合作共赢、品质提升，实现全区县域旅游经济创新发展、协调发展、共享发展、开发发展和绿色发展。

关键词： 毕节试验区　新兴产业　旅游　县城经济

一　毕节试验区县域旅游经济发展概况

（一）毕节试验区县域旅游经济发展基本情况

1. 毕节试验区县域旅游经济发展的基础

（1）旅游资源基础

毕节试验区旅游资源大普查结果显示，区内分布着由地文景观、水域风

* 本文为贵州省哲学社会科学规划课题“新时代贵州乡村旅游提质增效研究”（18GZYB09）、贵州省社会科学院2018年创新工程重大支撑项目“贵州与瑞士比较专题研究”、贵州省社会科学院2018年度创新工程协同创新项目“贵州生态文明建设试验区体制创新研究”研究成果。

** 邓小海，博士，贵州省社会科学院农村发展研究所副研究员，研究方向：旅游经济管理。

光、生物景观、天象与气候、遗址遗迹、建筑与设施、旅游商品、人文活动、康体养生、乡村旅游、红色旅游、山地体育等12个主类构成的旅游资源9668处（含新发现5632处）①，其中，普通级旅游资源9007处（含一级、二级和未获等级旅游资源），占旅游资源总数的93.16%；优良级旅游资源（三级及以上旅游资源）661处，占旅游资源总数6.84%。在这些普查的旅游资源中，目前已经开发或正在进行规划、开发的旅游资源单体有830处，占旅游资源总数的8.59%；未规划、未开发旅游资源单体共8838处，占旅游资源总数的91.41%。可见，毕节试验区县域旅游发展后备资源丰富，县域旅游经济发展后劲十足。

（2）基础设施基础

经过多年发展，进入毕节试验区的大交通已经初步建成，大通道杭瑞高速、厦蓉高速清（镇）—织（金）段以及市内主要连接线黔织、毕威高速公路，毕节至北京、上海、广州、重庆、深圳等15条航线的开通，毕节的可进入性和区域内通达性得到有效改观。

（3）政策保障基础

毕节试验区将旅游业作为地方经济社会发展的长板之一，将其定位为战略性支柱产业来打造，连续10年举办毕节市旅游发展大会。在“十三五”规划纲要中，毕节试验区将大旅游作为“四大战略行动”之一，提出“以文促旅，旅游兴市”的目标定位，提出到2022年全区旅游收入达到600亿元。为此，试验区编制完成了《毕节市旅游产业创新提升规划（2016～2025）》《毕节市旅游扶贫三年行动计划（2016～2018）》和出台了《毕节市重大旅游景区建设项目管理办法》等一系列规划和政策文件。此外，作为全国首个喀斯特地区探索经济社会发展，毕节试验区在财税、投资、人才等多方面拥有广泛的改革试验权和更加优惠的产业政策，同时享受西部大开发、国发〔2012〕2号文件等多重政策红利的叠加效益。

① 此处旅游资源12大主类，为贵州省旅游资源大普查所采用的分类方法。

2. 毕节试验区县域旅游经济发展的格局

整体上看，毕节试验区县域旅游经济发展呈现较为明显的差异化特征。具体表现在以下方面。

（1）旅游资源分布差异

从旅游资源总量来看，试验区内旅游资源十分丰富，但就县域分布来看，旅游资源分布差异明显。普查结果显示，试验区旅游资源点共有 9668 处。按照 8 个县（区）计算，平均约为 1208.5 处。但从实际分布来看，试验区排前三位的分别是威宁县（2248 处）、织金县（1555 处）、七星关区（1218 处），排后三位的分别是赫章县（952 处）、大方县（855 处）、纳雍县（792 处）（见表 1）。排在首位的威宁县旅游资源数达到全区的 23.25%。

表 1　毕节试验区各县（区）旅游资源分布

项目 / 县(区)	全部资源		三级资源		四级资源		五级资源	
	数量(个)	占比(%)	数量(个)	占比(%)	数量(个)	占比(%)	数量(个)	占比(%)
七星关区	1218	12.60	39	7.10	9	9.68	1	5.26
大方县	855	8.84	81	14.75	15	16.13	7	36.84
赫章县	952	9.85	43	7.83	13	13.98	1	5.26
金沙县	1017	10.52	33	6.01	5	5.38	0	0.00
纳雍县	792	8.19	42	7.65	9	9.68	0	0.00
黔西县	1031	10.66	49	8.93	8	8.60	0	0.00
威宁县	2248	23.25	53	9.65	17	18.28	5	26.32
织金县	1555	16.08	209	38.07	17	18.28	5	26.32
合　计	9668	100.00	549	100.00	93	100.00	19	100.00

资料来源：根据毕节试验区旅游资源普查数据整理。

（2）旅游企业分布差异

在市场经济时代，旅游企业是旅游经济运行的有效主体。旅游企业的数量和实力是旅游目的地旅游经济发展水平的重要衡量指标。从县域旅游企业分布来看，试验区县域旅游经济发展依然表现为不均衡的特征。下面主要以旅游 A 级景区和旅行社为例进行说明。截至 2017 年 3 月，试验区有 A 级景区 12 家，其中 2A 级景区 1 家、3A 级景区 7 家、4A 级景区 3 家、5A 级景区 1 家。从分布上看，拥有A级景区的县（区）有7个，1个县（纳雍县）尚未有A级景区；从数量上看，A级景区最多的县为大方县（4家）（见表2）。截至2017年3月，试验区有旅行社20家，分布于7个县（区），纳雍县尚没有旅行社（见表3）。

表2　毕节试验区各县（区）A级旅游景区分布

项目 / 县(区)	2A级景区		3A级景区		4A级景区		5A级景区		得分合计	排位
	数量(个)	得分	数量(个)	得分	数量(个)	得分	数量(个)	得分		
七星关区	0	0	2	6	0	0	0	0	6	4
大方县	0	0	2	6	1	4	1	5	15	1
赫章县	1	2	0	0	0	0	0	0	2	7
金沙县	0	0	1	3	0	0	0	0	3	6
纳雍县	0	0	0	0	0	0	0	0	0	8
黔西县	0	0	0	0	0	0	1	5	5	5
威宁县	0	0	1	3	1	4	0	0	7	2
织金县	0	0	1	3	1	4	0	0	7	2

资料来源：根据贵州省旅游发展委员会网站数据整理，百里杜鹃景区按照分属大方县和黔西县处理，得分采取按A级等级赋分，即1A级赋1分、2A级赋2分、3A级赋3分、4A级赋4分、5A级赋5分。

表3　毕节试验区各县（区）旅行社分布

县(区)	七星关区	大方县	赫章县	金沙县	纳雍县	黔西县	威宁县	织金县	合计
数量(个)	10	1	1	2	0	1	4	1	20
占比(%)	50	5	5	10	0	5	20	5	100

资料来源：根据贵州省旅游发展委员会网站数据整理。

（3）旅游经济发展情况差异

从旅游经济发展水平来看，毕节试验区县域旅游经济发展也存在较为显著的差异。从2016年各县（区）旅游总收入和旅游接待人数来看，排在前三位的分别是织金县、威宁县和七星关区，旅游总收入分别占到试验区总收入的16.67%、15.23%和14.89%；排在后三位的分别是金沙县、赫章县和纳雍县，旅游总收入分别仅占到试验区总收入的10.42%、9.42%和

6.29%，但赫章县和纳雍县旅游收入增长速度排在试验区前列（见表4）。从各县（区）旅游综合发展指数来看，2016年威宁县旅游综合发展指数最高为79.59，在全省排在12位；七星关区旅游综合发展指数最低为66.9，在全省排在83位。可见，毕节试验区8县（区）中旅游发展程度和发展后劲都存在较为明显的差异。

表4 2016年毕节试验区各县（区）旅游发展指标

县(区)	旅游总收入			旅游总人数			旅游综合发展指数
	收入(亿元)	增长(%)	占比(%)	人数(万人次)	增长(%)	占比(%)	
七星关区	64.29	39.60	14.89	792.93	30.10	15.94	66.90
大方县	62.83	39.04	14.55	749.55	45.97	15.07	74.36
赫章县	40.66	49.80	9.42	—	—	9.72	77.79
金沙县	45.00	30.80	10.42	431.80	50.48	8.68	70.68
纳雍县	27.15	42.20	6.29	362.47	34.20	7.29	72.92
黔西县	54.16	40.70	12.54	692.47	56.30	13.92	74.48
威宁县	65.75	40.00	15.23	643.94	43.10	12.95	79.59
织金县	71.97	35.11	16.67	816.48	34.68	16.42	77.96
合　计	431.81	—	100.00	—	—	100.00	—

资料来源：根据各县（区）2016年国民经济和社会发展统计公报整理；赫章县数据来源：http：//www.gzhezhang.gov.cn/HZGOV/A/01/39209.shtml。

（二）毕节试验区县域旅游经济发展的作用

1. 撬动全面深化改革

（1）推进市场化改革

毕节试验区作为全国首个为喀斯特地区发展提供经验借鉴的试验区，应充分发挥旅游业在经济社会全面深化改革中的作用。就实际情况而言，相比于其他地区，毕节试验区市场化程度较低。市场化程度低，导致试验区经济社会缺乏活力。因此，当前试验区全面深化改革紧迫的任务在于，如何选定一个具有引领性的优势产业，以进一步推进市场化改革进程，从而充分发挥基层，特别是地方改革的积极性和创造力，打破现有体制机制和有碍改革的规章文件，启动深化改革的航船。县域旅游经济相对其他县域产业经济而言，内部制约更少；大力发展县域旅游经济，能有效推进试验区市场化改革。

（2）推动形成开放发展的大格局

旅游业是天生的开放行业，能助力试验区进一步扩大对外开放。毕节试验区地处西部内陆欠发达地区，对外开放度不足，已成为制约经济社会发展的一大阻力。县域旅游经济具有更好地开放度，大力发展县域旅游经济，不仅能为试验区开放增添动力，还能为改革增添活力，推动形成开放发展的大格局。

（3）带动体制机制综合改革

旅游业是关联型极强的产业，据相关研究表明，旅游业与110个行业相关联，尤其是现代旅游业与其他行业的横向和纵向联系更加紧密[①]，大力发展县域旅游经济，能带动试验区体制机制综合改革。旅游经济要发展，就要求具有良好的制度环境，打破各个管理部门的部门利益，协同推进，最大限度地增强旅游综合协调职能。通过政策大力支持县域旅游经济的发展，各个部门出于各自的利益考虑，会自发与其他相关部门相互协作，在某种程度上倒逼部门改革，从而打破经济社会体制机制固化的僵局，激活经济发展的活力，为试验区经济社会发展带来充分的动力。

（4）拉动相关产业提质增效

旅游是综合性产业，是拉动经济发展的重要动力，具有日益增长的拉动力、整合力和提升力，在拓展自身发展空间的同时，与相关行业和领域融合发展，催生新业态，优化提升相关行业和领域价值[②]。大力发展县域旅游经济，不仅能促进旅游经济本身的发展，还能推动其他相关经济的发展，提高人们的生活品质。

尤其对于地处西部欠发达地区的毕节，大力发展县域旅游经济，具有重

① 徐金海、王俊：《“互联网+”时代的旅游产业融合研究》，《财经问题研究》2016年第3期。

② 李金早：《开明开放开拓，迎接中国“旅游+”新时代》，《中国旅游报》2015年8月21日，第1版。

大的现实意义。推动旅游经济与农业经济相融合发展，发展乡村旅游、休闲农业等现代农业新形态，助推实现农业现代化；推动旅游经济与工业经济相融合发展，发展旅游装备制造业、户外用品、特色旅游商品，发展工业旅游，创新企业文化建设和销售方式新形态，助推试验区走出一条新型工业化的道路；推动旅游经济与其他服务经济相融合发展，融入创意元素，发展文化创意产业，推动服务业迈向高级化。

2. 激活“新兴产业经济”

当前，毕节试验区为了推动经济社会跨越式发展，提出了大力发展新兴产业经济。这种产业发展的思路是正确的，但这远远不够，还应在大力鼓励支持发展“新兴产业经济”的同时，特别注重发展县域旅游经济，将县域旅游经济作为未来经济社会发展实现历史性跨越的动力支撑。县域旅游经济的特性，决定了其可以成为激活“新兴产业经济”的黏合剂。

大力发展县域旅游经济，可以极大地促进“新兴产业经济”联动发展，形成现代产业经济体系，打造产业经济高地。县域旅游经济以高新科技为支撑、知识经济为依托的特性，可为电子信息产业经济的发展提供广阔的市场，电子信息产业经济的发展反过来又可以促进县域旅游经济信息化的建设；发展旅游经济中的医疗、养生和山地旅游，又能带动医疗养生产业经济和现代山地高效农业经济的发展；县域旅游经济更加注重创意元素，更能体现文化特色，大力发展县域旅游经济，更能彰显毕节以民族和山地为特色的文化，极大地促进文化旅游业经济的发展；县域旅游经济更加注重保护自然环境，实现旅游经济的可持续发展，大力发展县域旅游经济，可以引导人们树立节能低碳环保的意识，为新型建筑建材业的发展扫清观念上的障碍，促进其快速健康发展。

3. 助推脱贫攻坚

旅游扶贫在毕节试验区扶贫攻坚中发挥着重要的作用。试验区贫困地区由于自然、历史等诸方面原因，经济和文化都相对落后，也正因此，大多保存了原始、奇秀的自然景观和古朴的民族风情；并且试验区出台了一系列支持旅游扶贫的政策措施，依托这些，试验区旅游扶贫已经取得了显著的成效。根据《毕节市旅游扶贫三年行动计划（2016～2018）》，到2018年试验区要建成重点景区旅游扶贫示范区8个，乡村旅游扶贫重点村100个，乡村旅游扶贫示范户（点）1000家。三年内通过发展旅游实现贫困农户15万人以上劳动力就业，带动试验区20%以上的贫困人口实现脱贫。旅游业已经为贫困人口就业、创业和增收提供平台，成为试验区推动贫困人口脱贫致富的重要产业。

二 毕节试验区县域旅游经济发展面临的机遇条件与困难问题

（一）机遇条件

1. 新常态下旅游业逆势增长

改革开放以来，经过近40年的努力，我国旅游业发展迅速，实现了从无到有、从小到大的历史性跨越，目前正从“景点旅游”朝着“全域旅游”转变。如今，我国旅游业正大步迈入蓬勃兴起的大众旅游时代。2015年，我国国内外旅游接待人数超过41亿人次，旅游总收入超过4万亿元，达到4.13万亿元，旅游业对GDP的直接贡献达到3.32万亿元，占到GDP总量的4.88%；旅游综合贡献达到7.34万亿元，占GDP总量的10.8%；旅游实际投资10072亿元，旅游直接、间接带动7911万人就业，占全国总就业人口的10.2%，其中，旅游直接就业达到2798万人。2016年，我国全年接待国内外旅游人数超过44.4亿人次，旅游总收入达到4.69万亿元，同比去年分别增长11%和13.6%；据联合国世界旅游组织测算，2016年我国旅游业对国民经济综合贡献率达11%、对社会就业综合贡献超过10.26%，与世界平均水平基本持平。可见，旅游业已成为我国重要的经济增长点，也成为促转型、调结构的利器，成为重要的经济调节工具，在与农业、工业融合发展和促进地区均衡发展等方面发挥着极其特殊的作用。为此，国务院2014年出台了《关于促进旅游业改革发展的若干意见》（国发〔2014〕31 号），提出要积极发展休闲度假旅游，在城乡规划中统筹考虑国民休闲度假需求。2015 年国务院办公厅下发了《关于进一步促进旅游投资和消费的若干意见》（国办发〔2015〕62 号），提出鼓励社会资本大力开发温泉、滨海、海岛、山地、养生等休闲度假旅游产品。重点依托现有旅游设施和旅游资源，建设一批高水平旅游度假产品和满足多层次多样化休闲度假需求的国民度假地。

2. 旅游业已成为贵州长板

省委、省政府将旅游业作为带动地区经济社会发展的三块长板之一，提出，“十三五”时期全省各地要发挥全域旅游资源优势，加快发展以民族和山地为特色的文化旅游业，大力发展山地新型旅游业态，打造“多彩贵州·山地公园”品牌，建设国际山地旅游目的地和山地旅游大省的新定位、新目标，指明了旅游产业发展路径。加快试验区县域旅游经济发展，走旅游产业高端化、国际化发展路子，对集聚新区发展内力、挖掘新的经济增长点、助推试验区三大主题具有重要意义。

（二）存在的困难问题

一是交通瓶颈问题尚未得到根本解决，机场属于支线机场，很多重要城市的航线尚未开通，交通主干道仍然不够优化，主要景区与主干道的连接未得到根本改善。二是资源深度不够，组合度不够。目前，试验区主要景区仍然以观光型产品为主，旅游产品品质不高、规模不大，缺乏高品质的复合旅游产品，旅游产品体系建设亟待进一步提升。三是市场促销方式创新不足，市场发展空间有待深挖。宣传推介的力度和方式有待进一步加强和改进，旅行社缺乏外出拓展市场的动力和有效手段，地接市场严重滞后。四是软件服务水平距市场“精致、细致、极致”的要求尚有差距。试验区旅游基础设施、接待设施、公共服务设施不够完善，配套能力差，整体旅游服务能力不足。管理水平有待提高。全区旅游行政管理机构弱化、软化等问题突出，旅游行政管理人员数量和素质远远不能适应旅游业跨越式发展的要求。

三　毕节试验区县域旅游经济发展的对策

（一）改革驱动，创新发展

1. 深化旅游管理体制改革

坚持改革创新、扩大开放，着力破除制约试验区县域旅游经济发展的体制性障碍和机制性约束，建立并大力发展与县域旅游经济发展相适应的旅游管理体制和运行机制，推动山地旅游产业转型升级。进一步发挥毕节市旅游发展委员会的综合协调职能和统筹协调能力，摆脱“小马拉大车”的局面。进一步打破行政区划壁垒，加大整联力度，转变旅游行政管理职能。进一步简政放权，下放旅游行政管理权限，推进旅游执法重心下移，着力完成从市到县、从县到乡、从乡到旅游项目的广义旅游管理体制构建。按照“政企分开”“政事分开”原则，加大对旅游行业协会的扶持力度，强化旅游协会行业服务职能和行业自律功能，发挥行业协会在旅游管理中的重要作用。

2. 深化旅游投融资体制改革

以资本为纽带，统筹牵引“山上山下”旅游资源整合和产业化发展，鼓励有条件的县（区）成立旅游投资公司，构建现代企业制度，规范市场化运营机制。鼓励推动社会资本进入县域旅游经济发展模式，完善县域旅游投融资结构安排。

支持物权入股参与山地旅游开发经营。鼓励支持集体与个人以旅游资源、集体土地使用权、土地承包经营权、林权等物权入股方式参与旅游开发经营，完善旅游融资体系。支持符合条件的旅游企业发行企业债券、短期票据、短期融资券；支持旅游企业采取项目特许权、经营权、旅游景区门票质押担保等方式扩大融资规模；引导信贷资金采取银团贷款、集合信托等方式支持重大山地旅游项目建设；鼓励金融机构对符合融资授信的中小型旅游企业和旅游项目实施贷款优惠，开展中小额旅游按揭贷款业务。

（二）全域带动，协调发展

1. 强化旅游经济的产业融合联动效应

（1）加快旅游产业多元融合

加强旅游业与第一产业、第二产业、第三产业的融合发展，不断丰富旅游产品供给、创新旅游业态、优化旅游产品体系。旅游业与第一产业的融合发展，开发形式多样的观光、果林采摘、乡村旅游产品；旅游业与第二产业的融合发展，重点开发生产一批体育运动装备、户外运动与野营设备、旅游房车、观光缆车和索道、高科技游乐设施和旅游保健防护用品等旅游产品；旅游业与第三产业的融合发展，推动特色潜力行业发展。积极推动“旅游 + 民族文化”“旅游 + 运动休闲”等旅游与相关产业的融合发展。

（2）强化旅游经济的带动效应

充分发挥旅游经济的综合带动作用，把旅游产业化与旅游扶贫结合起来，着力拓宽旅游扶贫渠道。结合国家“十三五”规划纲要和国家旅游局实施美丽乡村旅游扶贫工程的决定，加强区内山区、革命老区和民族地区旅游业对改善民生、优化产业结构、改善发展环境的作用。依托现代高效农业示范园区建设，积极支持有条件的贫困乡镇创建休闲农业示范园区，大力发展农旅结合的农业观光、美丽乡村体验、户外运动休闲和农产品加工业，依托点、线、面联动协同发展的规划布局，打造一批各具特色的乡村旅游业态，带动农民增收脱贫。

2. 构建“旅游 + ”产业体系

深入领会和贯彻“产业围绕旅游转、产品围绕旅游造、结构围绕旅游调、功能围绕旅游配、民生围绕旅游兴”的精髓，依托旅游景区建设，推动农业、工业、体育、文化与旅游融合发展，着力构建“旅游 + ”的产业发展体系。按照全域化的理念，以景区网络化为抓手，统筹整合县域资源，加强与民间企业的合作，实施“组团发展、抱团发展”模式，引导民间企业强强联手，共同发展，加快开发提升生态观光、休闲度假、避暑养生、文化体验、户外运动、修学等慢游产品体系，推出覆盖全区、带动全域、延伸周边的休闲度假精品线路。

3. 延长旅游产业链条

进一步锤炼、拉伸旅游产业链的“强度”和“长度”，围绕旅游要素开发出一系列反映毕节特色、符合游客需求的特色产品。举办名优特色小吃、民族菜系比拼等“饕餮”大赛，提升贵试验区餐饮吸引力；培育一批主题型、度假型、精品型酒店，为游客提供多元化的住宿选择和体验；开通一批重点景区之间的旅游直通车、观光巴士、公交专线，将“快旅慢游”服务体系构建推向纵深；融入现代流行元素，加快推进银饰、刺绣、大方漆器、天麻等一批迎合市场需要的旅游产品开发。

（三）社会参与，共享发展

1. 培育旅游市场主体，鼓励旅游市场主体创新发展

县域旅游经济发展的主体是旅游企业。作为旅游产品的供给者，其发展和改革的核心是培育独立的、多元化的市场主体。要大力发展各类社会企业，重点培育大型旅游集团公司、大型旅游联合体、旅游互联网综合平台等，充分发挥其作为产品供给者的作用，运用市场规律促进其竞争、发展。同时，鼓励旅游市场主体创新发展，县域旅游是一个关联性极强的产业，因此，产业融合既是县域旅游经济发展的趋势，也是县域旅游经济市场主体创新发展的内在要求。

2. 鼓励全面参与，大众创业、万众创新

把发展全域旅游、发动全民参与作为试验区发展县域旅游经济的基本方针和理念，坚持以县域旅游经济大发展带动大众创业，以旅游经济转型升级吸引万众创新为根本出发点。积极发挥旅游城市、景区和旅游龙头企业的带动作用，打造一批旅游经济创客天地。以乡村旅游和旅游扶贫为重点，大力支持返乡大学生和农民工开展旅游创业，支持建设一批乡村旅游扶贫和大学生旅游创业示范基地或孵化器。鼓励电子商务第三方交易平台渠道下沉，带动基层旅游创业人员依托其平台和经营网络开展旅游创业。

3. 优化旅游收益分配模式，搭建全民受益平台

引导和鼓励农民成为县域旅游经济发展和经营主体。农民作为“三农”的主体，农业增收、农村经济发展与农民的脱贫致富联系紧密。因此，应充分调动农民积极性，使农民成为旅游经济开发和经营的主体，利用县域旅游方式提高农业附加值、优化乡村环境、改善乡村基础设施等，达到发展乡村、脱贫致富的目标。在“政府主导、企业主体、媒体主推、群众主动”的全域旅游工作模式下，各地政府要积极整合农业、扶贫、小城镇和美丽乡村建设、山地公园、森林公园、地质公园建设等方面的资金，形成政府主导、多部门联合推动县域旅游经济发展的格局，借助旅游产业发展大会、酒博会、南博会、泛珠大会、香港投资贸易活动周等平台，吸引社会资本参与县域旅游经济发展。继续撬动民间资本参与县域旅游经济发展，继续发挥民间企业的社会帮扶力量，整合各类旅游资源，鼓励、支持民间企业抓好旅游扶贫工作，打好脱贫攻坚战，实现全面同步小康。

（四）合作共赢，开放发展

1. 加强区域合作

作为内陆地区，毕节试验区需要通过扩大开放，加强区域合作，才能加快发展、后发赶超。试验区应该紧紧把握内陆开放型经济试验区的千载良机，以营造更优越的发展环境，引进更多的外来资金和企业，吸引更多的人才和游客，同时也推动区内企业和产品走出去。强化与贵阳、遵义、六盘水、安顺、昭通等周边城市的合作，积极拓展云南、广西、湖南、四川、重庆等周边省区市的旅游合作，推进共同建立和完善旅游资源合作开发机制、旅游市场联合营销机制、旅游环境秩序共同维护管理机制、旅游市场统一建设机制、旅游突发应急事件联合处理机制以及旅游人才交流合作培训机制。

2. 优化旅游经济空间结构

（1）着力构建旅游经济点、线、面相结合，形成全覆盖格局

充分利用各县域自然景观和丰富多彩的民族文化特点在旅游产品体系中

的基础性作用，以国际化的视野、更加开放的姿态主动接轨全球化，实施大旅游战略，进一步增强七星关区、百里杜鹃、织金洞的引领和辐射作用，带动其旅游景区，尽快提升整体旅游的影响力。

与此同时，以七星关区为中心节点城市，多点联动其他七个次节点城镇。以七星关区为极核，以威宁为新增长点，着力打造休闲、度假、文化、避暑养生和商务会展等旅游产业群，形成试验区旅游服务中心枢纽。进一步优化提升黔西、织金、赫章、大方等县级旅游中心，使之成为县级旅游中心和集散枢纽，最终形成由点到线、由线到面、由面到域的大旅游发展格局。

（2）打造精品旅游线路

充分发挥独特的自然景观和多样性的多民族文化的特色，打造完善资源独特、主题突出的经典精品旅游线路。以喀斯特奇观为主题的经典精品旅游线，以乌蒙古彝族文化为主题经典精品旅游线，以长征文化为主题的经典精品旅游线。

（3）提升特色旅游城镇

着力构建布局合理、功能完善、特色鲜明、类型各异、错位发展的旅游城镇体系。突出旅游城镇的民族文化和城镇特色，按照品牌引领、景城一体、功能提升的要求，实施“旅游＋新型城镇化”行动，加快建设一批各具特色的旅游城镇，形成一批具有影响力的特色精品旅游小镇，为发展全域化旅游提供重要支撑。

（五）品质提升，绿色发展

1. 推动旅游产品升级

（1）打造旅游景区，丰富旅游业态

充分利用试验区境内丰富的自然景观和散落的民族乡村旅游资源，打造一批精品项目化的旅游项目。将游览和娱乐相结合，丰富文化和游览内容，打造国内一流的自然景观旅游产品；将自然景观与户外赛事相结合，积极开发户外体育旅游、高山湖泊体育旅游，打造一批国内外知名的户外体育运动产品，积极发展登山、探险、漂流、低空飞行等运动类产品，打造一流的户外运动天堂。

（2）推动旅游基础设施提档升级

加强重点旅游景区和精品旅游线路建设，加快完善重点旅游景区建设的推进机制，加大建设和投入力度，加强旅游环境整治，着力提升服务质量，建立景区现代管理制度，加快推进旅游景区的转型升级。加快建立健全旅游目的地管理系统，推进大数据在景区管理、乡村旅游、宾馆饭店、旅行社、旅游交通、旅游商品等领域的服务应用。大力推进旅游“互联网＋”行动计划，实施旅游电子商务工程，加强旅游消费和体验线上线下联动，实现旅游与金融服务、旅游交通、物流配送等的衔接融合，优化完善覆盖全区范围的旅游电子商务平台，助推旅游精准扶贫工作的实施。

2. 提高旅游公共服务质量

（1）优化旅游环境，提升游客满意度

环境质量的高低会对旅游业产生显著的影响，要突出游客满意导向，营造便捷、安全、舒适、文明的旅游环境。同时，旅游是一项系统工程，应加强各相关部门的协调配合，及时解决游客所反映的问题，形成齐抓共管的工作格局。并且，应当注重与时俱进优化旅游环境，增强旅游环境竞争力。

（2）提高旅游公共服务水平

提升交通便捷度、推进交通设施建设，进行旅游厕所革命，全面满足游客的如厕要求，全覆盖旅游景区、旅游街区、旅游城区咨询服务，加快智慧旅游发展，完善旅游信息服务体系，全面提升主客旅游满意度。

将旅游交通纳入综合交通体系统筹规划，满足游客出行方式多元化需求。不断完善航空、公路、铁路和水路等各种交通方式的衔接。推进县级道路或村级支路与景区间的衔接，推动城市公交系统覆盖周边景区和景点。同时按照旅游产业发展要求，将通往旅游区的标识纳入城乡道路交通规划，加快完善旅游交通引导标识系统。

加快旅游集散中心和旅游咨询服务中心建设，为游客提供咨询、交通、救援等服务，受理游客投诉。到2020年力争各县（区）至少建成1处旅游集散中心，实现旅游景区、旅游街区、旅游城区全覆盖咨询服务。加快智慧景区、智慧城市建设，建立全覆盖的旅游信息服务体系。搭建“智慧旅游网络信息服务平台”，实现旅游营销、旅游信息服务的融合。加快推进重点旅游县游客聚集区、3A 级以上旅游景区、3 星级以上星级饭店免费无线网络全覆盖。

（3）加大财政金融扶持力度

设立旅游发展基金，主要用于旅游区的基础设施和旅游项目建设。鼓励各县用 PPP 模式融资建设旅游公共服务，建设高标准、融旅游咨询服务、智慧旅游体验、餐饮、购物、娱乐等多种功能于一体的旅游综合服务中心。

整合具有旅游功能的公共资源，搭建旅游产业投融资平台，吸引社会资本参与，积极争取国家和省旅游基金合作。涉及旅游企业的土地、房产、山林、水体等资产，简化登记确权手续，快速发证。积极尝试债券融资、股权融资、众筹和 PPP 模式等新的融资形式，提高旅游企业投融资水平。鼓励农村集体和农民土地、住宅、林木等资产以入股、租赁等多种方式参与乡村旅游开发。发挥小额信贷的杠杆作用，撬动信贷资金投入旅游产业。

区域报告 

Regional Reports

B.13
七星关区2017年改革发展报告

林 俐 课题组*

摘 要： 2018年，七星关区将以“大党建”为统领，坚守“两条底线”，深化“三大主题”，打好扶贫攻坚“四大硬仗”，抓好产业发展、城乡建设、生态建设、民生事业、社会稳定“五件大事”，谋求七星关区改革新发展。

关键词： 七星关区 改革发展 毕节

一年来，七星关区紧紧围绕省委、省政府决胜脱贫攻坚、同步全面小康、开创多彩贵州新未来的要求和市委、市政府“113攻坚战”决策部署，

* 本文基础材料由七星关区提供，由林俐整理定稿。林俐，贵州省社会科学院农村发展研究所副研究馆员，研究方向：农村发展、图书资料管理。

积极主动适应新常态，凝心聚力、真抓实干、勇于创新，经济社会取得了较好发展。截至2017年9月，预计完成生产总值237亿元，同比增长13%；500万元以上固定资产投资预计达170亿元，同比增长23.6%；一般公共财政预算收入预计完成18.9亿元，同比增长16.2%；实现规模工业增加值预计达52.5亿元，同比增长17%；社会消费品零售总额预计达88亿元，同比增长13%；招商引资到位资金185亿元，同比增长7.8%。

一 主要做法和成效

（一）坚持转型升级，产业发展持续提速

一是工业发展换挡提级。全面加强经济开发区建设，积极清退“僵尸企业”，逐步“腾笼换鸟”，形成新的经济增量。新引进德帮能源科技、海德威服饰、杭萧钢构等13个项目入驻，标准厂房入住率达97%。截至9月，完成固定资产投资12.56亿元。全力推进热电二期及中心城区集中供热项目建设，引进慧与（中国）有限公司在我区实施毕节大数据服务外包基地建设（二期）项目。二是农业产业提质增效。做优做强现代山地特色高效农业，重点规划打造“八带十群两基地”特色农业产业体系，不断优化农业产业空间布局。深入推进“乡乡镇镇建农业园区”，加快推进49个农业园区建设，积极推动朱昌现代高效农业示范园区申报4A级景区，推动农业产业集群集聚集约发展。三是旅游服务业快速发展。大力推进“鸡鸣三省”红色文化旅游景区、七星古城等重点旅游景区建设，积极开展同心城市公园步行街招商引资；万丰、浙商城、湖南商贸城二期以及创美、黔西北农贸市场等项目建设稳步推进，石桥边物流园启动主体工程建设；村级电商服务站累计达203个，网络交易额累计达8.62亿元，被授予“2017年省级农商联动示范县”，毕节电子商务产业园荣获“省级扶持微型企业成长示范基地”称号。

（二）坚持突破瓶颈，基础设施持续完善

毕龙高速顺利通车，东清高速（环城快速通道）快速推进，高速公路

通车里程达 182.22 公里；启动 4 条共 285 公里国省干道建设，推进 9 条共 169.5 公里县乡公路升级改造，全力实施 1138.38 公里通村路和 1032.07 公里通组路建设，大力推进 18 个农村客运站建设，全区交通"主动脉"进一步打通，"毛细血管"进一步疏通，群众出行条件得到有力改善。夹岩水利枢纽工程成功截流，双河口水库、龙官桥水库、野角水库有序推进，工程性缺水难题逐步缓解；投资 2.88 亿元推进 142 个农村安全饮水工程建设，建成后可解决 26.09 万人饮水不安全问题。

（三）坚持统筹协调，城乡面貌持续改善

以"五城同创"为抓手，走以城带乡、园城共建、景城互融、城乡一体的山地特色新型城镇化道路。全面推进 11 个片区 2.76 万户棚户区改造任务，完成 19366 户棚户区改造任务；启动毕节市中心城区环境综合整治"19456"工程，对城市人居环境有效改善、形象大幅提升。有序推进"一河一城四园十路"项目建设，开工建设冷水洞体育公园、月亮湖公园；投入 3.35 亿元重点推进撒拉溪等 7 个卫星城镇建设，构建"七星捧月"城镇化格局，全区城镇化率达 47.9%，城镇功能不断完善，城镇品位不断提升。实施农村危房改造 4882 户，解决了 18287 人的住房安全问题。全面推进农村环境综合整治，开展 119 个"四在农家·美丽乡村"创建，农村面貌进一步提升靓化。

（四）坚持绿色发展，生态建设持续推进

全面落实环境保护主体责任和监督责任，持续做好中央环保督察组交办、转办的环保问题整改工作；全面推行"河长制"，逐级压实"河长"责任。区级财政统筹安排 8000 万元，用于倒天河水库、利民水库房屋和土地征收等工作。倒天河水库环境综合整治，房屋征收工作累计签订合同 207 户，征收房屋面积 16560 平方米；利民水库正开展房屋征收补偿的前期准备工作，安置房项目已完成 16 亩土地征收。投资 4000 万元建成倒天河补水工程，启动毕节市洒鱼河龙洞段治理工程。加快推进林口等 4 个乡镇污水处理厂建设，逐步提升城镇污水处理能力。大力实施绿色七星关行动，扎实开展

森林保护“六个严禁”执法专项行动，全区森林覆盖率达52.66%；拱拢坪国家森林公园4A级景区基础设施建设基本完工。

（五）坚持以人为本，脱贫攻坚持续发力

紧紧聚焦“两率一度”，持续开展精准识别“回头看”和贫困退出“大筛查”，开展脱贫人口和建档立卡贫困人口数据“大核查”。严格按照“五通四有”“四有五覆盖”标准，加快补齐农村基础设施短板。精准确定产业扶贫目标，完善产业扶贫机制，认真落实“特惠贷”金融扶贫政策，累计落实“特惠贷”金融扶贫贷款20842户、贷款金额67363.31万元。全力配合恒大集团帮扶七星关工作，大力推进搬迁安置点建设和产业扶贫项目，碧海街道柏杨林（碧海阳光城）安置点146栋楼的场地“三通一平”已全部完成并移交恒大集团建设，3个肉牛养殖场、18个大棚蔬菜基地正开展主体项目建设。配套完善2016年搬迁点的基础设施。

（六）坚持共享发展，社会事业持续进步

加快推进教育基础设施建设，建成区第二、第四、第五实验学校并招生入学，完成11所公立幼儿园附属工程建设，提质改造334所农村中小学校和290所山村幼儿园，毕节二中、毕节四中迁建项目有序推进中；大力推进教育均衡化发展，组建中小学教育集团14个，覆盖学校93所；组建幼教集团8个，涉及乡镇街道中心园42所、民办园47所和山村幼儿园290所。启动建设区二医、区中医、区肿瘤微创示范中心，新增床位900余个；投资7388万元，对32个乡镇卫生院进行标准化建设，新增业务用房36439平方米。巩固完善城乡医保制度，参保人数113.34万余人，免费为城乡居民建立电子健康档案73.1万份；安排3000万元专项资金实施医疗扶助，健全医疗扶贫“四重保障”，切实减轻贫困人口自付费用压力。不断完善社会保障体系，最低生活保障覆盖90371人，基本实现“应保尽保”；“七长双线九平台”的留守儿童关爱责任体系进一步落实，对全区43786名留守儿童规范建档立卡，加强动态管理服务。

（七）坚持创新驱动，改革发展持续推进

深入推进农村综合改革，选取64个村作为学习借鉴“塘约经验”试点村推进农村改革。推进“党建+”农村社会治理模式创新，着力把党的组织优势转化为社会治理优势和服务优势，以“春苗乐园”“心晴家园”为载体，充分发挥党员志愿者服务作用，探索形成了“三项制度保运行、三种力量促帮扶、三类人员助陪伴、三种模式强管理”的“四个三”机制，努力实现留守儿童关爱全覆盖。建成“春苗乐园”506个、“心晴家园”1785个，在建“春苗乐园”3个、“心晴家园”22个。探索“四式合一”帮教服务机制推进特殊人群管理，投资2亿余元建成集阳光工程、回归体验中心、关爱医院、育新学校和青少年预防教育基地“五位一体”的特殊群体服务管理园区，有效破解了特殊人群托管漏管难、脱毒康复难、就业安置难、融入社会难等问题，收治特殊病人178人，安置284名戒毒康复人员就业。创新安全生产管理机制，建立“专家查隐患，企业抓落实，部门抓监管”的安全监管模式，对重点企业、重点区域进行安全诊断。探索实施“12349”县域信访管理新模式（即“一个机构、两项职能、三大制度、四个平台、九项机制”），深入推进领导干部轮流排班接访制度和“包案督访”工作，推进信访疑难积案化解。扎实开展“法治毕节”创建，投入6500余万元完成“天网三期”建设，实现全区42个乡镇（街道）全覆盖；积极开展“交巡合一”巡逻防控新模式，优化调整“扁平化”指挥体系建设，加大了巡逻防范的力度和密度，有效降低案件发生率。

（八）坚持从严治党，管党治党持续深化

坚持以“大党建”为统领，加大意识形态工作力度，推进“两学一做”学习教育常态化、制度化。全面推进基层党组织标准化建设工程，加强村级服务的阵地建设，目前，89个完成装修，209个主体工程结束，其余阵地近期可全面竣工。截至9月，全区共设立村级党委19个、党总支164个，新设党支部410个。以“注重过程跟踪管理，强化问题及时整改”为主要目

的，探索干部考核体系改革，并被《人民日报》专访报道。持之以恒深化作风建设，重拳整治群众反映强烈的作风突出问题；充分发挥巡查利剑作用，加强监督执纪问责，推动“四风”问题立行立改，扎实推进党风廉政建设和反腐败斗争，促进管党治党标本兼治，全面从严治党纵深推进。

二　七星关区改革发展中存在的困难和问题

由于受历史因素和自然条件限制，七星关区经济社会发展仍然存在一些困难和问题，主要表现在三个方面：一是脱贫攻坚任务繁重。2018 年，七星关区要实现省定片区县脱贫退出的目标。目前，全区尚有 2.9 万户 10.64 万人未实现脱贫，且未脱贫人口都是“贫中之贫、困中之困”，脱贫攻坚难度大、任务重，完成脱贫任务还有大量的短板亟待补齐，资金缺口大。二是产业结构亟待优化。电、烟产业仍然独大，新兴支柱产业尚未完全形成；以玉米为主的传统低质低效粮食作物种植比重偏大，经济作物种植面积比例小，受群众长期以来传统的种植习惯和经营思维影响，推动农业产业结构调整工作存在较大困难。三是制约发展的短板仍未补齐。教育、医疗、卫生、交通、水利等制约发展的短板仍未从根本上补齐，需要创新举措，加大马力补齐短板、做强长板。

三　2018年工作任务与目标

2018 年是深入学习贯彻落实党的十九大精神的重要一年，也是决胜脱贫攻坚、全面建成小康社会的关键一年。七星关区将深入践行新发展理念，以“大党建”为统领，坚守“两条底线”，深化“三大主题”，坚决打赢基础设施建设、易地扶贫搬迁、产业扶贫、教育医疗住房保障“四大硬仗”，全力抓好产业发展、城乡建设、生态建设、民生事业、社会稳定“五件大事”，努力解决好发展中不平衡不充分的问题，更好满足人民多方面日益增长的美好生活需要，谱写七星关区改革发展新篇章。

（一）聚焦全面小康短板，推动脱贫攻坚措施精准落地见效

全力打好打赢易地搬迁扶贫硬仗。全力配合好恒大集团做好2017、2018年度2.5万人的易地搬迁扶贫工作，支持恒大集团在七星关区碧海街道柏杨林安置点配套发展青贮饲料加工产业。全力打好打赢产业脱贫硬仗。积极践行“塘约道路”，抓好脱贫攻坚讲习所工作，因地制宜重点发展食用菌、茶叶、蔬菜、生态家禽等“短平快”脱贫产业，创新群众参与利益联结机制，帮助贫困群众实现快速增收致富。全力打好打赢基础设施建设硬仗。全面推进脱贫攻坚国、省、县、乡、村、组六级公路大会战；推进龙官桥水库、野角水库等工程建设；加快新一轮农村饮水安全巩固提升工程。全力打好打赢教育医疗住房“三保障”硬仗，切实解决好学有所教、病有所医、住有所居等社会保障问题。

（二）聚焦产业发展，推动产业调优结构，做大规模做强品牌

加快发展以服装制造为主的劳动密集型产业，大力引进同类企业，形成产业集群，打造“中国西南纺织服装城”。打造“八带十群两基地”特色农业产业体系，加快推进乡镇农业园区建设。打造农产品加工企业集群，提高农产品附加值。加快发展现代旅游服务业。

（三）聚焦城镇服务功能配套，推动城乡一体化协调发展

加快推进园林城市建设。推进“一河一城四园十路”等设施建设，推进阳山隧道、白虎山隧道、洪南路南段等道路建设，加快形成互联互通、快进快出的城市交通体系。按照“品质化微改造”与“城市双修”原则，以“活力道、民心道、文化道、工匠道”四道设计理念，推动13个“19456”工程项目。全力推进“五城同创”，着力解决好城市建设、发展中面临的脏、乱、差等乱象。加快特色小城镇和美丽乡村建设。全面启动30个乡镇特色小城镇建设工作，建成一批各具特色的美丽宜居村庄。

（四）聚焦生态建设与治理，大力发展生态经济，推动实现绿色发展

加大环保督察整改力度。突出抓好倒天河水库、利民水库集中式饮用水源地及其周边环境保护治理。全力推进林业生态建设。深入推进荒山造林、退耕还林等重点生态工程建设。扎实开展森林保护“六个严禁”执法专项行动，守住林业生态红线。积极发展生态经济。大力发展生态循环农业，着力建设一批具有黔西北特色的乡村旅游村寨，打造一批生态型的休闲农家、休闲农庄、休闲乡村精品；利用山体森林资源优势，大力发展林业经济，培育绿色产业发展“新引擎”。

（五）聚焦民生福祉，推动社会事业协调发展，让发展成果更多惠及人民群众

大力发展教育事业。围绕“立德树人”目标，不断加强教师队伍建设，着力提升教育质量。加快推进“全面改薄”、城区“大班额”化解工程和毕节二中、四中迁建项目，持续改善办学条件，统筹推进各类教育协调发展。稳步推进医疗卫生事业。深入推进医药卫生体制改革，完成区第二人民医院建设，加快推进区中医院建设，按照三甲医院标准扩建区人民医院。加强基层医疗机构标准化和全科医生、乡村医生队伍建设，完善分级诊疗制度，提升基层医疗服务水平。着力强化社会保障。

（六）聚集改革创新，激发发展活力，增强发展动能

大力推进农村综合改革。认真学习借鉴“塘约经验”，围绕“地、人、钱、产、事”五大要素深化改革，全面深化农村基层党建改革。大力推进“放管服”改革。深化商事制度改革，鼓励大众创业、万众创新，支持民营企业不断发展壮大。深入推进农村社会治理创新，依托“春苗乐园”“心晴家园”等载体，探索完善留守儿童关爱“四个三”机制，破解留守儿童关爱管理服务难题。大力推进其他重点领域改革。全面推进司法体制改革，借助普惠金融东风推进脱贫攻坚，积极破解脱贫领域融资难题。深化供给侧结构性改革，扶持新兴领域、创新领域产业发展，培育新的经济增长点。

（七）聚焦党的建设，着力提升引领科学发展的能力和水平

全面建强党的基层组织，继续深化“一核多元”基层组织服务体系建设和城市社区党建“1 + N”模式，提高基层组织联系服务群众的能力。全面推进从严治党，加强纪检监察体制机制创新，持续发挥巡察利剑作用，加强监督执纪问责，切实扎紧制度笼子，深入开展党风廉政建设和反腐败斗争，着力营造山清水秀的政治生态。

参考文献

崔英魁：《建设大市场　推动大发展——毕节市七星关区推进划行规市工作初探》，《当代贵州》2017 年第 15 期。

郗静、王鸿、陈钘：《七星关区水土保持监督执法工作成效与经验》，《黑龙江科技信息》2017 年第 7 期。

崔英魁：《坚决打赢全面脱贫攻坚战——贵州省毕节市七星关区脱贫攻坚的经验与成效》，《中国领导科学》2017 年第 12 期。

崔英魁：《毕节市七星关区：多措并举推进党建工作》，《当代贵州》2017 年第 Z2 期。

B.14

大方县2017年改革发展报告

黄圣玮　课题组*

摘　要： 2017年大方县委、县政府积极谋划，推动全面改革发展，坚持对标对表抓改革，把握重点抓改革，破题导向抓改革，典型引领抓改革，并取得显著成效，扎实推进大方县整体脱贫。确定了在2018年改革发展重点工作任务是财税金融体制改革，“放管服”改革，城镇国有低效用地再开发利用，户籍和住房制度改革，公立医院综合改革，综治中心建设，农业农村综合改革，创新新时代农村基层组织建设。

关键词： 大方县　改革发展　毕节

2017年以来，大方县委、县政府深入贯彻落实党的十九大精神和习近平总书记在参加贵州省代表团讨论时重要讲话精神，认真贯彻落实中央、省委、市委深改领导小组会议精神，积极谋划，强力推动，全面推进改革发展各项工作，并取得显著成效。

一　2017年改革发展情况

（一）坚持对标对表抓改革

全力推进中央、省、市在大方县部署的13项改革任务。流动法庭已覆

* 本文基础材料由大方县提供，由黄圣玮整理定稿。黄圣玮，上海市社会科学院法学研究所硕士研究生，研究方向：民商法学。

盖到村级；矿地复垦利用获得批复并启动；林权抵押融资在对江镇开展试点；推进电子商务进农村综合示范建设，投入870多万元建成电商产业园；推进县医院和中医院事业单位法人治理试点工作；乡镇管理大部门制改革全县铺开，在黄泥塘、六龙等试点乡镇权限下放195项，行政审批73项，行政处罚83次；新增县医院与核桃卫生院、中医院与马场卫生院两家紧密型医联体；乡镇财税体制改革稳步推进；分类救助困境儿童，每月为每名困境儿童发放400元生活保障补助资金，每月为每名孤儿发放600元生活保障补助资金；水价改革已全面启动；"三变"改革已培育256个经营主体；全县土地确权承包证颁证4.3万户；行政审判案件相对管理机制启动以来，共受理行政诉讼案件1010件。

（二）坚持把握重点抓改革

一是推进农业农村领域改革。出台《大方县农业供给侧结构性改革》"1+7"系列文件和《大方县践行塘约道路助推大扶贫战略行动》"1+7"系列文件，104个经营主体申报新型农业经营主体财政奖补，符合项目申报资金1380.82万元；全面推广"塘约道路"经验，积极探索"支部+协会""支部+合作社"等示范发展模式，县财政共划拨资金5250万元，为每个贫困村提供30万元专项资金用于产业发展。目前，猫场镇箐口村、凤山乡店子村、核桃乡木寨社区等10个村已取得初步成效，并总结推广了核桃乡木寨社区践行"塘约道路""五个三"经验及猫场镇箐口村"塘约道路""三子"工程。二是推进扶贫领域改革。实施"人才扶贫"工程，构建"情系大方人才回归"制度，建立人才信息库，深入实施"科技人才联乡帮村"计划，选派30名农业专家挂任28个乡镇科技副职，共选派了99名科技人员进驻92个一类贫困村，从县财政安排500万元作为乡土人才创业贷款贴息。积极创办"新时代农民（市民）讲习所"，助推脱贫攻坚、同步小康，成立了2个县级讲习所、14个新时代学习大讲堂、30个乡级新时代农民（市民、青年、工人）讲习所和286个村级讲习所。三是推进医疗卫生领域改革。出台《中共大方县委　大方县人民政府关于加快推进卫生与健康事业改革发展的实施意见》“1+6”文件，招录医务人员1818人，完成县级公立医院“5+2”重点学科建设13个，建成规范化数字化预防接种门诊28个，完成“五室”场地建设26个。投入2461.2万元，建立县乡一体化远程医疗服务体系。市委深改领导小组第三十九次会议在大方县召开。四是推进社会化发展改革。推进供给侧结构性改革，加快煤炭工业转型升级，淘汰关闭贵州天健矿业集团大方县高店乡白布煤矿，退出产能9万吨/年；煤矿瓦斯发电累计利用瓦斯1750.98万方，累计发电量2770万千瓦时。启动组建县工业能源投资建设有限公司。全面推进企业“五证合一、一照一码”、个体工商户“两证整合”改革，累计办理“一照一码”营业执照5365户。采取“四化”方式推进科普示范乡镇创建，加快科技创新，拥有科技发明专利企业17家。行政执法三项制度试点工作全面铺开，强力推进城市执法体制改革，加强城市综合管理；推进信访工作规范化法治化建设，建立周三领导接访常态化制度。加快社会信用体系建设，加入贵州省“双公示”系统的单位已达40个，录入“双公示”系统的信息达2472条。推进城市社区建设，出台《大方县2017年村级组织活动阵地建设项目安排规划》，探索大方县“三个三”模式推进18个城市社区建设。

（三）坚持破题导向抓改革

围绕“113攻坚战”，结合大方实际，用改革的方法破解难题，启动垃圾分类处理、河流治理“村级河长制”、殡葬“三位一体+村级公墓”、教育和医疗人事制度、水务管理一体化、乡村体制等改革事项46项。县委、县政府主要领导亲自抓点做示范，谋划改革专题会议15次，组织民政部门开展调研并专题部署殡葬制度改革，组织环保部门开展调研并专题部署环保制度改革，组织教育、卫计部门开展调研并专题研究教育发展和医联体改革。围绕大党建，紧扣“六项纪律”，完成对5个乡镇、4个县直单位和21个村的巡查，发现各类问题220个，向纪检监察机关移交线索43个，要求整改问题177个。完成286个村（社区）“会改联”改建工作，大方县“三措”推进妇联改革获得贵州改革情况交流采用，获得省妇联行文印发全省学习，并获得省妇联副主席周培芝批示。探索开展残疾事业“十个一”系列活动。加强学校基层党组织建设，设立教管中心党总支28个。围绕大安全，推进乡村综合治理改革，建立六型矿区、六型库区18家，建立大方县源头预防的排查化解矛盾纠纷工作机制，依法分流涉法涉诉纠纷1153件，成功化解1118件，化解率96.96%。推进实施营造安定和谐法治环境，对全县重大决策事项进行风险评估，加强不稳定因素的源头预防。建立社会治安防控体系，建成一个骨干专网，一个总指挥中心，3个分控总中心。围绕大发展，设立县、乡村、组四级河（库）长和名誉河长共1031名，探索建立“一长四员”流域分级治理模式，推进农村公路“建养一体化”体制改革，将全县17条河流、29座水库及通村通组路、森林保护纳入保护、监管范围。积极打造金融扶贫示范县，建立了“1对N”产业扶贫帮扶关系。推动普通高中教育提质升级引领打造“教育+”特色示范县，探索建立金融系统支持服务“三农”体系。围绕大扶贫，创新“一线三化五规范”精准扶贫台账管理机制，建立“大党建+大扶贫”党建扶贫模式，构建脱贫攻坚督察、报告、巡查等4个制度。推进“三位一体”新型合作社建设加快构建为农服务体系，明确5个基层社作为试点，建成了4条“农村淘宝”物流专线，开设了贫困村农村电商服务站30个，“电商+支付”服务点12个。

（四）坚持典型引领抓改革

不断总结提炼改革工作中的经验做法，推动好的经验做法开花结果、落地生根。《大方县创新“三个三”模式开展“十万农民工”技能大培训》《大方县四机制积极探索产业扶贫的“牛”路子》《恒大集团“四招”扎实推进大方县整体脱贫》获《贵州改革情况交流》采用，并专报中央改革办；《大方县四机制积极探索产业扶贫的“牛”路子》获得《贵州脱贫攻坚信息》2017年第58期全文刊登，并获得谌贻琴代省长批示“产业扶贫是根本，大方县借助恒大帮扶优势，积极探索产业扶贫的新机制新路径，很好”；“十万农民工”技能大培训和恒大集团“四招”扎实推进大方县整体脱贫的做法成效获省政协副主席、市委书记周建琨肯定，并获市委尹志华副书记和市政府李玉平副市长签批。

（五）经济总量快速增长，综合实力显著提高

2017年底全县预计实现地区生产总值196.86亿元，同比增长12.48%。预计完成财政总收入265325万元，同比下降11.72%，减收35235万元。其中地方收入预计完成208476万元，下降15.94%，减收39529万元。一般预算收入预计完成75000万元，同比增长10.29%，增收6995万元。固定资产投资累计完成178.5亿元，增速26.5%。预计存款余额210亿元，同比增速为20.51%，贷款余额108亿元，同比增速18.28%。截至第三季度，完成城镇人均可支配收入20021.65元（上报数），同比增长9.02%，完成农村人均可支配收入5158.58元（上报数），同比增长11.92%。

经济结构不断优化，三大产业融合发展。山地农业实现转型升级。2017年秋冬季计划播种面积40.1万亩，落实秋冬季农业生产资金2.85亿元。备量脱毒马铃薯种5.10万吨，绿肥种子900吨，农膜150吨，化肥1.15万吨。利用恒大援建建成1万个蔬菜大棚和11个蔬菜育苗中心，完成蔬菜种植44.36万亩。生猪存栏30万头，牛存栏9.6万头，羊存栏3.8万只。2017年农业部将大方县列入“粮改饲”试点县，面积达5万亩；完成粮改饲青贮16.67吨，其中全株玉米青贮9.4万吨，皇竹草青贮7.27万吨。[①] 2017年，预计完成规模以上（2000万元以上）工业总产值118亿元，与去年同期相比增长14.8%，完成规模以上工业增加值为44.6亿元，与去年同期相比增长13.1%，占目标任务44.5亿元的100.22%，高技术产业（制造业）增加值占规模工业增加值比重达1.82%；大方电厂发电量50亿千瓦时，同比增长23%；累计生产原煤620万吨，同比增长5.6%；生产水泥129万吨，同比增长1.2%；生产硫酸13万吨，同比增长2.3%。净增规模以上工业企业（上规入统企业）7家，占年度目标任务数7家的100%。预

① 陈忠友：《打造经济发展新“引擎”》，《毕节日报》2017年4月5日。

计完成500万元口径工业投资25亿元，占全年目标任务数45亿元的55.6%，完成技改投资15亿元，占全年目标14亿元的107.1%。文旅产业实现转型升级。6个乡级示范点、12个村级示范点提升打造有序推进；94个村级综合文化服务中心建设正在实施中，第二期58个村级综合文化服务中心有序推进。元旦春节期间“春”谜展猜、诗词楹联展、画展等活动参加人数达10万余人次；完成“送文化下乡”演出任务100场以上；奢香博物馆累计接待参观观众262068人次，完成600多件馆藏珍贵文物建档立卡登记录入工作。预计到12月底，全县共接待游客1043万人次（2016年评估数为749.55万人次），实现旅游综合收入88.78亿元（2016年评估数为62.83亿元），同比增长为39.2%和41.3%。其中，乡村旅游接待游客350万人次，实现旅游综合收入24.8亿元，同比增长为37.9%和40.9%。全县旅游直接从业人数1700余人，间接从业人数10000余人。新兴产业实现转型升级。2017年，大数据企业主营业务收入规模不断壮大，其增长速度达18.5%，新引进亿元以上大数据产业项目1个，预计完成电子制造业产值1.72亿元，占年度目标任务数1.7亿元的101.18%。

（六）扶贫措施精准覆盖，脱贫攻坚纵深推进

县委、县政府高度重视精准扶贫精准脱贫工作，始终将脱贫攻坚作为“一号”工程，坚持“一个统领”，凝聚“两股力量”，紧盯“三个目标”，抓好“四个环节”，落实“五个一批”，确保“六个精准”。层层压实责任，扎实开展脱贫攻坚“春季攻势”、“夏季大比武”和“秋季攻势”行动。以干部结对帮扶大回访、贫困退出大筛查、扶贫政策大宣讲、贫困人口技能大培训、民营企业扶贫项目观摩座谈会等活动重点为载体，多次掀起聚力脱贫新高潮，全面实现2017年省级6个贫困乡镇“摘帽”、51个贫困村出列和4.09万贫困人口脱贫。

产业扶贫方面。依托恒大集团帮扶，全力推进“五个10万产业工程”（打造10万亩以上高山冷凉蔬菜基地、打造10万亩以上中药材基地、打造10万亩以上经果林基地、打造10万头以上优质肉牛基地并配套10万亩以

上牧草基地），覆盖贫困人口9.7万人。

易地搬迁扶贫方面。建成50处有产业依托的幸福新村和1个特色小镇安置区（奢香古镇），50处幸福新村规划建筑面积19.94万平方米，已搬迁1482户6040人。奢香古镇一期建筑面积26万平方米，共建成移民住房2922套，可安置14000人，已搬迁467户2024人。奢香古镇二期已启动建设，主体封顶6栋，其余43栋基础全部完工，计划12月底全部完工，2018年6月30日交付使用。

吸纳就业扶贫方面。恒大吸纳就业培训1.7万人，吸纳就业1.33万人。开展“十万农民”技能大培训，目前开展534期，培训6.53万人，转移农村劳动力就业13903人。

教育卫生扶贫方面。发放2016～2017学年第一批教育精准扶贫资金1141.06万元，惠及建档立卡学生5425人；发放2016年秋季学期免学费243.61万元，惠及贫困学生5531人，2017年春季学期250.98万元，惠及贫困学生5704人。设立“恒大大方教育奖励基金”，已表彰200名优秀教师、300名优秀学生，每人奖励3000元；恒大援建的26所学校已交付使用。

社会保障扶贫方面。累计发放城乡居民最低生活保障金9738.2647万元，惠及困难群众55.99万人次；发放临时救助资金、医疗救助资金、流浪乞讨救助资金1107.118万元，惠及困难群众3505人次。累计发放“五保”供养金531.4404万元，惠及“五保”老人2197名，发放孤儿生活保障资金、困境儿童生活补助金925.1万元，惠及395名孤儿和1934名困境儿童。

金融扶贫方面。设立恒大产业扶贫贷款担保基金，撬动金融机构贷款10亿元，发放“特惠贷”4.11亿元，银行融资42.63亿元。申报脱贫攻坚产业子基金14亿元，其中5个项目4.14亿元审批通过，已放款1.4亿元。

（七）基础设施明显改善，城乡面貌大为改观

交通建设方面。“建养一体化”项目已完成拆并建制村项目22个108.8公里（包含提前实施完成项目8个40.692公里）、县乡道改造项目1个

8.082 公里，完成投资 8065.48 万元；“组组通”公路已完成招投标 2025.515 公里，其中，2017 年任务为 157.773 公里，沟通村民组 88 个，融资到位资金 6310 万元；已完成设计 200.5 公里。S214 省道正按要求委托第三方进行咨询服务；配合百管委办理 S211 省道工程编制手续；S212、S430、S307、S106、S308 省道工程、规划、环评、国土立项审批手续已办理完成；S212、S430、S307、S106、S308 省道节能评估报告书编制完毕。南环线（小海坝至加气站）项目已油面铺装，完成投资 1530 万元。

水利建设方面。完成中央资金投资 6829.93 万元，地方配套资金投资 25147.2 万元。长征水库完成大坝封顶、面板浇筑，取水塔完成混凝土浇筑，完成投资 5000 万元；野螺沟水库导流洞开挖全线贯通，完成大坝右岸开挖、施工营地建设、输电线路建设、施工道路建设，完成工程总投资 8000 万元。完成污水处理厂三期工程“三通一平”、“一方案、两报告”联评联审及资格预审文件论证及发布工作。完成恒大奢香古镇与污水管接入市政道路管网工程，正在建设恒大两校三院、污水管接入市政道路管网工程。57 处“半拉子”项目中，完成整改 40 处，乡镇申报调点 14 处，调点工程正在设计。

城乡建设方面。截至 9 月底，累计完成城市建设投资 15.5164 亿元，完成目标 73.88%；累计完成城市建设投资 12.8724 亿元，完成目标 85.81%；开工建设奢香古镇北路、东路、南路道路工程 3.4 公里，同心大道 3 标 3.2 公里已完成施工图设计，九驿大道增加段、大方县迎宾公园纵线道路工程、五号路、九驿大道南段、沙子坡贵毕路至火车南站道路、四号路、三号路延伸段、迎宾大道接织毕铁路火车南站道路工程等道路已基本完成施工图设计；开工建设 1 个海绵城市建设项目，完成杜鹃大道至成贵铁路大方站道路工程海绵道路建设施工图设计。完成六龙镇新城区主干道、黄泥塘镇黄泥村至鸡场社区连接支嘎阿鲁湖环境综合整治工程等小城镇建设项目投资 9.88 亿元，占目标任务数 10.68 亿元的 92.5%。新增达标省定小城镇“8 + X”项目 7 个，占目标任务数 10 个的 70%。完成示范小城镇新增城镇人口 2671 人，占目标任务数 3342 人的 79.9%。完成示范小城镇新增城镇就业人口1709人，占目标任务数1990人的85.88%。截至9月底，房地产开发完成投资18.31亿元，占年度目标任务21亿元的87.19%，同比增长28.90%。

（八）生态环境持续向好，发展质量稳步提升

坚守发展和生态两条底线，全面完成2017年8万亩退耕还林建设任务和2016年退耕还林3万亩补植补造面积，全面完成植被恢复、高速公路绿化美化等工作，森林覆盖率达到49%。通过开展天网行动、雷霆行动、六个严禁等专项行动，移送涉林刑事案件33件，移送率100%，查结33件，查结率100%；查结行政案件68件，查结率100%。完成天然林保护166.42万亩，完成古树大树名木调查挂牌管理工作、县级福建柏2571亩的落界工作。做好政策性森林保险工作，完成投保面积153万亩。完成贵州大方发电有限公司烟气脱硫、脱硫脱硝增容改造，大方永贵建材有限责任公司脱硝设施改造。中央环保督察组进驻贵州集中督察期间转办大方县34件信访案件已全部审核办结，整改完成30个；15个突出环境问题完成整改13个。

（九）民生改善全面保障，社会事业协调发展

教育事业取得新进步。办理生源地助学贷款13892人，贷款金额达9100余万元。发放2017年高考奖励扶助资金604万元，惠及300名贫困学生、80名优秀高考学生。对5569名贫困学生免收学费、对5475名建档立卡学生免收住宿费和教材费，免收资金435余万元。发放精准扶贫专项助学金273余万元、国家助学金546.5万元，惠及5475名贫困学生。新建幼儿园7所、改建1所；启动2017年“全面改薄”项目，涉及学校37所，单体66个。引进云南长水教育集团合作创办大方衡水实验学校，引进贵阳护理职业学院合作创办贵州恒大职业技术学院，两所学校已于9月初正式开班；恒大援建的24所学校已全部开班。

卫生计生事业取得新进步。深入推进“同心助医”工程，实现了村村

有卫生室，乡乡有医疗救护车，山区卫生应急救援体系初步建立；率先在全省实行新农合和城镇居民医保并轨管理，实施100%补偿，建立“基本医疗保险+大病医疗保险+医疗救助”的医疗保障体系，公共卫生实现全覆盖。全县上报出生人口7564人，同比增加951人，人口出生率为10.46‰，常住符合政策生育率为90.67%。完成县医院一期、二期工程，县中医医院一期工程，卫生监督所，急救中心，乡镇卫生院达标建设和村卫生室新建或改扩建。完成县级医院重点学科建设13个，神经外科、骨科获市级重点学科，建成乡镇卫生院特色专科4个、中医馆3个、甲级中心乡镇卫生院8个。全县床位数4928张，执业（助理）医师1255人，注册护士2610人，每千人口拥有床位、执业（助理）、注册护士分别达到4.93张、1.31人、2.61人。申报创建国家卫生县城，顺利通过省创建国家卫生县城评估验收组单项考核评估验收。

社会保障取得新进步。累计完成城镇新增就业6782人，失业人员再就业1625人，就业困难人员就业1254人，农业劳动力转移就业19624人，职业技能培训4341人，农村青壮年培训3974人。累计完成城镇职工基本养老保险参保4.6554万人，占目标任务的120%；城镇职工基本养老保险基金征缴2.24559亿元，占目标任务的77.6%；城乡居民基本养老保险参保人数340895人，基金征缴收入1810万元，待遇支出6446万元；被征地农民参保累计人数15390人，发放被征地农民待遇累计410万元。累计发放城乡居民最低生活保障金9738.2647万元，惠及困难群众55.99万人次；发放临时救助资金、医疗救助资金、流浪乞讨救助资金1107.118万元，惠及困难群众3505人次。累计发放五保供养金531.4404万元，惠及五保老人2197名，发放孤儿生活保障资金、困境儿童生活补助金925.1万元，惠及395名孤儿和1934名困境儿童；恒大敬老院、恒大儿童福利院已开展人员入住前期工作。

（十）加强法治政府建设，行政效能明显增强

依法行政实现新突破。累计办理人大代表建议680件，政协提案824

件。完成第一批权力清单和责任清单清理，清理出政府部门权责事项 3111 项，下放县级经济社会管理权限到试点乡镇（黄泥塘镇和六龙镇）共 195 项。审查法律意见共计 298 余份；受理行政复议案件 13 件；出庭应诉 27 件，申领执法证件 769 个。

作风建设实现新突破。深入推进廉洁政府、责任政府、阳光政府、效能政府建设，对中央八项规定精神执行情况和“为官不为”问题进行明察暗访，发现问题 55 个，查处“为官不为”问题 207 个，处理 214 人，其中，党政纪处分 32 人，提醒约谈、通报批评等方式处理 182 人。对新提拔或交流到重要岗位任职的 54 名干部进行任前廉政谈话，对广大干部职工开展警示教育。开展巡查工作，发现并督促整改各类问题 101 个。纪检监察机关立案 111 件，处分 158 人，移送司法机关 2 人，收缴违纪资金 686.8 万元。

二 当前面临的挑战和机遇

（一）面临挑战

一是贫穷落后的面貌没有彻底改变。当前，大方县还有 6 个贫困乡镇、175 个贫困村、40172 户贫困户、11.38 万贫困人口。社会事业“短板”突出，特殊困难群体量多面广，与先进地区相比存在差距，既要“赶”又要“转”的双重压力巨大。二是产业结构不合理的现象没有彻底改变。大方县产业结构倚重资源的增长方式没有根本转变，煤、电等传统产业占规模以上工业总产值的 73%，大健康医药、现代高效农业、电子信息等新兴产业尚未形成产业支柱。“新老”产业“青黄不接”，既受制于国家产业调控政策，又受制于市场竞争。三是财政收支矛盾突出的问题没有彻底改变。地方政府债务、房地产库存、民生欠账等风险点增多，财政收支矛盾突出，财政收入增长面临较大压力，而民生等刚性支出不断增加，资金短缺与发展需要的矛盾依然突出。四是社会治理困难多矛盾多的形势没有彻底改变。随着工业化、城镇化步伐加快，各项机制体制改革的推进，高速公路、铁路等系列重大项目加快建设，基本民生、征地拆迁、矿群矛盾和产权纠纷、水库移民安置、国有企业改制和关闭破产、涉军群体、涉法涉诉信访、城市管理和交通营运、社会治安和公共安全、特殊人群管理等社会矛盾日益增多、错综复杂，社会治安、吸毒贩毒等问题群众还不满意，协调解决好各方面利益关系的难度加大。五是基层组织建设薄弱的现象没有彻底改变。部分干部“为官不为”，存在“慵懒慢浮散”等现象；破解发展中深层次矛盾的办法不多，推动科学发展的能力亟待提升；少数基层党组织的创造力、凝聚力和战斗力不强，党的建设需要切实加强等。

（二）发展机遇

一是党中央着力加强供给侧结构性改革，提高投资有效性，正在持续出台一系列积极举措，必将为大方县迎来更多“窗口期”机遇。二是中央深入实施“一带一路”“长江经济带”等重大战略，将脱贫攻坚上升为国家战略，强调在扶贫、生态、民生等方面补齐短板，进一步加大对西部地区基础设施建设等投入，省委、省政府也正陆续出台一系列含金量高的支持政策，只要我们提前谋划、抓紧对接，就一定能获得国家和省、市更多政策、资金、项目支持。三是毕节试验区独有的“金字招牌”，2011 年以来，胡锦涛、温家宝、俞正声、汪洋等副国级以上领导先后来毕考察调研，获得习近平、胡锦涛、李克强、温家宝、贾庆林、俞正声、王岐山等党和国家领导人 22 次重要批示；省委、省政府两次召开支持毕节试验区改革发展推进大会，专门出台了“24 条”支持发展的政策措施；中央统战部协调推动统一战线全方位参与毕节试验区发展，协调国家部委出台 28 项差别化支持政策，为大方提供前所未有的发展机遇。四是农工党、恒大集团结对帮扶大方，为我们开启了争取上级支持的“直通车”、架通了连接外部的“立交桥”、构筑了联通世界的“亲情网”，有利于我们在新起点上借力抢占发展高地，冲出“经济洼地”。五是东部沿海地区十省（市）在农工党中央的牵线搭桥下，积极为大方县争取外援支持、招商引资、招才引智提供了有利条件。

三 2018年改革发展重点工作任务

一是推进财税金融体制改革。全面落实“营改增”等减税降费政策，对税源实行动态监管，依法依规组织收入。全面实施预算绩效管理，坚持“用钱要预算、花钱要问效、无效必问责”的原则，“量出为入”合理确定财政支出，清理盘活财政存量资金，压缩“三公经费”和一般性支出，全力保基本、保民生、保重点。加强政府性债务管理，严控新增债务，规范实施 PPP 项目，尽量避免重大民生工程建设造成负债；进一步摸清交通、住建、教育、水利、卫生等领域政府性债务底数，通过预算偿还、PPP 化解和核销等方式积极稳妥处置。完善财政资金“借用管还”机制，多渠道筹集偿债资金，争取上级增加大方县债券额度，有效化解存量债务。推动平台公司实体化转型，强化与央企、国企和社会资本方等合作，不断提升平台公司综合实力。二是持续推进“放管服”改革。进一步完善权责清单、税费征收清单、工商登记前置审批清单和企业经营许可清单，推行“互联网 + 政务服务”，用好“双随机一公开”监管平台，推进“多证合一”改革，推行电子营业执照和企业登记全程电子化，开展“减证便民”行动，让政府权力“瘦身”，为市场主体“减负”。三是推进城镇国有低效用地再开发利用。按照《毕节市人民政府关于加快城镇国有低效用地再开发利用的实施意见（试行）》（毕府发〔2017〕24 号）的有关要求，推进城乡土地规划管理体制机制改革，促进城镇低效用地开发、城乡建设用地增减挂钩、土地整治指标流转，有效遏制违法违规用地，提高土地利用效率，增强发展要素集聚和保障能力。四是加快推进户籍和住房制度改革。充分用好用活棚户区改造政策和资金，促进房地产业持续健康发展；探索建立多主体供给、多渠道保障、租购并举的住房保障制度，鼓励有条件的农业转移人口进城购房置业。五是推进公立医院综合改革。按照《毕节市城市公立医院综合改革实施方案》（毕府办发〔2017〕60 号）、《毕节市公立医院人事制度改革方案（试行）》、《毕节市建立和完善公立医院法人治理结构实施方案（试行)》(毕府办函〔2017〕151号)、《毕节市城市公立医院医疗服务价格调整方案(试行)》(毕府办发〔2017〕87号)等文件精神,全力推进县人民医院、县中医医院等公立医院综合改革。六是加强综治中心建设。按照《中共毕节市委　毕节市人民政府关于加强综治中心建设提高社会治理水平的意见》(毕党发〔2017〕34号)的有关要求,深入推进综治中心信息化建设和公共区域视频监控联网应用"雪亮工程"建设,提高社会治理水平。七是推进农业农村综合改革。深入实施"乡村振兴"战略,落实好农村土地承包期再延长30年政策,让农民吃下"定心丸";在全面消除"空壳村"基础上,逐步壮大村级集体经济;全面推广农村"三变"和"塘约经验",吸引资本、技术、人才等要素更多向乡村流动。八是创新新时代党的农村基层组织建设。按照《中共毕节市委关于创新新时代党的农村基层组织建设推动脱贫攻坚同步小康的指导意见》(毕党发〔2017〕37号)和《中共毕节市委　毕节市人民政府关于实施"七大工程"进一步加强基层组织建设助推脱贫攻坚的实施意见》等文件精神,全面完善村级活动阵地,提高村级干部报酬待遇。同时,结合实际,深入推进医药卫生体制改革、司法体制改革、校长职级制度改革、旅游管理机构改革、城市执法体制改革暨综合行政执法体制改革、"三位一体"殡葬改革及各领域综合改革。

(一)强力推进脱贫攻坚,打好"四场硬仗"

一是精准打好基础设施建设硬仗。全面推进农村"组组通"公路大决战,力争打通制约农村脱贫的"最后一公里"。二是精准打好易地搬迁扶贫硬仗。加大易地移民搬迁安置和地灾隐患搬迁安置力度,力争奢香古镇二期项目在6月底完工,奢香古镇一期和幸福新村群众全部搬迁入住,全面完成"十三五"时期5042户2万人易地搬迁任务,按照先急后缓原则,妥善搬迁安置地灾隐患受威胁群众272户1021人。坚持以岗定搬、以产定搬,确保贫困群众搬得出、稳得住、能致富。三是精准打好产业扶贫硬仗。充分发挥恒大援建产业配套基础设施的作用,用好用活各类金融扶贫政策,按照特色化、规模化、商品化要求，力争通过产业扶贫措施带动贫困群众5.19万人稳定脱贫。同时，推进农业产业与旅游产业融合发展，做大乡村旅游规模，实施旅游扶贫。四是精准打好教育医疗住房“三保障”硬仗。结合恒大吸纳就业培训措施，加快推进农村贫困劳动力全员技能培训和上岗就业，力争实现培训就业脱贫0.75万人以上，从根本上杜绝因学致贫返贫；加快落实医疗扶助、大病救治、医联体、家庭医生签约服务等制度，全面提升基层医疗卫生服务能力，把贫困人口全部纳入重特大疾病救助范围，[①] 有效改善贫困群众基本生产生活条件。狠抓农工民主党、广州市天河区、深圳市龙岗区、恒大集团帮扶大方县各项工作的落实，整合各类项目资金，实现全县贫困人口脱贫措施全覆盖，确保全年减少贫困人口5.07万人，打赢整县脱贫攻坚战。

（二）强力推进农业发展，做强优势产业

大力发展现代山地特色高效农业，深入实施“五个10万”工程，加快特色蔬菜、皱椒、食用菌、皂角、猕猴桃及优质肉牛等产业发展，打造无公害、绿色环保、有机农产品强县。围绕马铃薯、高山冷凉蔬菜、高山生态茶和现代烟草等特色产业，优化调整农业结构，打造特色农业板块经济区。争取新增1个规模万亩以上的中药材种植大乡，重点打造全县林下仿野生天麻种植区，力争完成中药材种植13万亩。加快黔西北中药材物流基地和中药种质资源圃建设，争取国家中药种苗基地和国家现代中药资源动态信息监测和技术服务中心大方站通过国家验收并正常运营；争取建成大方县中药民族药（彝药、苗药方向）研究所；选择1个中药材品种申请国家地理标志产品保护认证。抓好优质肉牛良种繁育体系、动物疫病防控体系、饲草饲料体系、农产品加工体系及市场营销体系建设，形成以优质肉牛为主导的现代山地高效生态畜牧业产业发展格局。积极争取国家“粮改饲”示范县建设项

① 邓娴：《贵州：打好“四场硬仗”确保各族群众如期实现全面小康》，http：//www. gz. xinhuanet. com/2017－10/30/c_ 1121876701. htm。

目，大力发展高产优质牧草，以草养畜、以畜定草，实现草畜平衡。利用好“智慧动监”信息平台，加强“三品一标”认证工作。

（三）强力推进项目建设，扩大有效投资

一是加强项目谋划争取。积极谋划一批事关全县经济社会发展的大项目、好项目，扎实做好项目库建设，为争取项目资金做好准备。对照国家投资方向和产业政策，精心策划，申报项目，确保有更多的项目挤进中央和省专项投资计划，进一步提高投资的有效性和精准性。积极抓好省级脱贫攻坚产业子基金项目申报工作。二是加强工业项目建设。稳步提升煤电产业，发展煤炭资源深加工，提升产业附加值。加快信息基础设施建设，提高承载能力，构建城乡信息网络，加快推进信息化，实施以“大数据”“云上贵州”为支撑的“互联网+”行动计划，推进大数据项目建设，提升“两化”融合和社会信息化水平。加快农村电商网点建设，力争2018年，新增在贫困村建设电子商务服务站点20个以上，新增贫困村快递物流转捎点20个以上，累计打造农产品销售特色网店6个以上，累计培育孵化电商农村致富带头人100个以上，累计带动6600名以上建档立卡贫困人口脱贫。以招商引资和基础设施建设为重点，加大工业园区建设力度，加快推进新型工业化。推进以中药材为原料的化妆品、特色食品、植物提取物等开发为主的新医药和食品产业，做大做强天麻胶囊、天麻酒、天麻冻干粉等保健品及中药饮片、中药材产业。立足大方资源优势，着力培育一批新医药健康养生产品生产加工、地方特色食品农产品加工龙头企业。全力支持和加快推进雪榕集团、蓝雁集团等企业的发展，大力发展食用菌产业和畜牧产品深加工产业，着力打造食用菌生产基地和畜牧产品加工基地。全力支持和加快推进海美斯陶瓷公司、万象公司等企业发展，大力发展以陶瓷为引领的新型建材，着力打造耐火材料生产基地和西部瓷都。以煤层气开发为突破口，大力开发新型、清洁、高效能源。民营经济增加值确保完成110亿元，民间投资150亿元，带动1.2万人就业。加快推进冷链物流体系建设，力争2018年底，全县冷库容量达11300吨，冷藏运输车辆10辆

（新增冷库容量4200吨，冷藏车辆3辆）。三是加强重大项目建设。全力加快中央预算内投资项目建设；加快推进金龙新区1号、2号、3号路和同心大道四标段、九驿大道等城市道路设施项目建设，启动建设九驿大道南段、县城与大方火车南站、成贵高铁火车站连接线；加快推进古城三公桥小区、古城旅游游乐场、西城门广场、古彝文化产业园等景城一体项目建设。对已入财政部PPP综合信息平台项目的4个PPP项目，加快社会资本遴选和招投标工作，力争尽快落地；对已通过“一方案两报告”专家评审的5个项目，尽快完善相关手续录入财政部PPP综合信息平台管理系统；对已基本完成实施方案编制的项目，扎实开展好物有所值评估、财政承受能力论证及项目前期工作。四是加强基础设施建设。启动S214大方至纳雍（大方县城至木空河段）公路、S106果宝河至方竹坝省道改造项目建设；全面推进“建养一体化”项目建设，力争完成100公里以上建设任务；加快推进大方至木空河、大山至百纳、大山至石坪、果宝河至方竹坝4条省道改造工程和油杉河景区2条入景大道、6条景区道路建设；加快X004县道二标杜鹃大道至循环园区、三标循环园区至永贵建材段建设；加快推进大方至纳雍高速公路控制性工程、迎宾大道互通至火车南站和沙子坡互通到火车南站工程建设。推进骨干水源工程和安全饮水巩固提升项目建设，加快推进小山塘整治建设、中小河流治理、病险水库除险加固等水利项目建设，开工建设抬沙水库、龙井沟水库、青山水库等项目，加快推进长征水库和野螺沟水库建设；配合推进恒大奢香古镇污水管接入市政道路管网工程，加快污水处理厂三期和六龙、凤山、长石等15个乡镇污水处理厂建设等工作。加强电力、通信等信息网络基础设施建设，全面提升供电和通信质量。五是创新招商引资方式。加强与珠三角、长三角和成渝经济圈各大企业的对接，注重“前端拦截”，实行板块招商、专业招商、以商招商，大力引进装备制造、五金、电子生产、特色食品加工、医药产业等企业入驻，有效地承接国际资本和沿海产业转移，重点引进一批实力强、产业链长、科技含量高、附加值高、具备行业领先地位的大企业，争取有1～2个500强企业的投资项目落户大方。

（四）强力推进城乡统筹，做大城市规模

全力加快城市建设，力争完成投资 20 亿元，城镇化率达 42.81%。建成同心大道三标、四标工程；建成奢香古镇北路、东路、南路三条道路，形成“六纵九横”15 条城市道路路网格局；加快推进新城区 5 号路、迎宾大道路口至丰登大道、迎宾大道接火车南站等城市路网建设；启动火车南站物流综合市场项目建设；建成县医院、医药公司、环卫站三个停车场项目。加快仓储园区、黔西北花园小区、奇柯奥特莱斯文化商业街、德盛商贸城、“佳鑫摩尔城”城市综合体等项目建设，不断提升城市服务功能。以满足群众住房需求为重点，深化住房制度改革，启动 2018 年 2005 户棚改工作，提高棚户区改造货币化安置比例；完善房地产财税、信贷政策，鼓励农民在城镇购房置业，促进房地产平稳健康发展。力争房地产开发完成投资 16 亿元，开工建设商品房 20 万平方米，销售商品房 20 万平方米。全力推进“四在农家·美丽乡村”建设，继续巩固非城镇规划区和重点项区的 244 个行政村美丽乡村创建，力争各项基础设施向村以下延伸，在生态家园建设和贵州民居建设的基础上抓好特色民居建设。实施农村人居环境综合整治一期工程项目，改善农村环境，完善乡镇公共基础设施。

（五）强力推进旅游升级，打造示范精品

到 2018 年，建成 3 个重点景区旅游扶贫示范区，20 个乡村旅游扶贫重点村，100 家乡村旅游扶贫示范户（点），通过旅游业带动全县贫困人口中的 20.28% 以上贫困人口 23090 名实现脱贫。加快文化馆、乡村综合文化服务中心（站）等公共文化服务设施建设。全面推进 2018 年全市旅游发展大会项目建设，完成慕俄格古彝文化旅游景区北城门综合体、顺德广场综合体、云龙山生态公园等项目建设，加快油杉河景区综合路网、生态旅游停车场等基础设施建设，确保全市旅游发展大会胜利召开。积极支持乡镇发展乡村旅游，打造 10 个具有引领示范作用的乡村旅游示范点。加强旅游景区旅游推介、市场开发与运营，加强与同程、携程等国内重点在线旅游企业网站

合作，结合重要节假日庆典系列活动，搞好旅游旺季旅游服务，扩大景区影响力和知晓率。

（六）强力推进生态建设，改善环境质量

全面实施新一轮退耕还林还草工程，完成8万亩的新一轮退耕还林任务。力争完成石漠化综合治理14平方公里，森林覆盖率力争达53%以上。以赤水河流域为重点，抓好治水、治气、治土、治渣等各项环境治理工作，全面加强农业面源污染和农村土壤污染防治，强化农村环境综合整治；积极巩固“四在农家·美丽乡村”创建成果，深入开展生态乡、生态村和绿色学校创建活动，促进农村环境质量改善。全面落实乌江、赤水河流域环境保护县、乡、村“河长制”，深入开展“母亲河”保护行动，全力守住山青、天蓝、水清、地洁的生态底线。深入开展环境保护和森林执法专项行动，以零容忍态度严厉打击破坏环境违法行为，确保环境违法案件查处率达100%。

（七）强力推进深化改革，释放发展活力

坚持以改革激活内生原动力。深入推进供给侧结构性改革，积极推进政府面向市场、面向社会购买公共服务改革，鼓励社会组织、中介机构、市场主体进入公共服务领域。深入推进金融、教育、卫生、生态文明等领域改革。

（八）强力推进民生保障，提高幸福指数

一是促进教育事业均衡发展。加大教育投入力度，合理配置师资力量，用好恒大援建教育设施，加强与贵州医科大学和贵阳职业护理技术学院合作，办好职业教育，深入推进民营资本合作办学，实现基本普及十五年教育和义务教育基本均衡。二是促进卫生计生事业发展。强力推进县级公立医院综合改革，加快推进乡镇卫生服务机构标准化建设，抓好大方慈善医院新建项目、县中医院二期扩建项目和乡镇卫生院管理使用运营，全面完善县乡村

医疗卫生服务体系，打造社区一刻钟、乡村半小时健康服务圈。积极引导育龄人群有序生育，继续稳定低生育水平，人口出生率控制在14.2‰以内，自然增长率控制在7.2‰左右，符合政策生育率稳定在90%以上。三是健全完善社会保障体系。加大就业创业培训力度，积极扶持大中专毕业生、返乡农民工、城镇困难就业人员和退役军人创业，科学设置公益性岗位拓宽城镇就业能力，积极有效推进农村富余劳动力就近就地就业。加快防灾减灾救灾体制改革，加强综合防灾、常态减灾、充分备灾、依法救灾、科学应对，规范救灾应急、灾民救助、灾后恢复重建和社会动员能力建设。全面建立起“制度完善、管理规范、资金落实、效率高、可持续”的城乡医疗救助制度。抓好城乡低保提标核查，确保低保对象“应保尽保，应退则退”，做好农村留守儿童关爱救助和孤儿、困境儿童基本生活保障工作。深入推进殡葬改革，按照“三位一体”做好殡仪馆、火葬场、公墓的规划建设工作。四是构建和谐稳定社会。加大刑事犯罪打击力度，特别是加大危及人民群众财产安全，严重影响群众安全感和满意度的入室盗窃、盗窃机动车辆，街面抢劫、抢夺、扒窃案件侦破力度，着力提升打击防范能力。强化矛盾纠纷排查化解力度，及时查处治安案件，防止因矛盾纠纷激化引发重大恶性案件。进一步抓好禁毒工作，全力推进禁毒人民战争。牢固树立“从零开始、向零奋斗”的工作目标，精准精细抓安全生产工作。五是办好“十件民生实事”。

B.15

黔西县2017年改革发展报告

黄水源　课题组*

摘　要：　本报告回顾总结了黔西县2017年经济社会发展总体情况。从产业结构、城乡一体、脱贫攻坚、生态环境、民生事业等方面指出了2017年黔西县取得的新成效，分析了经济社会发展存在的困难和问题，并提出了2018年黔西县改革发展的目标和建议对策。2018年，黔西县将紧扣市委“113攻坚战”决策部署，努力做好巩固脱贫成果、加快产业转型升级、抓好项目建设、加强党的建设、推进生态和基础建设等工作，统筹城乡协调发展，不断增进民生福祉。

关键词：　黔西县　脱贫攻坚　生态环境

2017年以来，在省委省政府、市委市政府的坚强领导下，黔西县深入贯彻习近平总书记系列重要讲话精神和治国理政的新理念新思想新战略，围绕“稳中求进”总基调和“加速发展、加快转型、推动新跨越”主基调，以“大党建”统领“大扶贫”“大发展”“大安全”，深入推进“生态立县、科教兴县、工业富县、基建强县”战略，奋力推动经济发展稳中向好，持续巩固社会和谐稳定良好局面。现将2017年工作总结如下。

---

* 本文基础材料由黔西县提供，由黄水源整理定稿。黄水源，贵州省社会科学院农村发展研究所研究员，贵州省生态文明建设研究评价中心执行主任，博士，博士后，研究方向：政治学、三农问题等。

一 主要做法及成效

（一）以加快转型升级为核心，不断壮大县域经济实力，决胜脱贫攻坚的能量有效聚集

1～9月，全县生产总值预计完成145.3亿元、增速11.5%，规模以上工业增加值预计完成37.25亿元、增速12.5%，财政总收入预计完成17.64亿元、增速21.7%，招商引资实际到位资金134.55亿元、增速28.7%，城镇和农村居民可支配收入分别为20510元和5856元、增速分别为8.1%和11.8%。一是围绕“将黔西打造成为贵阳市的‘农副产品保供基地’”目标，积极培育壮大龙头企业，建成现代高效农业示范园区8个，有龙头企业25家、专业合作社891个，建设蔬菜大棚27.7万平方米，种植经果林49.9万亩、中药材6.53万亩，农业产业结构调整成效初显。二是围绕火电、煤化工、能矿装备等产业，做大做强工业经济总量，省内最大年产30万吨煤制乙二醇生产项目的黔希煤化工锅炉烘炉于9月28日顺利点火。三是围绕脱贫攻坚，培育本土数据电商网络平台25家，商品上线年销售额3亿元，荣获“国家级电子商务综合示范县”称号。

（二）以生态宜居宜业为重点，加速城乡统筹发展进程，决胜脱贫攻坚的条件日趋完善

一是严格落实“六个严禁”“六个一律”等生态保护措施，全面推行绿色发展和“河长制”，持续发挥生态文明建设保护委员会、生态环保法庭和“绿十字会”作用，精准保护“山水林田路树”，森林覆盖率达45.3%。二是着力打好文化底蕴、绿水青山、田园风光、产业发展“四张旅游牌”，1～9月，接待游客772.79万人次、旅游收入70.47亿元，同比增长34.5%、39.2%。三是统筹推进城乡一体化发展，有序推进南部新区建设，

建成科技、文化、体育三个中心，投资3亿元的凤凰山公园开工建设，城市面积扩容到18.6平方公里，城镇化率提高到43.7%；省级文明县城创建成果得到巩固并通过复查，荣获“国家卫生县城”称号；在2017中国新型旅游产业发展大会上，被列为“中国最佳养老养生宜居宜游名县”“中国最具特色乡村体验旅游名县”“中国避暑养生休闲旅游最佳目的地”。省、市示范“8+X”项目完成投资7.6亿元，谷里、大关、素朴3个乡镇荣获“国家卫生乡镇”称号。

（三）以增进百姓福祉为根本，大力发展各项民生事业，决胜脱贫攻坚的保障更加稳固

一是大力推进教育园区建设，深入实施第二轮学前教育三年行动计划和“薄改计划”，全面完成20所全国义务教育质量监测样本质量监测，累计发放34022人次的各类学生资助资金2940.253万元，减免3065名困难学生学费153.66万元。二是成功承办全市第三届体育运动会，黔西代表队以团体总分和金牌、奖牌总数成绩名列全市第一。三是乡镇卫生院远程医疗工作稳步推进，第二人民医院累计完成投资3900万元，县乡村三级医疗卫生网络体系不断完善。四是城乡居民社会保障体系全覆盖，城乡最低生活保障实现应保尽保。五是全面主攻脱贫攻坚，抢抓恒大帮扶机遇，成立脱贫攻坚大决战指挥中心、指挥部和突击队，利用“扶贫周”“无会期”大力开展“俯身基层·不忘初心”脱贫攻坚大比武，1万余名县乡村三级干部投身一线扎实开展“万名干部进万家”活动，全面掀起新攻势。目前，共召开群众会5628场次、受众25万人次、解决问题2299个。

（四）以创新体制机制为抓手，坚持走好深化改革新路，决胜脱贫攻坚的活力不断增强

实施改革76项，完成上级部署14项，自行谋划改革33项。一是全面推进乡镇“大部门制”改革，将乡镇工作任务和职责相近的站（所、办）整合设置为“三办三中心”。二是深化“五清单二平台一张网”建设，着力

保障群众知情权、参与权和监督权，助力改革深化、民生改善和政府建设。三是探索创新公安“大部制、大警种”改革，整合设立“一队三办三中心”。四是全面成立“脱贫攻坚讲习所”，大力开展思想教育、政策法规、产业扶贫等宣讲活动，走出一条干部联系群众、干群共商发展的脱贫攻坚新路。

（五）以抓好党建为最大政绩，切实履行管党治党责任，决胜脱贫攻坚的堡垒更加坚强

全面加强党的建设，深入推进“两学一做”学习教育常态化制度化。一是深化干部人事制度改革，深入开展党建“十项工程百项行动”，不断完善村干部报酬正常增长机制，干部“双考三评双制”考核制度和正面清单褒奖、负面清单惩戒管理机制，分别得到新华社《贵州领导参考》和《中国组织人事》、《乡镇论坛》等刊物刊载。二是严格落实管党治党责任，深入开展党风廉政建设和反腐败斗争，持续巩固“山清水秀”的良好政治生态。同时，宣传工作传播好声音，统战工作画出最大同心圆。中央电视台、《人民日报》等国家级主流媒体53次宣传报道黔西，《贵州新闻联播》《贵州日报》等省级主流媒体179次宣传报道黔西。

二　存在问题及原因分析

一是受经济下行和国家宏观调控影响，财政收支矛盾突出。二是产业转型缺乏新引擎和新动力，尚未形成“链条式”发展。三是脱贫攻坚压力较大，教育资源分配不均，卫生计生服务水平不高，社会保障不够全面，民生短板较为突出。四是土地供给、人才队伍、技术资金、项目包装等要素不成体系，政策支撑不够完善，投资环境不够优化。五是财政运行风险加剧，安全稳定等各种矛盾叠加，风险防控不够稳定。六是生态环境较为脆弱，生态文明建设还需进一步加强。七是部分党员干部服务意识不强，党的建设有待提升。

三 2018年工作打算

总体要求：深入学习贯彻落实党的十九大精神，围绕省委开创百姓富、生态美的多彩贵州新未来目标，紧扣市委“113 攻坚战”决策部署，坚持“稳中求进、提质增效、转型赶超”，开启决胜全面建成小康社会新征程，续写新时代发展新篇章。

（一）持续巩固脱贫成果

全力做好迎接国家第三方评估工作，大力扶持贫困户发展特色种养业，着力畅通农产品销售渠道，确保群众有稳定收入；全面落实各类扶贫政策，抓好培育龙头企业、创建产业示范基地、引导劳动力转移就业等工作，不断增强“造血”功能；对无劳动能力的特殊贫困户，全部纳入政策兜底。

（二）加快产业转型升级

以种植蔬菜和肉牛养殖等为主导产业，做好“大棚 + 蔬菜”“种草 + 肉牛”文章；依托黔西电厂一期、二期工程，加快煤炭二次创业，充分挖掘煤电经济总量；以发展煤制乙二醇及相关下游产品为重点，大力推进黔希煤化工项目建设，加快形成煤—电—化—建材循环经济产业链；培育壮大大数据等新兴产业，持续巩固国家级电子商务发展示范县成果。

（三）全力抓好项目建设

加快推进黔西北农副产品交易中心、同心商贸城、南部新区等重大项目建设，拉动经济快速发展。以庆祝毕节试验区成立 30 周年为契机，加强与民建中央和东部十省市有关方面的联系联络，积极争取国家有关部委和各省市民建组织的支持，加大招商引资力度，助推黔西新一轮改革发展。

（四）深入推进生态建设

坚持人与自然和谐共生，全面筑牢生态屏障，持续用好生态环境保护措施，深入开展“六个严禁”执法专项行动，全面实施流域“河长制”，扩大经果林、中药材等种植面积，促进生态环境与健康产业深度融合。

（五）强力推进基础建设

加快成贵快速铁路建设，配合做好林歹至金沙铁路、六盘水至瓮安铁路黔西段前期工作，规划建设黔西通用机场，配合完成夹岩水利枢纽工程建设，加快中心城区电力电网向下延伸，配合做好贵阳至黔西天然气管网建设，大力推进“三网融合”工程，实现农村“光纤宽带”“数字化”广电网络全覆盖。

（六）统筹城乡协调发展

加快棚户区改造进度，全面推进西环线及站前大道、汽车总站、城区供水管网改造等项目建设；激活社会各类资金参与小集镇建设，加快推进小城镇十大提升工程建设步伐；加强农村人居环境综合整治，真正把乡村建成“望得见山、看得到水、记得住乡愁”的美丽家园。

（七）不断增进民生福祉

加快南部新区教育园建设步伐，纵深推进集团化办学，基本普及十五年教育；加大文化产业园区和人文景观景点的建设力度，着力提振文化自信；大力实施基层医疗“三年提升计划”，全面推行“计生服务 + 健康教育 + 医养结合服务”新模式，实现医疗卫生“五个全覆盖”；认真落实救济救助政策，突出抓好特困群体工作；深入推进“平安黔西”建设，切实保障人民群众生命财产安全。

（八）全面加强党的建设

坚决维护以习近平同志为核心的党中央权威，规范党内政治生活，锤炼党员干部党性修养，锻造过硬人才队伍，深入推进“两学一做”学习教育常态化制度化，深入开展“不忘初心、牢记使命”主题教育；牢牢掌握意识形态主动权，办好脱贫攻坚讲习所，凝聚强大正能量；坚定不移推进从严治党，全面加强党的建设，不断为决胜全面建成小康社会提供坚强的思想保证、政治保证和组织保证。

参考文献

刘麦青：《政协基层协商民主探索和实践——以黔西县试点乡镇工作为例》，《贵州政协报》2017 年 2 月 23 日。

林永胜：《切实加强乡村两级医疗卫生人才建设》，《人口与计划生育》2017 年第 3 期。

敖祥：《创新实施“党建 +”工作模式》，《贵州日报》2017 年 3 月 19 日。

黄大杰：《黔西“大党建 + 电商”助力精准扶贫》，《当代贵州》2017 年第 14 期。

黄坤、赵健：《抓实民生工程建设　丰满黔西教育羽翼》，《贵州民族报》2017 年 9 月 20 日。

B.16
金沙县2017年改革发展报告

王红霞　课题组*

摘　要： 2017年金沙县坚决贯彻党中央十九大精神，全面推动改革发展。强基础、兴产业、惠民生、建小康，全面做好稳增长、促改革、调结构、防风险各项工作，全县经济社会呈现稳中有进、持续向好的发展态势。县委县政府明确下一步目标任务，着力于风险防控、脱贫攻坚、生态文明、改革创新、产业升级、扩大投资、城乡统筹、基础设施、安全治理和民生事业的工作，快速推进经济社会可持续发展。

关键词： 金沙县　整体脱贫　绿色发展

2017年以来，在市委、市政府的坚强领导下，金沙县按照省、市决策部署，紧紧围绕“决战脱贫攻坚，同步全面小康”，紧盯发展要务，突出质量效益，统筹抓好各项工作，全县上下呈现经济持续向好、社会和谐稳定、人民安居乐业的良好局面。

一　2017年改革发展工作情况

在市委、市政府的坚强领导下，全县干群同心，砥砺前行，聚焦全市

---

* 本文基础材料由金沙县提供，由王红霞整理定稿。王红霞，贵州省社会科学院农村发展研究所助理研究员，研究方向：城乡统筹、文化产业。

“113 攻坚战”和全县年度目标任务，强基础、兴产业、惠民生、建小康[①]，在上半年全省综合考核排名从 2016 年第一方阵 13 位跃升到第 8 位，预计全年经济发展主要目标任务将圆满完成。

（一）综合实力稳步提升

强化经济运行和项目建设双线调度，预计完成地区生产总值254 亿元，同比增长 12%。完成全部工业增加值 114 亿元，同比增长 11%。完成 500 万元以上固定资产投资 231.41 亿元，调减 2016 年基数后增速为 19.5%。2017 年，预计实现地区生产总值 253.6 亿元，完成固定资产投资 274 亿元，完成一般公共预算收入 19.06 亿元，完成财政预算八项支出 21.03 亿元。完成金融机构人民币存、贷款余额 161.47 亿元、137.02 亿元，同比分别增长 22.26%、11.36%。成功承办全市工业园区建设和新型工业化观摩会、农业园区和项目建设观摩会、全省“双千工程”及大数据与实体经济融合观摩会等 12 个市级以上现场会议。金沙县获得“国家卫生县城”称号，成功创建为“中华诗词之乡”，冷水河获批“国家森林公园”，平坝新庄村荣获“全国文明村镇”称号，县国税局荣获“全国文明单位”称号，金沙知名度、美誉度持续提升。

（二）改革创新不断深化

深入推进供给侧结构性改革，关闭煤矿 11 个，淘汰落后产能 150 万吨。全面落实“营改增”等政策，减费降税 9233 万元。扎实开展全国农民住房财产权抵押贷款改革试点工作，办理农民住房《不动产权证书》28766 本，抵押贷款 1.9 亿元。环卫保洁、路灯照明、城市绿化等向社会购买服务进一步规范，获得省级“政府向社会力量购买服务培育资金示范县”称号。创新项目投融资模式，总投资 43.42 亿元的 14 条市政道路及地下综合管廊、经济开发区集中供热（冷）两个项目入选省级 PPP 示范项目。学习借鉴

① 《深入学习贯彻习近平总书记治国理政新理念新思想新战略》，http：//theory.people.com.cn/n1/2016/1017/c40531－28785370.html。

“塘约经验”，探索推进“五比五创”金沙实践，组建239个村集体经济股份合作社，投入1400万元推动14个试点村开展“村社一体化”系列改革。全省农村土地承包经营权确权登记颁证工作基本完成，调查并公示13.6万户农户122.95万亩土地。创新资源配置方式，加快市场化转型，将900多亿元政府性资产资源注入14个国有公司，县建投公司和经济开发区建投公司信用评级达到AA级。投入8200万元，改造提升17个城市社区公共服务能力。扎实推进“省级社会信用体系建设创新示范试点县”创建工作。

（三）脱贫攻坚扎实推进

扎实开展脱贫攻坚“春季攻势”、“夏季大比武”和“秋季攻势”，全面打响“四场硬仗”，“完成28个贫困村出列、6435人脱贫。投入1.52亿元，实施‘组组通’公路380公里，实现村村通客运。争取产业扶贫子基金9.27亿元，发动5600户贫困户利用2.8亿元通过‘特惠贷’‘富民贷’入股企业。引进各类经营主体资金10亿余元投入茶叶、蔬菜、生态养殖、特色经果林等扶贫产业，带动贫困群众通过租金、薪金、股金增收。投入4.58亿元的2016年10个易地扶贫搬迁安置点7042人全部搬迁入住，投入4.71亿元、惠及7476人的2017年‘光明小镇·幸福家园’易地搬迁项目主体基本完工。完成教育资助53641人次4442万元、‘四重医疗保障’62002人次4515万元、兜底保障救助15218人次9157万元。投入7000万元，实施农村危房改造及配套‘三改’工程1840户。民进各级组织、广州市荔湾区、恒大集团倾情帮扶，157家企业与87个贫困村结成帮扶对子，省市县乡505名干部驻村助力脱贫攻坚，98个责任部门1729名干部参与结对帮扶”。①

（四）三次产业提质发展

完善体制机制，推动转型升级，三次产业结构调整到13∶54∶33。

① 晏朝远：《着力提升群众幸福指数》，《毕节日报》2018年1月26日，第3版。

农业方面。研究制定《创新机制加快现代高效农业园区建设强力推动特色农业持续发展的实施意见》《加快西部六乡镇发展的意见》，配套出台贷款、担保、贴息、风险补偿、农产品价格保险“1+5”机制，大力撬动金融资本和社会资金投入农业产业发展，推动农业产业结构调整。完成农业增加值32.45亿元，同比增长6.5%。完成11个省级、4个市级、13个县级现代高效农业园区建设；新增市级龙头企业4家、家庭农场26家、示范社14个，新型农业经营主体增加到2016个。完成粮食总产量26.25万吨，同比增长6.07%；肉类总产量4.02万吨，同比增长19.79%。新增茶叶5万亩、特色经果林4.5万亩、中药材1.5万亩，种植蔬菜12.5万亩，存栏猪、牛、羊共82.7万头。完成无公害农产品产地认定11.78万亩、产品认证12个。

工业方面。出台《加快工业经济提质增效转型发展的实施意见》“1+5”工作机制，着力从奖励补助、金融支持、精准服务等方面推动工业加快发展。完成规模以上工业增加值100.31亿元，同比增长12.6%。净增2000万元以上规模企业15个，累计达95个。实施千企改造项目18个，金沙酒业建成防伪溯源信息化管理系统。原煤产量和发电量创历史新高，生产原煤1569万吨，同比增长17.69%；供应电煤830.9万吨，同比增长37.08%。发电125亿度，同比增长6.8%。完成7个煤矿综采改造，综采机械化率达37.25%。加大煤矿瓦斯综合利用，新增瓦斯发电项目3个、装机容量5000千瓦。生产成品白酒950万升、水泥258万吨。金沙经济开发区通过“腾笼换鸟”，促进产能释放，不断转型升级，推进翔通、兴豪华自建产业园；强化招大引强，新增入园项目32个，新增规模以上企业13个；完成工业投资43.62亿元，实现税收3.4亿元、进出口贸易额7250万美元。

第三产业方面。完成第三产业增加值84.52亿元，同比增长13.3%。成功举办亚洲山地竞速挑战赛、冷水河全国溯溪大赛、全国象棋大赛等活动，荣获“全国群众体育先进单位”称号。安底桂花温泉度假中心、岩孔云裳花容农旅观光等项目基本建成。实现旅游收入106亿元，同比增长38.38%。新增电商企业30家、电商个体工商户74户，建成村（社区）电商服务站200个，实现电子商务网络零售额3100万元，同比增长48%，获得省级“电子商务进农村综合示范县”称号。洪星物流园入驻快递物流企业45家。新增市场主体13197户，同比增长58.89%。完成民营经济增加值157.7亿元，占地区生产总值比重达62.1%。

（五）城乡面貌持续改观

出台《加快城镇转型发展实施方案》，构建以县城总体规划为主体，以镇乡总体规划、村庄建设规划和各类专项规划为骨架的城乡规划体系，推动县城、小城镇、农村（社区）三级城镇化协同发展。完成城镇基础设施投资16亿元，新增城镇建成区面积2.65平方公里、城镇人口2.86万人，城镇化率达45.89%。完成15073户棚户区改造签约，新增房地产开发81万平方米。金沙公园（一期）、箐河生态公园基本建成，黄河大道西延伸段、松江路等8条市政道路及配套综合管廊项目开工建设。完成小城镇项目建设投资19.6亿元，沙土“8+X”项目全面建成，茶园、清池等小城镇建设有序推进。投入1.03亿元，硬化通寨路、入户路403公里，硬化庭院、广场66250平方米，实施文体、环卫项目330个。安洛大萝卜村、岩孔上山社区荣获“全省少数民族特色村寨”称号。投入4.5亿元，完成国省干线、县乡道路大中修工程125公里。S307省道石场至太平、S210省道禹谟至化觉、县道岩孔至烂坝路面改造工程全面完成，沙三大桥维修加固工程建成通车，208省道老木孔至岚头、县道石场至清池改扩建工程主体完工。修金古、金仁桐高速公路前期工作进展顺利。投入4.26亿元，基本建成油沙河水库及供水管道工程；投入1.2亿元，加快推进夹岩水利枢纽黔西北供水工程金遵分干渠、金沙分干渠和北干渠建设。投入3.2亿元，实施电网建设项目11个，大力改善城乡电网网架结构。投入2.7亿元，实施通信基础设施建设，新增4G基站340个。投入4680万元，实施多彩贵州广电云村村通户户用工程15000户。

（六）项目建设加快推进

通过向上争取、招商引资、项目观摩等举措，积极促进项目投产达效。

与全省同步举行四次集中开工仪式，开工建设项目28个、投资118.33亿元。投入项目前期工作经费5000万元，谋划各类项目487个。向上争取项目资金13.41亿元，其中，中央预算内投资项目15个、资金2.94亿元。谋划PPP项目18个，计划投资251.73亿元，完成“一方案两报告”项目5个，完成招投标并开工建设2个。通过领导带头招商、以商招商、全员招商等举措，引进项目133个，招商引资到位资金212亿元，同比增长15.81%。兑现企业招商引资奖励资金6003万元。持续优化发展环境，金沙县名列“2017中国最具投资潜力特色示范县200强”之一。

（七）生态建设持续向好

完成退耕还林9.66万亩、石漠化综合治理15平方公里。森林覆盖率达55.24%。严格执行森林保护“六个严禁”，查处林业违法案件250起。积极做好中央环保督察交办信访案件办理和反馈问题整改工作，认真贯彻执行水、气、土“三个十条”，扎实开展环保“利剑”百日攻坚行动，查处环境违法行为42起。建立健全县乡村三级“河长制”，县域河流4个监测断面均达到或优于地表水Ⅲ类水。投入7400余万元，拆除乌江流域网箱1317亩。完成赤水河上游20个村寨农村生活污水治理设施建设。全县集中式饮用水源达标率达100%，城镇污水处理率达96.1%。制订发布城区高污染燃料禁燃区方案，县城空气质量达标率达95%。沙土垃圾填埋场、金沙医疗废弃物处置中心建成投运，实现城乡垃圾收集清运处理全覆盖，垃圾无害化处理率达96.5%。

（八）民生事业持续改善

进一步巩固“新两基”成果，学前三年毛入园率达87.06%，义务教育巩固率达88.01%，高中阶段毛入学率达90.58%，高考本科综合上线率达65.5%，位列全市第一。金沙县入围第四批国家级农村职业教育和成人教育示范县。新建5所幼儿园，改建27所闲置校舍为山村幼儿园，新建、改扩建8所中小学。科技支出1.19亿元，占财政一般公共预算支出的2.64%，完成发明专利授权29件。建成7个乡级综合文化站，设立239个村（社区）综合文化服务中心，实现村级文体广场全覆盖。申万胜书法艺术馆成功开馆。县人民医院与省人民医院结成医联体，县中医医院一期建设项目投入运行。西洛、柳塘卫生院建成投用，清池、安底等9个卫生院完成提级改造。乡级卫生院远程医疗、规范化数字预防接种门诊实现全覆盖，异地就医住院费用实现直接结算。城乡居民医疗保险参保率达100%。扎实推进全面二孩政策，常住人口符合政策生育率达94.42%。城镇新增就业11474人，失业人员再就业1617人，就业困难人员就业1423人，农村劳动力转移就业16598人，城镇登记失业率下降到3.4%。统筹各类培训项目，开展“十万农民大培训”和各类技术技能培训6.1万人次。城乡居民最低生活保障标准分别提高到532元/（人·月）、3528元/（人·年），发放城乡低保及各类救助补助资金10.62万人次1.5亿元。建成县残疾人托养中心，设立阳光儿童之家431个，配发留守儿童安全电话手表7000余部。狠抓安全生产责任落实，安全生产事故起数下降34.6%。抓好“严打整治”，刑事、治安案件同比分别下降29%、44%。

（九）安全稳定工作持续强化

坚守安全生产红线，严格落实安全生产责任制，开展各行业领域安全执法39761人次，检查企业22050家次，查出并整改隐患43684条，安全生产事故起数同比下降34.6%。完成115处地质灾害隐患点防灾应急演练，全面落实地质灾害点群测群防监测机制。出动消防救援617人次，抢救各类财产264万元。建成25个乡（镇、街道）交通安全“劝导站”，查处交通违法行为18.48万起。扎实开展大安全“五项行动”，突出抓好“严打整治”，刑事、治安案件同比分别下降29%、44%。深入开展领导干部“开门接访”“包案化解”“带案下访”活动，排查各类矛盾纠纷3112件，成功调处3099件。建立健全社会化、网格化、信息化治安防控体系，精神障碍患者、吸毒人员等人群服务管理工作进一步强化。

二　存在的主要问题

金沙县经济社会发展虽然取得了一定成效，但还存在一些困难和问题，主要体现在以下几个方面：一是产业结构矛盾仍较突出，对传统煤电产业的依赖度还比较高，带动性产业项目不多，新兴产业支撑不足；城镇化仍然滞后，农民增收致富缓慢，财税增收困难。二是社会事业仍显滞后，脱贫攻坚任务艰巨，全县还有33个贫困村、33242人贫困人口。三是区域发展不平衡，尤其是西部乡镇与中、东部乡（镇、街道）之间发展差距较大。四是土地、资金、人才、技术等要素配置仍然是制约经济社会发展的瓶颈，项目落地、推进、投产、达产效率不高。五是部分领导干部的思想观念、能力水平、工作作风与新形势、新要求不相适应，干事创业的紧迫感和使命感还有待进一步加强。

三　2018年重点工作任务

2018年，是全面贯彻落实党的十九大精神的开局之年，是实现全县整体脱贫的收官之年，是推进全面建成小康社会的关键之年。我们将迎来改革开放40周年、毕节试验区成立30周年两大盛事，做好2018年的工作，任务艰巨、意义重大。

总体思路是：以习近平新时代中国特色社会主义思想为指导，深入贯彻落实党的十九大精神和习近平总书记在贵州省代表团重要讲话精神，坚持稳中求进总基调，落实高质量发展要求，聚焦“百姓富、生态美”奋斗目标，聚力打赢“113攻坚战”，按照“全省增比进位、全市示范引领、全县提质增效”发展定位，打造开放带动、转型发展的“金沙之路”升级版，加快推进新型工业化、特色城镇化、农业现代化和旅游全域化，促进信息化与实体经济加快融合，推动经济社会平衡充分发展，奋力开启新时代幸福美丽新金沙建设新征程。

围绕上述工作思路和目标任务，将扎实抓好十个方面的工作。

（一）聚焦风险防控，增强发展保障能力

加强薄弱环节管控，盯紧盯牢财税、金融等重点领域，打好防范和化解重大风险攻坚战。抓好财税征管。加强重点税源监控，强化税收协同共治，做到依法征收、应收尽收。全面落实“营改增”等减税降费政策，着力涵养税源、增强财力。优化财政支出结构，全力保基本、保民生、保重点、降成本，严控一般性支出，严禁铺张浪费。抓好资产盘活。进一步清理国有资产，通过市场化手段，促进政府资产保值增值。梳理实体经济融资需求，搭建起集风险防范、化解和融资功能于一体的服务平台，积极破解实体经济融资难、融资贵等问题。抓好债务化解。完善财政资金“借用管还”和基金“募投管退”机制，落实还款来源，细化还债计划，通过财政预算偿还一批、债券置换一批、PPP 转换一批、资产盘活解决一批，切实防范债务风险。抓好金融安全。加大“贵园信贷通”、“特惠贷”、农民住房财产权抵押贷款政策性风险补偿金投入，保障风险可控。积极支持农村信用联社、贵州银行等金融机构化解不良贷款。进一步规范融资环境建设，依法打击和处置各类非法集资活动。

（二）聚焦整体脱贫，加快全面小康进程

坚持把脱贫攻坚作为统揽经济社会发展全局的头等大事和第一民生工程，尽锐出战、精准施策，打好打赢精准脱贫攻坚战。聚焦“一达标”“两不愁”“三保障”，围绕“五个一批”，落实“六个精准”，推进“七大工作”，坚决完成剩余 33 个贫困村出列和 3. 3 万人脱贫任务。打好基础设施建设硬仗。重点实施好“组组通”公路建设大决战，投入 4. 68 亿元，完成剩余 30 户以上村民组 1170 公里通组路、产业路建设；投入 6. 55 亿元，实施安全饮水、电力、通信、美丽乡村等建设，实现所有贫困村“五通四有”和贫困户“四有五覆盖”。打好产业扶贫硬仗。坚持产业规模化、服务配套化、销售渠道化、利益机制化、三产一体化理念，用足“子基金”，用活“特惠贷”，做大做强茶叶、蔬菜、生态家禽、食用菌、经果林、中药材等优势产业；实现乡（镇、街道）冷链物流全覆盖；充分发挥农业龙头企业、

“村社一体”集体经济股份合作社等平台的带动作用，大力发展订单农业；扎实推进产业扶贫“11123”工程，联结全部贫困户；持续优化生产、加工、销售等环节，着力延伸产业链条，推动产业“接二连三”融合发展，实现产业覆盖全县大部分农村群众。打好易地扶贫搬迁硬仗。抓好工程建设进度和质量，确保“光明小镇·幸福家园”易地扶贫搬迁安置点3月底前达到搬迁入住条件，6月底前完成搬迁安置；投入6.2亿元，建成“大水小镇·美丽家园”易地扶贫搬迁安置点，确保10519人年底实现搬迁入住。扎实推进“五个三”生计保障，让贫困群众搬得出、稳得住、能致富。打好教育医疗住房“三保障”硬仗。落实好教育扶贫相关免补资助政策，着力提高职业教育和技术技能培训质量，实现教育资助和技能培训全覆盖。投入500万元，建设完善33个出列村卫生室；全面落实建档立卡贫困人口“四重医疗保障”制度，大力推进“三个一批”行动计划，有效遏制因病致贫因病返贫。投入3.17亿元，全面完成7542户危房改造和“三改”任务。加快补齐区域发展短板。全面落实《进一步加快西部六乡镇发展的意见》，聚焦太平抬石、马路金联两个深度贫困村，统筹兼顾其他贫困村，在人力、物力、财力等方面给予倾斜，全方位、多层次支持和助推西部乡镇加快发展。统筹抓好就业、金融、社会保障兜底等扶贫，让发展成果普惠人民。进一步加大和民进各级组织、广州荔湾、恒大集团以及社会各界的对接联络，凝聚起脱贫攻坚的强大合力。

（三）聚焦生态建设，厚植绿色发展优势

践行绿色发展理念，打好污染防治攻坚战，推动实现生态效益、经济效益、社会效益共赢。完成退耕还林11.75万亩，其中，国家退耕还林5万亩，县级自筹资金实施退耕还林6.75万亩；完成石漠化治理20平方公里。坚决打赢水、气、土“三大保卫战”。启动实施金沙河、西洛河、箐河污染治理与景观打造工程，做好小洋溪水库、白果水库、油沙河水库县城饮用水源保护工作，完成一级饮用水源保护区内居民搬迁工作。执行好县、乡、村三级“河长制”，确保集中式饮用水源地水质达标率达100%。加快推进县

城污水处理厂提标改造，建成太平、岚头等5个污水处理厂，启动后山、高坪等19个污水处理厂建设，加快推进386个自然村寨污水处理设施建设，确保城镇污水处理率达96%以上。加大建筑工地、城区道路扬尘等污染治理，确保县城空气质量达标率达92%以上。按照环卫设施设置覆盖县、乡、村、组要求，完成城乡垃圾收运系统建设、启动垃圾焚烧发电项目建设，确保城乡生活垃圾无害化处理率达95%以上。严格执行环保“三同时”制度，严厉打击违法排污行为，加大煤矿及其他工业企业、农业面源污染治理，大力发展“绿色经济四型产业”。

（四）聚焦改革创新，持续提升发展动能

深入推进供给侧结构性改革，促进经济社会从高速增长向高质量发展转变。深化农民住房财产权抵押贷款试点工作，大力推进“村社一体化”改革，加快农村产权交易平台建设，激活农村沉睡资源。推进行政审批制度改革，推动“放管服”向纵深发展。全面推进综合行政执法体制改革，进一步提高执法效能。推进14个平台公司重组为4个集团公司，加快实体化转型。探索涉农资金整合使用新机制，提高财政专项扶贫资金使用效率。完成农村信用社改制为农村商业银行，加快银行业各类普惠金融网点向乡村延伸。探索城乡建设用地流转新机制，加强土地流转管理和服务。

（五）聚焦质量效益，推动产业提质升级

突出发展要务，凸显质量效益，巩固提升75个农业园区，新增打造25个农业园区。调减玉米种植30万亩以上，实现旱地基本农田全部种植经济作物。新增茶叶10万亩、经果林5万亩、辣椒13万亩、香葱0.6万亩、中药材1万亩、食用菌1300万棒（袋）、生态家禽300万羽。全面启动国家级农产品质量安全示范县创建工作。推进新型工业化。深入推进“千企改造”工程，完成金源、长盛等11个煤矿综采机械化改造，加快大运、龙宫等8个煤矿技改扩能，实施安能、回归等5个煤矿瓦斯发电项目。完成煤炭产量1460万吨以上，发电110亿度以上。生产成品酒1000万升，水泥270万吨。

力争启动国电投金沙30万吨电解铝项目，争取全国第三批电力增量配电业务改革试点。开工建设开发区18条市政道路、20万平方米标准厂房和教育、医疗、商贸等配套设施，推进兴豪华、裕华隆、翔通、人民电气、德运五金科技等企业自建产业园。做大做强电子信息、装备制造、循环建材、轻工轻纺、食品加工等产业。推进旅游全域化。实施“一核两轴四区”旅游产业结构布局项目建设，全面启动玉簪花海景区、壮飞广场、柳塘万亩牡丹园等重点旅游项目建设。继续承办好亚洲山地竞速挑战赛，全国溯溪大赛、象棋大赛等活动。实现旅游总收入增长30%以上。推进信息化建设。启动智慧金沙建设，加快信息化基础设施建设，促进大数据与实体经济融合发展，培育新的经济增长点。新增418个4G基站，实现所有建制村通4G网络和宽带。大力发展电子商务，完善提升电子商务公共服务中心、物流配送中心建设，新增电商企业30家、村级电商综合服务站70个。

（六）聚焦项目带动，持续扩大有效投资

坚持抓项目就是抓发展的理念，推动形成大项目顶天立地、中小项目铺天盖地、创新型项目勇闯天地竞相建设的良好局面。加大项目谋划争取力度。认真分析国家政策导向、产业发展方向和资金重点投向，超前谋划，储备一批带动经济结构优化升级和加快转型提质的大项目好项目。用好5000万元项目前期工作经费，推动300亿元以上项目落地建设。加强项目调度管理。坚持“五个一”工作机制，严格执行项目办理审批单位调度、“三级调度”和“三单制”管理，充分运用提示、督促、问责问效等手段，确保各类项目建设有人抓、有人管、有人负责到底。加强项目用地、规划、资金、拆迁、环评等要素保障，促进项目开工建设和投产达效。加大招商引资力度。按照资源链引商、产业链招商、服务链安商思路，强力推进“千企引进”工程。巩固领导干部带头招商、以商招商和全员招商成果，成立小分队驻深圳等地开展招商，精准甄别潜在投资人，提高招商引资成功率。坚持招商引资与招才引智并重，着力引进一批带动性强、附加值高的大项目、好项目落地建设，全年完成招商引资到位资金229亿元以上。加大PPP项目推

进力度。以 PPP 模式作为推进项目建设的主要抓手，认真谋划推进农业园区、民生工程等 PPP 项目，确保特色小镇、旅游景点、河道整治、污水治理等 10 个 PPP 项目启动建设。力争完成 PPP 项目投资 100 亿元以上。

（七）聚焦城乡统筹，建设幸福美丽家园

坚持以人为本，强化规划引领，着力推动县城、小城镇、农村（社区）三级城镇协同发展。加快县城扩容提质。推进“六城同创”，提升城市品位质量。坚持老城区改造、新城区开发、产业园区建设“三轮驱动”，有序推进中心城区“十大工程”，启动玉簪花城市中央公园、奥体中心、井冈山路、天山路、玉簪花大道等重点市政工程建设，完成黄山路、淮河路延伸段及长江大道、黄河大道、泰山路景观提升工程，推进城区 6 个农贸超市、7 个停车场和 8 个城市社区服务站建设。实施 12662 户（力争 18000 户）棚户区改造，加快中远未来城、海悦现代城等房地产开发项目建设，完成房地产开发 144 万平方米。进一步规范房地产开发与管理，逐步消化“问题楼盘”。实施新老城区山体小公园、绿地系统建设。加快特色小城镇建设。全面完成 21 个小城镇规划提升工作，完善镇乡基础设施和配套服务设施建设，实现集镇区内主干道全部“白改黑”和集中供水、污水收集处理、垃圾收集清运、环卫市场化管理全覆盖，全面整治集镇“脏、乱、差”现象。着力打造提升 10 个特色示范小城镇，统筹提升其他乡镇集镇建设水平。建设一批茶旅文化、温泉养生、酱醋产业、酒业小镇、民族风情等各具特色、充满魅力、让人心动的“宜居宜业宜游”特色集镇。加快推进乡村振兴战略。按照“产业兴旺、乡风文明、生态宜居、治理有效、生活富裕”要求，统筹镇村联动，在 10 个特色示范小城镇各打造 1 个以上高品质美丽乡村示范点，带动全县“四在农家·美丽乡村”加快发展。加快农旅结合、产村相融、三产互动，促进山、水、田、林和村庄有机融合，打造一批新型田园综合体。以“五比五创”为着力点，加快农村社区服务站建设，强化村民自治；持续抓好农村宅基地和新建房屋管控，深入推进村庄整治和农村人居环境治理改善提升，努力让村庄更美、群众更富、乡风更淳。

（八）聚焦基础改善，提升综合承载能力

进一步完善基础设施建设，加快补齐发展短板。力争开工建设修金古高速，配合做好金仁桐高速建设工作。加快推进 G212 国道五里坡至乌箐、寒婆岭至外寨、S306 省道清池至马路、S208 省道中心至长坝改扩建工程，开工建设 S307 省道楠木丫口至湖水、沙土至杨柳，S208 省道后山至壮飞大桥，县道石场果把底至清江、禹谟至协兴、木孔经湾子至底水等公路建设工程。加快金沙 A2 级通用机场前期工作进度。全面启动“气化金沙”建设。确保油沙河水库实现蓄水和通水试运行，扎实推进夹岩水利枢纽黔西北供水工程金沙境内三条干渠建设。启动树寨沟、唐家沟等小型水库建设，全面实施农村 30 户以上自然村寨饮水安全项目建设，实现安全饮水全覆盖。开工建设 110 千伏城西变、35 千伏后山变、桂花变、清池变，加快通信网络升级改造和广电云村村通户户用工程建设。

（九）聚焦安全稳定，提升社会治理水平

牢固树立安全发展理念，启动县安全生产应急救援基地建设，加大人防、物防、技防投入，着力提升防灾减灾救灾能力。健全社会治安综合防控体系，加快完善天网工程、雪亮工程、智能交通系统及综治中心建设。扎实开展大安全“五项行动”，及时有效排查化解各类风险隐患，为经济社会发展保驾护航。推进法治金沙建设。深入开展“七五”普法工作，抓好信访维稳排查、化解、稳控三个环节，实现信访积案“清仓见底”。推进和谐金沙建设。积极弘扬社会主义核心价值观，培育自尊自信、理性平和、积极向上的社会心态。坚持法治、德治、自治有机结合，加强乡村综合治理体系建设，充分发挥基层人民调解和族老、寨老、老干部等积极作用，努力把矛盾纠纷化解在萌芽状态。

（十）聚焦民生事业，切实增强人民获得感

大力发展社会事业，完善社会保障，不断提升人民群众幸福指数。推动

教育事业提质发展。坚持立德树人教育根本任务，深化教育综合改革，倡导实施“一评三管好”，推动金沙教育均衡、优质发展。加快推进总投资8.1亿元的教育PPP项目落地建设，启动建设新老城区1所初中、3所小学、6所幼儿园，建成宏志中学（一期），新建、改扩建12所乡村幼儿园和中小学。推动卫生健康事业提速发展。开工建设总投资14.38亿元的16个医院PPP项目，按三甲标准创建县人民医院、中医院，力争县人民医院新院区年底投入使用。全面推进基本公共卫生服务均等化，加大高层次人才引进力度，落实公立医院编制备案制，扎实推进医联体建设，抓好国家慢病综合防控示范区创建工作。积极推进医养结合，加快老龄事业和大健康产业发展。推进其他社会事业全面进步。整合各类培训项目，深入推进“十万农民大培训”和其他技术技能培训，提升就业创业质量。扎实推进科技创新，保障科技投入占一般公共预算支出2%以上。抓好高新技术企业、科技孵化器、众创空间等研发平台培育提升和申报工作，积极支持企业产、学、研一体化建设，鼓励引导全社会发明创造的积极性，完成100件以上专利申请。实施文化体育惠民工程，保障文化及相关产业增加值占地区生产总值比重在2%以上，全力推进国家公共文化服务体系示范区建设，完成义盛隆商号修缮项目，创建16个全国诗词之乡（诗教先进单位）。大力推进社会保障，实现基本社会保险覆盖率达90%以上，力争城乡居民养老保险和医疗保险参保率均达100%。进一步健全农村留守儿童、老年人关爱服务体系，启动岩孔、马路、柳塘敬老院建设，建成县救灾物资储备仓库、老年养护楼、未成年人救助保护中心。巩固提升双拥工作成果，启动烈士陵园建设，扎实做好退役军人服务工作。大力发展残疾人事业，加快残疾人康复中心建设。实施好县妇女、儿童发展规划。完成县气象台（站）建设搬迁。统筹推进其他各项社会事业全面进步。

B.17
织金县2017年改革发展报告

刘舜青　课题组*

摘　要： 报告紧紧围绕大扶贫、大发展、大安全和大党建等几个方面，回顾和总结织金县2017年经济社会发展的总体情况，并从改革发展、转型升级、城乡建设、生态建设、民生改善等各个领域，全面、系统地分析和评价了其取得的显著成效，同时从扶贫攻坚、产业体系、招商引资和财政收支等四个方面探讨存在的问题和面临的困境，并由此提出了2017年织金县的发展目标和对策建议。

关键词： 织金县　改革发展　改革成效

2017年，织金县认真学习贯彻习近平总书记系列重要讲话精神和治国理政的新理念新思想新战略，深入贯彻落实党的十八届四中、五中、六中全会精神及省第十二次党代会、市第二次党代会精神，按照中央、省、市系列决策部署，围绕主基调主战略，以"守底线、走新路、奔小康"为统领，以"工业多元化、农业品牌化、城镇新型化、旅游全域化、生态业态化"为主攻方向，聚焦"创新发展、同步小康"目标，以"大党建"为统领，全力抓好"大扶贫、大安全、大发展"，着力推动小康织金、实力织金、文化织金、生态织金、宜居织金、开放织金、和谐织金"七个织金"建设，

---

* 本文基础材料由织金县提供，由刘舜青整理定稿。刘舜青，贵州省社会科学院农村发展研究所副研究员，主要研究方向：区域经济、民族经济、农村扶贫与发展和企业社会责任。

加快推进深度贫困地区脱贫攻坚，经济社会呈现稳中有进、进中向好的良好态势。初步测算，预计今年实现地区生产总值 194.6 亿元，增长 13.1%；城镇和农村居民人均可支配收入 26182 元、8466 元，分别增长 8.5%、11%；固定资产投资 164 亿元，下降 16.37%；规模以上工业增加值完成 40 亿元，增长 11%；社会消费品零售总额 33 亿元，增长 12.9%；财政总收入 21.92 亿元，增长 8.6%，其中一般公共财政预算收入 8.5 亿元，增长 12.1%，财政总支出 52 亿元，增长 18%；金融机构人民币存贷款余额增速 25%；招商引资到位资金 198 亿元，增长 14.4%；全社会用电量 9.35 亿千瓦时，增长 15%；旅游总收入 90.50 亿元，增长 25.8%。实现 3.35 万贫困人口脱贫、84 个贫困村出列、6 个贫困乡镇“摘帽”目标。

一　织金县2017年改革发展情况

（一）全力以赴抓实“大扶贫”，脱贫攻坚步伐加快

深入学习贯彻习近平总书记关于脱贫攻坚系列重要讲话特别是在深度贫困地区脱贫攻坚座谈会上的重要讲话精神，紧扣 2017 年 3.35 万贫困人口脱贫、84 个贫困村出列、6 个贫困乡镇“摘帽”目标任务，以绣花的功夫推进精准扶贫，扎实开展脱贫攻坚“春季攻势”、“夏季大比武”和脱贫攻坚“秋季攻势”千名干部进村行动，脱贫攻坚各项工作取得了新的成效。

一是“四场硬仗”快速推进。全力打好产业扶贫、易地扶贫搬迁、基础设施建设、教育医疗住房“三保障”硬仗。围绕产业脱贫谋划实施财政扶贫资金项目 320 多个，争取扶贫产业基金 10.85 亿元，涉及财政扶贫资金 2.04 亿元，覆盖贫困人口 7.01 万人；累计发放“特惠贷”近万笔，约 4.5 亿元，惠及贫困户 1 万余户。对“一方水土养不活一方人”的贫困点实施整体搬迁，目前，已实现 2016 年 2243 户 9723 人搬迁入住；2017 年拟搬迁城区集中安置贫困人口 4187 户 17537 人，目前正在进行部分主体建设和基础开挖，2018 年搬迁项目有序推进。融资 4.68 亿元，实施 213 个贫困出列

村“五通四有”通组路1171.15公里；实施脱贫攻坚农村“组组通”公路三年大决战，今年实施的342个村民组“组组通”公路硬化461.589公里强力推进。精准落实教育资助、医疗和住房保障等扶贫政策。资助学前教育阶段贫困幼儿2028人、86.9万元，资助义务教育阶段家庭经济困难寄制学生29179人、453万元，资助高中、中职“两助三免（补）”和普通高校“一助一免（补）”23990人次、3502.3万元；认真落实基本医保、大病保险、医疗救助等政策，制定出台《织金县健康扶贫医疗扶助实施方案》，建档立卡贫困人口中重大疾病患者和大病患者，政策范围内医疗费用保障水平达到100%和90%。完成危房改造2495户，同时实施改厨、改厕、改圈（即“三改”），消除安全隐患，统筹解决贫困农户中无房户安全住房问题。

二是帮扶力量广泛汇聚。狠抓“百企帮百村”二维码管理，探索形成了商会联引优强企业、“荣誉村主任”、“千凤还巢”、农民专业合作社“四股力量”注入“百企帮百村”行动，形成“四向用力”机制，着力构建“产业联体、强弱联合、村企联动、利益联结”的“四联一体”帮扶新格局，得到全国工商联认可，得到时任省委副书记、省委政法委书记谌贻琴同志的批示推广。成功承办全国“万企帮万村”精准扶贫行动片区座谈会，稳步推进26个签约项目。先后引进贵州兴伟集团、贵州新农汇生态农业发展有限公司投资建设农业园区，顺利推进华西希望集团60万头、正邦集团30万头生猪养殖项目；借助恒大集团帮扶平台，计划投资13.5亿元，发展肉牛30000头、蔬菜大棚基地11000栋、竹荪种植5000亩、实施易地扶贫搬迁安置及配套产业、建设学校4所、培训贫困户劳动力12000人；与广州花都区签订《东西部扶贫协作和对口帮扶合作框架协议》；率队赴全国工商联、上海市工商联、浙江省工商联和深圳市盐田区等地开展拜访回访工作；与天津大学、贵州民族大学开展校县战略合作；成功举办智库专家东西部扶贫协作高峰论坛。

三是扶贫改革不断深化。全县32个乡镇（街道）“塘约经验”改革试点稳步推进。全县试点村以资源入股（未折价）5074亩，资源折价入股497.64万元；财政资金投入试点村用于“三变”改革2355.2万元，量化到村集体经济554.6万元、到户1003.9万元，撬动社会资金投入近1.29亿元万元；农民变股东22872人（其中贫困人口5579人），以土地、林地等资源入股11288.5亩，以资金入股1050万元。按照“有牌子、有场所、有‘讲师’、有资料、有计划、有效果”的要求，在全县574个村成立脱贫攻坚讲习所，采取“课堂式大集中、互动式小分散”的方式和多样化的群众语言进行“讲”“习”，宣传国家扶贫政策，为群众增智增技，助推脱贫攻坚。

四是攻坚责任压紧压实。持续推行“五大战区”作战攻坚模式，选派驻村干部（“第一书记”）333名，实现贫困村帮扶全覆盖；全面开展精准识别查漏补缺，建立“旬督察、月考评”和痕迹管理等机制，进一步精准管理贫困人口，扎实推进深度贫困地区脱贫攻坚和“秋季攻势”行动，组织召开中共织金县第十二届委员会第二次全体会议，专题研究推进深度贫困地区脱贫攻坚工作，出台下发了《关于打好深度贫困地区脱贫攻坚战的意见》，实施脱贫攻坚“秋季攻势”千名干部进村行动，从县乡机关选派3000余名干部进村入户开展精准识别大排查、政策法规大宣传、矛盾纠纷大走访行动，实现全县574个村排查走访化解全覆盖。

（二）毫不松懈抓好“大安全”，社会大局保持稳定

深入学习贯彻习近平总书记关于安全稳定工作的重要讲话、指示精神，认真贯彻落实中央、省、市安全稳定工作系列部署，聚焦“迎接十九大、合力保稳定”主题，始终把安全稳定工作作为压倒一切的政治任务，要牢固树立“四个意识”，紧盯“七个坚决防止”“六个下降、六个不出”目标，以“五项行动”为载体，深入推进“平安织金”和“法治织金”创建，强化禁毒“五大行动”和矛盾纠纷排查化解，努力提高群众安全感满意度，为党的十九大胜利召开营造了安全稳定的社会环境。

一是切实维护社会稳定。成立以县委书记为总指挥的党的十九大安全稳定工作指挥部，下设12个工作组，全力做好稳控工作；开展非正常上访集中整治行动，依法打击严重扰乱社会秩序行为10起17人、违法上访5批5人；紧紧围绕“百日攻坚战”和“五个专项治理”，深入开展矛盾纠纷排查

化解工作，严格落实矛盾纠纷排查化解责任主体，建立并落实县级领导包保责任制的常态化机制，抓实源头稳控化解工作，严格落实县级领导坐班接访制度。目前，全县共排查调处各类矛盾纠纷3208件，调处成功3066件，调处成功率达95.57%。集中开展命案侦破防控、“两抢一盗”、经济犯罪、网络新型犯罪、黄赌毒等犯罪活动严打工作。截至9月底，共侦破现行命案4起，“两抢一盗”案件970起、经济犯罪47起、网络新型犯罪65起，起诉毒品犯罪嫌疑人34人，抓获犯罪嫌疑人60人，缴获毒品782.57克，破获零包贩毒案件54起，查处吸毒人员720人。全县刑事发案同比下降30.46%、命案同比下降25%、“两抢一盗”案件同比下降41.3%、八类主要案件同比下降8.23%、性侵案件同比下降25%。

二是切实抓好安全生产。牢固树立“隐患即事故”的理念，组织力量开展安全生产大检查、大整顿活动，重点对煤矿、道路交通、建筑施工、水上安全、非煤矿山、危化物品、民爆物品、人员密集场所、地质灾害等重点行业领域安全生产工作进行拉网式排查，做到横到边、纵到底、不留死角死面，真正把问题发现在一线，把隐患消除在现场。开展煤矿生产安全隐患集中整治行动，排查煤矿655矿次，查出隐患5218条，已整改5212条，整改率99.89%。开展道路交通安全隐患集中整治行动，查处无证驾驶53起、酒驾112起、超速行驶2335起、客车超员1起、货车超载1起、其他交通违法行为71918起，暂扣机动车1185辆。开展校园安全隐患集中整治行动，建立和完善了校园安全管理21个制度和10个应急预案，进一步完善校园安全基础设施设备，消除安全隐患。开展留守儿童安全隐患集中整治行动，今年以来，共劝返家长监护373人，劝带外出监护137人，发放留守儿童电话手表4500余块，对6起拒不履行监护责任或监护缺失的行为进行批评教育、训诫惩处，打击性侵、猥亵女孩案例3起。开展精神障碍患者集中整治行动，筛查发现可疑精神障碍患者300人，确诊241人；对登记在册管理3638人，全部落实农村合作医疗及干部责任包保；积极推进专科医院建设，引进医疗技术人才5人，全县精神病医院2所，现正筹建三级精神病院1所。

三是切实保障改善民生。织金一中成功创建省级二类示范性普通高中，织金县中华职业教育社正式成立，职业技术学校建设工程稳步推进；扎实推进公共设施建设项目，成功举办全县第一届体育运动会，大力推进社会福利养老服务事业工程建设，加大特殊群体社会救助，健全兜底性社会保障体系。大力实施“六个小康行动计划”，建设通组公路 107.14 公里、连户路 734.58 公里，庭院硬化 25.6 万平方米，太阳能路灯 23894 盏，文体广场活动广场 149 个，排污沟 63530 米，便民设施 500 余个；实施电力基础设施建设项目 190 个，解决 1.37 万贫困人口的小康水建设项目完成形象进度 30%；实施落实危房改造 3760 户，目前竣工 2793 户，同步启动改厨、改厕、改圈 1719 户；小康讯完成行政村覆盖 210 个，全县光纤覆盖能力达 90%，光纤接入用户达 50%，建成 3G/4G 基站普及到乡镇。全力实施“大生态”战略，共收到中央督察组转办信访举报案件 33 件，已全部办结，省督察组指出的 12 个问题整改完成 7 个，其余 5 个正在整改中；全面开展“荒山绿化三年行动”“保护母亲河行动”，完成石漠化综合治理 4.5 万亩、退耕还林 11 万亩、造林 19.35 万亩，调整 25 度以上坡耕地 15.14 万亩退耕还林发展经果林种植。

（三）千方百计推动“大发展”，综合实力不断提升

坚持把发展作为解决一切问题的根本和关键，牢固树立以人民为中心的发展思想，千方百计做大经济总量、做优发展质量，经济社会发展呈现稳中有进、进中向好的良好态势。今年上半年增比在全省第一方阵中排 18 位，比上年提升 4 位。

一是工业发展取得突破。加快推进重大项目建设，自环保部于 2017 年 2 月 8 日以环审〔2017〕22 号文正式批复 60 万吨/年聚烯烃项目环评报告书后，核准支撑要件已全部获得批复，截至目前建设准备前期工作基本完成；织金电厂累计发电 40.86 亿千瓦时，实现产值 14.36 亿元；磷化工项目加快推进。大力发展民营经济，民营经济增加值完成 121.43 亿元，占市目标任务 118 亿元的 102.91%；民营经济市场主体增加 7963 户，占市目标任务 7700 户的 103.42%；民营经济注册资本新增 36.82 亿元，占市目标任务 35

亿元的105.2%；民间投资完成193.1亿元，占市目标任务185亿元的104.38%；新增就业13868人，占市目标任务13000人的106.68%。全县规模以上工业企业63户，预计全年全县完成规模以上工业总产值120亿元，规模以上工业增加值38亿元，同比增长12%，占全年目标36.5亿元的104.1%。

二是城乡统筹步伐加快。以“五城同创”工作为抓手，加快基础设施建设，完成织金火车南站站前广场和大道建设，加快推进棚户区改造工作，签订征收补偿协议7765户，征收房屋面积28.413万平方米，完成投资13.445亿元。突出“四道（水道、慢道、网道、轨道）一城（织金古城）一会（亚太地质公园会议中心）两园（桂花森林公园、凤凰生态湿地公园）一湖（宝桢湖）”。启动32公里、投资60亿元实施城区水环境保护治理工程，打造县城老百姓南北休闲养生乐地，建设沿河景观和步道建设；启动西湖大道改扩建工程、宝桢大道、平安大道建设，金洪大道和环东线建设年底可完工，谋划三甲新城区、绮陌新城区、经济开发区轻轨交通建设，完成三甲至八步旅游公路，建成亚太地质年会会议中心，启动织金古城（东片区）、桂花森林公园、凤凰生态湿地公园、宝桢湖建设，完成市政建设投资56亿元。全面推动桂果、猫场、鸡场等13个特色小城镇建设，加快推进1162个三类型（精品、提升、普及）村庄综合整治和154个绿色村庄示范创建。正在实施农村公路安保工程151.662公里，完成形象进度68.2%；白泥坡水库、铁厂坝水库、农田水利项目快速推进；2017年农村饮水安全巩固提升工程正在进行前期设计工作；7个骨干水源工程前期工作有序推进，其中洗马塘水库有望年底开工，西悬水库明年可开工。计划建设旅游公厕13座，已完工3座；织金洞旅游景区获得全国厕所革命“文明宣传先进单位”；完成一批城市主干道绿化工程；加快“四在农家·美丽乡村”建设工作，以黄织铁路、黔织、厦蓉高速公路、织普高速公路、林织、织纳、织毕铁路沿线村镇为重点，完成贵州民居建设3000栋、小康房建设290栋。

三是山地农业不断壮大。加快推进结构调整，大力发展蔬菜、食用菌

(竹荪)、茶叶、肉牛、生猪、生态家禽、经果林、中药材等特色优势产业。截至2017年9月，全县共创办县、乡级结构调整科技示范样板点100余个；完成蔬菜种植26.5万亩、食用菌（竹荪）种植1.5万亩、茶叶种植0.5万亩，分别占年初市下达计划任务的86.1%、100%、500%；牛存栏17.1万头、羊存栏8.53万只，分别占计划的97.7%和87.9%；新增家禽存栏55万羽，占年初计划任务的91.6%。在抓好5个省级园区建设的同时，规划落实和启动建设了4个市级、4个县级、32个乡级农业园区建设工作，目前，全县市、县、乡三级园区规划建设基地总面积88110亩，计划投入资金16.36亿元，目前已完成投资5.8亿元，种植业基地面积4.55万亩，现入驻企业36家，入驻专业合作社39家，园区覆盖扶贫农户10571户33355人。加快经营主体培育，“村社合一、合股联营”专业合作组织80余个。2017年1~9月，预计完成农业增加值27.9亿元，占年度计划任务的72.3%，同比增长7%。织金竹荪已通过省级出口质量示范区评估，正在争取“国家农产口优势区”创建。

四是全域旅游加快推进。加快国家级全域旅游示范区和织金洞5A级景区创建步伐，启动全域旅游规划编制工作，积极争取古城保护立法支持。抢抓省100个旅游景区建设契机，完成三甲至八步旅游公路改造25.6公里，实施景区地质遗迹保护治理、桂果旅游小镇规划建设等项目，投资3.4亿元的织金会议中心建成投用，成功承办2017年第五届亚太世界地质公园大会。

五是改革活力不断增强。深入推进司法体制改革，成功承接全国司法体制改革现场会，《织金县四力齐发扎实推进司法体制改革》在《贵州改革情况交流》刊载，并得到时任省委副书记、省委政法委书记谌贻琴同志的批示推广。加快推进塘约道路改革、多证合一登记制度改革、创新扶贫工作机制改革等专题改革；谋划出台《织金县科级非领导职务管理办法》《织金县乡村卫生服务一体化管理实施方案》《织金县科级非领导干部督查专员管理暂行办法》《织金县人才引进与跟踪服务管理办法》等系列改革举措，不断增强干部干事创业激情。

（四）持之以恒抓牢“大党建”，党的建设不断加强

坚持思想建党和制度治党相结合，牢固树立“抓党建就是抓发展”的意识，严格落实党建工作责任制，不断强化各级党组织“抓好党建是本职、不抓党建是失职、抓不好党建是不称职”的理念，始终做到“两手抓、两手硬、两促进”。

一是狠抓思想政治建设。始终把思想政治建设放在首位，以习近平总书记系列重要讲话及治国理政的新理念新思想新战略为指引，切实提高政治站位，增强“四个意识”，在思想上、政治上时刻与以习近平同志为核心的党中央保持高度的一致。坚持把学习习近平总书记系列重要讲话精神作为重大政治任务和长期战略任务，坚持把对党绝对忠诚作为根本政治要求和最重要的政治纪律，坚决维护以习近平同志为核心的党中央权威和党中央集中的统一领导，对中央、省委和市委提倡的坚决响应，对中央、省委和市委决定的坚决执行，对中央、省委和市委禁止的坚决不做。扎实推进“两学一做”学习教育常态化制度化，巩固“两学一做”学习教育成果，坚持学以致用，把学习和工作实际结合起来，做到学而信、学而用、学而行。进一步加强和改进各级党委（党组）中心组学习，完善党员干部学习督导检查考评制度，推动系列重要讲话精神和治国理政新理念新思想新战略落地生根、开花结果。

二是狠抓基层组织建设。以“七大工程”为抓手，加强农村基层组织建设，深入实施后进村党组织整顿工程，29 个后进村党组织已全部整顿结束；深入实施村级组织活动阵地提升工程，对全县村（社区）办公阵地进行提质扩容，年底可建成 349 个；深入实施“空壳村”清零工程，探索“村干部报酬与村级集体经济收益挂钩”奖励办法，鼓励村干部牵头发展集体经济，目前全县有集体经济积累的 564 个，其中 5 万元以上的 77 个；深入实施基层基础保障工程，将村干部报酬提高到 1500 ~ 2000 元，建立村干部报酬增长机制和养老保险机制；深入实施“范本村”创建工程，实施“范本村”创建 360 个；深入实施基层减负工程，切实减轻基层负担；深入实施党建责任制落实工程，加大发展党员特别是在脱贫攻坚一线发展党员工

作力度，截至目前，全县共发展党员 435 名，其中大专及以上学历 246 人，40 岁及以下 360 人，在贫困村发展 141 人。

三是狠抓干部队伍建设。大力开展干部工作调研，储备优秀科级干部 248 名，优秀中层以下干部 324 名。深入推进年轻干部“蹲苗压担工程”，抽派 55 名年轻干部参与全县重大项目建设。扎实开展借用人员清退工作，制定下发《中共织金县委组织部关于全面清退下辖有深度贫困村乡镇（街道）干部的通知》（织组通〔2017〕74 号）文件，全面清退县直部门从 24 个深度贫困乡镇（街道）借调的干部（含挂职锻炼、抽调、跟班学习等）40 人。并明确脱贫攻坚期内一律不得从下辖有深度贫困村的 24 乡镇（街道）借用干部，确保脱贫攻坚期内干部稳定。组织召开了全县干部作风建设大会，严格执行中央八项规定和省、市十项规定，紧盯问题导向，整治“四风”突出问题。在节假日开展明察暗访 6 次，对 14 个单位存在的 10 个问题全县通报；对 27 个单位下发作风问题督办或转办函督促整改。查处违反中央八项规定精神问题 13 个，17 人被处理，其中党政纪处分 14 人。

四是狠抓党风廉政建设。于 3 月 4 日召开了县纪委第十二届二次全会，深入学习贯彻党的十八届六中全会、十八届中央纪委七次全会、省纪委十一届六次全会和市纪委二届二次全会精神，深入开展党风廉政建设和反腐败斗争，全面落实“两个责任”。年初以来，约谈落实主体责任不力的主要领导和分管领导 71 人次，党政纪处分 4 人。精准纪律审查，保持反腐高压态势，将小微企业 2 名科级干部问题线索移送县检察院。对涉及精准扶贫问题的 87 名干部进行通报问责，党政纪处分 32 名干部。对中央、省环保督察组反馈问题进行调查核实，责任追究 27 人，其中党政纪处分 10 人。截至 9 月 30 日，查结案件 231 件，党政纪处分 269 人，移送司法机关 10 人，通过查办案件挽回经济损失 1017.8 万元，收缴涉案金额 603.57 万元。

二　2017年织金县改革发展中存在的困难和问题

虽然织金县经济社会发展取得了一些成绩，但也面临着诸多困难和挑战。

（一）脱贫攻坚任务繁重

当前，我县还有贫困乡镇6个，贫困村282个，贫困人口17.04万人，贫困村和贫困人口分别占全市14.2%、18.4%，是全市贫困人口最多、脱贫攻坚任务最重的县；贫困发生率高达19.8%，比全市高6.61个百分点，有深度贫困村120个，是全市深度贫困村最多的县，脱贫攻坚任务重、压力大；城乡之间、区域之间资源分布不均，发展不平衡；农村基础设施欠账比较大，民生短板仍较多，参与帮扶的龙头企业少，客观上制约了我县“决胜脱贫攻坚、同步全面小康”进程。

（二）产业体系尚未形成

资源转化利用和有效开发不足，“一煤独舞”的格局尚未打破；文化旅游资源开发利用不够，抗风险、能支撑的产业体系尚未形成；农业基础薄弱，特色产业发展滞后，产业链条不长，拿得出、叫得响的品牌不多，竹荪等优势产业缺乏规模效应，抵御风险能力不强，辐射带动面还不广。

（三）招商引资成效不明显

招商引资存在“走出去多、引进来少，洽谈项目多，落地项目少、签约项目多、产业项目少”的“三多三少”现象，引进入驻的大项目、大企业、大集团不多，优强企业匮乏，对经济发展的拉动度、贡献率不高。

（四）财政收支矛盾仍很突出

随着煤炭行业下行趋势严重，财政收入增收难度进一步加大，新的财源结构尚未成型，财政收入低位运行态势还将持续较长时间，同时，各方面都需要大量投入，财政资金需求缺口大。

三　2018年织金县改革发展主要目标和对策建议

2018年是贯彻落实党的十九大精神的开局之年，是决胜脱贫攻坚、同步全面小康的关键之年，做好2018年工作意义十分重大。我们将以党的十九大精神为引领，认真贯彻落实党的十九大报告和习近平总书记参加贵州省代表团讨论重要讲话精神，深入学习贯彻新时代中国特色社会主义思想和基本方略，聚焦新时代中国特色社会主义发展要求和目标任务，不忘初心、牢记使命，加快推进深度贫困地区脱贫攻坚，坚决打赢“113攻坚战”，奋力谱写“百姓富生态美的多彩贵州新未来”的织金新篇章。

主要工作目标是：完成地区生产总值221.8亿元，同比增长14%；城镇居民人均可支配收入28303元，同比增长10.1%，农村居民人均可支配收入9313元，同比增长10%；500万元以上固定资产投资165亿元，同比增长0.61%；规模以上工业增加值完成43.2亿元，同比增长8%；社会消费品零售总额36亿元，同比增长13%；财政总收入24.1亿元，同比增长10%；一般公共财政预算收入9.78亿元，同比增长15%，财政总支出61.4亿元，同比增长18%；营利性服务业1.36亿元，同比增长52%；农业增加值完成42.7亿元，同比增长7.1%；金融机构人民币存贷款余额增速30%；税收收入20亿元，同比增长20%；商品房销售面积44万平方米，同比增长10%；招商引资到位资金227.7亿元，同比增长15%；全社会用电量10.75亿千瓦时，同比增长15%；旅游总收入113.1亿元，同比增长25%。力争实现在全省第一方阵22个县（市、区）中增比进位三位以上。

（一）坚定不移全力贯彻落实党的十九大精神

把学习宣传贯彻党的十九大报告和习近平总书记重要讲话精神作为首要政治任务，在全县迅速掀起学习宣传贯彻热潮，谋划召开好县委十二届三次全会，对党的十九大报告及习近平总书记重要讲话精神进行研究和安排部署，确保党的十九大报告和习近平总书记重要讲话精神在织金落地生根、开花结果。一是认真组织学习。精心制订学习计划，通过开展集中学习、座谈研讨、培训辅导等多种形式，切实抓好学习宣传贯彻工作。二是开展宣传宣讲。制订宣传宣讲方案，抽调精干力量组建宣讲团，统筹协调安排党的十九大报告和习近平总书记重要讲话精神的宣传宣讲工作，实行县四大班子带头宣讲、率先垂范，推动党的十九大报告和习近平总书记重要讲话精神进企业、进农村、进机关、进校园、进社区，依托县内新闻媒体，多层次、多角度开展宣传，采取人民群众喜闻乐见的形式，使老百姓听得懂、能领会、要落实。三是深入贯彻落实。持续深入落实党的十九大报告和习近平总书记重要讲话精神，紧密联系织金实际，深入学习研究，理清工作思路，完善发展举措，抓好贯彻落实，把党的十九大报告和习近平总书记重要讲话精神贯彻到改革发展稳定各个领域、各个方面、各个环节，决胜脱贫攻坚、同步全面小康，谱写“百姓富生态美的多彩贵州新未来”的织金新篇章。[①]

（二）坚定不移抓脱贫、惠民生，全力打赢“大扶贫”决胜战

从党的十九大到党的二十大，是“两个一百年”奋斗目标的历史交汇时期，我们要紧紧抓住全联、恒大和广州市花都区对口帮扶机遇，聚焦“一达标、两不愁、三保障”目标任务，坚持把“六个精准”贯穿于整个脱贫攻坚工作中，扎实开展脱贫攻坚“秋季攻势”千名干部进村行动，加快推进深度贫困地区脱贫攻坚，坚决打赢“四场硬仗”和“七大战役”，确保2018年7.5万贫困人口脱贫、115个贫困村出列。[②] 一是深入实施好贫困人口管理精准行动。紧盯“六个精准”“两率一度”，扎实开展精准识别回头看、精准退出大筛查，不断提高精准识别率、精准退出率，全力提升群众的获得感、满意度。充分运用大数据“扶贫云”平台，加强对建档立卡数据实时更新，把好贫困对象的出入口，严厉打击“两个争”和“两个隐瞒”乱象，实行动态管理、“痕迹管理”和贫困退出达标行业认定机制，严防“被脱贫”“假脱贫”。二是深入实施好基础设施建设攻坚行动。全面实施好农村“组组通”公路三年大决战，打通交通“最后一公里”，确保2019年前完成2607公里的通组公路建设任务，实现30户以上具备条件的村民组

① 孙志刚：《迅速掀起学习宣传贯彻落实党的十九大精神和习近平总书记在参加贵州省代表团讨论时重要讲话精神的高潮》，《贵州日报》2017年10月28日。

② 织金县2018年政府工作报告，织金县人民政府网，2018年1月22日。

"组组通"硬化路目标。构建骨干水源工程支撑、安全人饮项目保障、应急水源补充的城乡供水保障格局，实现全县农村饮水安全全覆盖。加大农村电网、讯网、互联网"三网"建设力度，加快"四在农家·美丽乡村"和特色小城镇创建步伐。三是深入实施好产业脱贫致富突破行动。加快推进结构调整，大面积减少传统玉米种植，坚定不移将25度以上坡耕地，以及重要水源地、景区景点、交通干道沿线全部退耕还林还草，全面建成50个省市县乡级梯次发展的现代高效农业示范园区，生态畜牧业，促进蔬菜、马铃薯、特色经果林、中药材等产业规模化、特色化发展。大力实施旅游项目建设、景区带动、旅游资源开发、乡村旅游及其标准化建设、旅游商品开发、"旅游+"多产业融合发展、旅游结对帮扶、教育培训等扶贫工程，带动建档立卡贫困人口脱贫。健全金融服务体系，拓宽脱贫攻坚资金支持渠道。四是深入实施好易地扶贫搬迁提速行动。坚持把易地扶贫搬迁作为脱贫攻坚的"当头炮"和重中之重，积极争取国家支持，统筹恒大集团帮扶力量，整合配套资金，全力推进项目建设，确保到2018年提前完成"十三五"期间易地扶贫搬迁任务，让符合搬迁条件的3万人如期搬出，顺利入住，到2019年底，将全县居住在"一方水土养不起一方人"的地方应搬迁人口全部搬迁完成。充分运用易地扶贫搬迁"5个三"改革配套经验，统筹完善配套政策、措施和产业发展，统筹解决就业、就学和就医等问题，实现易地搬迁脱贫、易地发展致富。五是深入实施好教育医疗住房保障行动。切实落实好农村贫困家庭学生就学"两助三免（补）"精准资助政策，从根本上杜绝因学致贫返贫。从根本上有效遏制因病致贫、因病返贫。坚持住房最危险、经济最困难的"两最"原则，加快推进农村危房改造和住房保障工作，确保到2019年完成全县6562户农村危房改造任务，统筹解决建档立卡贫困户中无房户住房问题，同步开展改厨、改厕、改圈"三改"工作。深入实施乡村振兴计划，强化规划管控，力争到2018年底完成村庄建设规划全覆盖。认真落实社会救助政策，筑牢社会保障兜底网。六是深入实施好恒大帮扶项目推进行动。紧紧围绕恒大集团投资13.5亿元实施的产业扶贫、易地扶贫搬迁、休闲旅游度假区、吸纳就业帮扶项目，整合资源力量、营造良好环境、提供高效服务，加快推进恒大帮扶项目，确保2018年前建成肉牛养殖项目17个，引进肉牛1.5万头，带动贫困户0.5万户1.75万人脱贫；建成蔬菜大棚2万栋，带动贫困户2万户7万人脱贫；发展经果林、食用菌（竹荪）和中药材种植，带动1.18万户4.76万人脱贫。建成一个集休闲旅游、农业观光和智能商业于一体的特色小镇，吸纳更多贫困人口创业就业，实现脱贫致富。全力推进三甲4425人的易地扶贫搬迁项目建设进度，加快推进就业培训工作，到2018年前，完成培训1万名贫困人口转移就业，稳定脱贫致富。七是深入实施好扶贫力量集中发力行动。认真落实好"特惠贷"政策，真正做到扶真贫、真扶贫、见成效。加大审计、问责力度，严查挤占挪用、截留私分、虚报冒领、挥霍浪费等违纪违法行为。做好全国工商联、广东花都区和省、市帮扶单位对我县重点贫困村的定点扶贫，推动在产业对接、文化旅游、教育医疗、人才培养、干部培训等方面深度合作，提升帮扶质量和水平。深入开展民营企业"百企帮百村""双百双助"活动，全力做好恒大帮扶织金项目、"万企帮万村"精准扶贫行动片区座谈会签约项目，宝龙集团、兴伟集团等帮扶项目协调推进、服务保障工作，确保帮扶项目快建成、贫困群众快脱贫。利用好"脱贫攻坚讲习所"这个法宝，加大政策宣传教育和技术传授力度，教育引导贫困群众树立"宁愿苦干、不愿苦熬"的观念，把群众发动和组织起来，激发群众投身脱贫攻坚的内生动力。

（三）坚定不移抓平安、保稳定，全力筑牢"大安全"防护墙

全面贯彻总体国家安全观，把维护政治安全放在首位，统筹推进安全生产、政法综治、信访维稳、"法治织金"创建和民生保障等各项工作，确保社会大局和谐稳定。一是突出抓好安全生产。树立安全发展理念，推崇生命至上、安全第一的思想，按照"党政同责、一岗双责、齐抓共管、失职追责"和管行业必须管安全、管业务必须管安全、管生产经营必须管安全"三个必管"的要求，严格落实安全生产责任制。加强对煤矿生产、道路交通、建筑施工、消防、食品药品、水上安全等重点领域、重点行业、重点企业的安全管控，重拳出击"打非治违"，坚决防止重特大安全事故发生。二

是突出抓好信访维稳。以“法治织金”创建“六大工程”工作为抓手，紧紧围绕“五个专项治理”的要求，扎实抓好信访积案化解、特殊群体管理、重点人群服务、公共安全维护和命案积案攻坚“五项行动”，切实解决影响社会稳定的源头性、根本性、基础性问题，持续深入开展严打整治斗争，持续整治治安混乱点，努力实现“七个坚决防止”工作目标。三是突出保障改善民生。坚决贯彻以人民为中心的发展思想，始终把人民利益摆在至高无上的地位，抓住人民最关心最直接最现实的利益问题，一件事情接着一件事情办，一年接着一年干，持之以恒实施民生工程、办好民生实事，加快社会事业发展，健全社会保障体系，完善关爱弱势群众，健全农村留守儿童、困境儿童、留守妇女、空巢老人关爱服务体系；加强社会公德、职业道德、家庭美德、个人品德教育，深化“文明在行动·满意在织金”活动，构建和谐安定环境。

（四）坚定不移抓发展、增后劲，全力开创“大发展”新局面

坚定不移把发展作为党执政兴国的第一要务，聚焦发展不平衡不充分的主要问题，坚守发展和生态“两条底线”。一是深入推进工业多元化。围绕建设“全省新型能源化工基地”目标，依托境内煤、磷、光、风及人口等资源富集的优势，积极谋划将织金建设成为产业关联度强、生产集约度高、资源节约、环境友好、稳定可靠、优质高效的新型能源化工基地。深化供给侧结构性改革，深入推进“织电入粤”工程，全力推进煤炭“二次创业”，加快发展煤化工及电力产业，扩大煤制天然气、瓦丝发电项目建设规模，做实国家新型能源煤化工基地平台。充分利用全国工商联、广东统一战线、恒大集团等帮扶优势，重点瞄准京津冀、苏浙粤、环渤海、长三角、珠三角、成渝地区等，加大招商力度。以省委、省政府“双千工程”为契机，围绕产业链薄弱环节，推动更多优强企业到我县落地建设。加大重大项目建设，配合抓好境内铁路、高速公路建设，加快白泥坡、铁厂坝水库建设，开工建设洗马塘水库和西悬水库，全力推动织金机场开工建设，积极争取织金磷化工项目、织金电厂二期项目取得实质性进展。加快推进中石化织金 60 万吨/

年聚烯烃项目全面开工建设，并围绕煤化工谋划包装一批大产业项目。二是深入推进农业品牌化。加快农业结构调整，以大思路、大手笔、大举措，大力发展规模化、特色化、商品化的农业现代农业，实施27万亩经果林种植，将25度以上坡耕地，以及水源地、风景区和交通沿线全部退耕还林还草。围绕建设“竹荪出口质量安全示范区”目标，发挥好特色农业优势，力求在农业品牌化上取得重大突破。今冬明村计划新增种植早熟马铃薯1万亩，精品蔬菜3万亩，竹荪1.5万亩，茶叶1万亩，经果林17万亩，中药材1万亩，人工种草3.5万亩，青贮玉米1.5万亩。2018年计划调减玉米种植29.5万亩，使全县农业产业结构更加合理，更加具有规模化、特色化。加快推进300万羽蛋鸡养殖项目和7万亩皂角种植，全力打造全国最大蛋鸡养殖基地和最大皂角生产基地。三是深入推进城镇新型化。围绕建设“试验区东部门户城市”目标，以“五城同创”为抓手，按照“当代精品、后代遗产”“创一流精品、传千年经典”的要求，深入推进织金古城东片区、棚户区改造，宝桢湖和水环境综合治理工程建设，加快推进桂花森林公园、凤凰生态公园、城市路网等配套设施项目建设；推动三甲新城区和绮陌轻工商贸城强势崛起，努力建设“产业集聚、功能完善、管理精细”的山水园林城市；加快建设以猫场和八步为两翼的县城副中心区，加快金洪大道和开发区路网、管网等配套设施建设；统筹推进县城、小城镇和新农村建设，努力打造一批产业发展、功能叠加、形态精美的特色小城镇，加快建设一批“四在农家·美丽乡村”示范点。深入实施乡村振兴战略，坚持农业农村优先发展，按照产业兴旺、治理有效、生态宜居、乡风文明、生活富裕的总要求，建立健全城乡融合发展机制和政策体系，加快农业农村现代化。四是深入推进旅游全域化。加快发展全域旅游，紧紧围绕打造“国家全域旅游示范区”和“优秀旅游目的地”目标，按照“龙头引领、多景联动、全域发展、立体经营”的思路，以织金洞为龙头，以乌江源百里画廊为轴线，以织金古城为重点，以织金大峡谷、营上古寨、东风湖、织金瀑布为节点，以茶店红艳、官寨麻窝等乡村旅游为补充，着力打造山地文化旅游产业集聚区，全力推动“旅游+”行动计划，启动拍摄“丁宝桢电视剧”，力争建成古城文化旅游集散区，向试验区成立30周年献礼，形成文产城景互动融合发展的全域旅游格局，推动旅游产业持续“井喷”。五是深入推进生态业态化。深入贯彻落实建设美丽中国的战略部署，坚持产业生态化、生态产业化，深入推进“绿色织金”行动，大力发展生态经济，厚植织金生态。着力解决突出环境问题，持续实施大气污染防治行动，打赢蓝天保卫战。加大生态系统保护力度，改革生态环境监管体制，全力打造全国生态文明建设示范县。

（五）坚定不移抓基层、打基础，全力织牢“大党建”保障网

坚定不移全面从严治党，坚持和完善党的领导，坚持问题导向，保持战略动力，推动全面从严治党向纵深发展，毫不动摇把党建设得更加坚强有力。一是旗帜鲜明讲政治。用新时代中国特色社会主义思想武装全县党员。牢固树立“四个意识”，思想上、政治上、行动上始终与以习近平同志为核心的党中央保持高度一致，切实把维护核心变成思想自觉、党性观念、纪律要求和实际行动，以忠诚核心、服从核心、看齐核心作为干部教育培训的首要内容，作为考察识别干部的首要标准。二是加强干部队伍建设。坚持党管干部的原则，严格按照习近平总书记关于“三个区分开来”的要求，完善容错纠错机制，旗帜鲜明地为实干者鼓劲、为担当者担当、为改革者撑腰、为负责者负责。三是夯实基层基础。深入推进基层组织建设专题改革，厚植党的基层基础，加快办公阵地建设，推动村建党总支、组建党支部，形成党总支连党支部、党支部连党小组、党员连农户的组织机制。加强基层“三支队伍”建设，在脱贫攻坚一线大力发展农村党员，不断建强基层战斗堡垒；用好用活“党建＋”模式，壮大村级集体经济，年底全部消灭“空壳村”。深化改革创新，围绕大扶贫、大安全、大发展、大党建谋划改革，以推广“塘约经验”为切入点，加大农村综合改革，把群众组织起来，全面激发决胜脱贫攻坚、同步全面小康活力。四是深化管党治党。认真落实从严治党“两个责任”，从严落实“中央八项规定”，全面执行《条例》《准则》，严肃党内政治生活，强化党内监督，持续保持“四风”整治高压态

势。旗帜鲜明强化执纪问责，对搞团团伙伙、拉帮结派、阳奉阴违和“不担当、不负责，不作为、乱作为”的党组织和党员领导干部严肃追责，绝不迁就。坚持有腐必反、有贪必肃原则，做到无禁区、全覆盖、零容忍，严肃查办发生在群众身边、严重损害群众合法权益的腐败案件，营造良好的政治生态环境。

B.18
纳雍县2017年改革发展报告

贾全胜　课题组*

摘　要： 2017年纳雍县贯彻党中央、国务院决策部署全面推动改革发展。做好经济发展、脱贫攻坚、区域协调、生态文明、创新驱动、民生、法制社会、廉政的工作。使经济社会发展呈现“总体稳定、基础更牢、质量提升、民生改善”的良好态势。县政府确定了2018年目标任务是贯彻党的十九大精神，着力于领域风险、精准脱贫、城乡协调、经济增效、生态文明、保障民生的工作。

关键词： 纳雍县　改革发展　改革成效

今年以来，在市委、市政府的坚强领导下，纳雍县以改革促发展全县克服经济下行传导压力和各方面困难，围绕既定目标，统筹兼顾、立足实际、狠抓落实，经济社会发展取得了一定成效，在全面建成小康社会的道路上迈出了更加坚实的步伐。

一　2017年改革发展情况

2017年纳雍县认真贯彻落实党中央、国务院和上级党委、政府各项决策部署，坚持稳中求进工作总基调，牢牢守住生态和发展“两条底线”，深

* 本文基础材料由纳雍县提供，由贾全胜整理定稿。贾全胜，贵州省全域大健康研究院硕士研究生，研究方向：中国政治史。

入推进供给侧结构性改革，按照“113 攻坚战”的总要求，统筹做好改革发展稳定各项工作，经济社会发展呈现“总体稳定、基础更牢、质量提升、民生改善”的良好态势。

一是发展态势更稳。上半年，在全省经济发展综合测评第二方阵 23 个县区中排第 7 位，比 2016 年全年提升 8 位，增比进位明显，稳定基础更加牢固。预计全年地区生产总值增速 13%，高于全市 1.2 个百分点。减少贫困人口 1.93 万，减贫“摘帽”乡镇 6 个，出列贫困村 38 个。二是发展思路更准。制定“33216”扶贫产业发展规划，产业扶贫思路更加清晰，打造全国生态土鸡产业大县、肉牛产业强县、食用菌产业裂变县的定位更加精准。建立产业扶贫联动机制，实施“每生每天一个土鸡蛋”营养改善计划，“‘一个土鸡蛋’引发的产业扶贫效应”获省、市充分肯定。三是发展动力更强。“放管服”改革深入推进，供给侧结构性改革取得阶段性成果，“大部门”改制和“塘约经验”推广初见成效，200 万吨/年煤制清洁燃料项目前期工作顺利推进，纳雍经济开发区获得国家第二批增量配电业务改革试点，改革创新活力不断释放。民革中央、广州天河、省农委、省国土厅定点帮扶力度不断加大，恒大集团、金元集团帮扶成效明显。四是发展基础更牢。A2 级通用机场、纳水铁路、纳赫高速、维南二级公路项目有关工作顺利推进，环城水库、金珠水库、德勒科水库等 11 座水源性工程前期工作有序推进，农村道路交通、电力通信、安全住房等民生短板不断补齐，支撑发展的基础更加牢固。五是发展形象更好。获“2017 年全国电子商务进农村示范县”“省级文明县城创建先进城市”。建成总溪河、枪杆岩两个国家 3A 级风景区，“CCTV 美丽乡村快乐行”活动走进纳雍。勺窝镇和骔岭镇小屯村、玉龙坝镇平寨村获“全国文明村镇”称号，寨乐镇入围全省 100 个拟命名“国家卫生乡镇”名单。获“和谐社区建设达标县”称号，群众安全感达 95.03%，比去年提升 1.02 个百分点。

2017 年纳雍县重点抓了以下九个方面的工作。

（一）坚持稳中求进，经济建设稳步推进

预计全年实现地区生产总值 210 亿元，增长 13%；500 万元以上固定资

产投资183.35亿元，增长13.95%；2000万元以上规模工业增加值76.5亿元，增长11.8%；财政总收入22.37亿元，增长19.01%；一般公共预算收入8.62亿元，增长13.09%；社会消费品零售总额30.5亿元，增长14%；城镇和农村居民人均可支配收入分别为26386元、8025元，分别增长9%、10%；金融机构存、贷款余额为137.5亿元、107.3亿元，分别增长14.2%、13.6%。

（二）坚持精准施策，脱贫攻坚全面推进

认真开展脱贫攻坚“春季攻势”“夏季大比武”“秋冬季攻势”行动。一是创新精准扶贫机制。出台《鼓励贫困户发展产业脱贫奖励扶持办法》，下拨贫困户发展产业奖励资金7110.7万元，激发贫困群众主动发展产业脱贫的内生动力。与2016年以来建档立卡贫困户签订“脱贫不脱钩”承诺书，让贫困户放心脱贫。制定《鼓励农业科技人员领办创办山地高效生态农业发展项目管理办法》，鼓励农技人员带领贫困户发展产业。建立脱贫攻坚“六个精准”清单管理制度，切实提升脱贫攻坚精准度。二是完善农村基础设施。完成“组组通”公路建设814.8公里。围绕贫困村出列“五通四有”贫困户推出“四有五覆盖”要求，投入资金1643万元，实施2017年出列贫困村小微基础设施建设。建立农村“以水养水”管护机制，投资7557.66万元，实施54处农村饮水安全巩固提升工程。推进城乡电网升级改造，投入资金1.17亿元，新建及改造线路670.66公里，惠及全县26个乡镇（街道）13万户农户。全力推动通信设施乡镇全覆盖、村组能辐射工程。三是夯实产业扶贫基础。实施产业扶贫“三年行动计划”，投入扶贫资金3.21亿元，围绕土鸡、肉牛、生猪、食用菌、蔬菜等脱贫主导产业，健全贫困户利益联结机制，大力推进“一县一业”，统筹推进一二三产业融合发展。粮经比为44.5∶55.5，实现农业产业增加值32.15亿元。争取到全国“粮改饲”改革试点县，获“省级出口食品农产品质量安全示范区”、“2017年度全国重点产茶县”和“国家级有机产品认证示范县”称号，《纳雍高山红茶》、《纳雍高山绿茶》和《纳雍土鸡》3项地方标准通过评审，纳雍土

鸡养殖标准化示范区项目获省质监局2017年第一批贵州省标准化建设项目。建设纳雍县食用菌研发中心1个、食用菌菌棒生产基地1个。建设省级园区6个、市级园区2个、县级园区3个、乡级园区20个，实现“乡乡有农业园区”目标。四是推进易地扶贫搬迁。2016年易地扶贫搬迁全部实现搬迁入住并全面落实“五个三”配套保障措施。2017年易地扶贫搬迁对象2550户11529人全部实行县城集中安置，2550套安置房主体建设基本完成，预计今年6月底前实现搬迁入住。2018年易地扶贫搬迁项目实质性启动建设，预计年底完成建设。五是构建民生保障体系。精准落实“两助三免（补）”教育扶贫政策，发放教育扶贫资金1400.47万元。全面开展“圆梦大学·助力脱贫”“泛海助学行动”等活动。健全农村贫困人口基本医疗卫生服务保障体系，实行县域内贫困患者“先诊疗、后付费”和农村合医人口7类13种大病专项救治，实现贫困人口“五重医疗保障”政策全覆盖。大力开展就业扶贫，扶持建档立卡贫困户就业38251人。围绕贫困农户“住房安全有保障”目标，结合农村人居环境“10+N”行动计划，完成省级2530户农村危房改造及“三改”目标任务，启动实施县级6882户危房改造并同步实施“三改”。

（三）坚持投资拉动，项目建设加快推进

紧紧抓住项目建设“牛鼻子”，选优做大做强项目，发展支撑动力明显增强。紧紧围绕中央、省、市政策方向和资金投向，积极谋划项目398个，总投资631.37亿元。进一步清理僵尸企业，切实优化资源配置。实施“千企改造”工程，贵州唯特高新能源科技有限公司列为省经信委“2017年度‘千企改造’高成长性企业”。实施“千企引进”工程，坚持领导带头招商和“老乡招外商”，引进上海大山合、中电科技等企业项目71个，与多家公司达成农特产品种、养、深加工、销售合作协议，引进省外到位资金163.66亿元。完成省市重大工程和重点项目投资124.55亿元，煤层气勘探开发利用等项目顺利推进，唯特高年产1万吨磷酸铁锂正极材料一期工程两条生产线顺利投产，200万吨/年煤制清洁燃料项目完成环评前期工作。纳

雍至赫章高速公路施工图初步设计通过审查，大方至纳雍一级公路完成工程可行性报告预审，化作至梯子岩旅游公路前期工作顺利推进，启动巴雍至沙子坡、沙子坡至昆寨二级公路建设。火电厂资源综合利用产业园、粉煤灰（渣）综合利用产业项目前期工作有序推进。生产煤炭343.71万吨，火力发电50.22亿度，收购烟叶5.74万担。深入推进“互联网+”行动计划，村淘累计成交金额4013万元。申请旅游开发项目资金2.15亿元，全县旅游总收入35亿元，同比增长30%。

（四）坚持城乡统筹，区域发展协调推进

以城乡一体化发展为导向，坚持规划同步、产城融合、全域发展，新增城镇人口6万人，常住人口城镇化率提高到35.54%。成功申报2017年入库棚改项目5个，全部采取货币补偿安置，兑付资金2.51亿元，申请棚改项目贷款27.76亿元。获批2018年城市棚改项目1个、城镇棚改项目3个，计划改造3914户，总投资14.74亿元。持续实施“北改南拓、东扩西连”城区建设战略，完成鸽子花广场、中山大道、复兴东路等26个项目可研，开工建设新城区珙桐大道、明德路、耕耘路等8条路网15.7公里，实施文体路提级改造，新建二中市民健身广场，文昌公园开工建设，城区道路管网、照明、通信、电力等配套设施不断完善。全面启动13个特色小城镇建设，完成小城镇项目建设投资7.81亿元，新增达标省定小城镇“8+X”项目21个，示范小城镇新增城镇人口3325人、就业1982人，培育小微企业465家。完成维新、昆寨等17个乡镇266个行政村村庄规划编制，全面启动人居环境建设和绿色村庄创建，完成“镇村联动”美丽乡村建设31个，建成小康房160户。

（五）坚持绿色发展，生态文明持续推进

认真践行绿水青山就是金山银山发展理念。累计完成造林38.46万亩，中幼林抚育13万亩，综合治理石漠化15.31平方公里、治理水土流失26.68平方公里，森林覆盖率上升到55.5%，在“三年绿色行动”中位列全省88

个县（区）第二名。完成中小型河流摸底调查、水系图绘制和河湖名录制定。健全完善“河长制”配套制度，疏浚河道6条10公里。开展三岔河流域污染源排查工作。加强集中式饮用水源地保护，完成22个集中式饮用水源地和县域5个市控断面水质监测上报，水质达标率100%。实施10个乡镇24个自然村寨农村生活污水治理示范建设，启动建设垃圾转运系统21座、污水处理设施340个。改善农村人居环境重点村100个，申报省级、市级生态乡各1个。化作乡、玉龙坝镇等4个乡镇获“省级文明创建乡镇先进乡镇”称号。切实加强环境保护和中央环保督察问题整改，下达环保执法文书85份，责令停产整改12件，立案28件，罚款187.36万元。

（六）坚持创新驱动，改革开放深入推进

坚决贯彻落实上级关于全面深化改革工作的部署要求，突出问题导向。全面推动供给侧结构性改革。关闭煤矿12个，淘汰落后产能234万吨。全县房地产去库存化周期缩短为6个月。万元规模工业增加值能耗比2016年下降41.53%。规划建设县级物流仓储中心，着力构建县、乡、村三级统一配送体系。“放管服”改革全面展开。建立和公布乡镇权责清单31项，出台《纳雍县行政权力清单和责任清单动态管理办法》。以“先照后证”、注册资本金认缴制改革为抓手，深入推进商事制度改革，积极探索和推进“五证合一”并启动电子营业执照试点，新增市场主体6830户，注册资本金20.11亿元，市场活力充分释放，企业创业准入制度性成本有效降低。建成投资项目在线审批监管平台，实行投资项目在线并联审批，实现中央、省、市、县四级联网。

（七）坚持改善民生，社会事业协调推进

强化师资队伍建设，招聘高中教师71名、中小学特岗教师80名、免费师范生25名、乡镇幼儿特岗教师35名。全面推进农村义务教育学校改薄项目建设，启动县第三中学改扩建和县第一实验小学、第二职业中学建设，二中实现整体搬迁，六中如期开学，八小基本建成。推进县中医医院建设，启

动实施阳长镇等7个乡镇卫生院提质改造工程，完成24个基层医疗机构健康信息化“五个全面建成”。实现“县乡一体化”远程医疗全覆盖。荣获“省级卫生应急综合示范县”称号。常住人口出生率控制在14.42‰、符合政策生育率88%。建成3个乡级、50个村级体育健身场地。新增通组光缆2042公里。规划建设民政园区，救灾物资储备仓库投入使用，中心敬老院主体工程完工，流浪未成年人救助保护中心主体完工。城镇新增就业9833人，失业再就业1850人，农村劳动力转移2.15万人。着力推动十件民生实事。董地、昆寨等6个贫困乡镇“摘帽”、38个贫困村出列、1.93万贫困人口脱贫任务如期完成；二中实现整体搬迁，三中寄宿制学校改扩建，县第一实验小学、文昌幼儿园、县实验幼儿园启动建设；启动实施棚户区改造10410户，签约4471户；建成100个农村电子商务服务网点；启动中医医院标准化建设，完成投资2000万元；实施文体路改扩建，高速连接线等城市路网建成通车，县城路网进一步优化；超额完成129公里通组公路建设。由于受国家严控地方性债务、资金投入困难及项目规划调整等多重因素影响，13个乡镇敬老院标准化建设、农村饮水安全巩固提升工程等项目未达到目标，县医院整体搬迁未实现。

（八）坚持法治引领，社会治理强力推进

深入推进法治纳雍创建“六大工程”，涌现出百兴镇“九个强化”、乐治镇“四个精准”、文昌街道“五卡”、公安机关“十项措施”等好经验、好做法，被评为“全国青少年普法教育示范区”。建设天网工程前端监控点1196个、治安卡口51个，天网附属工程（电子围栏）47个、地网工程301个，人脸识别系统30路，350兆数字基站9个。启动新建强制隔离戒毒所。刑事案件发案率同比下降39%，社会治安形势大幅好转。狠抓安全生产主体责任落实，全面开展清单管理制度，强化安全生产执法力度，全面加强重点行业领域隐患排查治理，全力消除安全生产死角盲区，有效遏制了各类重特大安全生产事故发生。

（九）坚持勤政廉政，自身建设有效推进

积极探索新时代政府自身建设的途径和方法。政府行政效能监察成为常态。制定出台了《重大行政决策程序规定》《重大行政决策合法性审查制度》《行政效能评估管理办法（试行）》等制度。建立邀请县人大、县政协联系领导和非公职代表、委员列席政府常务会议制度，认真办理人大代表建议和政协委员提案，办结建议 91 件、提案 121 件，办结率 100%。深入开展“服务企业、服务群众”活动，积极探索审批体制改革创新，行政审批和服务事项办结率达 99.9%。全面落实党风廉政建设主体责任，将党风廉政建设工作作为县政府常务会议固定议题进行研究部署。严格执行中央八项规定和省、市、县十项规定，认真落实公务活动“禁酒令”，持续压缩“三公经费”。持续保持反腐高压态势，查处违反中央八项规定问题 17 起、处理 25 人，发现民生领域问题 577 个、立案 207 件，受理信访举报 461 件、办结 395 件。

二　纳雍县改革发展存在的问题与挑战

一是贫困落后仍是最基本的县情。目前全县仍有 13.07 万人贫困群众，228 个贫困村中有 98 个深度贫困村。大多数贫困村地处深山区、石山区、少数民族聚居区，自然条件恶劣，人居环境差，贫困群众增收渠道狭窄。

二是结构调整仍是最迫切的任务。受经济下行压力传导和市场影响，纳雍煤电主导产业增长乏力，煤电产业的低迷导致全县财政增收困难。同时，以玉米种植为主的传统低效农业仍占农业产业结构很大比例，产业结构亟须调整。

三是人才科技仍是最急需的要素。目前纳雍每万人拥有人才资源数和综合科技进步水平均在全省挂末，经济社会发展普遍缺乏高层次的领军人才和骨干力量。

四是安全稳定仍是最紧迫的关键。各种社会问题和矛盾相互交织，法治

宣传教育和农村思想政治教育仍需加大力度，安全生产和地质灾害引发安全事故及人员上访风险居高不下。

三 2018年工作目标和主要任务

总体要求：深入学习宣传贯彻落实党的十九大和习近平总书记在贵州省代表团重要讲话精神，坚持以习近平新时代中国特色社会主义思想为指导，认真落实中央、省、市经济工作会议和省、市工作部署，弘扬“团结奋进、拼搏创新、苦干实干、后发赶超”新时代贵州精神，统筹推进稳增长、促改革、调结构、惠民生、防风险各项工作，加强和改善民生，强力推进决战脱贫攻坚、决胜全面小康进程，推动经济社会持续健康发展。

围绕上述思路和目标，纳雍县将着力抓好以下六个方面的工作。

（一）着力防范化解重大风险

牢固树立“四个意识”，切实增强风险意识和底线思维，防微杜渐，未雨绸缪，坚决打赢防范化解重大风险攻坚战。一是坚决防范化解债务风险。进一步摸清政府性隐性债务底数，研究采取有效措施稳妥处置，强化债务管理责任落实和问责问效。加快推进 PPP 化债、融资平台公司化市场化转型，推动债务股权化改造，做实实体经济。坚决落实好政府性债务管理“七严禁”，防止形成新的地方性债务。二是坚决防范化解金融风险。认真履行防范和处置金融风险的职责，对违法违规金融活动坚决依法打击。重点整治民间非法集资、非法融资、非法金融活动、违法违规套利等严重干扰市场秩序、影响实体经济健康发展的行为，引导金融资本更好服务实体经济，坚决守住金融风险底线。三是坚决防范化解安全生产和社会矛盾风险。坚守安全底线。正确处理好安全与生产、安全与发展的关系，扎实开展各类安全隐患排查治理，加强对煤矿及非煤矿山、地质灾害、道路交通、建筑施工、烟花爆竹、消防、危险化学品、特种设备等重点行业领域安全监管，坚决防止发生重大安全生产事故，确保人民群众生命财产安全。认真吸取张家湾“8·

28”灾害教训，深入开展地质灾害隐患排查治理，全面落实防汛减灾避灾措施，扎实推进张家湾普洒、骔岭片区等地灾威胁区搬迁避让安置工作。坚守法治底线。全面推进“法治纳雍”建设。着力推进“七五普法”工作，大力抓好普法教育。依托天网工程，健全完善立体化社会治安防控体系，强化社会治安重点区域排查整治，严厉打击各类违法犯罪，全力维护平安和谐的社会环境。坚守稳定底线。切实开展“五项行动”，探索创新新形势下群众工作，健全完善网络舆论监测体系。高度重视和化解工程欠薪、征地拆迁、环境保护等方面存在的矛盾隐患问题，妥善解决好各类合理诉求，最大限度消除隐患和矛盾，维护社会和谐安定。

（二）全力决战决胜脱贫攻坚

牢固树立“等不住、慢不得、输不起”的思想自觉和行动自觉，坚持精准扶贫、精准脱贫基本方略，全力打赢脱贫攻坚硬仗。一是办好新时代农民讲习所。认真谋划县、乡、村三级讲习活动，不断丰富讲习内容，创新讲习方式，壮大讲习队伍，坚持“讲”“习”并重、同步推进，讲好党的新思想，讲清惠农新政策，讲透脱贫新思路，做到扶贫与扶志、扶智有机结合，充分激发贫困群众自主发展、主动脱贫的内生动力，既让干部动起来，更让群众干起来，把农民讲习所打造成决战脱贫攻坚、决胜全面小康的“加油站”和“助推器”。二是持续夯实农村发展基础。充分发挥扶贫特岗“特种兵”作用，整合基层脱贫攻坚力量。统筹加快农村水、电、路、讯、房、寨等基础设施建设，全面实施“五通四有”和“四有五覆盖”项目。深入推进农村“组组通”公路三年大决战，实现村组公路全贯通、全硬化。在实施完成2017年度项目的基础上，加快推进2018年度64处惠及12.68万人的农村饮水安全巩固提升工程，扎实推进农村电网升级改造，大力提高村组通信设施辐射面，改善农村生产生活条件。三是培育壮大扶贫主导产业。按照“33216”产业扶贫规划，坚持以销定产、以产促销，大力培育和发展壮大生态土鸡、生猪、肉牛、食用菌、冷凉蔬菜、高山茶“六大脱贫主导产业”，因地制宜发展特色经果林、中药材等产业，健全产品营销体系，拓展市场对接领域，建立完善与贫困户利益联结机制，充分发挥产业扶持带动作用，强力推动脱贫攻坚。用好用活财政专项扶贫资金，扩展社会融资渠道，积极争取扶贫产业子基金，整合各类涉农资金放大效应，加快扶贫产业落地见效。四是抓好抓实易地扶贫搬迁。坚持城镇化集中安置，统筹推进易地扶贫搬迁和地灾避险搬迁，确保 2017 年搬迁对象 2550 户 11529 人今年 6 月底前全部搬迁入住，2018 年搬迁对象 5232 户 23032 人安置住房年底前全面建成，并按照“五个三”配套保障措施要求，确保搬迁对象搬得出、稳得住、有事做、能致富。五是精准落实脱贫民生保障措施。全面精准落实好高中阶段、中职学校、普通高校建档立卡贫困户学生资助政策，实现应助尽助、应免尽免全覆盖。全面落实“五重医疗”保障制度，切实解决看病难、报销难和因病致贫、因病返贫等问题。全面落实农村安全住房保障政策，将无安全住房建档立卡贫困户全部纳入危房改造和“三改”对象。全面开展贫困劳动力技能、技术培训，确保户户有增收产业。

（三）加快推进城乡协调发展

坚持产城融合、城乡一体，强化基础支撑，构建新型城乡关系，同步提升城乡居民生活水平和质量，着力解决发展不平衡不充分的矛盾问题。一是加快城市提质发展。继续按照“旧城区减量提质、新城区完善功能”的思路，全面完善城西、城东、城南、教育园区等路网建设，启动鸽子花广场、城西农贸市场建设，改造老城区农贸市场 4000 平方米，完成城东、城南、城西电网迁改工程。加快推动文昌公园建设。继续推进 2017 年棚户区改造工作，力争完成新增 3914 户棚户区改造任务，加快棚户区改造拆除区域市民广场、停车场等公共服务设施的规划建设，引导旧城区市民向新城区流动。二是着力培育特色小城镇。以省、市级示范小城镇建设为抓手，以“8 + X”工程为载体，以“10 + N”为动力，启动实施“十百千”计划，力争完成小城镇建设投资 15 亿元，新建小城镇路网 4 公里，示范小城镇新增就业人口 1670 人，培育小微企业 365 家，城镇化率提高到 42.04%。三是大力实施乡村振兴战略。按照“产业兴旺、治理有效、生态宜居、乡风文明、生活富裕”的总要求，全面完成村庄规划，坚持农旅结合、产村相融、三产互动的思路，走特色农业发展路子，调减传统玉米种植100万亩，发展适销对路的优质农产品，结合“33216”产业扶贫规划健全农业标准体系，培育壮大农村新产业、新业态，不断提高农业现代化发展水平，加速农村电子商务产业园、特色农副产品运营服务中心、农村电子商务服务网点建设，着力构建县、乡、村三级电子商务服务体系。以危房改造及“三改”工程为契机，制定全县厕所规划改造建设标准，全面掀起“厕所革命”，全面推行“路长制”，全面完成垃圾压缩站建设，大力实施“绿化、美化、净化、亮化、细化”五大工程，实现环境综合整治全覆盖，不断提升农村环境综合治理水平。开展保护生态、美化家园乡村全民行动，全力构筑“天蓝、地洁、山青、水秀”生态屏障。

（四）大力推动县域经济提质增效

以供给侧结构性改革为主线，加快质量变革、效率变革和动力变革，全力支持实体经济发展，进一步提高全要素生产率，推动高质量、高效益发展。一是夯实发展基础。力争A2级通用机场、纳水铁路、纳雍至赫章、纳雍至晴隆高速公路和大纳一级公路开工建设，力争G246国道改造完成，启动维新至南开（维新至狗场段）二级公路、化作至梯子岩旅游公路建设，力争沙包煤化工铁路专用线项目批复立项，全面完成“建养一体化”公路建设。推进夹岩水利枢纽工程建设，力争环城、金珠等水库开工建设，加强水土保持和污水处理工程建设。二是强化项目支撑。深入实施“千企引进”工程，依托民革中央、广州天河等帮扶资源优势，在基础设施、文化旅游、生态环保、民生保障等社会发展方面，谋划、包装、储备、争取和引进一批好项目、大项目。三是做强实体经济。始终把发展经济的着力点放在实体经济上，更加注重提升主导产业效益和质量。厚植传统支柱产业。加大煤矿建设服务力度，促进煤炭产业转型升级，积极探索煤炭产业集团化管理、规模化生产、集约化经营、多元化发展路子，加快煤矿兼并重组，持续推进淘汰落后产能，扎实提升煤矿科技水平，全力保障电煤供应，稳定提升火力发电总量。着力发展特色轻工、装备制造、农特产品加工，继续做好烤烟生产相关技术指导服务工作，提高烤烟生产效益。加快转型升级。以国家有机产品认证示范区创建为契机，加快农业结构调整和转型升级，着力构建“六大脱贫主导产业”体系，力争打造10个以上全程可追溯生态特色农业品牌，建成1000个以上农业生产示范基地，农业产业增加值突破40亿元。以源生牧业公司、百凤庭食品有限公司和餐饮文化公司为龙头，打响“纳雍生态土鸡”品牌，促进农业产业三产融合高效发展，实现扶贫主导产业增加值10亿元以上。依托省级外贸转型升级示范基地建设，推动省级外贸出口基地建设。大力发展新兴产业。深入推进“气化纳雍”进程，加快光伏发电、风力发电、煤制清洁燃料、唯特高三元镍钴锰、新型建材等新兴产业发展。加强旅游基础设施建设，谋划打造“九洞天—金蟾大山”等旅游黄金线路，推动以生态旅游为龙头的现代服务业快速发展。四是做优财税金融。厚植煤炭、电力、烤烟等传统支柱税源，积极培育新税源，加大地方税收清欠力度。合理调整财政支出结构，从严、从紧控制“三公”经费支出。优化金融机构网点布局，实现信用联社改制农商银行目标，大力营造良好的“银政企”合作氛围，夯实实体经济发展金融基础。依法打击各类金融犯罪，充分发挥民营经济市场主体活力和创造力，力争完成民间投资160亿元，实现民营经济增加值120亿元。

（五）持续推进生态文明建设

统筹山水林田湖草系统治理，坚定不移走绿色生态文明发展之路，不断推动形成人与自然和谐发展现代化建设新格局。一是强化生态保护。加强基本农田保护，严守耕地红线。“力争完成营造林18.9万亩、市政绿化111.3亩，新增治理石漠化20平方公里，全力推进全县林业生态建设步伐，力争森林覆盖率达58.6%。”① 二是加强污染治理。深入开展森林保护“六个严禁”执法专项行动，严查严处破坏森林资源等违法犯罪行为。落实县、乡、

① 陈恒勋、邹彦：《三管齐下抓好生态文明建设》，《毕节日报》2018年1月20日，第2版。

村三级“河长”责任，加强水源地保护和农村环境综合整治，健全完善城乡污水收集处理及城乡垃圾处理系统、工矿企业污水处理系统，推动全县水环境质量持续改善。加强中央环保督察问题整改。三是发展绿色经济。建立“产权归属清晰、经营主体落实、责任划分明确、利益保障严格、流转顺畅规范、监督服务到位”的现代林业产权制度，提升林业产业化程度，扩大经果林种植面积，大力发展林下种植、生态旅游等绿色产业，将资源优势转化为现实产业优势、经济优势。

（六）全力保障增进民生福祉

不断补齐民生短板，在共建共享中增强群众幸福感和获得感。一是办好人民满意教育。继续加强教育基础设施建设和师资队伍建设，深入推进义务教育均衡发展，加快义务教育薄弱学校建设和城区学校建设。加大控辍保学力度，切实做好教育安全和留守儿童工作。深化“校企、校政、校校”合作，大力发展职业教育，确保义务教育基本均衡，顺利通过达标验收。二是推进健康纳雍建设。深入推进医药卫生体制改革，加大健康扶贫工作力度，实施基层卫生服务能力提升三年计划，加快基层卫生基础设施建设，加强基层医疗卫生服务体系和全科医生队伍建设。加快县医院、县中医院整体搬迁项目建设，全面推进健康信息化“五个全面建成”。鼓励社会资本投入发展中医药健康产业，大力发展中医药健康旅游产业，推进中医药与养生旅游产业深度融合。深入开展爱国卫生运动，加快创建国家卫生县城、卫生乡镇和卫生乡村，倡导健康文明生活方式，有效预防控制重大疾病，不断提高公共卫生服务能力。三是积极促进创业就业。完善就业创业服务体系，积极支持城乡劳动者创业，建立村（社区）就业创业服务站，不断提升公共就业服务均等化、专业化、标准化水平。依托职业院校、技工院校、民办职业培训机构，围绕精准扶贫、产业政策和用工需求，开展订单式、定岗式培训，持续稳定和扩大就业。四是健全社会保障体系。持续实施全民参保计划，深入推进基本养老保险改革，建立健全“预防、康复、补偿”工伤制度体系相互衔接、健全的养老保险体系，积极推进“五险合一”经办管理体系建设，加强保险基金监管和稽核。完善城乡最低生活保障制度，健全医疗、救助、临时救助、社会福利及慈善事业体系，强化重点人群关爱服务。健全劳动争议调处机制，切实维护农民工合法权益。

大力促进民族团结进步，深入开展国防教育和双拥模范县城创建活动，不断完善国防动员体系，推进军民融合深度发展，积极支持驻纳部队、监察委、法院、检察院、工会、妇联、共青团等工作。加强国家安全、司法行政、人防、民族宗教、统计、老龄、残疾人、邮政、气象、外事侨务、对台、地方志、档案等工作。

着力做好以下民生实事：一是力争 5 万贫困人口脱贫，实现 86 个贫困村按国定标准出列。二是确保教育依法投入，全面完善二中、六中基础设施，推动三中寄宿制全面改造和实验一小建设，启动文昌二幼建设，全面加快薄弱学校改造。三是全面推进中医医院建设，完成县医院二期主体工程。四是完成 7 个乡镇卫生院提质改造。五是全面启动旧城规划修编和提质改造。六是完成张家湾普洒、水东烟山及猔岭片区群众搬迁安置等工作。七是完成“组组通”公路建设 1000 公里。八是新建（改扩建）139 座公厕。九是完成农村危房改造 4352 户，同步实施“三改”。十是完成 6 个城市社区标准化建设。

参考文献

李云钊、罗勇、周成成：《浅析纳雍县农业产业化发展之路》，《农技服务》2017 年第 22 期。

莫兰：《贫困地区农村留守儿童问题的协同治理探究——以贵州省纳雍县为例》，贵州大学硕士学位论文，2017。

王强：《抓好茶产业发展 助推精准扶贫工作》，《中国茶叶》2017 年第 9 期。

B.19
威宁自治县2017年改革发展报告

陈康海　课题组*

摘　要： 2017年威宁县全面推动改革发展，坚持扩总量增效益，调结构促转型，攻难点打硬仗，补短板做支撑，抓联动强功能，守底线走新路，改革重创新，优行风创环境。并取得显著成效，使经济稳健发展，脱贫工作稳步推进，基础设施优化，城乡共生共荣，生态文明，政府清廉。县政府确定了2018年目标任务是贯彻党的十九大精神，着力于领域风险、精准脱贫、环境污染防治、推动产业转型、基础设施建设、城乡协调发展、发展内生动力和增进民生福祉。

关键词： 威宁县　改革发展　改革成效

2017年，在省市党委、政府的坚强领导和省委书记的倾情挂帮下，深入学习贯彻习近平总书记系列重要讲话精神和治国理政新理念新思想新战略，认真落实中央和省市系列决策部署，怀感恩之心，大力弘扬威宁精神，坚守发展和生态两条底线，坚持主基调主战略，坚持以脱贫攻坚统揽经济社会发展全局，深入推进供给侧结构性改革，坚持“三大主题”，建设“四个高地”，与时俱进打造改革发展升级版，经济社会保持持续快速健康发展。

---

* 本文基础材料由威宁自治县提供，由陈康海整理定稿。陈康海，贵州生态文明建设评价研究中心副主任，贵州省社会科学院农村发展研究所所长，研究员，研究方向：区域经济、农村经济。

一　2017年威宁自治县改革发展情况

（一）坚持扩总量增效益，经济稳健发展态势持续向好

2017年实现“地区生产总值256.16亿元，同比增长13%；规模以上工业增加值完成31.9亿元，同比增长12.8%；城镇、农村居民人均可支配收入分别达26520元、8560元，分别同比增长10%、12%；金融机构存、贷款余额分别达187.23亿元、123.87亿元，同比增长25%、28.5%；全面小康实现程度达88.8%”。①

（二）坚持调结构促转型，新旧动能转换步伐明显加快

深入推进供给侧结构性改革，着力促进第一产业转型、第二产业升级、第三产业优化，三次产业结构调整为32∶26∶42。第一产业亮点纷呈。大力发展山地特色高效农业，稳步调减低产低效农业，粮经比达3.7∶6.3。农业增加值达85亿元、同比增长6.8%。农业园区发展势头强劲，建成乡级以上示范园区48个。着力发展新型农业经营主体，累计培育县级以上龙头企业67家、农民专业合作社2299户。成功打造“威宁苹果”“威宁苦荞”等农产品区域公用品牌，“威宁洋芋”被农业部选入“2017中国百强农产品区域公用品牌”之一。2017年全国马铃薯大会现场观摩活动在威宁举行，威宁作为中国马铃薯产业大县的知名度、美誉度进一步提升。认证无公害农产品产地51.2万亩，获得“三品一标”认证24个。抢抓广州对口扶贫协作和恒大集团帮扶机遇，着力打造“中国薯城”、江南果蔬交易中心等专业市场，冷链物流体系建设步伐加快，农产品产销对接扎实开展。第二产业稳中促变。扎实推进贵州威宁经济开发区提质增效，配套服务功能不断完善，入

① 《威宁彝族回族苗族自治县人民政府工作报告》，http：//www.551700.net/NewsView_40067.html。

驻企业99家、投产71家，实现产值达115亿元。大力发展绿色能源经济，建成风电、光伏发电、水电装机容量达182.24万千瓦，在建17.6万千瓦，2017年发电量达20.4亿度，提供税收2925.81万元，其中县一般公共预算收入达1056.75万元。完成煤炭产量130万吨。大数据、新型建筑建材、装备制造、大健康医药等新兴产业加快发展，新经济不断涌现。第三产业势头强劲。大力发展以旅游业为龙头的现代服务业，全力推进全域旅游，赏花、避暑、观鸟、康体等快进慢游旅游业态不断丰富，2017年5~11月，全县纳入调度的64家酒店综合入住率达91%，8~10月月均接待自驾游旅客达51万人次，旅游业呈现“井喷”增长态势，实现旅游综合收入达94亿元、同比增长42.9%。以电子商务为代表的新型服务业风生水起，实现电子商务交易额达4.27亿元、同比增长52%，网络零售额达1.44亿元、同比增长165%。

（三）坚持攻难点打硬仗，脱贫攻坚工作稳步深入推进

出台“1+21”脱贫攻坚方案，扎实推进脱贫攻坚工作。2017年全年减贫3.94万人、4个贫困乡镇“减贫摘帽”、66个贫困村出列。全面启动“组组通”公路三年大决战，2017年实施通组路1216公里、已建成430公里，全力推进6个极贫乡镇通组路及产业路建设。投入财政专项扶贫资金2.76亿元，金融扶贫贷款53.4亿元，争取产业扶贫基金26.62亿元、到位14.62亿元，居全省首位。大力发展高端食用菌、马铃薯、畜牧业、高原冷凉蔬菜、精品苹果、中药材等山地特色农业，覆盖19.4万贫困人口。完成2016年易地扶贫搬迁安置项目9个、搬迁安置2164户10510人。在恒大集团支持下滚动实施2017~2018年易地扶贫搬迁安置项目5个，计划搬迁安置2017年搬迁对象3524户17930人、2018年搬迁对象3920户19698人。15927名建档立卡贫困学生享受到教育扶助政策，建档立卡贫困户参合率达100%，取消大病医保起付线，强化对特殊困难群体的政策关怀，尽力减少“因病致贫”“因学致贫”现象；启动实施21397户土坯房和10298户建档立卡贫困户低保户危房、1606户特困户住房改造。用足扶贫资源。加强与农业部、九三学社中央、招商局集团、广州市番禺区、恒大集团等帮扶单位

的扶贫协作与对接联系，坚持扶贫同扶志、扶智相结合，既着力引进产业增强“造血”功能，又下功夫培育脱贫致富的内生动力，成立了676个新时代农民讲习所对群众进行培训，激发斗志，提升技能。

（四）坚持补短板做支撑，基础设施建设取得重大进展

全力推进交通建设大会战，威宁草海机场前期工作推进顺利，开工建设在即。都香高速威宁段进入冲刺阶段，威宣高速威宁段启动招投标。启动实施县域内主骨架路网、农村循环路网3359公里，建成通车1124公里，行政村通畅率达100%，实现100%行政村通客运目标。全力推进水利建设大会战，建成杨湾桥水库除险加固工程，扎实推进小米水库、落水洞水库等4座在建骨干水源工程建设，新开工建设赖子河、开心等骨干水源工程5座。特困地区人饮工程基本完成，实施20万人农村饮水安全巩固提升工程，启动山塘建设358座，全力争取并实施了一批产业供水项目。500千伏输变电项目前期工作扎实推进，完成26个中心村配电网升级改造，新增线路520公里，综合电压合格率、供电可靠率分别达96.8%、99.5%。扎实推进多彩贵州“广电云”户户用工程，建成主干光缆5660.7公里，新增多彩贵州“广电云”用户27182户，安装完成15876户。深入实施网络强县战略，建成基站513个，完成565个行政村宽带建设和升级改造，“互联网+”新业态、新模式不断涌现。

（五）坚持抓联动强功能，城乡共生共荣格局全面形成

坚定不移实施“大县大城”战略，全力推动县城提质、乡镇增效、农村宜居，城镇化率达42.5%。启动县城总体规划修改，金钟、炉山等13个集镇规划编制加快推进，启动253个村庄规划，城乡建设规划体系不断完善。启动赫章至威宁天然气管道建设。大力实施棚户区改造，新城区房地产市场强势升温，累计新开工房地产开发60.7万平方米，同比增长125.6%；商品房预售43.53万平方米、同比增长22.6%；启动安置房地产建设54.3万平方米。中水、石门、板底等一批特色小城镇建设步伐加快。扎实推进

“五城同创”，文明创建再创佳绩，荣获国家卫生县城称号。着力打造舒美乡村，启动改善人居环境村庄建设项目772个，开展行政村绿色村庄创建158个。城乡公共服务日趋均等化，发展协调性不断增强。

（六）坚持守底线走新路，生态文明建设取得显著成效

坚决打好环境突出问题歼灭战，以最大的决心、最铁的手腕、最强的力度，高站位制订“1+26”整改方案，对标对表完成草海集雨区内砖厂、驾校等25个经营性项目整改，全力推进历史遗留重金属污染治理，启动杨湾桥水库重要饮用水源地环境整治工程，取得了中央环境保护督察反馈问题整改阶段性成果。坚决打好碧水攻坚战，突出“治建管改”实施草海生态保护与综合治理，启动综合治理项目40个，完工27个，在建13个，草海治理取得了突破性进展。千人以上集中式饮用水源地水质达标率稳定在100%。坚决打好蓝天保卫战，县城空气质量优良率达97.9%。

（七）坚持推改革重创新，发展动力活力加快强劲释放

全面深化商事制度改革，办理换发“多证合一”“两证整合”营业执照9197本，新增市场主体14371户，注册资本达76.79亿元。农村土地确权工作顺利通过省级验收。财税、供销、水资源、国有林场等改革深入推进，改革红利不断释放。“放管服”改革进一步深化，政务服务中心功能进一步优化提升，行政审批职能部门入驻34个，办理服务事项539项。大力发展开放型经济，实施招商引资项目113个，完成到位资金172.01亿元，同比增长30.19%。

（八）坚持优行风创环境，务实清廉政府建设不断加强

始终把纪律、规矩挺在前面，牢固树立“四个意识”，自觉与自治县委保持高度一致。推进“两学一做”学习教育常态化制度化，主动接受自治县人大监督和自治县政协民主监督，人大代表议案、建议和政协委员提案办结率达100%。建立完善法律顾问制度，推动政府行政行为步入法制化、科

学化轨道。推动行政审批服务"阳光"运行。制定和公布县级26个行政机关权力清单和责任清单。围绕脱贫攻坚开展明察暗访8次，督促整改问题158个，问责干部67人。坚决执行"禁酒令"，进一步精简会议和文件，持续整治懒政怠政惰政行为。

（九）坚持兜底线增福祉，民生保障网络不断纵深拓展

教育事业全面发展。启动实施改薄、学前教育、普通高中等教育工程项目315个、竣工128个，办学条件得到大幅改善。基本普及十五年教育及"两项督导"工作通过省级督导评估验收。推进"健康威宁"建设，面向社会公开招聘208名医疗卫生专业人才，迁建县人民医院和新建县妇女儿童医院、中医医院工程进展顺利，预计今明两年将增加医院床位3000张以上。完善"全民参保计划"，社会保障体系不断健全。深入实施文化惠民工程。加快国家级高原运动训练基地基础设施建设步伐，加大中长跑等耐力型项目基础人才培养选拔力度，成功举办第四届"激情草海万人长跑"活动。组队参加全市第三届体育运动会，以68枚金牌位居全市金牌榜第二名，其中田径项目以42枚金牌数蝉联全市金牌榜第一。[①] 加强农村留守儿童、困境儿童、留守老人精准关爱救助保障。深入开展严打整治斗争，大力实施"五项行动"，平安威宁建设成效明显。全面推进"天网工程"，建成监控探头1092个、人脸识别抓拍系统30套。

二　威宁县改革发展存在的问题与挑战

在看到成绩的同时，也要清醒认识到威宁县经济社会发展还存在不少的问题。一是经济总量小、人均水平低，实体经济支撑不强。二是财政收支矛盾突出，刚性支出和重大项目资金需求量大，国有平台公司融资手段有限。

---

① 陈波：《威宁彝族回族苗族自治县人民政府工作报告》，http：//www. gzweining. gov. cn/WebArticle/ShowContent? ID = 16340。

三是生态环境脆弱、环境保护压力大。四是民生领域短板较多，安全生产和社会治理压力大。受政府债务管控严格资金筹措困难的影响，2016 年提出的按二级标准新建 3 个中心卫生院没有启动。炉山镇“12・13”煤矿安全事故折射出我县安全生产监管还存在不少漏洞和短板。

三 2018年目标任务

2018 年是毕节试验区建立 30 周年，是决战脱贫攻坚、决胜全面小康的关键期，是转变发展方式、优化经济结构、转换增长动力的攻关期，是抢抓发展机遇、弯道取直、后发赶超的窗口期，做好今年工作至关重要。

围绕实现上述目标，重点抓实以下工作。

（一）坚决打赢防范化解重大风险攻坚战

切实做好重点领域风险防范工作，加强防范化解债务风险和金融。认真构建市政府提出的“8 +1 +1”融资体系，积极探索拓展新的融资方式、融资途径，科学规范有序地破解政府融资难题，坚决打击违法违规金融活动。加强风险分级管控和隐患排查治理双重预防，推动安全生产。特别是要深刻吸取“12・13”煤矿安全事故的惨痛教训，加强与省市安监、煤监部门的汇报联系，在省市的常态化、动态化指导帮助下，切实理顺管理体制，建强监管队伍，落实管理责任，聘请专家团队，提高监管水平。启动实施“地质灾害三年综合治理行动”，推进 82 处地灾威胁区群众搬迁避让工作，确保人民群众生命财产安全。完成看守所、拘留所建设，按 2000 人容量启动建设新戒毒所，建成综治中心，深入推进“法治威宁”创建，加强社会治安防控体系建设，维护社会和谐稳定。

（二）坚决打赢精准脱贫攻坚战

坚持精准扶贫、精准脱贫，力争减少 6 万人以上贫困人口，新发、龙场“减贫摘帽”。打好“四场硬仗”。坚决打赢产业扶贫硬仗。全县人均耕地多，区域气候独特，农业产业化发展空间大，路径合理，引导得当，通过产业扶贫来助推贫困群众增收致富，是一条可持续、有希望的发展之路。我们将全力争取省委、省政府发行1200亿产业扶贫子基金，培育我县特色优势产业发展，促进第一、二、三产业充分融合。坚决打赢基础设施硬仗。紧盯2017年1216公里和2018年2000公里的通组公路目标任务，统筹调度，加强部门乡镇协作配合，确保通村通组路建设快速优质高效。① 坚决打赢易地扶贫搬迁硬仗。“确保纳入2017年搬迁任务的3524户17930人于今年6月底入住，纳入2018年搬迁任务的3920户19698人所需4110套安置房按进度推进建设。”② 加大对入住搬迁群众的就业引导、困难救助、生活指导，提高后期扶持的实效性。坚决打赢教育医疗住房“三保障”硬仗。注重扶贫和“扶志”结合，从职业教育、农技推广等方面培育新型农民，引导贫困群众脱贫。加快落实“四重医疗保障”制度，完成农村危房改造和“三改”工程16.2万户。完善督察机制，用好第三方评估，盯紧“四率一度”的核心指标，下大决心、用大力气、抓大问题，开展持续不断的随机抽样和明察暗访，加大脱贫攻坚应知应会政策理论知识的普及，用严肃的督察问责机制修正信息错误、补齐机制短板，提升群众满意度。

（三）坚决打赢污染防治攻坚战

切实解决突出环境问题，推进威宁绿色发展。加快草海综合治理工程建设，启动环境监测观测系统建设，规范完善环草海截污治污系统管理运营机制。力争完成北岸棚户区改造工程，启动南岸和西岸生态敏感区棚改工作。全力强化中央环保督察整改落实力度。旗帜鲜明，态度坚决，不折不扣地执行中央和省市定的环保督察整改方案，严格按整改时限倒排工期，逐项调度，确保整改取得实效，让生态红线意识的养成成为自觉。加大杨湾桥水库

---

① 陈武帅、卯龙艳：《打好“四场硬仗”夯实脱贫攻坚基础》，《毕节日报》2018年1月25日，第3版。

② 陈武帅、卯龙艳：《打好“四场硬仗”夯实脱贫攻坚基础》，《毕节日报》2018年1月25日，第3版。

水源地环境整改力度，如期完成水源地一级保护区的拆迁，实施环杨湾桥水库截污治污工程，守护好威宁县城的“大水缸”。全力推进城乡“垃污工程”全覆盖。加快日处理500吨垃圾焚烧发电项目建设速度，力争年底投运，在城区和各乡镇（街道）建设完善34个垃圾集中收运系统，配齐垃圾清扫收运设备，实现城乡生活垃圾无害化处理率达90%以上；升级改造锁黄仓污水处理厂、五里岗污水处理厂，新开工乡镇污水处理厂26个，提升乡镇污水收集处理能力。

（四）全力推动产业转型升级

做好新旧动力对接，切实提高发展质量，加快现代产业体系建设。第一，加快工业升级。大力发展绿色能源经济，建成4个风电项目，总装机容量达19.4万千瓦。深入实施“大数据+产业深度融合计划”，催生新业态、形成新动能。加快10户以上工业企业改造升级，推动现代化矿井建设，着力提升煤炭产能，力争2018年煤炭产量达150万吨以上。第二，促进农业转型。因地制宜，逐渐调减低效低产品种，发展特色农业经济，落实“213535”产业战略部署，力争建设48个乡级以上高效农业示范园区。完善农产品产供销服务体系，强化创建特色品牌。第三，推动服务业发展。编制完成《威宁自治县旅游总体规划》，聚力发展“全域旅游”。开展旅游招商，不断推动旅游服务设施提档升级，力争实现旅游综合收入122亿元、同比增长30%以上。①

（五）全力抓实基础设施建设

着力构建现代基础设施体系，加快补短板、强弱项，不断提升综合承载能力。纵深推进交通大会战。开工建设威宁草海机场。建成都香高速威宁段，启动威宣高速威宁段建设。启动实施一批主骨架路网、农村循环路

---

① 陈武帅、卯龙艳：《威宁多举措推动产业转型升级》，《毕节日报》2018年1月24日，第6版。

网及农村组组通公路，加快建成一批生命防护工程，着力将农村公路建成安全工程、民心工程、畅通工程、舒美工程。纵深推进水利大会战。加快小米、川洞海子、落水洞等10座水库建设步伐，力争建成3座。扎实推进玉龙、二道坝、新民等5座水库前期工作，力争尽快开工建设。加快推进农村饮水安全工程建设及城乡供水巩固提升工程，彻底解决农村人口饮水安全问题。继续实施一批中小河流治理、产业基地供水、山塘工程，切实缓解工程性缺水问题。纵深推进供电及通信设施建设。开工建设500千伏输变电工程，完成39个中心村配电网升级改造，深度优化主骨架电网、改造提升入村进户电网质量，抓实动力电入村工程，着力解决农网低电压问题，打造更加坚实稳定的供电网络，全县农村电网供电可靠率达99.5%。大力实施骨干网络优化、城镇网络覆盖、农村宽带延伸工程，力争实现宽带村村通。推进“满格威宁”工程，确保城镇建成区、主要骨干路网3G/4G信号全覆盖，100%的行政村通光纤网络，4G网络覆盖所有行政村和85%的自然村。

（六）全力促进城乡协调发展

深入实施“大县大城”战略，着力做优县城，做特小城镇，做美农村，大力促进城乡协调发展。着力完成县城总体规划修改，推进“多规合一”。将国家房产调控政策落到实处，努力确保房地产市场的平稳健康发展。加强道路、公厕、休闲公园等基础公共设施建设，增强城市服务功能，提升城市管理水平，提高市民幸福感和城市宜居度。推动农业转移人口市民化，“力争2018年县城人口增至26万人以上、城镇化率达45%以上”①。

着力打造整洁宜居集镇。按照“城乡一体、尊重自然、因地制宜、突出特色”和“集中、集聚、集约”的原则编制下辖乡镇总体发展规划，促进集镇健康可持续发展。加快特色小镇建设。加大“脏乱差”集镇整治力度，加强各乡镇城管队伍建设，建立完善常态化保洁机制。同时，逐乡逐村

---

① 陈武帅：《建设生态宜居幸福家园》，《毕节日报》2018年2月5日，第3版。

做实产业发展规划，推动乡村产业振兴发展。加快农村环境综合整治，开展“乡村文明行动”，推进农村“厕所革命”打造幸福乡村。

（七）全力激活发展内生动力

着力深化改革、用力推进创新，全面激活发展要素，精心打造政策高地、成本洼地、投资福地。深入推进体制机制改革。健全国有资产管理体制，大力优化国有经济布局，全面完成建投公司、农投公司、旅投公司、园区产业公司、担保公司、机场公司等6个国有企业战略性重组；力争草海保护开发投资公司完成2A评级；组建医院投资管理公司，盘活做大医疗资产，充分发挥国有资本重大支撑牵引作用。深化商事制度改革，继续推进多证合一、两证整合等改革，简化准入手续、提升服务效能，推进大众创业、万众创新蓬勃发展。深入推进以城市管理综合执法体制改革为重点的综合行政执法体制改革。学习借鉴县外、省外先进经验，进一步改进完善社会治安综合治理和禁毒工作机制，推进“平安威宁”建设。扎实推进重点领域改革。抓实“三去一降一补”，完成年产9万吨煤矿关闭任务，淘汰落后产能33万吨。严格管理、主动服务，推进符合政策的煤矿加快技改扩能、尽快复产复建。推进持续降低企业融资、税费、制度性交易成本。深化教育、医疗卫生、环境保护、交通、水务等领域改革，加快补齐经济社会发展短板。加快推进“智慧政务”建设，规范中介服务，推进“减证便民”行动，努力让群众少跑腿、“数据”多跑路。深化农村综合改革，用好“三块地”，激活“沉睡”资源。加大统筹调度，又好又快地全面完成农村土地确权颁证工作。大力发展开放型经济。围绕特色优势产业，加强与广州番禺区合作对接，充分用好广州招商分局、重庆招商分局招商平台，全面落实领导干部带头外出招商机制，着力引进一批行业龙头企业入驻威宁。力争引进500强企业1家以上，完成到位资金200亿元以上。

（八）全力持续增进民生福祉

抓实盯细民生事业，一件事情接着一件事情办，一年接着一年干，持续完善公共服务体系，努力让人民群众享有更好的教育、更满意的收入、更高水平的医疗、更丰富的文化生活、更健全的社会保障。让人民享有更好的教育。加快推进高中教育、义务教育、学前教育及寄宿制学校项目建设，切实缓解“上学难”“大班额”“上学远”等教育热点问题。继续巩固提升“普十五”成果，加快城区中小学（园）建设进度，力争建成高中 2 所、初中 3 所、小学 3 所、幼儿园 4 所。按照补齐短板、校校完善的目标改扩建 176 所农村中小学、58 所农村幼儿园，根据国家标准配齐实验器材、班班通、计算机等教学设备，促进城乡教育一体化发展，确保实现义务教育基本均衡，国家验收达标。支持发展民办教育，规范社会力量办学。加强教师队伍建设，补齐缺额教师，强化学校管理，全面提升教育质量。抓实农村学生营养改善计划，确保学生吃得健康、吃得安全。加大控辍保学力度，确保小学、初中学生辍学率分别控制在 0.6%、1.8% 以内。让人民享有更满意的收入。实施农村贫困劳动力全员培训，确保每 1 个农村建档立卡贫困户家庭至少有 1 人以上实现就业创业。落实创业补贴和场地租赁补贴等就业优惠政策，支持返乡农民工、退伍军人、高校毕业生回乡创业就业。全面落实“3 个 15 万元”扶持政策，推动大众创业、万众创新成为新常态。实现城镇新增就业 1.2 万人以上、农村劳动力转移就业 1.3 万人以上。让人民享有更高水平的医疗。加快推进县、乡、村三级医疗服务机构建设，推行“互联网 +”新型健康服务模式，推进医疗资源共享互助，推动城乡医疗均衡发展。加大对口支援和医联体试点建设力度，推动全县各级各类医疗卫生机构业务骨干到对口帮扶医院进修学习成为常态，切实提高医务人员素质。大力支持和规范社会办医，坚决打击违法违规办医行为，确保群众就医安全。抓实人口计生工作，人口出生率控制在 14‰以内、自然增长率控制在 7.1‰以内、符合政策生育率达 89% 以上，持续促进人口均衡发展。让人民享有更丰富的精神文化。坚定不移完成全市创建国家公共文化服务体系示范区建设涉及我县的目标任务并顺利通过国家验收。继续推进藏羌彝文化走廊建设，切实做好支嘎阿鲁等文化遗产保护和申报工作，力争申报国家级非物质文化遗产 2 个以上。完成威宁游击团旧址、石门坎遗址、杨湾桥清真寺等文物修复。抓好高原中长跑训练基地、高原体育小镇项目建设。建成 10 个以上“智慧乡村”。让人民享有更可靠的社会保障。全面实施全民参保计划，着力扩大社会保险覆盖面。统筹城乡救助体系，落实临时救助制度，持续提高城乡低保标准，实现应保尽保。大力构建留守儿童、空巢老人、残疾人、鳏寡孤独、精神病患者等重点群体的关爱、救助和服务体系。抓实养老事业，积极鼓励社会力量兴办养老服务机构，让银发人群老有所养。支持法院、检察院工作。加强宗教、外事、侨务、人防、档案、地方志等工作。

B.20
赫章县2017年改革发展报告

邓小海　课题组*

摘　要：　本报告用8个“新”对赫章县2017年改革发展取得的成效进行了全面总结回顾，并立足于赫章实际，从9个方面着力实现重大突破，提出2018年赫章发展的思路、对策及建议。

关键词：　赫章县　改革发展　改革成效

今年以来，在市委、市政府的正确领导下，赫章县深入学习贯彻习近平总书记系列重要讲话精神和中央、省、市各项重大安排部署，牢固树立“四个意识”，坚持以脱贫攻坚统揽经济社会发展全局，聚焦“创新发展、同步小康”，紧扣“113攻坚战”，大力实施生态立县、工业强县、城镇带县、农产富县、文旅兴县“五大战略”，切实保障和改善民生，全县经济社会发展取得了新突破。

一　赫章县2017年改革发展情况回顾

2017年，在市委、市政府的坚强领导下，赫章县紧紧围绕稳中求进的总基调，坚持一切工作围绕经济工作转，经济工作围绕脱贫攻坚转，深入实

* 本文基础材料由赫章县提供，由邓小海整理定稿。邓小海，博士，贵州省社会科学院农村发展研究所副研究员，研究方向：旅游经济管理。

施“五大战略”，统筹做好稳增长、调结构、惠民生、促改革、防风险各项工作，全县经济社会发展呈现“稳中有进、转型加快、质量提升、生态良好、民生改善、社会和谐”的良好态势。

（一）坚持提质量、扩增量，经济实力迈上新台阶

建立和推行“1+5”经济运行调度新机制，加强监测、精准分析、科学施策，主要经济指标持续增长。预计地区生产总值增长12.3%达142.5亿元；500万元以上固定资产投资增长14.9%达117.8亿元；财政总收入增长51.37%达16.89亿元，其中一般公共预算收入增长9.73%达4.42亿元；社会消费品零售总额增长13%达27.1亿元；城镇常住居民人均可支配收入增长8.2%达26079元，农村常住居民人均可支配收入增长10%达7996元；金融机构存款余额增长26.08%达133亿元，贷款余额增长17.93%达77亿元。

（二）坚持扶真贫、真扶贫，脱贫攻坚取得新胜利

扎实开展脱贫攻坚“春季攻势”“夏季大比武”“秋季攻势”行动。选派305名干部到292个贫困村和后进村真蹲实驻，扎实开展一线扶贫。成立了509个新时代农民（市民）讲习所，贫困群众内生动力不断增强。累计整合各类扶贫资金73.4亿元助力脱贫，实现4个贫困乡镇“摘帽”，81个贫困村出列，1.92万贫困人口退出，贫困人口发生率下降到13.37%。扎实推进产业扶贫，以核桃、可乐猪、蛋鸡、香葱、肉鸡为重点的“五个一”特色产业初具规模，覆盖贫困群众9.2万人。脱贫攻坚产业扶贫子基金获银行批复项目7个，批复资金9.16亿元，到位资金7.34亿元。全面启动1186公里农村“组组通”公路建设，建成里程800公里。坚持集镇和县城集中搬迁，深入推进易地扶贫搬迁工程，2016年12个集镇安置点2470户13018人全部搬迁入住，旧房拆除和“三块地”开发有序推进；2017年搬迁的3664户18956人4442套住房已在县城全部开工建设，目前主体工程基本完成。完成2100户“危改”和“三改”工程。扎实推进教育医疗住房“三保障”，认真执行建档立卡贫困户学生教育扶助政策，发放精准扶贫学生资助

资金 1722.8 万元。全面落实“四重医疗保障”制度，取消建档立卡贫困户和精准扶贫特殊人群大病医保起付线，实现贫困户参保全覆盖。

全力开展脱贫攻坚“春季攻势”“夏季大比武”“秋季攻势”行动，积极推行“五个三”易地扶贫搬迁经验，用足用活城乡建设用地增减挂钩政策支持易地扶贫搬迁，着力推进易地扶贫搬迁工程。探索建立“公司 + 合作社 + 贫困户”“公司 + 村委会 + 贫困户”等扶贫利益连接机制。全面落实贫困家庭学生资助政策，大力发展职业教育，深入实施职教扶贫“一户一人计划”和“雨露计划”。深化“三重医疗保障”医疗健康扶贫机制，全面提高贫困人口医疗救助保障水平。预计减少贫困人口 3 万人（不含政策性兜底的低保户、五保户），按照省定标准实现 4 个贫困乡镇“减贫摘帽”，81 个贫困村实现出列，1.92 万贫困人口实现退出。

（三）坚持调结构、增效益，产业发展实现新跨越

深入实施工业“双千工程”和“双服务”行动，聚焦主导产业和新兴产业，引进贵州迈锐新能源科技有限公司、三联铸造有限公司等 5 家企业入驻园区投资兴业。启动铁匠建材园区建设，赫章产业园区由“一园三区”变为“一园四区”。7000 万只肉鸡加工项目、野马川 500 亩物流园区等一批重大项目全面启动建设。全力推进农业结构调整，粮经比从 36.5∶63.5 调整到 35.9∶64.1。建成农业示范园区 32 个。河镇乡 1320 亩矮化砧木苹果引种试验成功，并在全县推广种植 3.5 万亩，总投资 6.6 亿元，目前已完成种植 5080 亩。赫章樱桃获国家农产品地理标志认证。结构三百万棒食用菌、松林坡五千亩香葱基地、可乐万羽野鸡场、古达“世外荷源”等新兴特色产业犹如雨后春笋，蛋鸡产业发展势头强劲，累计存栏达 177.5 万羽。新增市级示范合作社 10 个、家庭农场 20 个、市级以上龙头企业 4 家。创建现代生态循环农业示范园区 1 个，培育生态循环农业示范主体 5 个。阿西里西 · 韭菜坪景区荣膺国家 4A 级旅游景区，赫章夜郎健身操队荣获“谁是舞王——中国广场舞民间争霸赛”全国总冠军，《阿西里西》舞蹈被国家体育总局作为“全国广场舞十二套规定套路”之一在全国推广，

大型民族舞剧《坪上花开》获毕节市乌蒙文化艺术节精品剧目大赛金奖。成功举办阿西里西音乐狂欢节、夜郎故里·赫章2017国际高原山地穿越挑战赛暨天空跑全国积分赛、“阿西里西杯”首届全国美丽乡村广场舞大赛等系列文化活动，赫章文化旅游正从“一花（韭菜花）独放”向“百花争妍”井喷式发展。2017年累计接待游客628.25万人次，实现旅游收入68.08亿元。

（四）坚持强基础、抓统筹，城乡面貌绽放新容颜

赫水高速公路启动建设，赫镇、赫纳高速公路前期工作扎实推进，S309赫章县后河至奎香（黔滇界）97公里、六曲至财神18公里二级干线公路加快推进。建设通村油路（水泥路）1705公里，全县公路通车里程达3872公里。新开工建设河口水库、新寨水库、万家沟水库等骨干水源工程。启动海雀山塘、索姑克山塘、长坪山塘建设。完成城乡污水项目“18+N”PPP招标及3个污水处理项目整改。新增有效灌溉面积1.13万亩。巩固提升15.45万人饮水安全工程。完成35千伏雉街变电站2号主变扩建工程，启动建设河镇乡10千伏及以下配网、中心村农网改造升级、低电压台区整治项目等工程。扎实推进“光网”“宽带乡村”“三网融合”和通信设施“共建共享”工程，农村信息基础设施逐渐夯实，信息化进程不断加快。深入实施“城镇带县”战略，完成城镇棚户区改造货币化安置5089户。中央城、帝景湾畔等11个房开项目蓬勃发展。国家气候适应型城市建设试点方案通过省发改委评审，同城化步伐不断加快。“五城同创”成效初显，荣获全省文明先进城市称号，13个单位获省级文明单位、5个乡镇获省级文明乡镇、15个村获省级文明村寨称号。平山乡、哲庄乡、朱明乡等6个乡撤乡设镇，城关、白果撤镇设街道获省人民政府批复。常住人口城镇化率预计增长8个百分点达34%。全力推进六曲河省级示范小城镇，平山、松林坡2个市级示范小城镇，妈姑、珠市、可乐、兴发4个县级示范小城镇建设，完成特色小城镇建设投资13亿元。完成美丽乡村创建144个，改造特色民居2308户，投入资金8.5亿元实施66个行政村人居环境综合整治。

（五）坚持抓生态、优环境，生态文明开启新征程

坚守“两条底线”，狠抓中央环境保护第七督察组反馈问题、交办信访件及突出环保问题整改，其中县城垃圾卫生填埋场及财神镇临时堆放场正在按照既定整改方案快速推进，重金属废渣治理项目已完成整改；中央环境保护督察组转办的信访投诉案件10件已整改完成6件，涉及赫章县的16个突出环保问题中除有4个与中央环境保护第七督察组移交问题一致外，其余12个突出环保问题已整改完成7个，剩下的5个正按照整改方案加快整改。全面实施山水林田生态保护和修复工程，落实森林管护面积262万亩。加强天然林保护、封山育林、生态修复、石漠化综合治理等生态工程建设。完成营造林14.87万亩、治理石漠化20平方公里，完成通道绿化面积6512亩。全面推进工业废水治理，狠抓重点流域环境整治、城乡生活污水治理和水资源管理，推进城乡垃圾无害化处理，河镇、古基、平山、财神垃圾焚烧站建成投用，全力实施了野马川镇、兴发乡重金属污染防治工程，处理铅锌废渣26万立方米。全县城市空气质量和县乡集中式饮用水源水质持续达标。

完成各项营造林工程10.69万亩、绿色通道线上建设1630亩，全县林地面积达264.27万亩，森林覆盖率达54.84%，林业总产值达50亿元。深入开展森林保护“六个严禁”“六个一律”环保“利剑”执法专项行动，共处理各类涉林案件70余件，查处环境违法行为30起、关停取缔企业15家、行政拘留5人，治理废渣87.4万立方米，恢复植被23.11万平方米。全力抓好中央环保督察组反馈问题整改，城市环境空气质量达标率为94.5%，集中式饮用水水源地水质达标率100%。大力发展循环经济和低碳经济，共完成项目节能审查205个，新增综合能耗8183.69吨标煤。

（六）坚持探路子、促改革，开放发展驱动新引擎

深入推进供给侧结构性改革，淘汰落后生铁冶炼企业5家，炼铁高炉6座，生铁冶炼落后产能30万吨，退出钢铁产能13万吨、煤炭产能36万吨。“塘约经验”、“三变”改革、“三位一体”新型农村合作模式有效推广。县

乡财政体制改革及“营改增”改革试点工作有序推进。积极搭建“政银企”常态化合作平台，深入推进安方公司实体化转型。“三管齐下”矛盾纠纷化解和“给、管、减”三招“混合制”幼儿园改革工作参选2017年贵州全面深化改革优秀案例。殡葬改革工作顺利推进，实现第一阶段火化区正常死亡人员火化、骨灰安葬（放）、公职人员带头集中治丧3个100%。扎实推进“放管服”改革，全面落实责权清单管理，取消责权清单事项88项、新增187项、变更项目名称6项。深化商事制度改革，有效推动“证照分离”等各项改革措施落实。全面提高开放型经济水平，加强与对口帮扶城市及周边城市的广泛交流合作，建立互利共赢、多元平衡、安全高效的开放型经济体系，完成招商引资项目省外到位资金139.88亿元，同比增长21.07%。

（七）坚持惠民生、保稳定，社会事业赢得新发展

深入实施“十三五”教育发展规划，扎实推进“全面改薄”计划和学前教育“三年行动计划”，建成教育项目9个，改扩建中小学（幼儿园）36所。学前教育三年毛入园率达87.01%、九年义务教育巩固率达90.5%、高中阶段毛入学率达90.53%，人均受教育年限达9.8年。“基本普十五”和“两项督导”通过评估考核验收。县妇幼保健院建成投用，县第二人民医院基础工程加快推进，县中医院、县精神病专科医院、县疾控中心等项目前期工作有序推进。医改综合改革省级示范县创建工作全面启动。解放军第302医院、广州中医药大学深圳医院、贵州省人民医院等省内外三级以上医疗机构与我县建立了帮扶协作关系，医疗服务显著提高。人口出生率为14.34‰、自然增长率为7.39‰、符合政策生育率为92.11%。深入实施“四重医疗保障”政策，大力推行农村贫困患者县域内先诊疗、后付费制度，县外就医全面实现随医就报。城乡居民基本医疗保障常住人口参保率达100%，城乡居民基本养老保险参保人数达341154人，完成目标任务的107.41%。发放城乡低保、医疗救助、临时救助等资金2.22亿元，代缴城乡低保对象参合金444.42万元。城镇登记失业率为3.42%，农业劳动力转移就业18260人。持续深入开展严打专项整治行动，刑事发案率下降

23.8%、“两抢一盗”案件下降21.7%，“八类主要案件”下降14.39%。依法依规惩处缠访闹访等“非访”人员，全县社会大局安全稳定，群众安全感满意度逐年提升。

（八）坚持转作风、提效能，政府建设呈现新气象

建成以县级政务服务中心为主体，覆盖各乡镇、村（社区）的便民利民服务体系，共办理行政审批服务82375件，网上办理847件，期内办结率100%。“智慧赫章”项目前期工作加快推进。严格实行县政府班子每周碰头会议制度，推动528项政府工作事项落细落实。依法办理人大代表议案130件，政协委员提案184件，办复率均达100%。加大审计监督和监察问责力度，严格落实中央“八项规定”，深入推进“两学一做”学习教育常态化，严格执行“四风”“禁酒令”，问题得到有效遏制，全县上下呈现“热爱赫章、发展赫章、维护赫章”的良好局面。

二　2017年改革发展中存在的问题与挑战

一是脱贫攻坚任务依然艰巨，现有扶贫开发重点乡镇6个（1个省级极贫乡、5个市级极贫乡），261个贫困村（其中深度贫困村113个），11.14万贫困人口（其中兜底2.18万人），是今年省委、省政府确定的全省14个深度贫困县之一。二是基础设施瓶颈制约突出，镇水高速、赫纳高速、昭黔铁路等重要交通枢纽尚未打通，水利电力等设施还不能适应经济快速发展的要求，特别是贫困边远乡村基础设施十分落后，民生短板仍然十分突出。三是产业结构不够合理，新兴产业、现代服务业占比微弱，大企业、大项目缺位乏力，支柱产业尚未形成。四是部分基层党组织战斗堡垒作用发挥不好，少数干部思想观念、能力水平、工作作风与新形势新要求不相适应。

三　2018年重点工作任务

2018年是全面贯彻落实党的十九大精神开局之年，是改革开放40周

年，是毕节试验区建立30周年，赫章县将全面贯彻党的十九大精神、习近平总书记在贵州代表团重要讲话精神和中央、省、市经济工作会议精神，以习近平新时代中国特色社会主义思想为指导，协调推进“五位一体”总体布局和“四个全面”战略布局，全面落实省、市各项决策部署，全力聚焦“113攻坚战”，深入实施“新发展战略”，坚决打好防范化解重大风险、精准脱贫、污染防治三大攻坚战，推动经济社会持续健康发展，奋力谱写新时代赫章脱贫攻坚同步小康新篇章。

围绕上述目标，重点抓好以下工作。

（一）围绕稳定和谐，着力在防范化解重大风险上实现重大突破

切实强化政治责任、风险意识、底线思维，全力以赴打好防范化解重大风险攻坚战。坚决防范化解债务风险。进一步规范政府债务的举借、管理、使用、偿还行为，坚持依法理财、规范举债，处理好举债与发展和经济增长的关系，真正做到“借得了、管得住、用得好、还得上”。坚决防范化解金融风险。严厉打击违法违规金融活动，建好用好金融风险监测防控平台，实现所有金融活动监管全覆盖、无例外。加强互联网金融等薄弱环节监管，重点整治乱办金融、非法集资、违法违规套利等严重干扰金融市场秩序的行为，坚决守住不发生系统性风险底线。继续实施好“引金入赫”工程，加快完善地方金融机构体系，积极帮助县内金融机构化解不良贷款。坚决防范化解安全生产和社会矛盾风险。坚持党政同责、一岗双责、齐抓共管、失职追责和管行业必须管安全、管业务必须管安全、管生产经营必须管安全的要求，强化煤矿、非煤矿山、地质灾害、交通运输、建筑施工、食品药品、特种设备等重点行业领域专项排查整治，加强对人员密集场所公共安全防控，坚决遏制重特大事故发生，确保以“大安全”推动“大发展”。大力推进“五项行动”，确保刑事案件、现行命案、“两抢一盗”、新增吸毒人员均下降20%以上。妥善解决征地拆迁、社保、环保、失地群众等方面存在的问题，切实维护社会和谐安定。

（二）围绕脱贫攻坚，着力在建成全面小康上实现重大突破

坚决打赢精准脱贫攻坚战，确保实现80个贫困村出列，2.4万贫困人口如期脱贫。打好“四场硬仗”。坚决打赢产业扶贫硬仗。坚持质量兴农、绿色兴农，按照规模化、特色化、商品化的发展思路，围绕脱贫攻坚抓产业、围绕群众增收抓产业，立足山地特色，聚焦“一县一业”，大力打造“一乡一特、一村一品”，以脱贫攻坚扶贫产业子基金投放为契机，重点发展核桃、可乐猪、矮化砧木苹果、食用菌、生态家禽等特色优势产业。坚决打赢“组组通”公路硬仗。按照“不搬迁的村寨要通公路、不能通公路的村寨要搬迁”原则，大力推进农村公路“组组通”三年大决战，全力抓好1476公里农村“组组通”公路建设。按照建好、管好、护好、运营好的“四好农村路”要求，切实解决好技术、材料、质量、安全等问题，彻底解决农村公路“最后一公里”的问题。坚决打赢易地扶贫搬迁硬仗。切实把易地扶贫搬迁作为脱贫攻坚的“当头炮”，牢牢把握“搬迁是手段，脱贫是目的”的根本要求，坚持县城集中安置，确保搬迁入住3664户18956人。依托“五个三”政策，切实做好搬迁群众后续民生保障工作，强化搬迁点社区建设和管理，确保贫困户搬得出、稳得住、能致富。坚决打赢教育医疗住房三保障硬仗。坚持把教育、医疗、住房保障作为啃下脱贫攻坚“硬骨头”的主攻方向。加快发展学前教育、巩固提升义务教育、全面突破职业教育和高中教育，切实阻断贫困代际传递；全面深化“四重医疗保障”医疗扶贫模式，让贫困群众看得起病、看得好病、减少生病；严格按照“住房安全有保障”的要求，完成农村危房改造并配套“三改”4056户。攻克深度贫困。聚焦河镇、结构、安乐溪等6个极贫乡镇、98个深度贫困村，整合用好统一战线等各类帮扶资源，发挥好领导挂帮和干部结对作用，集中优势兵力打好深度贫困攻坚战。实施农村贫困家庭收入倍增行动计划，不断加大新增涉农资金集中倾斜力度和转移支付规模，引导社会资金和金融资源更多投向深度贫困区域，推动深度贫困区域脱贫攻坚再战告捷。扎实抓好第三方评估问题整改落实，建立“全随机、全入户、全数据、全反馈、全整

改”督促考核机制，确保脱贫攻坚不断取得新成效。激发内生动力。坚持把扶志作为持续脱贫的根本手段，以新时代农民（市民）讲习所为平台，积极宣讲党的路线方针政策，充分调动群众的积极性主动性，树立“贫困户不可耻、争当贫困户可耻”的导向，逐步实现从“要我脱贫”到“我要脱贫”、“我能脱贫”和“我脱贫我光荣”的转变。积极开展脱贫攻坚网络讲习活动，开辟“塘约经验”“三变改革”等专栏，打造24小时“不打烊”云课堂，引导党员群众主动先行先试、吐故纳新，积极谋划增收致富新路子。

（三）围绕生态文明，着力在推动绿色发展上实现重大突破

坚决打赢污染防治攻坚战，让青山养目、流水静耳、空气净肺。狠抓生态建设。加大森林资源培育力度，切实扩大森林面积。狠抓生态保护。全面落实“气十条”“水十条”“土十条”，推进“蓝天、碧水、净土”三大行动，确保建成投用25座垃圾中转站，城乡生活垃圾无害化处理率达85%以上。坚定不移完成中央环保督察组反馈问题整改，全面落实“河（湖）长制”。加大集中式饮用水源地水质保护和监测力度，确保水源地水质达标率为100%，空气质量达标率为95%。严格抓好节能考核和生态环保考核工作，确保主要污染物排放总量控制在目标范围内。狠抓生态产业。谋划并实施总投资33.1亿元的“差别化”政策项目11个。积极推广“林草、林药、林豆、林禽”等林下经济模式，力争发展林下经济25万余亩、产值达1.65亿元。巩固传统优良品种，培育新型良种，打造核桃、樱桃、矮化砧木苹果、花卉苗木、高山茶叶等一批特色经果林产业示范基地，努力实现生态产业化、产业生态化。

（四）围绕转型升级，着力在促进融合发展上实现重大突破

坚持转变发展方式这一主线，深入推动经济发展质量变革、效益变革、动力变革，全力打好产业转型升级攻坚战，扎实推进三次产业发展。加快推进“千企改造”步伐，力争10家以上企业纳入“千企改造”工程，确保建成投产8家以上。大力破除无效供给，把处置“僵尸企业”作为重要抓手，

推动化解过剩产能。抢抓市场回暖机遇，扎实推动煤铁铅锌传统产业转型升级。加快推进威赫 2×660 兆瓦燃煤发电厂、日产 4000 吨新型干法水泥熟料生产线技改、年产 20 亿立方米煤制天然气等项目前期工作。力争建成投产 4 个煤气灶炉头铸造及精深加工项目，年产量达 3800 万只以上。加快推进 7000 万羽肉鸡生产加工项目建设。聚焦建链补链强链，确保新开工工业项目 45 个以上（亿元以上项目 14 个），工业固定资产投资达 20 亿元以上。做“强”农业。大力调整农业结构，调减传统玉米种植面积 24 万亩，确保粮经比调整到 30.2∶69.8。深入抓好“五个 10 万亩”工程，确保完成以大蒜、白萝卜为主的蔬菜种植 10 万亩，以矮化砧木苹果、板栗为主的经果林种植 10 万亩，补植补造核桃 10 万亩，改良草地和人工种草 10 万亩，野生抚育和种植中药材 10 万亩。大力发展规模蛋鸡养殖产业，加快推进 412 万羽蛋鸡项目建设，确保新增蛋鸡养殖 800 万羽以上。大力发展可乐猪产业，确保可乐猪养殖达 30 万头。扎实抓好烤烟生产收购相关工作，确保完成烤烟种植 4 万亩，收购烟叶 10 万担。创新产销对接机制，着力建设对口帮扶城市及各帮扶单位的绿色农产品供应基地，采取线上线下结合、批发定制结合等方式，努力把农产品卖出去、卖出好价钱。大力完善冷链物流基础设施网络，加快推进野马川 500 亩物流园区及重点乡镇种植基地预冷库建设，积极构建“冷藏、运输、加工、销售”一体化农产品物流体系。大力引进培育一批农业产业龙头企业，拓宽利益联结渠道，推进村社合一，带动贫困群众增收致富。做“优”旅游业。大力实施“文旅兴县”战略，着力推动旅游业提质增效，按照“不得不走的旅游精品线、不得不看的旅游景点、不得不尝的地方小吃、不得不赏的地方民族文化、不得不购的旅游商品”的要求，全力打造“夜郎大遗址·阿西里西风”旅游品牌形象。启动龙洞山公园建设，加快可乐考古遗址公园建设，力争建成九股水温泉旅游度假区、阿西里西大草原、松林千年杜鹃花区、海雀生态博物馆、塔山公园、可乐湿地公园等景点。建成体育馆综合体酒店、九股水温泉景区酒店并开展星级申报工作，大力培育温泉景区和夜郎古城温泉客栈。大力实施“智慧旅游”“创意旅游”“厕所革命”工程，推动“吃住行游购娱”“商养学闲情奇”深度融合。积极配合市做好省第十四届旅发大会筹备相关工作。确保接待游客达816万人次，完成旅游收入81.7亿元以上。做“活”现代服务业。大力发展现代商贸，现代物流等生产生活性服务业，培育1家以上大型电子商务平台、5家以上住宿餐饮业大个体，建成村级电子商务服务点100个以上，引进物流公司2家，加强全县批发市场、超市、电商企业之间的合作，力争农产品销售额增长12%以上。坚持聚通用的原则，全力抓好“智慧赫章”建设项目，纵深推进大数据与实体经济深度融合发展。

（五）围绕项目带动，着力在夯实发展后劲上实现重大突破

坚持抓项目就是抓发展的理念，紧紧扭住项目建设“牛鼻子”，以大项目带动大投入，以大投入推动大发展。强化项目谋划。准确掌握国家和省的政策导向和资金投向，立足资源禀赋、基础条件、发展需要，按照“定目标、定主体、定模式、定额度、定计划”的要求，在水电路讯、城镇经济、三次产业、教育医疗等领域储备一批重大项目，形成“梯次明显、结构优化、接续有力”的项目储备格局，确保全年谋划储备项目500个以上。强化项目争取。进一步加大“跑部进省”的力度，积极主动“要”，不辞劳苦“跑”，想方设法“争”，克服困难“攻”，用好用活国家、省市支持深度贫困地区的政策“红利”，找准结合点和着力点，让更多重大项目挤进中央、省级规划盘子，力争申报省、市重大项目50个，投资91.04亿元，真正做到跑有所向、跑有所成、跑有所获。强化项目招引。加大“千企引进”力度，强化领导干部带头招商引资工作，坚持引资与引智相结合、专业招商与综合招商相结合，注重以商招商、亲情招商，瞄准产业链龙头和产品链高端精准招商，确保实现招商引资省外项目到位资金154亿元以上，同比增长10%以上。强化项目推进。继续实行重点项目县级领导联系挂帮挂点和包保责任制。严格规范项目建设程序，坚决抵制“三边”工程。严格将项目建设纳入季度目标考核，形成新建项目及时开工、续建项目及时完工、完工项目如期投产、投产项目如期达产、达产项目如期上规入统的闭环管理模式，真正做到“一个目标盯到底、一位领导管到底、一支队伍帮到底、一股韧劲抓到底”。

（六）围绕强基固本，着力在推动乡村振兴上实现重大突破

坚持实施乡村振兴战略，完善城乡基础设施建设，推动城乡融合发展。全力推进基础设施建设。扎实抓好昭黔铁路赫章段前期工作，全力推进赫水、赫镇、赫纳高速公路建设，加快推进普通国省干线改造，全面完成在建县乡公路建养一体化项目，建成六曲至财神公路，完成S309赫章县后河至奎香（黔滇界）二级公路路基工程，启动赫章县西城区至大草原旅游公路和鹰歌嘴至罗州、兴发至雉街等干线公路建设，新增通车里程168公里，完成交通项目投资20亿元以上。启动总投资28.08亿元的18个水利项目和6个骨干水源工程建设。完成5.29万人的饮水安全巩固提升项目小康水建设。争取城乡供水子基金5亿元。加快农村电网升级改造步伐，启动建设110千伏六曲河输变电，建成投运35千伏河镇变二期扩建工程。完成第二批中心村农网改造升级，第一、第二批低电压整治和河镇乡10千伏及以下配网项目建设。实现行政村、自然村网络全覆盖。全力推进城乡融合发展。完成白果至水塘、城关至野马川、城关至达依3条城市干道建设，实现同城化发展。全面完成东城区路网、地下管廊等城市基础设施建设。新建和续建房开项目13个，完成房地产建设投资11.96亿元以上。完成2494户城镇棚户区改造，建成2885套城镇棚户区安置房，完成投资11亿元。深入推进“五城同创”工作。全面推进气候适应型城市试点建设。全力推进“气化赫章”工程建设，力争完成遵义至赫章段天然气管道项目（赫章段）及赫章至威宁天然气支线管道项目（赫章段）的建设。确保完成城市建设投资25亿元以上，实现常住人口城镇化率达38%以上。按照“小而精、小而美、小而富、小而特”的建设思路，全面引导特色小城镇健康发展，促进“产、城、人、文、景”融合发展，实现小城镇“三生”空间全方位升级。扎实推进六曲河省级示范小城镇，平山、松林坡2个市级示范小城镇，妈姑、珠市、可乐、兴发4个县级示范小城镇建设，同步抓好其他乡镇小城镇建设，力争完成小城镇建设投资10亿元以上。深入推进乡村振兴战略，加强村庄规划和村级土地利用规划“两规合一”，实现村庄规划100%全覆盖。整合农村

危房改造、地质灾害防治、人居环境“10＋N”、城乡建设用地增减挂钩等项目，全力打造“和谐家园、产业乐园、山水田园”相互交融的美丽新农村，力争完成100个行政村农村人居环境综合整治项目，完成投资12亿元以上。

（七）围绕对外开放，着力在激发发展活力上实现重大突破

坚持深耕改革事业，提高改革整体效能，扩大改革受益面，增强改革获得感。以深化改革提升内力。切实深化“放管服”改革，进一步抓好商事制度改革，推动“证照分离”等各项改革落实。深化要素市场化配置改革，重点在“破”“立”“降”上下功夫。抓好乡镇财税制度改革，让乡镇有更多的自主权和积极性。坚持项目化预算管理制度，提高预算透明度。建立健全政策性担保体系，用好用活“特惠贷”。深入推进县乡融资平台公司市场化转型、实体化经营，力争投放政府性投资基金32亿元。深化园区管理、城乡规划等体制机制改革。全面实施殡葬改革，加快推进各乡镇公墓建设。积极探索农村集体资产经营新模式，进一步壮大村级集体经济，彻底消除“空壳村”，促进农村发展、农民致富。以扩大开放激发活力。抢抓东部扶贫协作和对口帮扶机遇，打好广州番禺区对口协作资源牌，用好东部市场和发展要素。用活用足国家在国土资源、财税、产业扶持等方面的优惠政策。

（八）围绕共建共享，着力在推进民生福祉上实现重大突破

坚持以人为本、民生为重，牢记为民初心，坚守民生情怀，着力织牢民生保障网。强化文教建设，共享民生成果。深入推进“新两基”，着力解决中小学生课外负担重、“择校热”“大班额”等突出问题。大力实施教育扶贫“六大工程”，续建教育工程项目6个，新建教育工程22个。积极引进优质资源，推进市场化办学。学前教育三年毛入园（班）率达87.5%，义务教育巩固率达91%，高中阶段毛入学率达90.55%。完成“一院三馆”、体育馆城市综合体等重大项目建设，全方位促成全民健身活动中心、综合体育场、汽车露营地等项目落地。完成国家公共文化示范区创建工作。建成多

彩贵州“广电云”户户用工程入户10万户以上，确保全县有线电视接入率达60%以上。强化就业创业，夯实民生之本。大力引导能人回乡、老板回家、企业回迁、资金回流，鼓励农民工返乡创业。实现城镇新增就业6700人，农业劳动力转移就业19810人，精准开展贫困劳动力全员培训促进就业脱贫11270人，开发公益性岗位830个解决各类困难人员就业问题，城镇登记失业率控制在4.2%以内。新增创业担保贷款3500万元。强化医疗服务，增进民生福祉。完成县第二人民医院主体工程建设，启动县中医院、县精神病专科医院、县疾控中心项目和村卫生计生室标准化建设。全面抓好公立医院综合改革省级示范县创建工作。深入实施健康扶贫工程，全面落实“四重医疗保障”制度，确保贫困人口符合大病“四重医疗保障”救助条件人员享受保障救助率100%，从源头上遏制因病致贫、因病返贫，以“全民健康”护航“全面小康”。强化社会保障，筑牢民生网底。完善城乡医疗救助、临时救助、急难救助制度，持续做好留守儿童等特殊群体的关爱服务工作。整合各乡镇敬老院人员、资金、医疗等资源，力争打造3~4个中心敬老院，完成达依、六曲、水塘等20个乡镇农村敬老院安全设施建设。大力推进全民参保计划，确保常住人口城乡居民基本医疗保障参保率达100%。

（九）围绕创新管理，着力在提升政府效能上实现重大突破

坚持强管理重创新，大兴调查研究之风、真抓实干之风、勤俭节约之风和学习研究之风，不断提高施政能力和服务水平，努力建设人民满意的政府。持续打造学习型政府。坚持以习近平新时代中国特色社会主义思想武装头脑、推动工作、指导实践，把推进思想再解放贯穿于政府工作全过程。加强干部队伍教育管理，引导广大干部职工加强政治理论和业务知识学习，努力提升驾驭经济社会发展的本领。持续打造法治政府。依法全面履行政府职能，深化“放管服”改革，严格执行公众参与、专家论证、合法性审查、风险评估、集体讨论决定等重大行政决策法定程序。坚持政府法律顾问制度，推进政府决策法制化。持续打造责任政府。坚持发展第一要务不动摇，把发展主体责任扛在肩上、抓在手上、落实在行动上。继续深入推进“治

庸、治懒、治散、治慢、治乱、治浮”六治行动，坚决整肃懒政怠政、形式主义、官僚主义等不良作风，打造一支求真务实、勇于担当的高素质干部队伍。完善目标管理机制，确保各项决策落心、落地、落细、落实。强化担当意识，努力做到担责、担累、担难、担险。持续打造高效政府。进一步制定完善部门权力清单和责任清单，以清单管理推动简政放权。持续打造廉洁政府。始终把纪律和规矩挺在前面，落实国家监察体制改革要求，全面推进惩治和预防腐败体系建设，健全廉洁风险防控体系，完善建设项目廉政档案制度。

B.21
百里杜鹃管理区2017年改革发展报告

林　俐　课题组*

摘　要： 本报告回顾了百里杜鹃管理区2017年紧扣各项工作目标，攻坚克难，全力推项目、稳增长，抓财税、促增收，经济社会发展呈现了生产稳定、稳中向好、持续发展的良好态势。同时分析了在扶贫攻坚、产业体系、项目建设、民生保障、生态保护、体制机制、基础设施建设和旅游发展方面存在的困难和问题，并提出了2018年经济社会改革发展的对策建议。

关键词： 百里杜鹃管理区　发展成效　困难与机遇　发展目标

2017年，百里杜鹃管理区认真贯彻落实习近平总书记系列重要讲话和对贵州对毕节的重要指示批示精神以及省第十二次党代会和市第二次党代会精神，紧紧围绕“旅游统揽、全域打造、全时延伸、实干升级”发展思路贯彻落实打赢“113攻坚战”决策部署，全力推进稳中增长，经济社会呈现平稳较快发展态势。2017年，预计地区生产总值达到35.4亿元，同比增长13%；500万元以上固定资产投资57.5亿元，同比增长13%；预计完成工业增加值8.5亿元，同比增长10%；社会消费品零售总额7.5亿元，同比增长13%；完成一般公共预算收入2.6亿元；农村居民、城镇居民人均可支配收入分别达到8708元、27013元，实现旅游综合收入17亿元以上。

---

* 本文基础材料由百里杜鹃管理区提供，由林俐整理定稿。林俐，贵州省社会科学院农村发展研究所副研究馆员，研究方向：农村发展，图书资料管理。

一　2017年改革发展成效

2017年，百里杜鹃管理区以习近平新时代中国特色社会主义经济思想为指引，抓住供给侧结构性改革这条经济工作主线，经济社会发展呈现“经济稳中向好、民生持续改善、社会和谐稳定、干群感恩奋进”的良好局面。2017年，地区生产总值达到35.4亿元，增长12.5%；500万元以上固定资产投资48亿元，增长10%；规上工业增加值10.2亿元，增长10.5%；社会消费品零售总额7.5亿元，增长13%；一般公共预算收入2.69亿元，增长17.21%；农村居民、城镇居民人均可支配收入分别达到8630元、26169元，分别增长11%、8.5%；全面小康综合实现程度达到94.2%。[①]

（一）围绕“百姓富足”精准施策，精准扶贫有新成效

坚持把人民群众对美好生活的向往作为奋斗目标，百里杜鹃管理区全面落实精准识别、精准扶贫、精准脱贫基本方略。初步测算，全区2017年可实现贫困人口1517户5479人脱贫越线，14个贫困村脱贫出列，黄泥乡按照省定标准减贫“摘帽”，贫困发生率从9.23%下降到5.59%，脱贫攻坚再战告捷。一是对象精准。综合运用精准识别“四看法”，对贫困对象信息进行反复核查，对非贫困对象特别是“边缘户”实行动态管理。经过全面核查排查，全区减少贫困户128户，增加贫困人口261人，错识率、漏评率、错退率控制在2%以下。二是路径精准。整合上级、本级资金1.86亿元、融资2.7亿元，全面落实“特惠贷”、小康六项行动、易地扶贫搬迁、危房改造、教育扶贫、医疗扶贫等精准扶贫举措，建成通组路99.3公里、连户路38.07公里、生产道路和田间道路10.38公里；2016年度易地扶贫搬迁对象全部搬迁入住，2017年度易地扶贫搬迁项目完成主体工程，2018年度

① 习近平：《2018年统筹推进稳增长、促改革、调结构、惠民生、防风险各项工作》，http：//money.163.com/17/1229/15/D6R8O0D7002580S6.html。

易地扶贫搬迁项目完成选址；实施农村危房改造280户、棚户区改造2725户。三是战略精准。按照“党政一把手统一指挥、各县级领导分区作战”的工作思路，推行“两大战区九个战场”的分片分级作战攻坚模式，成立了“1+9+68”三级脱贫攻坚指挥体系，抓好脱贫攻坚“春季攻势”“夏季大比武”“秋季攻势”三大行动，落实“432”结对帮扶机制，对4624户贫困户进行全覆盖结对帮扶。创新推进党建扶贫，成功打造鹏程党建扶贫示范带典型。恒大集团无偿投入资金2亿元帮助我区发展扶贫产业，增城区对口帮扶和“千企帮千村”“万凤还巢”“荣誉村主任”等工作全面落到实处。对标对表，精准施策，“大扶贫”再战告捷。坚持精准扶贫、精准脱贫方略，认真开展脱贫攻坚“春季攻势”、“夏季大比武”和“秋季攻势”，持续深入推进脱贫攻坚各项工作。一是脱贫的内生动力不断增强。坚持“输血”与“造血”并重，把扶贫的重点放在产业培育上，不断增强脱贫内生动力。脱贫产业不断壮大。深入学习借鉴“塘约经验”，围绕“村社一体、合股联营”模式，落实200万元发展基金推进发展壮大村级集体经济“百日攻坚”行动，集体经济“空壳村”全部消灭，所有行政村全部建立1个以上产业发展合作社；突出抓农业发展平台建设，完善贫困户利益链接机制，创建省区市乡四级农业园区13个，谋划产业扶贫项目29个，总投资8.5亿元。社会扶贫有力有效。全力抓好广州市增城区对口帮扶、恒大集团帮扶、社会各界帮扶等工作，不断凝聚脱贫攻坚合力。增城区帮助推介招商签订项目协议4个2.3亿元，落实产业发展资金230万元。恒大集团3年拟投入2亿元以上帮扶百里杜鹃，投资发展的产业覆盖建档立卡贫困人口4600余户1.34万人，正在实施12个，总投资5800万元。党建扶贫深度融合。全力推进党建与扶贫深度融合，投资2亿余元推进鹏程党建扶贫示范带建设，发展特色种养项目6个，实施人居环境整治项目13个，带动农户兴办农家乐、农家旅馆28家，有效带动了群众脱贫。二是贫困乡村生产生活条件大幅改善。交通基础设施进村入户。着力实施以“组组通”为重点的农村公路“通达民生工程”，完成公路建设83.3公里，争取到省扶贫基金项目4个90.6公里，总投资15.5亿元。用水安全更有保障。着力实施以解决饮水安全为目标的“滋润民生工程”，完成覆盖0.69万人的小康水工程，解决14个拟出列贫困村274户1046人安全饮水问题。电讯基础设施日益完善。着力实施以农村电网升级改造为主的“光明民生工程”和以提升通信网络质量为主的“智慧民生工程”，升级改造10个贫困村农用电网，新建和改建4G网络基站86个，建设光纤81公里。易地扶贫搬迁有序推进。2016年易地扶贫搬迁工程后续产业发展工作有序推进，2017年搬迁安置167户686人项目快速推进，年底可完成主体工程。三是贫困群众公共服务有效供给和保障。坚持把人民对美好生活的向往作为奋斗目标，大力发展社会事业，群众获得感、幸福感大幅提升。教育发展日趋均衡。努力办人民满意的教育，不折不扣落实各项教育资助政策，投入资金1.45亿元实施教育工程项目14个，建成山村幼儿园6所，教育发展实现基本均衡。社会保障应保尽保。全面推进农村养老保险、城乡低保、农村五保、社会福利、优抚安置、医疗救助等政策落地落实，加强对流浪未成年人、留守儿童、空巢老人、残疾人、精神病人等特殊困难群体的管理服务，前三季度累计发放各类政策性保障资金1771.21万元。住房就业保障能力提升。抓培训促创业带就业，前三季度累计新增就业1743人，开展就业培训1332人次；着力实施以解决群众安全住房为主的“幸福民生工程”，建设小康房100户、改造农村危房280户，建成保障性住房853套、公共租赁住房1249套；棚户区改造完成672户，2053户快速推进，力争年底全面完成。新注册成立村级劳务公司、专业合作社37个，不断提高贫困群众务工收入。医疗服务条件改善。开设百里杜鹃人民医院，与省内外重点医院联合办医，推进乡、村卫生院（室）标准化建设，全区医疗机构达113家，医疗条件大幅改善；建档立卡贫困人口新型农村合作医疗参合率100%。

（二）围绕“结构优化”精准施策，产业调整有新突破

坚持以供给侧结构性改革推动产业转型升级，在全市率先研究出台“四上”企业培育及上规入统奖励扶持政策，推动产业上规模、提档次、调结构。一是农业园区化。按照市委、市政府“乡乡镇镇建农业园区”的决

策部署，新增规划建设农业园区 12 个，总数达到 13 个，成功打造了鹏程启化、普底大荒、黄泥龙塘等先进典型。成立红杜鹃生态茶叶有限公司，完成茶叶种植 1.2 万亩，培育农业企业 15 家、农民专业合作社 161 家、“村社合一”50 家，农村土地确权登记颁证工作全面完成。二是工业集约化。坚持把煤炭供给侧结构性改革作为推进工业转型升级的主要抓手，完成 5 个煤矿智能机械化改造建设方案编制上报，兑现煤炭生产和电煤供应奖励奖补资金 1565.95 万元；关闭煤矿 2 对、退出产能 18 万吨，新增煤炭经营公司、煤炭销售公司各 4 个；完成金坡煤矿年洗选 60 万吨技改扩能项目，建成渝兴煤矿瓦斯发电机组、红林煤矿增容瓦斯发电项目；全年生产原煤 360 万吨、销售 359 万吨，抽采瓦斯 6003.91 万立方米、利用 1948.54 万立方米，煤矸石销售 30 万吨。三是旅游全域化。坚守发展和生态两条底线，深入实施“三大战略行动”，统筹抓好全域旅游、农业结构调整、城乡建设、工业经济等各项工作，全力打造改革发展升级版。旅游发展成效卓著。大力推进旅游供给侧结构性改革，成功举办 2017 年国际杜鹃花节、第三届乡村旅发大会、彝族火把节、万人相亲大会等系列活动，游客进入量、旅游综合收入实现两个“井喷”，全年预计接待游客 250 万人次，实现旅游综合收入 17 亿元。（1）旅游规划全域衔接。围绕“旅游统揽、全域打造、全时延伸”思路和“一产景观化、二产绿色化、三产特色化”原则，高起点编制完成旅游发展总体规划、奢香军营山地公园、彝山花谷、洞佛天景区、米底河景区等修建性详规 10 余个，景区景点空间布局不断优化。旅游设施更加完善。建成花海大道游客服务中心，投入 2400 万元实施金坡景区旅游基础设施提级改造工程，智慧旅游景区建设基本完成，推进普底金坡景区连片打造，各景区设施更全、颜值更高。旅游招商成效明显。推进“旅游统揽、全域打造、全时延伸、实干升级”发展思路项目化，围绕旅游链条招商选商，举行了旅游项目集中签约仪式，深圳华大基因、贵州产投集团、浙江旅投集团、海南瑞泽集团等大集团公司投资开发百里杜鹃。知名度美誉度大幅提升。旅游宣传实现“上大报、站头版、登头条”目标，各级主流媒体宣传报道百里杜鹃有关情况 400 多条，全国各大权威传媒聚焦百里杜鹃，成功创建贵州省百里杜鹃生态旅游产业知名品牌创建示范区，旅游品牌和旅游形象空前提升。（2）生态底线守得更牢。牢固树立“绿水青山就是金山银山”理念，深入实施“大生态”战略行动，森林覆盖率达65%。环境保护问题整改有力有效。严格环保督察，认真办理中央环保巡察组和市转办环境信访投诉案件8起，有力有效推进8项21个环境保护问题整改工作。绿化造林深入推进。完成绿色通道建设和异地补植复绿工程，完成退耕还林工程2万亩。环护执法利剑行动深入开展。森林资源和环境保护力度不断加大，自然资源统一确权登记试点工作快速推进，“河长制”巡河护河常态开展，农村人居环境综合整治和农业面源污染防治强力推进，饮用水源地巡查及水质监测常态进行。重点企业环保设施运行率、运行达标率达95%。（3）城乡发展统筹推进。坚持全域理念，深入推进“五城同创”，促进山地特色新型城镇化发展，城市让旅途更美好，农村让游客更向往。花海文化城建设快速推进。坚持“产城互动、景城一体”，将花海文化城打造成旅游核心集散地和旅游产业集聚区，完成城市建设投资15187万元，养生康都、鹏程国际、中科地产等旅游地产项目拔地而起，房地产价格一路飙升，旅游服务业迅速发展，新增城镇道路2.98公里、城镇建成区面积0.315平方公、城镇人口3645人。美丽乡村建设全面推进。全力推进“四在农家·美丽乡村”建设，普底乡迎丰村被国家民委命名为“中国少数民族特色村寨”。按照“全景式打造、全季节体验、全产业发展、全方位服务、全社会参与、全区域管理”的要求，有序抓好全区旅游发展总体规划和启化温泉、普金景区等景区规划编制工作；投入资金1.38亿元全面推进旅游项目建设，全面完成凉井村旅游基础设施项目和金坡景区提级改造项目，基本完成智慧旅游项目一期工程，荣获贵州省数字经济示范景区殊荣；成功举办杜鹃花节、彝族火把节、第三届乡村旅游发展大会等特色节庆活动，荣获“向全球游客推荐的十大5A级景区品牌”殊荣，成功创建全市首个贵州知名名牌示范区——百里杜鹃生态旅游产业知名名牌示范区。全年共接待游客279.45万人次，实现旅游综合收入18.96亿元，分别增长32.5%、39.6%，旅游发展持续“井喷”。深化改革助力发展。始终把深化改革作为推进经济社会发展的“关键一招”，坚持“一把手”抓改革、推改革，供给侧结构性改革取得明显成效。推进工业去产能。实施“千企改造”工程，推进工业转型升级，煤矿整合2个，建成瓦斯发电、煤炭洗选、煤矸石洗选项目、煤矿技改项目各1个，注册成立煤炭生产经营实体企业2个，推进工业“变废为宝”，全年利用煤矸石20万吨、瓦斯1700万立方米。建设项目补短板。立足旅游配套服务设施不健全、旅游业态不丰富的短板，主动谋划项目，多种形式招商引资，党政主要领导带队外出招商6次，签约项目4个，投资总额8.5亿元，3000万元以上8个省外项目全部开工，招商引资到位资金25.02亿元。实施省市重大工程和重点项目39个，完成投资26.94亿元。改革体制聚合力。为推动区域经济发展，正式托管黄泥、沙厂、百纳三个乡及凤山乡联兴、白鸡两个村，全域化大景区全面形成，旅游要素进一步集聚，“跨县组合、封闭运行”发展模式等进一步丰富和完善。积极发展混合所有制经济，按照政企分开、事企剥离、企业化运营模式，改组成立杜鹃集团和百旅集团，文化旅游体制改革不断深化。

（三）围绕“加快发展”精准施策，项目投资有新贡献

坚持把项目建设摆在经济工作的首位，举全区之力抓项目，千方百计解难题，全力以赴促进度，项目建设势头良好。一是抓实项目谋划。紧盯国家、省、市政策和投资走向，落实2500万元项目前期工作专项经费，先后启动89个项目前期工作，为争取上级支持、增强区域经济发展后劲奠定了坚实基础。二是抓紧项目投资。把项目投资作为稳增长的重中之重，先后成功举行4次重大项目集中开工仪式，39个省市重大工程和重点项目完成投资44.82亿元，超额完成年度投资计划。三是抓牢项目引进。结合全区产业布局，全力以赴抓好招商引资工作，与华大农业应用研究院、贵州产投集团、岭南集团等企业达成合作共识。成功举办2次招商引资企业家座谈会和旅游招商引资项目集中签约仪式，切实抓好水、电、路、讯等要素保障和服务，兑现招商引资优惠政策奖励资金1367.78万元，22个招商引资项目推进有序，实现招商引资到位资金25.12亿元。

（四）围绕“生活宜居”精准施策，城乡发展有新面貌

坚持统筹兼顾、因地制宜、城乡一体的基本原则，突出特色挖掘与内涵提升，城乡建设的辐射带动作用明显增强。一是城乡一体规划。坚持把规划放在城乡建设的首要位置来谋划和推动，市规划局出资并委托编制单位启动我区“多规合一”规划编制工作，同步抓好全区城乡总体规划、花海文化城控制性规划、村庄规划等规划编制工作。二是城乡一体建设。科学规划和布局花海文化城公共服务设施，完成城市基础设施建设投资5亿元，新增城镇建成区面积0.6平方公里、城镇道路3.6公里，完成花海文化城征地拆迁1656.97亩，签订拆迁协议455户，回迁安置106户。特别是旅游地产发展势头强劲，全年销售商品房1.7万平方米、销售额4895万元，分别增长406.5%、489%。大水、仁和、黄泥等小城镇建设有序推进，完成小城镇项目投资5714万元。三是城乡一体管理。加快推进“五城同创”，加强花海文化城、集镇周边、重点村寨和道路沿线管理，着力整治临街店面不规范广告牌匾，重点打击乱张贴、发放违法广告行为，实现城乡环境综合整治常态化。

（五）围绕“保障有力”精准施策，财税金融有新作为

坚持“保运转、保民生、保稳定、促发展”基本要求，进一步健全科学规范、绩效明显、控制有力的财政管理长效机制。一是融资有效。按照2019年外部信用评级达到AA的要求，成立并支持杜鹃集团、百旅集团进一步深化国有公司市场化改革，通过做实公司资产、提升公司经营利润等关键指标水平，不断增强集团公司投资开发实力。全年投资项目获得金融授信贷款13个，获批金额18.36亿元。二是增收有方。健全财税部门信息共享机制和部门协税护税机制，完成一般公共预算收入2.69亿元，增长17.21%，增速全市第一；完成全口径税收收入3.82亿元，增长56.97%，增速全市第一；完成本级税收收入1.38亿元，占一般公共预算收入的51.5%，增长48.9%，收入结构进一步优化。三是还贷有序。成立政府性债务化解工作专

班，摸清全区政府性债务基本情况，研究制定政府性债务“借、用、管、还”一体化管理机制，清理核销系统内债务1.83亿元，完成政府性债务债券置换5.33亿元，2018年8月前系统内应置换债务63笔7.93亿元已全部签订置换协议，债务风险得到有效防控。

（六）围绕“基础牢固”精准施策，发展条件有新改善

坚持把基础设施建设作为经济工作着力点，强化过程管理和节点控制，全面改善全区经济社会发展条件。一是织密交通网。按照“四好农村路”建设要求，投入资金5.67亿元，加快50个交通项目建设，启动新改建二级公路34.6公里、农村公路73.7公里，危桥改造1座，完善交通安保设施32公里，完成89个招呼站建设。交通局荣获2017年全省农村公路建设先进单位。二是织牢水利网。扎实推进农村饮水安全巩固提升工程、农田水利等重点项目建设，米底河水库基本建成，竹家寨水库开工建设，有序推进5个农村饮水安全巩固提升工程建设，解决6900人饮水安全问题。完成农村小型水利工程产权制度改革工作，摸底调查并完成产权界定小型水利工程457个。三是织优电讯网。完成通信基础设施投资1.06亿元，新建、改建基站145个，铺设光纤707公里，网络覆盖率达98.5%；完成供电投资1560万元，开工建设花海文化城供电工程，完成4个中心村农网、10个贫困村农用电网升级改造，迁改强弱电线路68公里，新建配变电台15台，农村端电压合格率达98.8%。

（七）围绕“社会和谐”精准施策，民生改善有新进步

大力推进民生改善工程，让发展更有质感、幸福更有温度。一是生态文明有高度。坚持筑牢发展底线不动摇，完成2016年新一轮退耕还林2万亩、森林抚育1万亩和花海文化城、百里杜鹃湖环线、高速公路通道等绿化工程，森林覆盖率达到63.4%，成功入选国家发展森林康养试点单位；以抓好中央环保督察反馈问题整改工作为契机，成立林业行政综合执法组，办理各类林业行政案件17起，建成花海文化城污水处理厂、百里杜鹃空气自动

监测站等环保基础设施。二是就业培训有深度。深入实施就业优先战略，全年新增城镇就业1743人、失业人员再就业210人、就业困难人员就业138人、农业劳动力转移就业5410人，城镇登记失业率3.42%，完成各类培训3761人次。三是教育卫生有温度。大力发展人民满意的教育，投入资金1.2亿元，完成义务教育学校改薄工程4个，改建村级幼儿园4所，新建百里杜鹃第一小学和第五幼儿园，百里杜鹃第三幼儿园成功创建市级示范园，“基本均衡发展”工作通过国家督导评估，全区基本实现了普及十五年教育，减免和兑现教育扶贫资金216.71万元，资助贫困学生1305人。百里杜鹃疾控中心实验室建成并投入使用，人民医院项目建设前期工作稳步推进，远程医疗、家庭医生签约服务实现全覆盖，落实医疗扶助救助兜底补助资金1246.31万元，惠及贫困群众2.66万人次，成功创建国家级卫生乡1个、省级卫生乡3个、市级卫生乡1个、市级卫生村15个。四是文化体育有速度。以创建国家公共文化服务体系示范区为契机，完成6个乡文化站提级改造和68个村综合文化服务中心、乡村农体工程建设，成功举办国际围棋邀请赛、全国老年持杖健步等活动，山地自行车邀请赛得到省政府肯定；全面抓好民族事务工作，成功承办全市2017年民族宗教资金监管、少数民族特色村寨建设现场观摩会，永兴村、锦星村、启化村、大堰村获评为贵州省少数民族特色村寨，迎丰村获评为中国少数民族特色村寨。五是社会保障有广度。有序推进各险种扩面征缴，城镇职工基本养老保险等险种年度目标任务全面或超额完成。城市低保、农村低保保障标准分别提高10%、15.3%。探索完善农民工工资应急周转金、工资支付保障金、快速联动机制等制度，为248名农民工追回拖欠工资682万元。2017年，全区共发生生产安全事故5起，同比下降16.7%，死亡2人，同比下降66.7%，未发生较大及以上安全生产事故。建成全市首家安全生产警示教育基地，成功承办2017年度全市森林防火实战应急演练观摩会。六是综治维稳有态度。以抓牢“五项行动”为着力点，全力抓好矛盾纠纷排查化解、反邪教、不安定因素排查调处等工作，信访维稳扎实有效。严厉打击“两抢一盗”、黄赌毒等各类违法犯罪行为，破获毒品案件4起，抓获犯罪嫌疑人7人，缴获毒品海洛因

214.4克，排查管控在册吸毒人员530人，有效震慑违法犯罪，维护全区社会和谐稳定。

（八）突出法治，加强治理，“大安全”持续推进

坚持以人为本、依法治区，坚决维护社会大局稳定。一是法治创建不断深化。全力推进“法治百里杜鹃”创建七大工程，学法、用法、守法、依法的氛围更加浓厚，依法行政、依法执政的水平不断提升。全力提升群众安全感和满意度。二是公共安全保障有力。层层压实安全生产责任，坚持隐患排查治理、严格监管、优质服务有机结合，着力抓好各行业系统和领域的安全生产工作，全年未发生重大安全事故，建成全市首家安全生产警示教育基地。三是严打整治深入开展。深入开展“五项行动”和严打整治，不断加强社会治理，强化矛盾纠纷排查化解和信访积案化解稳控，敏感节点、重大活动、重要会议期间社会和谐稳定。四是特殊群体服务到位。全区1965名留守儿童、515名重症精神障碍患者、531名在册吸毒人员、16名艾滋病患者服务管理全面加强。五是精神文明建设不断加强。依托85个脱贫攻坚讲习所，举办讲习396期，深入讲政策、讲思路、讲发展、讲科技，推行群众工作“四听法”，实行宣传上墙、喇叭上树、活动上场，群众思想素质全面提升，盼发展的愿望更烈、谋发展的劲头更足、主动发展的意识更强。

（九）聚焦从严，压实主责，“大党建”保障有力

认真落实管党治党主体责任，党的建设不断加强，为打赢“113攻坚战”提供了坚强的组织、人才和作风保障。一是加强基层组织建设。实施基层党建七大工程，投入4300万元推进38个村（社区）组织活动阵地建设，调整提高村干部报酬，分类落实村组织运转经费163万元，整顿8个软弱涣散基层党组织；深入践行“塘约经验”，按照“支部+公司（合作社）+农户”发展模式，完善“合作社（企业）、村集体经济、群众”三方利益连接机制，构建“党建+旅游+扶贫”格局。二是加强干部队伍建设。探索驻村干部“12分倒扣管理制”，按季度开展述职考核，年终综合评定兑现奖

惩。组建同步小康驻村工作组41个，选派37名优秀干部到32个贫困村开展科技干部包村工作，脱贫攻坚“讲习所”培训干部2000余人次。三是加强党风廉政建设。坚持从严治党，严格执行党内政治生活制度；建立巡察制度，组织开展巡查2轮，巡查8个单位；开展“党纪法规教育年”活动，创新实施“双述双评”，积极开展违反中央八项规定精神、“四风”突出问题排查整改，严厉查处“为官不为”问题；坚持零容忍、全覆盖、无禁区肃贪反腐，狠抓民生监督，严肃查办发生在群众身边、严重损害群众合法权益的腐败案件和脱贫攻坚领域违法违纪问题，政治生态持续良好。

二　百里杜鹃管理区2017年改革发展存在的问题与机遇

（一）困难与问题

当前经济工作面的形势、困难和问题如下。

一是扶贫攻坚有待加强。根据市委、市政府的统一安排，2018年百里杜鹃管理区黔西片区要配合黔西县接受国家检查和第三方评估，大方片区要配合大方县实现脱贫“摘帽”，比原定计划提前了两年，脱贫攻坚任务极为繁重。

二是产业结构有待深化。虽然百里杜鹃致力于推进供给侧结构性改革，农业产业发展的组织化程度逐步提高，以旅游为龙头的第三产业持续“井喷式”增长，但以煤炭产业为主导的工业仍占国民经济的“半壁江山”，抗击市场风险能力弱。虽然着力推进产业结构战略性调整，但以原煤生产为主的工业经济仍占国民经济主导地位，以旅游为龙头的第三产业还没有实现大发展，三次产业结构不够合理，财政税收90%以上来自煤炭产业，受政策、市场、气候等因素影响波动大，经济运行风险大。

三是项目建设有待加快。受各种主客观因素影响，项目建设呈现“谋划多、落地少，小项目多、大项目少，传统项目多、高新项目少”的“三多三少”情况，项目对全区经济社会的发展和转型拉动力不足。

四是民生保障有待提升。从当前的情况来看，教育、医疗等基础设施依旧薄弱，民生保障体系覆盖面有待提高，企业“招工难”与劳动者“就业难”、企业增效难与职工增收难“两难”问题依然存在，提高民生保障水平任重而道远。

五是生态保护有待强化。从去年中央环保督察的情况来看，百里杜鹃垃圾、污水无害化处理等环保基础设施建设滞后，部分煤矿采区与国家级森林公园、省级自然保护区、风景名胜区“三块牌子”重叠，需投入更大的人力、物力、财力才能解决。

六是体制机制不顺。百里杜鹃管理区作为市委、市政府的派出机构，部分中央预算内投资项目申报、土地报批、部分资金划拨等方面仍需通过大方、黔西两县审批和划转，一定程度上影响了项目的实施。此外，由于资源总量小、财源结构单一，财政收支逆差大，保运转、保民生、保脱贫、保发展的资金压力大。

七是发展基础薄弱。尽管自托管以来一直加大基础设施建设的投入力度，但文化教育、医疗卫生、垃圾污水处理、供电供水等与民生息息相关的基础设施仍然满足不了群众脱贫攻坚奔小康的需求。

八是旅游升级困难。景区大，旅游资源分散，虽然在积极推进旅游全域化，但要形成“春赏花、夏避暑、秋休闲、冬康养，白天休闲体验、晚上夜景民宿”的全时旅游格局还需要巨大投入，旅游发展“升级版”打造任重道远。

（二）机遇与挑战

虽然面临的形势不容乐观，困难和问题不容忽视，但百里杜鹃的发展仍处于可以大有作为的重要战略机遇期。对百里杜鹃来讲，机遇与挑战并存，机遇大于挑战；难和险在增多，但时和势总体有利。一是政策红利逐步释放。党的十九大提出深入实施乡村振兴战略，把乡村发展放在了与城市建设平等的地位上，今后一段时期，中央必将加大对中西部地区特别是乡村的支持力度。百里杜鹃要深入研究国家宏观调控政策调整带来的重大机遇，积极主动争取，努力使中央、省、市政策在我区的效用实现最大化。二是发展基础日益完善。经过十年的努力，以道路交通网络建设为代表的基础设施日益完善，以花海文化城建设为代表的城乡发展日新月异，以旅游产业为龙头的第三产业发展势头强劲，为全区经济社会跨越式转型发展夯实了基础、创造了条件。三是团结奋进氛围浓厚。十年来，百里杜鹃铸就了“坚定信念、艰苦奋斗、甘于奉献、百折不挠、敢为人先”的“百里杜鹃精神”，具有百里杜鹃特色的行政架构基本成熟，真正做到“想干事的敢干事、干成事的有舞台”，合力推动全区改革发展事业破浪前行。

三　百里杜鹃管理区2018年改革发展目标和建议

2018 年是改革开放 40 周年，是毕节试验区成立 30 周年，是决战脱贫攻坚、决胜全面小康、实施“十三五”规划至关重要的一年，更是贯彻落实党的十九大精神的开局之年，做好经济工作十分重要。全区要把学习宣传贯彻党的十九大精神作为贯穿 2018 年各项工作的主线，通过脱贫攻坚讲习所讲习、中心组集中学习、举办专题研讨班、组织宣讲队伍深入宣讲等方式，帮助各级领导干部和广大群众学习理解领悟党的十九大精神实质，让党的十九大精神家喻户晓、人人皆知、入脑入心，确保各级领导干部能用党的十九大精神启迪思想、完善思路、谋划项目、指导实践、推动工作。

（一）抓好风险防范化解

一是防范金融风险。把债务风险防控摆在更加突出的位置，落实政府性债务管理“七严禁”要求，建立健全金融风险防控联动机制，加快引进金融机构进驻百里杜鹃，促进金融与实体经济、房地产的良性循环。定期梳理民企贷款担保、金融互助贷款等风险点，加大对金融诈骗、非法集资和恶意违约行为的打击力度，营造良好的金融环境。二是防范安全风险。抓好煤矿、交通、非煤矿山、烟花爆竹、危化物品、用火用电等方面安全生产工作，分行业、分领域开展应急教育培训和预案演练，增强突发事件应急处置和救援能力，全面遏制安全生产事故发生。三是防范社会风险。抓好民生诉求收集、分析研判和跟踪办理，做好矛盾预防化解工作，解决好信访积案等难点问题，消除社会不稳定因素。抓好社会稳定风险评估，依法严厉打击各种违法犯罪活动，严厉打击“两抢一盗”等刑事犯罪行为，全力维护公共安全，提高人民群众安全感和满意度。抓好城乡低保户、就业困难群体、农村留守儿童等弱势群体人员底线保障工作，认真梳理排查，及时发放政策救助资金，着力解决困难群众生产生活存在的突出问题，确保困难群体安全过冬。

（二）聚焦精准扶贫成效

紧盯黔西片区通过脱贫“摘帽”验收、大方片区按照标准脱贫“摘帽”、全区贫困发生率下降至 1.9% 的目标，全力以赴做好迎接国务院扶贫成效考核和第三方评估。一是打好基础设施硬仗。要加快交通基础设施建设，全力推进 S211 尖坡至桃园、跑马至小桥、“组组通”等项目建设，谋划启动建设息黔高速百里杜鹃南互通、普底至大水、彝山花谷快速通道等项目，争取通用机场早日开工建设，全面打通群众出行“最后一公里”。要加快水利基础设施建设，全面完成米底河水库各项收尾工程，着力加快竹家寨水库、庙脚至小桥河道治理工程和“一消一蓄”项目建设，争取高原水库扩容工程、孙家沟水库实质性开工建设，完成农村安全饮水安全巩固提升工程建设，解决 3200 余人安全饮水问题。加快推进全区水资源规划编制工作，确保在 2018 年完成乌泥河综合治理、双龙滩水库和凹水河旅游服务综合体项目前期工作。要加快电讯基础设施建设，理顺供电管理体制，加快农村电网改造和花海文化城供电工程，全面提升供电保障能力。彻底扫除通信盲点，力争实现“村村通光纤、户户能上网、4G 无缝隙覆盖”，实现“光网、无线、满格”会战目标。二是打好产业扶贫硬仗。在巩固烤烟种植的基础上，加快生态产业投资集团公司组建步伐，推动 13 个农业园区提质提效发展，全面完成玉米种植面积调减 7.48 万亩，发展茶产业 2 万亩、中药材 0.5 万亩、花卉 0.5 万亩、蜜蜂 1 万群、食用菌 0.3 万亩、恒大蔬菜大棚 1400 个，同时，积极推动群众土地入股、资金入股、劳务入股、农业保险等工作，合理解决好群众对玉米的需求，利用好“特惠贷”惠农政策，确保贫困户增收产业全覆盖，农业总产值达10亿元以上。三是打好易地扶贫搬迁硬仗。全面加快2017年易地扶贫搬迁工程建设，争取2018年2月底前实现搬迁入住，同步抓好旧房拆除工作；全面抓好2018年易地扶贫搬迁前期工作，争取2018年1月底前实质性开工建设，确保年底前建成投入使用。大力推广易地扶贫搬迁“五个三”改革配套经验，加大搬迁群众的就业培训力度，通过提供公益性岗位等方式拓宽群众就业创业渠道，让搬迁群众获得稳定收益。按照“通不了就搬、搬不了就通”的要求，对30户以上未搬迁的自然村寨，确保水、电、路、讯等基础设施全覆盖。四是打好教育医疗住房“三保障”硬仗。要全面抓好教育保障。加大教育投入力度，确保在建的5所学校薄改工程、5所新建乡村幼儿园建设项目2018年12月底前全面完成，12所学校薄改工程3月底前全面启动，年底前全面竣工验收。推进义务教育优质均衡发展，认真落实教育精准扶贫，确保学前三年毛入园率、九年义务教育巩固率、高中阶段毛入学率、“三残”儿童少年入学率均达85%以上。要全面抓好医疗保障。加快人民医院、精神病医院、村卫生室项目建设，加强新农合基金运行监管，建立健全建档立卡贫困户、农村计生“两户”新农合政策倾斜机制，全面解决765户2384名贫困人口医疗保障问题，实现建档立卡贫困户免费健康体检全覆盖。要全面抓好住房保障。全面清理历年农村危房改造任务，同步实施“三改”补齐农村住房基本使用功能。全面加快公租房、房源房等项目建设，提高全区群众住房保障水平。此外，大力推进新时代农民讲习所和村集体经济建设，健全政府投资项目贫困劳动力与非贫困劳动力务工薪酬差别化工作机制，全面激活农民发展动力、农村发展活力。要全面推行“塘约经验”，切实做好土地储备、金融支持、股份量化、风险防控等工作，实现村集体、合作组织、农户等多方共赢。

（三）突出旅游发展主业

一是建好一座城。按照“多规合一”要求，做好花海文化城控制性规划修编工作，明确空间功能定位和产业总体布局，统筹抓好花海文化城城市景观、地下综合管廊等市政设施配套建设，适时启动全民健身中心、图书馆、文化馆等单体建筑、标志性景观的规划设计。建成花海文化城湿地公园，抓好广场、社区等场所和关键节点的绿化工作，打造园林绿化精致“微景观”，实现“依山不遮山、临水不挡水”。要遵循设计美学，做好花神雕塑建设，通过灯光、音乐、VR 体验等方式，全方位展示百里杜鹃旅游文化、民族文化、历史文化，将其打造成为百里杜鹃夜游标志性旅游产品，延长旅游链条。二是办好两个节。要支持百旅集团做大做强，研究制定 2018 年旅游系列活动方案，重点办好国际杜鹃花节和避暑节，宣传推介百里杜鹃旅游产品和气候优势，开拓旅游客源市场，提高旅游知名度。要围绕“有花办节、无花办展”思路统筹进行谋划，积极开展和承办各类文体活动，集聚旅游人气，带动旅游经济发展。要邀请贵州民族大学、贵州师范大学等高校和机构的专家加强全区旅游从业人员进行业务知识培训，提升旅游服务水平。三是打造三个小镇。要认真研究省政府支持民族乡加快发展的若干政策，全面加快杜鹃小镇建设，找准发展定位抢占市场制高点，做足“产业”文章，实现产镇统筹和协调发展，争取将杜鹃小镇创建成为国家级特色小镇。要按照田园综合体建设要求，推进启化花漾温泉小镇落地建设，强化与省产投集团的合作，将山地、医药、森林生态与温泉产业相融合，形成产业化小而精、组团式的山地温泉康养产品，促进乡村振兴战略落地实施。要加快恒大旅游小镇建设，做大“花卉”产业，着力将恒大旅游小镇打造成为特色主题鲜明、基础设施完善、旅游服务功能齐备的“花海小镇”。四是修好四个酒店。要推进百里杜鹃大酒店、索玛花园酒店、野奢帐篷酒店、雅阁璞邸酒店等一批旅游酒店建设，全面抓好水电路讯等要素保障，确保各项目有序推进。同时，以市旅投精品民宿项目为示范，通过政策刺激中高端精品民宿发展，引导和发动群众发展中低端旅馆，力争全区床位数达到 1 万个。抓好星级酒店、特色餐饮、社区购物等业态的引进，确保在 2018 年国际杜鹃花节前，完成水口旅游小镇、东西门景游客服务中心、花海大道游客服务中心等重要旅游服务点商业市场建设，全面提升商业发展水平和旅游服务质量，以此带动全区商业体系发展。五是建设五个景区。加快推进“普金”

景区、彝山花谷景区、奢香军营山地公园、米底河景区、洞福天等景区建设，丰富要素配套，完善游步道、公厕、休闲设施等基础设施，增加特色景观和文化内涵，提升景区品质，提升旅游产品供给质量。

（四）抓牢项目投资核心

一是牵好项目建设“牛鼻子”。要狠抓台账管理。由发改局牵头建立省市重大项目和重点工作推进台账，由招商局牵头建立招商引资项目台账，对照台账按旬自检自查、按月分析评判，倒查任务完成情况。要狠抓综合督察。及时组建和调整由县级领导牵头的省市重大项目和重点工程工作专班，以工作专班为“指挥部”，做到“一月一督察、一月一反馈、一月一通报”，以项目督察发现问题、解决问题。要狠抓问责问效。对项目推进中不作为、慢作为、落实不到位的单位和部门及时跟踪问效，积极营造良好的项目建设环境。要坚决兑现招商承诺。以党工委、管委会的信誉赢取企业投资的信心，以党工委、管委会的诚信换取企业投资的成绩，积极兑现招商优惠政策，全力促进项目投产达产，营造良好的投资环境。二是建好项目储备“蓄水池”。要紧盯项目规划。认真研究国家、省、市“十三五”规划和“重大工程包”，在生态新兴产业、重大基础设施、重大民生工程和城乡建设等方面多谋划和争取一批重点项目，力争进入国家、省、市的“盘子”。要紧盯项目包装。按照超前规划一批、提前调研一批、重点争取一批的原则，谋划包装储备基础设施、产业升级、民生事业等领域的大项目、好项目。要紧盯项目前期。用好用活2500万元项目前期工作专项经费，全面落实项目前期工作责任，特别是发改局要加强协调服务和督促检查，优先保证重点建设项目的投资安排。三是打好项目服务“感情牌”。要做好项目入库服务。实行部门联审联批，积极指导项目业主提前做好项目备案申请等工作，做到“谋划一批、备案一批、入库一批”，提高项目入库率。要做好项目投资服务。充分发挥杜鹃集团、百旅集团等国有公司的市场投资主力作用，认真研究市场和金融政策，合理谋划和包装一批投资项目，不断壮大国有资产投资规模，为项目建设提供有力的资金保障。要做好部门联动服务。

由发改局牵头，分部门和乡（管理区）实行挂帮指导服务。有关单位要在土地征转、环境影响评价等方面全力配合，保证项目顺利实施。各行业主管部门要督促项目业主单位在确保安全的前提下，力争超额完成固定资产投资任务。

（五）强化生态文明建设

一是打造绿色屏障。完成新一轮退耕还林1万亩任务，加大历年退耕还林工程管护力度，提高退耕还林工程质量，确保森林覆盖率达到64.8%。加快推进杜鹃花种质库项目建设，支持科研所市场化运作，提升杜鹃花种植、繁育和保护等水平，确保完成500亩杜鹃花种植。二是加强生态监管。加大中央环保督察反馈问题整改力度，确保按时按要求整改到位。加强集中式饮用水源地水质监测和环境监管，坚决清理并取缔饮用水源保护区内的违章建筑和排污口。全面落实“河长制”，加大煤矿废水治理力度，完成花海文化城污水处理厂建设和6个乡（管理区）污水处理厂建设。严格执行环境影响评价和环境保护“三同时”制度，推动主要污染物排放总量大幅减少，规模以上工业万元增加值能耗下降5%。三是发展绿色经济。用好百里杜鹃国家森林公园森林康养基地品牌效应，引进实力雄厚的企业投资我区森林康养产业。采取完善基础设施配套、指导引入扶贫产业子基金、旅游发展基金等方式，支持涉林企业做大做强，促进林下经济产品深加工，实现林业经济总量和质量“双提升”。总结和提炼绿色矿区、花园式矿区建设工作经验，力争完成渝兴、红林等煤矿矿区绿色矿区、花园式矿区建设工作；启动红林煤矿年产90万吨技改项目、金象煤矿年产30万吨技改项目和7个煤矿智能机械化改造，完成“千企改造”项目4个，鼓励黔金、兴隆等煤矿建设煤炭洗选厂，建成瓦斯发电项目3个，新增装机容量3050万千瓦时，提升煤矸石、矿井水综合利用水平，推动煤炭产业清洁可持续发展。

（六）提高民生保障水平

一是抓好就业创业。做好易地扶贫搬迁人员及就业困难人员技能培训，督促各乡（管理区）就地就近做好就业困难人员就业及高校毕业生返乡就业创业工作，不断拓宽就业创业渠道和覆盖面，确保完成就业创业目标任务。二是抓好社会保障。实施百里杜鹃辖区常住人口基本公共卫生服务项目，让群众病有所医；落实居民养老保险、医疗保险制度，扩大覆盖范围、提高保障水平，让群众弱有所保；不断完善社会救助体系，做好城乡低保、五保的兜底保障，加大对残疾人群、孤残儿童以及其他弱势群体的救助，让群众困有所助；管好用好现有的养老机构，加快百里杜鹃老年养护院建设，让群众老有所养；加快村（社区）办公场地建设，逐步完善村民活动场所。三是抓好文化体育。认真抓好国家公共文化服务体系示范区创建工作，全力办好山地自行车邀请赛等赛事活动，加快百里杜鹃少数民族特色村镇廊带建设，大力实施多彩贵州“广电云”户户用工程和全民健身计划，适时推开彝汉双语教学，带动文体事业全面发展。

（七）做好发展要素保障

一是强化组织保障。根据发展需要，抽调或引进专业人才，逐个设立和健全旅游、工业、农业、林业、商贸物流等产业发展工作专班，全力做好部门、乡（管理区）、协会、企业之间的沟通与联系，把产业研究透、发展好。二是强化政策保障。在进一步完善企业技改贴息、科技创新等政策的基础上，结合产业链培育打造需要，研究制定专项帮扶措施，并根据现有企业的产值规模、产品层次、科技含量、资产负债及企业负责人等情况，每个行业选择2～3家优质企业进行集中培植，推动实体经济发展。三是强化资金保障。经能部门要保障煤炭税费监控系统正常运行，形成多部门联动执法机制，堵塞潜在的税源、零散税源征管漏洞，实现税费应收尽收。要调整优化财政支出结构，压缩“三公经费”，严控一般性支出，提升财政资金使用效率。针对上级财政转移支付等政策变化，整合资源，精心选项，多争快跑，在基础设施、生态环保、农田水利等方面有新立项。用足用活国开行、农发行等政策性资金，在基础设施、农业、旅游等领域探索PPP合作，做大做强杜鹃集团、百旅集团，打造更趋灵活、更加规范、更富市场活力的国有企业。

（八）坚持抓好工作落实

一是始终坚持党的领导。各级各部门要用习近平新时代中国特色社会主义思想武装头脑、指导实践、推动工作，不断增强政治意识、大局意识、看齐意识、核心意识，坚决贯彻中央、省委、市委的重大决策部署，始终把纪律和规矩挺在前面，严守党的政治纪律和政治规矩，一心一意谋发展，聚精会神抓建设，确保各项决策部署落到实处。二是始终坚持责任担当。各级各部门要紧盯发展目标，以“功成不必在我、建功必须有我”的责任担当，对各自承担的工作要任务分包、责任到人、量化考核，确保人人肩上有担子，件件工作有着落。特别是单位“一把手”，要强化在其位谋其政、履其职尽其责的意识，发扬“狭路相逢勇者胜”的亮剑精神，真正把抓落实作为一种硬性要求和工作常态，对急事难事要敢抓敢管，确保各项目标任务顺利完成。三是始终坚持苦干实干。要强化时间意识，争分夺秒，大干快上，自觉养成立说立行、马上就办的工作作风，做到安排部署快、落实决策快、解决问题快、反馈结果快，遇事不推诿，办事不拖沓，交代了就办，安排了就干，干就干成、干就干好。要大力推行政策设计、工作部署、干部培训、监督检查、追责问责“五步工作法”，按照不发通知、不听汇报、不打招呼、不用陪同接待，直奔基层、直插现场“四不两直”工作要求，大兴调查研究之风，推动决策科学化，决策落实高效化，确保经济工作取得实效。

B.22

金海湖新区2017年改革发展报告

陈昊毅　课题组*

摘　要： 2017 年金海湖新区深入贯彻党的十九大重要精神，全面推动改革发展，经济运行调度、脱贫攻坚、基础设施建设、产业转型升级、实施惠民工程、全面深化改革。全区经济社会呈现社会和谐稳定、经济稳中向好、民生持续改善、政治生态风清气正、各项社会事业全面进步的良好局面。区政府确定了 2018 年重点工作任务将主要抓好做好“两个盛会”承办、“毕节·广州产业园”建设、脱贫攻坚、强化要素保障工作。

关键词： 金海湖区　改革成效　机遇挑战　发展目标

2017 年金海湖新区坚持把改革贯穿工作始终，奋力推进各领域全方位深化改革。以体制机制、商事制度、农村“三变”为代表，深入推进经济改革，为新区群众谋红利。新区不断深入推进体制机制改革，为打赢深化改革这场持久战，持续释放改革红利惠及全区人民。针对重大项目融资、建设任务、创新不足等问题，积极推动效率变革，有效破解了发展体制机制、商事制度等障碍，为新区经济迈向高质量、高发展提供强有力的制度保障。

一　金海湖新区2017年改革发展情况

2017 年，在市委、市政府的坚强领导下，全区上下深入学习贯彻党的

* 本文基础材料由金海湖新区提供，由陈昊毅整理定稿。陈昊毅，贵州省社会科学院农村发展研究所助理研究员。

十八大、十八届历次全会和党的十九大重要精神，紧密围绕省、市重大决策部署，深度聚焦创新发展、同步小康，坚持大党建统领，大扶贫、大安全、大发展，坚决打赢“113 攻坚战”，按照年初工作部署和思路，锐意创新，埋头苦干，奋力拼搏，全力推进“富裕、活力、生态、和谐、清廉”金海湖建设，全区经济社会呈现社会和谐稳定、经济稳中向好、民生持续改善、政治生态风清气正、各项社会事业全面进步的良好局面。

（一）强化经济运行调度，经济实力持续增强

新区主要经济指标发展速度“两个高于”（高于全省、全市平均水平，高于全市其他县区经济开发区平均水平）目标基本实现。完成地区生产总值 88 亿元，比上年增长 13%；工业产值完成 180 亿元，比上年增长 14%；社会消费品零售总额完成 15. 37 亿元，比上年增长 27%；财政总收入完成 10. 8 亿元，与上年持平，其中，公共预算收入完成 2. 84 亿元，比上年增长 18. 8%；招商引资新增省外到位资金 106. 43 亿元，占目标任务的 106. 43%；新引进项目 40 个，签约资金 125. 59 亿元。部分重要经济指标为全市经济“总盘子”做出突出贡献。

（二）深度聚焦“113 攻坚战”，脱贫攻坚成效明显

减贫 6300 人、出列 15 个贫困村的目标任务圆满完成。农业供给侧结构性改革深入推进，产业扶贫力度不断加大。调减玉米种植面积 6. 67 万亩；建成省、市、区、乡级农业园区 9 个，建成蔬菜大棚 2062 个，养牛 2000 头，种植中药材 1560 亩、经果林 7300 亩、食用菌 300 亩，覆盖贫困户 2579 户 8782 人。农业主体培育力度不断加大，打造市级重点龙头企业 2 家，新增农民专业合作社 196 家，培育家庭农场 5 个，新建蔬菜标准化基地 1 个，引进农业企业 2 家、资金 1 亿元。获批 2017 年中央项目 67 个、资金 2732 万元，启动 63 个，竣工 25 个。发放“特惠贷”贷款 1611 户 6728. 8 万元。在全市率先完成 4. 99 万户实测承包地 36. 1 万亩确权登记工作。帮扶合力不断凝聚，扶贫力量更加壮大。广州市，广州市增城区、南沙区对口帮扶工作

扎实推进，年初分别选派一位优秀同志到新区挂职，并在招商引资方面取得明显成效；5月成功在广州市、增城区、南沙区举办三场大型招商引资推介会，向600余名企业家推介了新区；增城区区委组织部等15个部门与新区政治部等7个对口部门签订帮扶协议，4个镇（街）与新区4个镇（乡、办）签订对口帮扶协议，南沙区口岸办、广州港集团多次赴新区考察，明确2017～2020年每年出资3000万元帮助新区发展物流产业；“千企帮千村”活动深入推进，实现21个深度贫困村全覆盖，投入帮扶资金16.5亿元，吸纳带动就业1120人；恒大集团投资3.5亿元帮扶新区；争取扶贫产业子基金6.79亿元；启动实施脱贫攻坚“十大行动”，93个村（社区）全部成立村社一体专业合作社，吸纳3000多名贫困户加入。创办区、乡、村“三级”新时代农民（市民）讲习所103个，建立新时代农民（市民）讲习实训基地39个，开展讲习活动900余场次，参加讲习的群众达7万人次，脱贫致富内生动力不断激发。

（三）着力推进基础设施建设，城市功能不断完善

城镇化率达42%，较去年提高3.4个百分点，增速在全市领先。城市重大建设项目加快推进。在建重大项目58个，总投资249亿元，完成投资43.2亿元。市政基础设施在建项目24个，总投资92.32亿元，完成投资22.48亿元。公共服务设施类在建项目10个，总投资122.08亿元，累计完成投资13.47亿元。保障性安居工程项目建设：公租房项目10个，总投资4.58亿元，到位2.99亿元，累计完成投资2.12亿元；棚户区改造及移民安置项目14个，计划总投资29.12亿元，累计完成投资16亿元；梨树老街安置点一期、谢叶山安置点一期和钱家坝安置点回迁群众652户住房1018套，回迁摊位214个、商铺23个。城乡基础设施建设不断夯实。启动实施2017年“组组通”公路项目72个71.1公里和提前实施项目3个7.28公里，总投资2844万元。启动实施丰竹坝—归化段公路改扩建项目、歹鸡—青山公路改造项目，总投资2.19亿元；省下达计划建制村4条公路28.3公里全面建成，总投资2264万元。投入5484万元启动31个村创建“四在农

家·美丽乡村”，实施“贵州民居”554栋改造工程。投入700多万元为各乡镇办和园区修建垃圾中转站14座，购置垃圾清运车辆36辆，垃圾箱360个；启动实施响水乡人居环境改造工程，完成投资8094万元。城市内涵不断丰富。以“五城同创”为重要抓手，扎实推进相关工作，向市文明办选推4名“全国道德模范”、12名“最美毕节人”、22名“身边好人”、6名“美德少年”；成功创建3个市级卫生乡镇，10个市级卫生村、5个省级卫生村；完成国家环境保护模范城市考核的26项指标；建成小坝和松林两个污水处理厂；壕沟河综合治理和职教城道路边坡绿化工程加快实施。要素保障持续强化。突出抓好房屋拆迁、土地征收等工作，完成房屋征收5583户，占棚户区改造任务4250户的131.36%，征收房屋面积48万平方米（其中征收合法房屋30.8万平方米，协议消化违法建筑17.2万平方米）；完成土地征收8500亩。着力加强资金保障，成立专门机构专抓融资工作，推进公司实体化发展，不断增强新区平台公司融资能力，全年融资到位70.1亿元，其中通过新区本级平台为承贷主体融资到位64亿元。土地运营工作有序推进，土地储备力度不断加大，成功报批城镇建设用地7批次，预计获批3405亩；正在组织用地报件13批次，面积6408亩。按市政府要求完成6个项目415亩用地划拨工作。组织挂牌出让土地41宗2993.19亩，土地出让金预计20亿元。

（四）持续加快产业转型升级，工业园区集聚发展格局初步形成

开发区获批省级“生产型服务业聚集区”“绿色园区”，正在申报省级“新型建材产业示范基地”。建成国家级研发中心1个、省级研发中心（工程中心）3个；与中科院物理所合作在建中国西南先进电池研究中心。汽车制造、新型建材、新能源及电子信息三大支柱业态正在形成，工业园区累计引进企业114家，其中入驻园区厂房92家，入驻新鑫厂房3家，自建厂房19家；累计签约资金412亿元，完成投资249.6亿元。产业链招商取得重大进展。围绕以铂骏汽车为代表的汽车制造业，成功引进汇丰车桥、远东传动轴等8家配套企业；围绕以兴国新能源汽车为代表的新能源汽车产业，成功引进广东合普动力科技、山东福林祥电动车等8家企业；围绕以贵航新能

源电池生产为代表的锂电池产业链，成功引进丕丕丕电子、金沃新能源、拓明锂电、和畅新能源、量能新能源、图腾动力等 17 家配套企业，企业生产资料逐步实现就地就近配套。

（五）大力实施惠民利民工程，社会事业统筹协调推进

一是大力实施民生工程。大数据精准扶贫指挥中心建设、“四在农家·美丽乡村”创建等年初确定的“十件民生实事”完成 7 项，完成投资 1 亿元，其他 3 项正在抓紧推进。投入 6000 万元实施出列贫困村饮水安全工程 19 个；全面完成 420 户危房改造任务。实施的 2016 年易地扶贫搬迁工程 289 户 1256 人全部搬迁入住；2017 年易地扶贫搬迁工程 953 户 4028 人，目前住房主体完工 482 套。二是统筹推进民生事业。教育事业投入不断加大，第一所城市基础教育学校金海湖新区一小投入办学；投入 8200 万元用于薄弱学校基础设施建设和校园文化建设。基层诊疗条件不断改善，投入 1434 万元实施双山、小坝、梨树、竹园中心卫生院综合大楼建设。计划生育各项指标得到有效控制，保持在市下达指标内。食品药品安全稳步推进。国家公共文化服务体系示范区创建完成投资 1699 万元。三是着力强化民生保障。组织返乡农民工、失地农民、农村转移劳动力 5000 人参加职业培训，是目标任务数 1400 人的 3.57 倍。收缴城镇职工基本养老保险 7015 人，是目标任务数 4800 人的 1.46 倍。贫困户参合率达 100%。处理各类劳动保障监察案件 250 余件，清理拖欠农民工工资 3000 万元，涉及务工人员 2000 余人。累计发放各类救助救济救灾资金 7000 万元。全区留守儿童全部录入《贵州省农村留守儿童困境儿童信息管理系统》，签订留守儿童《三方委托监护协议书》2194 份，向 2769 名小学阶段留守儿童困境儿童发放安全电话手表。创建 5 个残疾人创业基地，3 个残疾人扶贫基地，解决 350 多名残疾人就业问题。殡葬改革工作有序推进。

（六）着力推进全面深化改革，改革红利持续释放

一是深入推进体制机制改革。完善“管委会（园区）+公司”运营模

式，成立4个集团公司和20余个子公司，整合资源持续注资做强实力，其中高新建投公司已通过AA信用评级，总资产达50亿元。市政建投公司、高新建投公司、双山建投公司共同承担新区重大项目融资、建设任务，有效破解了制约新区发展的体制机制障碍，“一元化领导、扁平化管理、公司化运作”的管理模式基本形成。二是持续推进商事制度改革。大力推行注册登记“绿色通道”，有序推进“多证合一”，市场主体显著增加，目前新区有市场主体1.2万户，注册资金142.35亿元。成功申报贵州著名商标1件，指导注册登记农民专业合作社189户，申报“乌箐岭”等涉农商标19件。三是大力推进农村“三变”改革。全面开展“党建引领、村民自治”改革，“村社一体、合股联营”改革、“明晰权能，量化股份”改革和“市场主导、分工分业”改革，启动14个村学习践行“塘约道路”改革试点，覆盖9953户38102人，其中贫困户1951户6330人，目前14个试点村都成立了村社合一合作社，吸引2家市级重点龙头企业积极参与“三变”改革和学习践行“塘约道路”，带动478户贫困户通过土地入股591亩。乡镇“大部门制”等综合改革、“多规融合”改革、园区服务企业服务项目工作机制改革等全面深化改革工作有序推进并取得实效。

在推进新区经济社会不断发展过程中，我们有以下几点经验启示。

一是加快城市基础设施建设，必须着力强化要素保障。把组织保障作为坚强后盾，制定项目建设“五个一”（一个项目、一名领导、一套班子、一个方案、一抓到底）管理机制，挂图挂牌作战，确保重大项目建设实现无缝对接、快速推进。把房屋拆迁、土地征收作为基础保障，通过优化机构队伍组合，配齐配强征收队伍，落实定任务、定责任、定时限“三定”举措和“一把尺子量到底”要求，实现土地征收和房屋征补的相互促进，推进房屋土地征收工作进入常态化。把资金保障作为根本支撑，成立专门机构统一统筹全区融资工作，积极与金融机构对接、洽谈，实现融资工作多渠道并举。成功完成新区下属一家国有公司AA级评级工作，搭建了新区第一家自主融资平台。把提高土地运营能力作为缓解资金压力的关键一招，在加大土地储备力度的同时，对圈而未建、批而未建的土地进行全面清理，坚持

“捂热”盘活存量土地，实现土地收益最大化，促进土地与经济的良性循环发展。

二是以招商引资为突破口，不断提升园区企业核心竞争力，完善产业布局。用好用活用足各方帮扶优势。充分利用广州市对口帮扶毕节试验区的优势，依托广州市增城区、南沙区对口帮扶金海湖新区的各种有利条件，努力把广州市南沙区、增城区的“对口帮扶”关系上升为“战略合作”关系。做强骨干企业，狠抓产业链招商，不断加大对高新技术企业的投入和引进，提升园区产业竞争力。

三是深度聚焦脱贫攻坚第一政治任务，探索精准脱贫新模式。紧紧依托新区工业化、城市化有利条件，充分发挥区域特色优势，集中人力、物力、财力，实现好脱贫攻坚与工业化、城市化的利益联结机制，全面启动实施金海湖新区脱贫攻坚“十大行动”，实现直接就业脱贫一批，发展生产脱贫一批，发展教育脱贫一批。率先在全省建立县（区）精准云帮扶指挥系统。

二　金海湖新区改革发展的问题与挑战

经济社会发展仍然存在诸多困难和问题，主要体现在以下几个方面：一是脱贫攻坚任务繁重。21 个深度贫困村脱贫攻坚短板仍然较多，部分偏远村寨产业扶贫覆盖难度较大，部分贫困群众的内生动力还需进一步激发，小康短板攻坚难度仍然很大。二是部分重大项目推进不理想。年初确定的“十大工程”总体推进不够快，归化水库、金融中心、文阁大道等项目未实质性启动实施。三是园区发展基础仍然薄弱，工业园区尚没有世界 500 强、国内 500 强、民营 500 强、行业 10 强和上市公司等大企业入驻，缺乏大型企业支撑；园区企业普遍存在规模不大，产品附加值低，产业特色不强，产业链条不长，产业关联度、配套能力不高，财政税收贡献率小等问题。四是民生事业发展短板较多。城乡基本公共服务供给不足，文化、医疗、体育等软硬件设施建设滞后，市人民医院新区分院、市“三院合一”等医疗卫生基础设施尚未建成，部分农村教育教学设施仍然落后，少数偏远地区人居环境极差。五是要素保障能力有待提升。资金、土地等关键性保障能力还不强，征地拆迁面临的压力大，用地审批、土地报件、土地运营等诸多问题也亟待解决。六是新兴产业尚处于谋划阶段。现代物流、商贸、金融、养老养生、旅游等新兴产业仍处在政策规划阶段。

新区经济社会发展取得一定的成绩，但仍然存在一些制约和挑战。

一是体制机制不健全，机构编制严重不足。因新区没有行政“户口”，人员编制严重不足，干部缺失严重。部门单位实行“大部制”管理，机构设置不健全，而又必须履行成熟县区的全部职责，导致新区许多部门工作职责履行不到位，影响工作正常开展。

二是工业带动农业、城市带强农村、新区带富农民的能力弱。工业园区发展、城镇化建设的辐射效应不明显，没有发挥好其集聚带动作用，农村发展、农民致富的问题没有很好地融入工业发展和城镇化进程。

三是园区入驻企业产业集群优势未形成，市场竞争力不强。入驻企业实力普遍不强，不同程度都存在建设生产资金不足，融资难、融资贵问题；培育扶持企业发展任务繁重。

四是招商引资方式方法单一、力度不够，融资渠道不宽，融资平台培育滞后，对市级平台依存度高，自主融资能力不强、融资规模不大、融资到位率低。

五是城市建设规划个性不突出，重大项目推进缓慢。城市规划品位不高，特色不鲜明，审批体制不顺。城市基础设施建设投资强度不够，重点不突出，项目建设资金缺口大。

六是现代物流、商贸、金融、养老养生、旅游等新兴产业尚处在政策规划阶段，农村山地特色种养殖业也未形成规模。

三　2018年重点工作任务

2018 年，新区工作的总体思路是：坚持以习近平新时代中国特色社会主义思想为指导，以党的十九大和习近平总书记参加贵州代表团讨论时的重要讲话精神为统领，全面贯彻落实好省、市系列重要会议精神，聚焦“113攻坚战”目标，坚持以城市建设为“纲”，统筹协调推进其他各项工作的开展思路，奋力把金海湖新区建设成为毕节宜居宜业的山水园林新城，闯出一条毕节城市化发展的新路子，为毕节试验区建立三十周年献礼。

围绕上述思路与目标，我们将主要抓好以下工作。

（一）打好城市建设“突围战”

做好“两个盛会”（毕节试验区建立30周年庆祝大会和毕节市第四届体育运动会）承办工作。以高度的政治责任感和时不我待的紧迫感，以最足马力、最细举措、最强督察抓好毕节试验区成立30周年28项献礼工程、29个保障性工程、24个带动性工程及“19456”工程涉及新区的43个项目建设，突出抓好奥林匹克体育文化中心、毕节金海湖皇冠假日酒店、城市骨干路网、毕节国际内陆港、市高铁客运枢纽中心、金海湖湿地公园等重点工程建设，奋力实现城市建设质的飞跃。积极谋划引进落地一批重大项目。按照“谋划一批、引进一批、落地一批、建成一批”的要求，围绕城乡基础设施、产业发展、公共服务等领域，谋划一批支撑强度大、带动能力强的重大项目，紧盯中央、省、市资金投向，努力争取更多资金支持。加大推进PPP项目包装力度，吸纳更多民间资本参与城镇公共服务等项目建设和运营管理。实质性启动归化水库、金融中心、彝缘水乡、双山大峡谷等项目建设，引进2~3家实力雄厚的城市综合体建设企业入驻新区。

（二）打好产业发展“阵地战”

加大产业培育力度。加快推进“毕节·广州产业园”建设，启动科技大楼建设，大力推进“千企改造”“千企引进”力度，建立健全以实际到位资金和税收贡献率为重点的考核激励机制，着力提高招商引资落地率、投产率、达产率、纳税率。增强产业集聚效应。加快完善电子信息（锂电池）产业链条配套招商；做大做强以东冶为代表的新型建筑建材产业，打造新型建筑建材产业集聚高地；巩固壮大以力帆铂骏汽车为代表的汽车装配制造及零部件制造产业，加快推进铂骏零部件产业联盟（16 家配套产业）全部入驻投产，进一步增强产业集聚带动能力。优化亲商、营商服务环境。切实落实好首问负责、一次性告知、限时办结、帮办代办等制度，对发生破坏投资环境问题的单位和个人，既要严肃追究直接责任人和分管领导的责任，更要倒查追究部门单位第一责任人的责任。

（三）打好脱贫攻坚“决胜战”

不断强化产业扶贫力度。创新推进金融扶贫、电商扶贫等扶贫新模式，在项目管理、干部联系帮扶、基层组织建设上狠下功夫，引导产业扶贫重点向深度贫困村辐射延伸。打好脱贫攻坚“四场硬仗”。继续加大扶贫产业子基金申报争取力度。加快推进 199. 33 公里“组组通”公路建设。加快全区 12 所基础教育学校建设；加快启动区级医疗机构建设；加大棚户区改造项目推进力度，加快推进夹岩水利移民安置点、谢叶山安置点、钱家坝安置点、幺塘安置点、梨树老街安置点等项目回迁工作。建好利益联结机制。用好“精准扶贫云系统”、工业园区带动就业、职业教育培训促进就业等新区特有的先天优势，在工业化、城镇化进程中大力开辟就业和发展渠道，逐步完善工业、城市与农民的利益链接机制，千方百计增加农民收入，壮大村级集体经济，大力引导和鼓励农村劳动力进厂务工，促进企业稳定用工、员工稳定就业、村集体持续增收。

（四）打好民生事业“持久战”

坚持教育优先发展战略。实质性推进 12 所基础教育学校和一批示范性幼儿园建设，谋划启动职教城二期建设。大力推进城乡医疗卫生基础设施建设。争取启动区人民医院、妇幼保健院、疾病预防控制中心、卫生监督所建设。争取引进 1 ~2 家优质医疗企业入驻新区。努力提升就业质量。落实好“3 个 15 万”“特惠贷”等扶持政策，积极搭建园区就业平台，继续开发公益岗位和见习岗位带动就业，加大打击拖欠农民工工资行为，保障农民工合法利益。不断强化社会保障体系建设。深入推行全民参保计划，努力扩大社会保险覆盖面，持续加大对困境（留守）儿童、空巢老人、残疾人、精神病患者等重点人群的关心救助力度。切实管控政策外多孩生育。大力加强食品药品安全工作力度，确保群众舌尖上的安全。同时，持续抓好“平安新区”建设，营造良好发展环境。

（五）持续强化要素保障

组织保障务求新力度。建立纪工委、政治部、建设局联合进行项目督察新机制，实行一个项目、一张时间表、一份督察报告制度，对项目推进落实不力、当甩手老板、不担当、不作为等情况进行严肃追究。土地征收、房屋征拆务求新进展。继续加大土地、房屋、坟墓征收、征拆、迁移工作，坚决为项目建设扫清征拆障碍。资金保障务求新突破。不断提升融资水平和能力，增强自主融资能力，做好债券发行工作。管好用好财政资金，强化税源培植。有效化解债务，完善财政资金“借用管还”和基金“募投管退”机制。土地运营务求新作为。继续加大土地收储和土地报件力度，加快土地挂牌出让力度，盘活土地资源，着力解决好违法违规用地问题，做好“土地文章”。

附　　录

Appendices

B.23
2016年毕节试验区大事记

1月10日　织（金）至纳（雍）铁路正式通车运营。

1月13日　毕节试验区专家顾问组总顾问常近时在北京主持召开毕节市“十三五”规划纲要咨询座谈会，与会专家对编制“十三五”规划纲要提出意见和建议。

1月20日　恒大集团帮扶大方县第一批产业扶贫项目“长石镇千座大棚食用菌栽培基地项目”在长石镇山坝村举行开工仪式。

2月16～18日　省委副书记、省委政法委书记谌贻琴到毕节调研督导“法治毕节”创建工作。

2月22～24日　全国政协副主席、全国工商联主席王钦敏到织金县专题调研扶贫工作。

2月26～27日　全国政协副主席马飚到毕节调研并出席相关活动。

2月27日　恒大集团结对帮扶大方县首批40项重点援建工程和200个农牧业产业化基地项目开工。全国政协副主席马飚出席开工仪式并做重要讲话。省委书记、省人大常委会主任陈敏尔出席，省委副书记、省长孙志刚讲话。

3月11日 第六届“绿化祖国·低碳行动”植树节全国启动仪式在南方主会场毕节市举行。中国绿色碳汇基金会理事长刘于鹤出席启动仪式。

3月21~24日 中央政治局委员、中央统战部部长孙春兰赴毕节调研。

3月22日 中华职教社对口帮扶毕节金海湖新区启动大会在毕节医学高等专科学校举行。全国人大常委会副委员长、民建中央主席、中华职教社理事长陈昌智出席并讲话。

3月22日 民革中央副主席何丕洁，致公党中央副主席曹鸿鸣，台盟中央副主席、台盟上海市委主委杨健一行前往赫章县考察。

3月22~24日 全国人大常委会副委员长、民建中央主席陈昌智率考察组赴毕节调研。

3月23日 统一战线聚力脱贫攻坚暨多党合作参与毕节试验区建设座谈会在毕节市召开。中央政治局委员、中央统战部部长孙春兰出席会议并讲话。各民主党派中央、全国工商联、中国科协领导在会议上发言，省委书记、省人大常委会主任陈敏尔汇报了我省精准扶贫、精准脱贫工作情况。中央统战部常务副部长张裔炯主持会议。中央统战部副部长、全国工商联党组书记、常务副主席全哲洙，中央统战部副部长林智敏，中央统战部副部长兼秘书长冉万祥，全国政协副秘书长邓宗良和省委副书记、省长孙志刚等参加会议。

3月24日 全国政协副主席、民进中央常务副主席罗富和到贵州工程应用技术学院调研。

3月25日 省委召开常委会议，专题听取毕节市工作汇报，研究指导毕节市经济社会发展。省委书记、省人大常委会主任陈敏尔主持会议并讲话。

4月23~24日 国家卫生计生委副主任王培安一行到毕节调研。

4月28日 市委书记陈志刚率毕节市党政代表团到深圳拜会了广东省委副书记、深圳市委书记马兴瑞。

6月7日 省人大常委会副主任傅传耀到毕节为本市新任县处级领导干

部培训班学员作“四在农家·美丽乡村”建设专题辅导报告。

6月8～10日 第四届全国天麻会议暨2016年中国（大方）天麻产业发展高峰论坛在大方举行。

6月20～21日 由省政协副主席蒙启良、左定超、蔡志君率领的省政协主席会议视察团到毕节视察精准扶贫暨易地扶贫搬迁工作。

6月22～26日 毕节试验区专家顾问组总顾问常近时一行到毕节考察。

6月23日 省委副书记、省委政法委书记谌贻琴赴毕节市开展信访包案督访工作，慰问基层信访干部，随机接待上访群众，调研信访维稳工作情况。

7月8日 贵黔高速公路全线通过交工验收。

7月14～15日 民革全国办学工作经验交流会在毕节市召开。全国政协常委、民革中央专职副主席何丕洁出席会议并讲话。

7月15日 中国国民党革命委员会毕节市工作委员会成立大会在毕节市举行。全国政协常委、民革中央专职副主席何丕洁等省市领导出席会议。

7月18日 国家烟草专卖局党组书记、局长一行到毕节调研烟草扶贫、烟田灌溉水利等工作。

7月23～25日 全国政协常委、贵州省原省长林树森率考察组，到本市考察美丽乡村建设、易地扶贫搬迁、旅游产业发展等工作。

7月25日 香港铜锣湾集团董事局主席陈智一行到毕节市考察并召开座谈会。

8月2日 由国家文化部产业司指导、贵州省文化厅和毕节市人民政府主办的“藏羌彝走廊·彝族文化产业博览会彝族文化产业发展高峰论坛”在大方县举行。

8月2～4日 省委常委、省纪委书记宋璇涛到毕节市调研精准扶贫和民生监督工作。

8月13日 毕节市“同心战贫困·赤子报春晖”大型主题文艺晚会在贵州工程应用技术学院绣山体育馆隆重举行。副省长陈鸣明等领导出席活动。

8月23日 中国致公党毕节市工作委员会成立大会召开。全国政协常委、致公党中央常务副主席蒋作君出席会议并讲话。

8月27日 省人大常委会副主任傅传耀应邀来毕节作“预算法解析”专题讲座。

9月3日 贵州·广东扶贫协作工作联席会议在毕节举行。中央政治局委员、广东省委书记胡春华出席并讲话，省委书记、省人大常委会主任陈敏尔主持并讲话，省委副书记、省长孙志刚介绍贵州省脱贫攻坚情况。

9月24日 中央人民政府驻澳门联络办公室副主任姚坚率19家澳门中资企业考察团到毕节考察。

10月24日 由大方南站开往贵阳站的K9577次列车正式发车，标志着大方县告别不通火车的历史。

10月26日 省政协主席王富玉率队到毕节就恒大集团结对帮扶大方县脱贫攻坚进展情况进行调研。

11月9~10日 由国家安全监管总局党组成员、总工程师王浩水带队的国务院安委办督察组到毕节市就安全生产工作进行督察。

11月13~16日 全国政协副主席、九三学社中央主席韩启德一行到毕节考察。

11月22~23日 中央书记处书记、全国政协副主席杜青林到贵州进行调研，深入毕节的企业、学校和贫困村，实地考察试验区职业教育、扶贫工作。调研期间，杜青林出席恒大集团结对帮扶大方县第二批63个重点项目集中开工仪式，并宣布开工。全国政协常委、恒大集团董事局主席许家印介绍恒大集团结对帮扶大方县工作。

11月27日 中国民主促进会毕节市工作委员会成立大会召开。全国政协常委、副秘书长、民进中央副主席朱永新，省政协副主席、民进省委主委左定超出席会议并讲话。

12月1~2日 毕节市党政代表团赴广州市考察，并召开对口帮扶工作会，考察期间拜会广东省委副书记、深圳市委书记马兴瑞。

12月7日 副省长黄家培率队到威宁自治县调研草海综合治理工作。

12 月 12 ~ 13 日　毕节党政代表团赴京向各民主党派中央和全国工商联汇报毕节试验区经济社会发展和对口帮扶工作。

12 月 13 ~ 14 日　由广州市政协代表团到毕节就广州对口帮扶毕节市有关工作进行考察。

12 月 26 ~ 29 日　中国共产党毕节市第二次代表大会召开。

B.24

2017年毕节试验区大事记

1月10日 毕节试验区专家顾问组座谈会在北京举行。毕节试验区专家顾问组总顾问厉以宁出席并讲话。厉以宁指出，毕节的扶贫要靠农业。要着眼农业的结构性改革，发展为农民服务的职业教育，提高农民的素质；通过土地的确权，让农民的投入有保障；通过农民的合作化，依托合作组织，培育职业农民经理人，发展农业服务业。粮食生产是农业结构性改革的重要内容，要保证粮食生产，按照宜粮则粮、宜经则经的原则，让农民尽快富起来。

1月20日 国家标准化管理委员会授予大方县“国家天麻种植综合标准化示范区”称号。

2月6~7日 省委常委、省委统战部部长刘晓凯到赫章县河镇乡调研脱贫攻坚工作，并现场研究解决河镇乡在基础设施建设、扶贫项目建设等方面存在的问题。

2月6~8日 省委书记、省人大常委会主任陈敏尔深入威宁自治县石门乡蹲点调研，看望慰问各族干部群众并召开座谈会，发出脱贫攻坚“春季攻势”动员令。

2月7~9日 副省长钟勉率省政府办公厅、省国土资源厅、省住建厅、省扶贫办相关负责人到纳雍县调研脱贫攻坚工作。

2月10~16日 毕节乌蒙演艺集团在法国尼斯狂欢节期间，全剧演出彝族古剧《撮泰吉》，推出《花衣角》《铃铛舞》《撒麻舞》参加开幕式巡游演出及彝族服饰的专场展演等，展示毕节彝族文化魅力。

2月21日 省委副书记、省委政法委书记谌贻琴到黔西县调研督导法治毕节创建工作，出席法治毕节创建工作调度推进会并讲话。

2月21日 总投资约167.7亿元的中石化织金60万吨/年煤制聚烯烃项目获环保部批复。

3月30日 副省长钟勉率省国土厅、省住建厅、省农委相关负责人到纳雍县调研脱贫攻坚“春季攻势”工作。

4月26日 2017年全国烟农增收工作现场会在黔西召开。国家烟草专卖局副局长杨培森讲话，贵州省副省长刘远坤致辞。

5月3日 恒大集团帮扶毕节扶贫计划会在毕节召开。全国政协常委、恒大集团董事局主席许家印，副省长刘远坤，省政协副主席、省工商联主席李汉宇等领导出席。会议由省政协副主席、毕节市委书记、毕节市人大常委会主任周建琨主持。

5月3~5日 全国政协副主席、全国工商联主席王钦敏一行到毕节开展民营企业精准扶贫、精准脱贫专题调研，并到织金县出席全国“万企帮万村”精准扶贫行动片区座谈会。

5月15日 毕节试验区专家顾问组赴毕考察座谈会召开。中国农业大学教授、试验区专家顾问组总顾问常近时一行出席会议，市委副书记、市长桑维亮，市政协主席宫晓农出席座谈会。

5月25日 民进中央副主席、四川省政协副主席张雨东率队到毕节调研，应邀开展专题讲座。

6月18日 2017年中国马铃薯大会暨中国·贵州（毕节）马铃薯产业博览会在毕节召开。

6月21日 广州市对口帮扶毕节暨绿色优质农产品产销对接会在洪山酒店举行。

7月5~6日 民革全国脱贫攻坚民主监督工作交流会在毕节召开。民革中央副主席兼秘书长李惠东，省人大常委会副主任、民革贵州省委主委王世杰出席并讲话。

7月12日 中央政治局委员、中央政法委书记孟建柱到毕节调研司法体制改革工作。省委副书记、省长孙志刚，省委副书记、省委政法委书记谌贻琴等陪同调研。

7月17～19日 全国人大常委会副委员长、民革中央主席万鄂湘，民革中央常务副主席兼秘书长李惠东一行到毕节开展调研。

8月5～7日 中央统战部副部长、全国工商联党组书记徐乐江率队到毕节考察，并主持召开"万企帮万村"精准扶贫行动（毕节）座谈会。

8月9日 国家能源局批复《毕节试验区新型能源化工基地规划》。

8月21～22日 广州市委副书记、市长温国辉率考察组一行到毕节市开展对口帮扶考察，并召开广州市·毕节市东西部扶贫协作党政联席会。

9月9～10日 由全国政协副主席卢展工率队到毕节开展教师节慰问及考察活动。

9月10日 国家烟草专卖局党组书记、局长凌成兴率队到毕节就烟草扶贫有关工作进行调研。

9月19日 2017年第五届亚太世界地质公园大会在织金县隆重开幕。贵州省委书记孙志刚，贵州省委副书记、代省长谌贻琴向大会致信祝贺，贵州省副省长钟勉宣读贺信。国土资源部党组成员赵凤桐出席并讲话，贵州省政协副主席、毕节市委书记、毕节市人大常委会主任周建琨，联合国教科文组织国际地球科学与地质公园计划负责人、地球科学与地灾减灾处主任帕特里克·麦基弗，世界地质公园网络主席尼古拉斯·邹若思，联合国教科文组织世界地质公园理事会主席盖伊·马提尼，亚太世界地质公园网络执行局副主席伊波雷姆·库穆致辞。

9月20～21日 省委副书记、代省长谌贻琴到威宁自治县、赫章县调研并在赫章县主持召开座谈会。

9月30日 贵州夹岩水利枢纽及黔西北供水工程截流成功。

10月17～19日 全国人大常委会委员、民盟中央专职副主席龙庄伟率民盟北京市委、民盟浙江省委、民盟山东省委、民盟贵州省委相关负责人到毕节市考察调研。

10月19日 习近平同志在参加党的十九大贵州省代表团讨论时，充分肯定了毕节把支部建在生产小组上、发展脱贫攻坚讲习所的做法，强调新时代的农民讲习所是一个创新，党的根基在基层，一定要抓好基层党建，在农村

始终坚持党的领导。在讨论中，周建琨就此专题进行了发言，进一步介绍了脱贫攻坚讲习所的具体运作方式，并表示一定把脱贫攻坚讲习所办得更好。

11 月 4 日 学习贯彻党的十九大精神中央宣讲团成员，农业部党组书记、部长韩长赋到威宁自治县小海镇调研并宣讲党的十九大精神。

11 月 15 ~ 17 日 民盟西部省（区、市）第十六次盟务工作会在毕节市召开，会议围绕“助力‘决胜脱贫·全面小康’”进行广泛交流和研讨。

11 月 28 日 省政协副主席黄家培一行到威宁自治县调研草海综合治理及河长制工作。

12 月 7 ~ 8 日 广东省委常委曾志权在贵州省委常委、省委统战部部长刘晓凯的陪同下，到我市考察广黔合作工作。

12 月 18 日 省人大常委会副主任、省总工会主席袁周率队到我市调研工业“百千万工程”、新时代工人讲习所及农民工工资清欠等工作开展情况，并召开座谈会。

✧ 皮书起源 ✧

“皮书”起源于十七、十八世纪的英国，主要指官方或社会组织正式发表的重要文件或报告,多以“白皮书”命名。在中国,“皮书”这一概念被社会广泛接受,并被成功运作、发展成为一种全新的出版形态，则源于中国社会科学院社会科学文献出版社。

✧ 皮书定义 ✧

皮书是对中国与世界发展状况和热点问题进行年度监测，以专业的角度、专家的视野和实证研究方法，针对某一领域或区域现状与发展态势展开分析和预测，具备原创性、实证性、专业性、连续性、前沿性、时效性等特点的公开出版物，由一系列权威研究报告组成。

✧ 皮书作者 ✧

皮书系列的作者以中国社会科学院、著名高校、地方社会科学院的研究人员为主，多为国内一流研究机构的权威专家学者，他们的看法和观点代表了学界对中国与世界的现实和未来最高水平的解读与分析。

✧ 皮书荣誉 ✧

皮书系列已成为社会科学文献出版社的著名图书品牌和中国社会科学院的知名学术品牌。2016 年，皮书系列正式列入“十三五”国家重点出版规划项目；2013~2018 年，重点皮书列入中国社会科学院承担的国家哲学社会科学创新工程项目;2018 年,59 种院外皮书使用“中国社会科学院创新工程学术出版项目”标识。

中国皮书网

（网址：www.pishu.cn）

发布皮书研创资讯，传播皮书精彩内容
引领皮书出版潮流，打造皮书服务平台

栏目设置

关于皮书：何谓皮书、皮书分类、皮书大事记、皮书荣誉、
　　　　　皮书出版第一人、皮书编辑部

最新资讯：通知公告、新闻动态、媒体聚焦、网站专题、视频直播、下载专区

皮书研创：皮书规范、皮书选题、皮书出版、皮书研究、研创团队

皮书评奖评价：指标体系、皮书评价、皮书评奖

互动专区：皮书说、社科数托邦、皮书微博、留言板

所获荣誉

2008 年、2011 年，中国皮书网均在全国新闻出版业网站荣誉评选中获得“最具商业价值网站”称号；

2012 年，获得“出版业网站百强”称号。

网库合一

2014 年，中国皮书网与皮书数据库端口合一，实现资源共享。

中国社会发展数据库（下设12个子库）

全面整合国内外中国社会发展研究成果，汇聚独家统计数据、深度分析报告，涉及社会、人口、政治、教育、法律等12个领域，为了解中国社会发展动态、跟踪社会核心热点、分析社会发展趋势提供一站式资源搜索和数据分析与挖掘服务。

中国经济发展数据库（下设12个子库）

基于“皮书系列”中涉及中国经济发展的研究资料构建，内容涵盖宏观经济、农业经济、工业经济、产业经济等12个重点经济领域，为实时掌控经济运行态势、把握经济发展规律、洞察经济形势、进行经济决策提供参考和依据。

中国行业发展数据库（下设17个子库）

以中国国民经济行业分类为依据，覆盖金融业、旅游、医疗卫生、交通运输、能源矿产等100多个行业，跟踪分析国民经济相关行业市场运行状况和政策导向，汇集行业发展前沿资讯，为投资、从业及各种经济决策提供理论基础和实践指导。

中国区域发展数据库（下设6个子库）

对中国特定区域内的经济、社会、文化等领域现状与发展情况进行深度分析和预测，研究层级至县及县以下行政区，涉及地区、区域经济体、城市、农村等不同维度。为地方经济社会宏观态势研究、发展经验研究、案例分析提供数据服务。

中国文化传媒数据库（下设18个子库）

汇聚文化传媒领域专家观点、热点资讯，梳理国内外中国文化发展相关学术研究成果、一手统计数据，涵盖文化产业、新闻传播、电影娱乐、文学艺术、群众文化等18个重点研究领域。为文化传媒研究提供相关数据、研究报告和综合分析服务。

世界经济与国际关系数据库（下设6个子库）

立足“皮书系列”世界经济、国际关系相关学术资源，整合世界经济、国际政治、世界文化与科技、全球性问题、国际组织与国际法、区域研究6大领域研究成果，为世界经济与国际关系研究提供全方位数据分析，为决策和形势研判提供参考。